聖經研究叢書

Judges Characterized

Stories of Leadership, Women and Family

士師記的刻劃研究

領袖、女性與家庭的故事

曾思瀚、吳瑩宜 著

基道出版社

▼

聖經研究叢書

士師記的刻劃研究

領袖、女性與家庭的故事

Judges Characterized

Stories of Leadership, Women and Family

作者

曾思瀚 Sam Tsang

吳瑩宜 Nancy Ou

責任編輯

林諾欣

裝幀設計

奇文雲海 · 設計顧問

■

出版 / 發行

基道出版社

香港沙田火炭坳背灣街 26 號富騰工業中心 10 樓 1011 室

LOGOS PUBLISHERS

Unit 1011, 10/F, Fo Tan Ind. Centre, 26 Au Pui Wan St., Shatin, Hong Kong

電話：(852) 2687-0331　傳真：(852) 2687-0281

網址：https://www.logos.com.hk

承印

陽光 (彩美) 印刷有限公司

●

10/2010 初版

Cat. No. LP175B

ISBN: 978-962-457-407-4

Printed in Hong Kong

封面圖片源自 http://freegroups.net/photos/The-Bible-and-its-Story--1909/。

刷次	10	9	8	7	6	5	4	3		
年份	2029	2028	2027	2026	2025	2024	2023	2022	2021	2020

吳　序

很榮幸能受邀為曾博士這本書寫序。

本書不是士師記的註釋書，而是一本將研究敍述文的方法論，應用在士師記作為測試的著作，也是一本融合舊約敍述文理論和應用的創作。《士師記——人民任意而行的時代》（明道社，2006）的作者曾思瀚博士，在本書跳脱傳統註釋書的模式，試圖還原原始作者和讀者的詮釋真貌，直接用敍述文的詮釋方法，特別是引用所謂「多面的文本互涉」（「以經解經」）的修辭手法，將舊約其他正典同時舖陳在現代讀者的眼前，為士師記這卷原本很冷門的舊約經卷研究，注入一股學術性價值極高的探討（甚至超越歐美舊約學術對於士師記的研究，尤其在整合人物刻劃與敍事釋經法上，本書更有獨領風騷的架勢），並在每章研究的結論部分，曾博士不忘提供神學省思和應用（包含倫理信息）。原為新約學者的曾博士，不但涉足舊約的研究，而且整合得如此精彩、成功、實用，令人敬佩不已！

更重要的是，本書為華人讀者拓展了一個嶄新的境界：華人教會從此大可不必對西方學術研究敬而遠之；相反的，正確的舊約神學研究方法，可以豐富華人教會研經的向度，提升華人教會的教導、講道和個人研讀的廣度、深度、高度。華人教會研讀舊約中的敍述時，不能單單以探究英雄人物和其屬靈意義便了事，更該把文本的處境（不論是政治、宗教、社會或家庭等）、該卷書在正典中（如敍述大利拉和雅億間）的經文對照、與其他正典經文（並典外文獻）的文本互涉，全部帶進中央廚房來調理。如此，我們可綜觀上帝在救恩歷史（不論是「歷時的」〔diachronic〕或「共時的」〔synchronic〕）的啟示，並共同為神學信息的提升而效力。那些渴望提升對舊約敍述的研讀，讓相關的舊約正典共同參與這超越時空的神學對話者（本書作者最初擬定書名為《千古 風雲話士師——士師記人物研究》，巧哉，妙哉），有福了！

筆者惟一的遺憾是，本人為基道寫《背約沉淪的循環軌迹——士師記析讀》時，沒有機會參考曾博士這本鞭辟入裏的著作。深信曾博士這道融合學術研究和事奉反思、色香味俱足的神學佳餚，將能成為華人教會的屬靈饗宴，是盼！

吳獻章
中華福音神學院舊約教授、研究發展長

蔡　序

蒙曾思瀚博士邀請，為他這本有趣的士師記著作寫序。曾博士才思敏捷，筆耕不輟，短短數年內已有幾本質和量都相當可觀的作品。更為難能可貴的，是曾博士的觀點不落俗套，在消化不同語文新近的學術著作後，以淺白的文筆表達出來，讓讀者既可藉以明白聖經的信息，復能掌握西方最新研究的成果。曾博士過去的著作大多從希羅文化與及帝國政治處境下的基督教來解釋新約，現在更著手研究舊約，事實上這已是他第二本研究士師記的著作。

本書以時下流行的敘事評鑑法（narrative criticism）入手，尤其著重對士師記的人物刻劃，並且以文本互涉（intertextuality；或譯「互文性」）這個非常重要的分析方法貫串全書，將士師記中不同的故事，與創世記和約書亞記的人物作出許多有意思的比較。華人信徒對於文本互涉這種方法似曾相識，會不會是使人談之色變的「靈意解經」，抑或將聖經變成一道大雜燴的所謂「以經解經」（有點耶和華見證人那「跳躍式解經」的影子）？鑒於這詞確實會令人產生不少負面的聯想，筆者在這裏有責任加以辯解，並進一步指出為何近年聖經學者將此視為解釋聖經的一道鑰匙。

先談談舊約聖經成書的背景，以此指出藉著文本互涉的進路來閱讀士師記以至所有新、舊約書卷的必要性。現今普遍舊約學者相信，聖經中一些後期的書卷往往包含對過去傳統作重新閱讀、解釋以至應用。而不論是那個時期的書卷，在最後成書的階段，都會進行全面的編輯。就舊約的醞釀而言，兩約之間的第二聖殿時期（Second Temple Period），可說是一個思想集大成的階段。在這期間，聖經的編者（大概是一羣負責編纂典籍的文士）整理過去紛紜的希伯來傳統，然後慢慢再制定正典，目的是讓信仰羣體閱讀，對信眾進行教化。也因著這個目的，編纂準則不在於故事的歷史真確性這個現代概念，而是其道德教誨的永恆價值。

士師記中許多的失敗故事，其主角與亞伯拉罕、摩西、約書亞等傳奇人物固然不一樣：一方面這些偉大族長已經被以色列人理想化，成為民族的典範；另一方面這部屬於申典歷史（Deuteronomistic History）的士師記，按照諾馬丁（Martin Noth）於一九四三年的經典著作解釋，是為要找出以色列亡國的原因。從士師到君王以至平民百姓，他們大多沒有謹守遵行摩西在申命記中，吩咐新一代的以色列人在進到應許之地的誡命、律例和典章。故申典歷史的編者想要指出，以色列日後的亡國在士師時期已經看見端倪。但無論是士師，以至亞伯拉罕、摩西、約書亞，其相同的地方是他們的成功和失敗都成為日後聖經讀者的鑒戒。聖經的編者既非撰述客觀的歷史，他們就當時所能夠找到的材料，去編寫一部適切他們時代需要的著作，將士師和以色列族長作比較，無論是明顯的或是隱晦的，這些比較都大大加強了這種教誨的作用。從這種「後視」的角度去看聖經書卷的成書，讓我們更加明白文本互涉的必要。

這些把士師和以色列族長所作的比較，並非單純的對照，本書作者還採用了大量的反諷、對比等文學技巧，而這正是敍事評鑑法中用作人物描寫時所常用的手法。

總括而言，這是一部非常合用的士師記著作，並將會大大改變我們對士師記的看法。

蔡定邦

香港信義宗神學院舊約副教授

陸　序

近年來多次得加州海外神學院院長曾霖芳牧師邀請講課，有機會認識曾思瀚博士。曾博士是位專長於新約聖經的教授，並同時對舊約聖經的研究有相當深的造詣。《士師記的刻劃研究——領袖、女性與家庭的故事》是一本構思嚴緊、對舊約資料的分析甚有創見的書。作者對近代士師記研究資料有高度的掌握，這是顯而易見的。

士師記是本內容相當複雜的歷史書。書中沒有說明誰是作者，或於哪個時代著成。猶太傳統認為其作者是撒母耳，而後期猶太學者卻意見不一。福音派學者也沒有一致的意見。至於此書的寫作時期，從撒母耳到大衛王朝後期都有可能，包括宗教情況類似士師時期的瑪拿西王時代。然而，士師記本身的信息是超時空的，對後來每一個時代，尤其對處於政治或信仰危機時代的讀者，都能提供切實的屬靈教訓。我們這個時代更不例外。

曾博士對士師記人物的研究洞悉深刻，因為他同時著重方法論，藉著「文本互涉」與「敍述繪圖」來分析經文的內容；透過摩西五經、約書亞記，和撒母耳記文本的回響，以及和古代近東有關文獻的亮光，來幫助讀者了解士師記的教訓。這本書其中一個重要的貢獻，是它不單讓讀者明白士師記那超越時代的內容，同時也讓讀者認識到一個研究類似士師記歷史體裁的方法。這是一本有深度的書，研究士師記的人都應該閱讀。

此書雖然有不少地方牽涉到專門性的理論，卻能維持清晰易明的一面。例如在每個人物分析時所使用的敍述繪圖（如基甸的敍述繪圖、耶弗他的敍述繪圖），都使書中複雜的釋經討論變得容易明白。同樣重要的，作者沒有忽略指出士師記對基督徒實際生活的意義。書內有很多關乎生活應用的討論，包括各章結束時「省思與應用」的部分。

除了上述的優點，我特別欣賞此書在人物分析的過程裏，提醒讀者在這一連串事件上，不忘記注目於仍然掌管著歷史的主。雖然上帝使用有缺點的領袖，有時候他們敗壞的行為甚至叫人跌倒，我們的上帝仍然在掌權。上帝的子民能夠在極不穩定的歷史過程中存留，實在見證了上帝保守的大能，讓人看出祂如何把歷史帶進彌賽亞時代，讓救恩臨到萬國。願主賜福這本書，造就多人。

陸蘇河
美國南卡州哥倫比亞國際大學神學院舊約教授

自　序

就像我大多數的著作一樣，這本士師記人物研究也源自我的宣講和學術教導。我很難一一提名，但卻誠摯感謝遍及各處的所有聽眾，因為他們喚起我撰寫此書的想法。更重要地，本書亦起源於我另一本士師記著作的學術研究。這本《士師記——人民任意而行的時代》（明道社，2006）對我深具意義，因為這是明道社為我出版的第一本書。有關以色列歷史的反諷教訓實在太多，因此第一本書的研究，繼續成為本書多項題旨的靈感。

我衷心感謝幫助我完成此書的佳美團隊，這個團隊由三位重要的女性組成。

第一，我誠摯感激我的翻譯者和合著者吳瑩宜姊妹。她在我的寫作事奉上擔負重任。我為我們的友誼，每日向上帝感恩。她不但參與婦女和家庭部分的寫作，並且小心翼翼地組織和修改本書其他許多部分。

第二，我衷心感謝洛杉磯正道福音神學院（Logos Evangelical Seminary）的謝挺博士。她慷慨地與我分享她的博士論文，和她在聖經文學協會（Society of Biblical Literature）烏加列組發表的論文。她的博士論文以烏加列（Ugarit）的阿迦特故事（Aqhat story）為焦點，她的研究所得對我的寫作尤有幫助。而她對烏加列語的研究，也刺激我的思考。

第三與最重要的，我必須感謝我摯愛的妻子，因為她在知識和屬靈上，始終是我的最佳靈感。

這三位女性使我切望華人教會能有更多的「底波拉」出現。這等女性所展現的，盡是非凡的卓越才智。

我感謝南非自由邦省大學（University of the Free State）的托米（Francois Tolmie）教授。從我受邀成為南非自由邦省大學的訪問學者開始，他不斷在敘事研究方面與我對話並加以指點。他的專研為本書提供寶貴的洞見。我也感謝美國南卡州哥倫比亞國際大學神學院（Columbia International University Seminary）的陸蘇河教授，特別為本書撰寫序言。他在海外神學院的客座教學，一直是學生的極大助益。我感謝中華福音神學院的吳獻章教授，他身為神學院課程發展的主任兼舊約教授，在百忙中仍抽空為本書撰寫序言，我實在感謝。在我完成此書的底稿後，吳教授的《背約沉淪的循環軌迹——士師記析讀》便出版了，讀者定能從他的著作中，獲益良多。我也感謝蔡定邦博士在他出外公幹及暑假休息之間，短時間內為此書撰寫序言，為此願上帝大大賜福給他。當然，我對本書的所有內容盡負全責。任何缺失之處都與上述人士無關。我要感謝恩慈接受本書的基道出版社。蔡錦圖博士的專業建議與良言交流，實為本書的出版提供無比的貢獻。

最後，我將本書獻給我的摯友許冠靈先生。他在我的生命中扮演著重要的角色。我也將此書獻給他的家人（尹秀瑜、許君陽和許君珀），因為他們是模範基督徒家庭的上好例證。一切榮耀歸與上帝！

目　錄

縮略語表

AB	*Anchor Bible*
AJ	*Antiquities of the Jews*
AJSL	*American Journal of Semitic Languages and Literature*
ALASP	*Abhandlungen zur Literatur Alt-Syrien-Palästinas*
ASOR	*American Schools of Oriental Research*
BZ	*Biblische Zeitschrift*
CBQ	*Catholic Biblical Quarterly*
JAAR	*Journal of the American Academy of Religion*
JBL	*Journal of Biblical Literature*
JNES	*Journal of Near Eastern Studies*
JPOS	*Journal of the Palestine Oriental Society*
JPS	*Jewish Publication Society*
JSOT	*Journal for the Study of the Old Testament*
JSOTSup	*JSOT Supplement Series*; *Journal for the Study of the Old Testament, Supplement Series*
JTS	*Journal of Theological Studies*
KAI	*Kanaanaische und aramaische Inschriften*
KTU	Manfried Dietrich, Owald Loretz, Joaquin Sanmartin（eds.）, *Die keilalphabetischen Texte aus Ugarit: Eischliesslich der keilalphabetischen Texte ausserhalh Ugaritis: Tiel 1, Transkription*（AOAT 24; Kevelaer: Butzon and Bercker, 1976）
NIB	New Interpreter's Bible
NICOT	*New International Commentary on the Old Testament*
NYUP	New York University Press
OBO	*Orbis biblicus et orientalis*
OLA	*Orientalia Lovaniensia Analecta*
SBL	Society for Biblical Literature
SBLDS	*Society for Biblical Literature, Dissertation Series*
SJOT	*Scandinavian Journal of the Old Testament*
UBL	*Ugaritisch-biblische Literatur*
UCP	University of California Press
VT	*Vetus Testamentum*
VTSup	*Vetus Testamentum, Supplements*
ZAW	*Zeitschrift für die alttestamentliche Wissenschaft*

導　論

本書的必要性

在托米（Francois Tolmie）重要又易理解的敍述研究中，他如此陳述：「超過三分之一的希伯來聖經和超過一半的新約聖經，均含敍述的內容。」[1] 根據這項陳述，若以敍述出現在聖經的比例而言，有關敍事（narratology）和敍述（narratives）的研究實在太少了。早在雪菲大學（University of Sheffield）攻讀博士學位時，士師記已經令我十分著迷。我發現甚至在舊約研究中，士師記也屬冷門的書卷。在士師記的著作方面，僅有少數富創意的註釋。對華人讀者來說，曾祥新的《士師記》，比較為人所知。除了作為上帝話語的一部分之外，士師記也在其他方面顯出它的重要性。當我準備出版我第一本《士師記——人民任意而行的時代》（明道社，2006）時，我發現僅僅一本書所能容納的釋經內容，實在無法完全表達這本偉大書卷的豐富內涵。因此，我盼望使用某些方法論，繼續探索本書的內涵，並且擷取更豐富的信息。

我對撰寫此書和其他士師記著作的信念，與我所敬重的同工羅慶才博士的看法十分雷同。在他為我第一部士師記著作所撰寫的序言中，他表達了他的感受：「相信士師記對很多弟兄姊妹來說並不陌生，其中有些士師的故事，如基甸如何以三百人之力能戰勝米甸的十萬大軍，或參孫的種種行徑，更是膾炙人口，人人津津樂道。但熟識是一回事，但能否領略其中的神學和屬靈教導，則又是另一回事。」我認為他的觀察十分準確。從我教授士師記多年的經驗中，我發現聽眾在聽演講之前的心態總是：「士師記與我有何相關呢？」但在聽完演講之後，一般的反應則轉為：「我們從來不知道士師記可以從這個角度來應用。」這類的回應顯示，許多基督徒都不知道如何「應用」士師記。問題的根源在於，他們對於士師記，缺乏真正的理解。如此說來，從新鮮的角度來認真研究士師記的敍述信息，實在是刻不容緩的。

以一個新約學者的身分涉足於「另一個約」的寫作，實在是一項大膽的行動。但因我第一本士師記著作頗受歡迎，加上我對舊約各樣題目的期刊論文，皆獲正面的回應；所以我將一切顧慮都拋諸腦後。我的約翰福音人物刻劃，受到讀者的歡迎，這更加激勵我這個微不足道的聖經研究者，展翅飛向聖經研究的另一個領域。[2] 我深信現在是將人物刻劃／敍事釋經法（characterization／narratological interpretive method），引入士師記研究的良機。我盼望本書能為讀者提供一種獨特的角度，使讀者對於士師記的人物有更上一層樓的領會。

一般來說，人物研究的著作寥寥可數，更遑論建基於學術的優質人物研究。這項觀察並非來自我個人的偏見。因為當我在各地教導和宣講有關人物刻劃的信息時，我清楚看見這類研究的必要性。不單平信徒和牧師，甚至一些學者總是問我：「你甚麼時候再寫一本關於人物刻劃的書呢？」這些回應讓我明白坊間需要為讀者提供這方面的資料。在我閱讀人物刻劃的書籍時，我發現兩種常見的傾向。

第一種人物刻劃，是一種高度「屬靈」的靈修書籍。這類書籍完全根據作者個人的感情抒發寫成，只有極少或完全沒有詮釋和神學的根基。若要找出書中使用的方法論，那更是難上加難。然而，詮釋的直覺、教會的看法，和個人的感覺，都不是方法論。

第二種人物刻劃，尤其可見於西方的著作，是一種對敍事和人物刻劃提出高度複雜和理論研究的書籍。這類書籍與基督教會或個人信仰的形成，毫無關連。

我盼望為讀者提供一種人物研究的第三種方式，這種方式具有平衡的特性。換言之，我盼望以健全的方法論和經文詮釋，為讀者活化士師記人物所具有的屬靈意義。人物刻劃是一門不容輕忽的聖經研究！

士師記是一本具有藝術巧筆，內容錯綜複雜，帶有幾許諷刺，有時參雜未加以修飾的悲喜劇性，和具有教化意味的屬靈書卷。具有口述特徵的社會接受士師記的方式，必然與我們接受的方式，大異其趣。身為一個倡導更多注重口述角度來詮釋聖經的聖經研究者，我總是嘗試在經文的詮釋中，引進更多與口述相關的傳統或不甚傳統性的方法。在本書中，我希望能將原始讀者的口述特性，視為優先的釋經基礎，以進一步刺激我的詮釋和解經。一般來說，口述的兩個重要層面，是解讀士師記所不可或缺的：口述傳統/文本互涉（intertextuality），以及敍述的繪圖（narrative mapping）。

儘管我非常喜歡宣講、教導和撰寫關於士師記的詮釋，我盼望本書能為讀者帶出，文本互涉如何影響士師記人物刻劃的探究。[3] 士師記的文學巧筆和神學深度，就是用幾本書都無法描述窮盡。如此說來，本書以方法論而非經文詮釋，為主要的焦點。尤有甚者，我將更仔細探討一些理念；這些理念有一部分，是我第一本士師記著作的釋經基礎。本書對於文本互涉的定義如下：

文本互涉是聖經作者使用某書卷外的其他文本或某書卷內的其他故事，以影響該書卷文本的表達方式。文本互涉也是一種以經解經的方法。[4] 但以經解經必須具有明確的範圍界定，以避免濫用的發生。更確切地說，當讀者聽見其他經文的回響時，讀者就會從這些交叉文本中擷取字句的提示、雙關語和情節的線索。因此，讀者對作者所欲傳遞的信息將有更深刻的理解。本書的重要目標之一，就是幫助讀者學習正確運用文本互涉的方法，以更透徹理解上帝的話語。總的來說，從觀察眾多經文如何為士師記某段文本提供理解的背景來看，原始讀者的社會—歷史定位或情境就顯得異常重要了。

在這交叉文本中，讀者可以從這本充滿文學技巧的書卷，喜獲更圓融與更豐富的信息。本書將為讀者展現文本互涉的觀察和運用。雖然有許多觀察文本互涉的可能性，但本書將以下列兩種觀察，作為處理文本互涉的主要方式：第一，在士師記之內，尋找不同敍述之間的文本互涉；第二，在士師記之外，尋找其他書卷的文本互涉。

我們將發現士師記有些人物，回響著那些出自摩西五經、約書亞記和撒母耳記上的文本。有時，士師記甚至回響著一些出自烏加列（Ugarit）的文獻（在現今的敍利亞，亦被稱為拉斯珊拉〔Ras Shamra〕）。[5] 有些回響顯示文本互涉的高度可能性；例如，所多瑪和蛾摩拉，以及利未人的故事。另有些回響則顯示文本互涉的合理可能性；例如，約書亞的蒙召和巴拉的蒙召之間的比較。不過，在這些可能性的背後，我假設原始讀者對以色列的過去歷史記憶猶新。依據舊約敍述的倫理和神學來看，這項關乎原始讀者的假設是詮釋的優先考慮。[6] 從士師記被納入正典這根本事實來看，我們可以肯定士師記是一本不需要失去原始意義，而仍能把歷代信徒處境化的聖經書卷。總的來說，本書平衡兼顧經文的處境化及意義。

另外，敘述的進展速度（narrative pace），並不是嶄新的觀念。儘管我們可以使用非常複雜的科學來算出敘述的進展速度，但我認為「時間繪圖」（time mapping）的工具，可以幫助我們了解敘述情節。事實上，我對於時間繪圖的觀念，深受我所敬重的同事托米的影響。他的敘事研究不但易懂，並且對新、舊約學者都頗有助益。在他的敘述研究中，每一個故事都有一個時間繪圖，大概地量度每一段落的時間長短。[7] 本書採用他的方法來分析士師記的敘述。

第一，在我們了解敘述之前，我們必須先了解敘述情節。而要了解敘述情節，我們又必須先行安排情節，以創作敘述繪圖（narrative map）。

第二，由敘述繪圖，我們必須觀察敘述情節與事件的時間長短如何相關。

本書由四方面進行敘述繪圖。這些資料將為我們帶出，決定敘述重點的標準。

第一方面的觀察在於一個故事中不同事件的時間比較。由事件的比較，我們可以看見哪一個事件，具有最長的紀錄和最短的時間。這項決定標準，可以帶出作者對於敘述的強調之處。舉例來說，在底波拉的故事中，某些段落只具有短短幾節經文，但卻涵蓋一段極長的時間；相反地，士師記作者使用多節經文，仔細描述雅億謀殺西西拉的過程，但西西拉的死亡事件，卻在短短的一或兩小時內發生。以此觀之，作者緩慢敘述的速度，乃要為底波拉故事中的最重要事件，設計複雜的情節和焦點。

第二方面的觀察在於冗長的定時事件和不具時間意義之事件

的相互比較。有時候，故事會以「定時對照沒有時間」(timed vs. no time)的筆法，來展現定時事件的重要分量。在這種事例中，我們必須仔細觀察，作者是否也將主要的注意力放在定時事件上？以基甸的戰役來說，大部分的描述都在將近一天一夜之內發生。作者對於戰役預備的描述，出現在七章1至15節這十五節經文中。而關乎戰役的描述，只出現在七章15至25節這十一節經文中。可見，作者在故事中，比較強調戰役的預備。這個例子清楚顯示，定時事件比較重要的觀察；而敘述資料的分量，也更進一步地肯定它的重要性。

第三方面的觀察在於不具時間意義之事件的比較。除了作者含蓄的藝術手筆之外，第三方面的觀察比較，可以幫助讀者了解敘述時間是「長」或「短」。如果敘述的時間短，卻有許多細節描述和記錄；那麼這個不具時間意義的事件，很可能就是故事的強調。這類段落即使不具時間的元素，仍可被視為緩慢敘述速度的策略。當作者愈仔細描述事件時，速度緩慢下來的敘述，愈能吸引讀者的注意力。有時候，我使用我認為合理的觀察，來判斷敘述的時間長短。

以約坦在九章7至21節的咒詛事件為例，整個事件發生的時間應該少於一個小時。這是一個合理與安全的猜測。因為如果我們用希伯來語、英語甚或國語，大聲唸出約坦的咒詛，整個演講都絕對不會超過一個小時的時間。從耳聽接收的角度來看，這種大聲唸出的方法，應該相當實際。然而，這段演講卻佔據亞比米勒故事的大部分篇幅。如此說來，雖然超過三年的時間在短短幾節經文中快速消逝，但顯然，亞比米勒的大部分故事內容，都在描述約坦咒詛的應驗。就其本身而論，當時間要素必須取決於詮釋者的猜測時，作者描述的大部分內容益顯重要。

藉著情節的安排與時間要素的運用，我們可以發現哪一部分的敘述，使用很多經文來描述極短的敘述時間，因此緩慢了敘述的速度。這種方法可以使作者焦注的要點，變得更為清楚。更確切地說，藉著在修辭上緩慢敘述的速度，作者通過情節的點綴和建立，刻意吸引聆聽者進入故事的世界中。

第四方面的觀察在於明白作者使用簡短的經文，來描述長時間的歷史所具有的涵義。一般來說，這種筆法都顯示國家所處的嚴重事態。敘述的簡潔，不見得表示這段時期不重要。敘述的陳述是否重要，完全取決於陳述本身的上下文。有時候，一句陳述勝過千言萬語。簡潔的陳述時常可以幫助作者合宜地概述下文的內容。如此說來，陳述就變成下文的命題；而下文的故事，則成為命題的例證。敘述速度的加快，使讀者匆匆地進入隨之而來的悲慘例證中。

總的來說，作者使用敘述速度的設計，來突顯速度減慢的部分，以使讀者能夠明白敘述的要點。我們的確應該重新「聆聽」士師記的故事。

本書的觀點或方法論，絕非我個人的創見。因為有一些註釋家，已經在多方面涉及上述討論的研究工作。我的註釋就可以肯定這項事實。然而，我希望在他們的研究上，更進一步並且更深入地挖掘這些可能無意觀察到的資料所蘊含的意義。他們有一些獨到的觀察，但卻點到即止。有一些註釋家滿有釋經洞見，但他們卻沒有繼續完成修辭和屬靈涵義的探索。在本書中，我將竭盡全力避免這類問題的發生，因為文本互涉是士師記作者傳遞信息的主要工具。由文本互涉的角度觀察以色列的傳統，將使人物研究變得更有動力。我相信這些文本，都在以色列讀者鮮活的記憶中；對這些文本加以探究，將為本書的人物刻劃結出豐盛的果實。我深信文本互涉和敍述步調的結合，會為新、舊約的敍述產生更佳美的解讀成果。

通常，經文研究可以從正典的角度（canonical approach）或文本的角度（textual approach）進入。正典的角度可以幫助讀者了解，故事在正典中的角色。而文本的角度則將經文研究，局限在文本之內。就士師記而言，我不認為我們必須作出「非此即彼」（either-or）的抉擇。根據我現今的評估，「兩者皆可」（both-and）的角度，才能結出圓滿的釋經豐收。藉著本書的研讀，我盼望對舊約敍述有興趣的讀者，不會再將整卷書那些精密整合的故事視為理所當然之事。另外，我也盼望讀者不會再將敍述的作者大量引用舊約其他書卷的豐富文學，視為理所當然之事。我堅信，更深入欣賞讀者世界的文本互涉，將讓現代讀者淩駕士師記的文學景觀。文本互涉正確地為正典方法，設下合理的界限。

在清楚了解修辭和正典方法之間的關係之後，詮釋者才有可能對經文的意義，有更正確的認識。我盼望能為神學生和牧師，提供更多的解讀角度，以幫助他們更寬廣地觀察和應用士師記。避免在講台上宣講士師記，絕對不是解決問題的根本辦法。如果我能夠與讀者分享本書結合不同的方法所產生的美果，那麼，我寫作本書的目標，就如願達成了！

士師記人物刻劃的信息：多面的文本互涉旁徵

士師記之所以令人好奇，與聖經學者鮮少注意此書卷有關。這種現象尤其顯見於堅守福音派信仰的陣營。造成這種學術空白的原因有許多。其中以聖經學者對口述接收（oral reception）缺乏認識，為首要原因。口述接收與聆聽者的象徵世界密不可分。

對被稱為後現代方法的「讀者回應」(readers-response)模式所產生的懼怕，使得許多學者駐足不前。他們甚至打著正統信仰的旗幟，刻意忽略讀者方面的關切和議題。但無法否認地，讀者的象徵世界或聆聽者的世界，絕對是作者藉文字溝通的一個重要部分。沒有聆聽者的象徵世界，作者的內容就成為一堆只有他自己了解的獨白自言。畢竟，作者是以一羣**原始**讀者為寫作對象的。

在任何一個社會中，每一個讀者都有一個可以引出消息的資訊泉源(pool of information)。有些理論家甚至更極端地論證，某種行動模式是由社會建構而成的。還有一些理論家則辯稱這種行動，是一種心理上的根深蒂固。[8] 這類理論對於社會溝通現象的觀察，顯然有效；但它對於某種獨特影響力的強調，未免過度嚴謹。更確切地說，那些必須詮釋這些行動表現或文學的原始讀者/聆聽者，都將一種社會的先存理解(preunderstanding)帶進詮釋的過程中。因此，作者時常利用這個資訊泉源，來建構意象(imagery)以傳遞信息。我認為士師記的原始讀者，至少對迦南的民間傳說、原始形式的律法書和撒母耳記上，都相當熟悉。卡蘇圖(Umberto Cassuto)是與烏加列文獻互動的最早期學者之一。《女神阿納特》(*The Goddess Anath*)就是他的經典著作。在這本重要的著作中，他清楚警告讀者，切勿將以色列的宗教和語言，視為更高等之迦南宗教和語言的進化。[9] 當然，像烏加列語一樣，希伯來語也繼承了一些迦南語的語言特徵和措辭表達。

繼卡蘇圖不久之後，諸如克羅斯(F. M. Cross)和奧爾布賴特(W. F. Albright)等學者，將使用烏加列文獻來了解聖經背景的方法普及化。[10] 克羅斯的研究特別注意到，迦南的眾神，和希臘及包含希伯來人之其他近東國家所膜拜的古代男女諸神明之間，有大量共通點。而奧爾布賴特的研究，則以希伯來文聖經為焦點。

這些學者和他們之前的學者，在一般迦南宗教或特殊烏加列文本上的研究，為聖經研究提供了極具分量的研究成果。他們最寶貴的貢獻在於，將耶和華和迦南諸神明之間的對抗，列為舊約作品最首先考慮的項目。從耶和華因以色列人拜偶像的緣故，而將以色列和猶大放逐的角度來看，卡蘇圖、克羅斯和奧爾布賴特等學者的研究，為舊約聖經的全新解讀方式，提供了寶貴的工具。舊約聖經有許多部分，的確描繪一種耶和華對抗迦南諸神明的爭戰。當然至終真神耶和華，總是贏得勝利。畢竟，當以色列人進入迦南地時，他們首先面臨的挑戰，就是當地強大的宗教影響力。[11] 而了解迦南宗教和文化的最佳來源，就是烏加列文獻。尤有甚者，當時的宗教爭戰並不在於神話人物與耶和華的競爭，而偏向原始讀者在心靈和意識理念上的掙扎。[12] 畢竟，聖經清楚陳述，迦南的諸神明並不是上帝。惟獨耶和華才是真神。總的來說，還有其他一些較新近的作品，都是以這些前輩學者辛勞努力的成果，為其研究的基礎。

我們必須明白，士師記的社會與現代社會大異其趣；他們的文盲比率是很高的，並且以口述傳統為特徵。因此，原始讀者的資訊收集乃是文士反覆研讀資料的結果。更進一步地，雖然許多學者未必同意克羅斯或奧爾布賴特那依時間前後排列而確定年代（chronological dating）的做法；但他們對迦南人早在以色列人進入之前已建立文化和民俗的這個研究，卻仍屹立不搖。[13] 一般的原始讀者都因鮮活的、生生不息和一代傳一代的記憶，而能夠了解某些故事和律法。這些重要的研究改變了學者解讀聖經的方針。舊約聖經的許多部分，是否與迦南宗教相關，那不再是舊約學者的議題。相反地，學者所關心的焦點已轉向就「究竟聖經文本如何針對這些迦南宗教」而提出討論。本書將由士師記作者所使用的意象和詞彙，來展現士師記作者對上述觀察的敏銳體認；因為他顯然引用原始讀者的資訊泉源（即象徵世界），來傳遞他的信息。

換言之，士師記作者以三種方式設計文本互涉。

第一，作者回響其他文本的詞彙。

第二，作者回響其他文本的某種傳統或主題。在這個方式下，作者未必回響其他文本的詞彙。

第三，作者回響士師記故事之間的主題和詞彙，以將它們連結在一起。

作者所利用的巨大資訊泉源，來自這些故事和律法的重複述說和聆聽。這種重複的行動將概念、圖像（image）和詞彙，深植於士師記的作者和聆聽者的腦海中。[14] 如此說來，忽略象徵世界的詮釋者，很可能完全錯失作者賦予信息的多方面意義。

許多士師記讀者，從未將口述讀者的資訊泉源所擁有的古代記憶，列為解讀的考慮；因此在嘗試闡釋上帝對古代和現代信徒的信息時，他們深感受挫。本書將盡力重建原始聆聽者的象徵世界，以啟明士師記人物所蘊含的深刻信息。其實，這些人物**就是**信息。

概括來說，士師記作者以兩種方式建構人物。

第一種建構人物的方式：作者使用來自摩西五經、約書亞記、撒母耳記上和一些烏加列故事的意象，來建構人物。這些來源都在讀者象徵世界的範圍之內。這種寫作策略具有兩方面的特徵。

一方面，如同阿利森（Dale C. Allison）的所指，約書亞和撒母耳同樣具有摩西的一些特質，因而他們成為以色列人的盼望。因為以色列人所引頸盼望的，是一位「像摩西的先知」來拯救他們。[15] 既然士師記的讀者身處被擄後的情境，那麼這些人物更成為深具意義的預表。

另一方面，士師記作者對於烏加列故事的使用，幾乎純屬爭辯的用意。他藉此攻擊當時的社會，或揭露一些士師的領導風格。在這種寫作筆法下，士師記作者以極具分量的道德和屬靈權威，為當時動蕩的以色列歷史，創造了一幅圖像。

我將藉文本互涉的概念，重新建構原始讀者的象徵世界。顯然，文本互涉有可能概括那些過度廣泛的資料。因此，本書將其他文本的來源局限於摩西五經、約書亞記、撒母耳記上，以及一些烏加列故事的範圍內。本書採用「文本互涉」（以經解經）的部分原因，與士師記被上述提及之書卷所圍繞的正典次序有關。另外，士師記和部分的烏加列故事所共有的明顯相似之處，也成為將烏加列文獻列為解讀考慮的部分原因。因為這些相似之處顯示出，烏加列故事必然在以色列征服迦南地之前後時期，廣為流傳。本書一方面提供士師記的註釋；另一方面也為讀者提供可用來解讀其他許多敘述的方法論。這種方式讓我們看見，聖經經文的確可以詮釋其他聖經經文，但並不需以死板和缺乏想像力的方式來進行。士師記作者誠然使聖經和典外資料，成為他寫作的助力；因此他能夠更有效地表達信息。

對烏加列文獻不熟悉的讀者，或許感到納悶：到底烏加列城在甚麼地方？近代對這方面研究最有貢獻的學者，當屬瑪格麗特．楊（Marguerite Yon）。她在一九七八至一九九八年間，擔任拉斯珊拉使命（Mission de Ras Shamra）的主任。她的長期參與，為在考古挖掘中的拉斯珊拉提供了最新近的圖畫。烏加列王國的北界就是撒分山（Mount Zaphon），據稱這是巴力這位暴風雨神明的所居之地。[16] 這座山一向聞名，因為它不僅對烏加列居民，也對赫人（因黑茲〔Hazzi〕的地名而來）和其他民族羣體，具有深刻的異教意義。在士師記較後的討論中，撒分山這個地點將顯得極為重要。烏加列王國的烏加列也非常重要，因為她是王國的首都。她藏有許多代表當時文化的教育性文本。在拉斯珊拉或烏加列所發現的文本顯示出，當時在迦南人中間，宗教信仰已經有明確的教規。而迦南人的信仰，也沒有太大的改變。尤有甚者，在迦南人的眾神中，烏加列文本顯示了一份關於諸神明、頗為完整的名單。

另外，在一項烏加列文獻和希伯來聖經的比較研究中，科爾佩拉（Marjo C. A. Korpel）發現大約有一半關乎上帝的隱喻（metaphor），同時出現在這兩種文獻中。科爾佩拉的研究為我們引出一項重要的結論。更確切地說，雖然宗教大異其趣，但迦南和希伯來的宗教，卻共同分享了一些相同的宗教詞彙和意象。[17]

當以色列人進入迦南地時，迦南的宗教和文化如何影響以色列人？想要了解這點的讀者，可能發現下列幾項令他們震驚的事實！

首先，如同許多古代文化，國王是巴力的化身，代表巴力在地上的顯現。[18] 中國人也常稱皇帝為「天子」。這種相同的觀念，也同樣有力地出現在烏加列的文化中。換言之，國王的統治反映天上的理想。[19] 因此，每一場戰爭都是神聖的；每一個國王都是神聖的；甚至每一種政府組織都是神聖的。因著國王與神明的關連，現代詮釋者終於明白，為甚麼耶和華要如此嚴禁以色列君王仿效迦南統治者。我們將從基甸的事件中，清楚看到這項事實的涵義。

其次，烏加列的皇宮富麗堂皇，令人驚歎。[20] 這些皇宮代表迦南文化的極致表現。以古舊的年代來說，當時的設防令人印象深刻。例如，當時的城市入口設有五層樓高的塔台，敵人根本無法侵入。根據高度和範圍，皇宮更是宏偉壯觀。毫無疑問地，這些統治者擁有世上的成功。考古地點的挖掘顯示出他們在財務貿易上的成功。在繁多的奢侈用品中，不乏象牙和美錫尼文明的陶器（Mycenaean pottery）。[21] 這種吸引人的文化，勢必讓以色列人相當羨慕。畢竟，還有甚麼比物質成功的明證，更能展現文化的優越性呢？無怪乎，當以色列征服迦南地時，耶和華急欲根絕當地的文化。

最後，烏加列的寫作相當高等。在挖掘地點發現的所謂「學者之屋」（House of the Scholar），在其中有許多關乎寫作藝術的專論、醫藥文獻、百科全書和咒語魔法的文獻等。[22] 而以亞甲文（Akkadian）賽普—米諾（Cypro-Minoan）線形文字，以及赫人和戶利人（Hurrians）的文字所寫成的文獻，更生動地證明了當時寫作的複雜程度。[23] 在這個地區發現的大量寫作，肯定了一種極端複雜的文化。它那超乎以色列文化的優越性，不容置疑。再次地，我們看見為甚麼在以色列人進入應許之地前，耶和華熱切地建立祂的律法，好為以色列人提供文化的根基。因為若沒有來自摩西五經的宗教基礎，以色列將很快地被迦南文化所融合。在士師記中，我們看見宗教和文化的融合，是士師記作者持續不斷的憂慮與關注。

除了與迦南文化有關的資訊泉源（即烏加列文獻）之外，另外一個重要的文化資訊泉源就是聖經。我們可以十分肯定，原始讀者必然非常熟悉以色列宗教的偉大故事。以色列的故事由上帝應許亞伯拉罕後裔和土地為開始。雖然其中有許多攔阻必須克服，但耶和華卻定意使亞伯拉罕得一個兒子（即後裔〔seed〕），藉以使後繼的以色列世代能夠同心合意如同一人（即後裔）。這種合一可以展現出，以色列國是亞伯拉罕後裔的代表。以色列國兼具政治和神學的涵義。[24] 姑且不論程度如何，以色列國或多或少地應驗和重演上帝對族長的應許。既然後裔和土地的主題貫穿整本舊約聖經，那麼它們必然是士師記作者所關切的宗教概念。所以，士師記的故事直接和間接地，針對上帝應許後裔和土地的兩種結果而提出討論。

這個社會—宗教背景，將一次又一次地出現於士師記的主題中。這些主題包含失敗的家庭、領袖和土地的征服。這三個最主要的問題，流露出上帝應許後裔和土地這祝福的反面。實際上，以色列的國家敍述，就是上帝與亞伯拉罕立約而來的救贖歷史。因此以色列的敍述，必須根據救贖歷史的偉大敍述來解讀。本書將採取此種角度來解讀士師記。在我的分析中，我將討論並指出祝福的倒轉。因為這個明顯的要點，對今日基督徒讀者具有嚴肅的屬靈涵義。

現在，讓我們看看第二種建構人物的方式：作者以英雄故事來建構人物，好為他們帶出兩者之間的比較。[25] 除了原始讀者其象徵世界的資訊泉源之外，在十多年前，蓋爾．伊（Gale A. Yee）那富挑戰性的士師記作品出版之後，士師記的讀者便更加注意到士師記的敍述解讀。[26] 更重要的是與敍述藝術巧筆有關的人物刻劃部分。人物刻劃可能代表著英雄故事中的個人，也可能代表著以色列整體。不像一般的敍事研究（narratology），以平面和動態的人物分類為主要焦點；本書的旨趣並不在於人物的分類。[27] 我認為分類的方法（categorization method）過度偏向描述性的研究，因而使得詮釋者無法獲取作者意欲釋放的信息。

分類的過程誠然必要，但只是一個研究的起始點。比較合宜的下一步，應該思考這個問題：「到底作者在刻劃甚麼？」因為英雄和國家只是作者為全書帶出更重要信息的溝通工具。在遵循敘述解讀的理念下，本書認真研究作者對於不同人物的刻劃。顯然，作者以各自獨特的方式描述這些人物，以帶出他的主要論點。而所有的人物，也與士師記以外的人物和概念相互關聯。這些士師記以外的概念和人物，早已深植在以色列聆聽者的國家意識中。無疑地，士師記作者刻意回響某些書卷的人物或概念，以使讀者容易明白他的信息。總的來說，士師記作者從兩個層面帶出人物刻劃。他可以根據士師記的其他人物，來刻劃某個特定人物；他也可以使用士師記甚或聖經以外的人物，來刻劃人物並帶出信息。

衷心盼望本書的貢獻，正是士師記作者所欲帶出的信息。為了達到這個目標，我願意全力以赴！

作者與成書日期

在希伯來正典中，士師記屬於前先知書卷（Former Prophets），因此這顯示出它屬於早期以色列歷史的歷史來源。士師記的標題，來自《武加大譯本》(Vulgate；即「士師的傳記」)，或《七十士譯本》(Septuagint；即「士師記」)。這些後來被加入的標題，顯示諸多詮釋法中的一種獨特方法。換言之，有些詮釋法將士師記視為以色列歷史的一段時期(即列王紀下二十三章22節中的「士師治理以色列人……的時候」)；或對於英雄的生命描述。[28] 關於士師記作者的身分鑑定，至今仍然沒有明確的答案。值得注意的一件重要事實是，「士師」(judge)的希伯來語**名詞**形式，僅出現於士師記二章16至19節和十一章27節。二章16至19節的「士師」泛指所有的英雄領袖，而十一章27節則特指耶和華而言。雖然作者使用「士師」的希伯來語**動詞**形式（例如，士四4），來描述士師記的某些英雄「治理」（judge）以色列人；但「士師」的希伯來語名詞形式，卻從未被用來描述士師記中任何一位特定的士師。如此說來，不論士師記中的個人似乎多完美（例如，俄陀聶和底波拉），作者似乎不願將士師的職分隨意歸給任何人。因為真正的士師永遠是耶和華。人實在無法達至士師的完美理想。換言之，名詞和動詞形式的變化使用，蘊含了豐富的文學─神學意義。士師記中的人物，倒是後來被其他人加上「士師」這正式頭銜（得一1；撒下七11；王下二十三22）。[29] 總的來說，士師記中的許多人物，的確部分地扮演士師的功能，但他們並沒有被作者視為具有正式頭銜的「士師」。這項根據後來正典詮釋的釋經事實，為本書的研究提供了額外的重要性。因為本書將強烈針對士師記作者所認為這些人物不配被稱為領袖的原因，而提出討論。

士師記最後的成書日期，也是無法確定的。但士師記和約書亞記在語言和主題上的交叉，肯定了士師記的成書日期絕對不早於約書亞記的成書日期。至於士師記的教訓，肯定可以被應用於絕大部分的以色列歷史；甚至在君主政體的時期（Monarchic Period），士師記的教訓也有特殊的應用性。[30] 顯然，出現在士師記的事件，大部分都發生在約書亞死後的時期（士一1，二6～10；但士師記作者的記憶，卻很可能橫跨約書亞到大衛的時代〔一21〕）。在伯利恆的故事中，二十章27至28節記錄了一件令人好奇的說明。這項說明似乎與故事無關，因為它指出亞倫的孫子非尼哈的身分。而非尼哈在世的日子，應該是約書亞死後不久的時期。但根據士師記在正典中的位置，士師記的時期應該介於約書亞和撒母耳之間。因此，撒母耳就像以色列的最後一位士師。[31]

然而，士師記經過某種程度的校編(校編的程度多少，無人確知)。十八章30節，就是明顯的例子。十八章30節明明指出：「但人就為自己設立那雕刻的像。摩西的孫子、革舜的兒子約拿單，和他的子孫作但支派的祭司，**直到那地遭擄掠的日子**。」[32] 這個與時間有關的記錄，可以有多種不同的詮釋。[33] 有一種詮釋將地遭擄掠的事件，視為上帝在士師記的時期**內**，藉著迦南人的擄掠來懲罰以色列人。這種詮釋不太可能，因為士師記十八章之後的故事並不像前面的篇章，它對於迦南人的佔領沒有再作仔細的記錄。另一種可能的詮釋(雖然沒有足夠的證據)，將地遭擄掠視為撒母耳記上四章的約櫃被擄事件。最後，還有一種詮釋將依時間前後排列而記載的記錄，視為在被亞述或巴比倫擄去之後，才加上的附註。[34] 這種被擄後的詮釋非常有可能，因此突破與超越那視撒母耳為士師記最後與確定作者的他勒目傳統(Talmudic tradition)。事實上，當時的被擄之民有一個顯著的特徵，就是等候一位像摩西的彌賽亞人物。而摩西的偉大特徵，都繼續在約書亞和撒母耳的身上顯現。士師記作者將他對士師的評價，與這些偉大的領袖相比；因此大大顯出士師在領導角色上的慘敗。這個較晚的日期，為士師記讀者帶出非常廣泛的社會—歷史定位，使士師記的文本互涉解讀產生意義。[35]

結構

茲將本書所根據的詮釋結構列於如下。

士師記詮釋結構

I）前言（一1～三6）

A）前言一：失敗的定義（一1～二5）

B）前言二：失敗的經歷（二6～三6）

II）循環一（三1～九57）

A）間歇：三位拯救者（三1～31）

B）底波拉（四～五）

C）基甸（六～九）

III）循環二（十1～十二7）

A）間歇：兩位拯救者（十1～5）

B）耶弗他（十6～十二7）

IV）循環三（十二8～十六31）

A）間歇：三位拯救者（十二8～15）

B）參孫（十三1～十六31）

V）結語（十七1～二十一25）

A）結語一：伯利恆的故事（上）（十七1～十八31）

B）結語二：伯利恆的故事（下）（十九1～二十一25）

註釋：

1 D. Francois Tolmie, *Narratology and Biblical Narratives* (San Francisco: ISP, 1999), 1.

2 有關約翰福音人物刻劃的方法論，與本書的方法論不甚相同。有興趣的讀者，參曾思瀚：《歷久常新的生命故事——約翰福音人物研究》（香港：基道，2006）。

3　有關文本互涉，參 Julia Kristeva, *Revolution in Poetic Language*（New York: Columbia University, 1984）, 60。

4　參陸蘇河：《解經有路》（台北：更新傳道會，2007），頁 199～203；這裏提到「以經解經」可循主題上或教訓上的類同，來作經文的比較。例如，保羅在不同書信裏關乎割禮的經文，或符類福音書對基督某一個教訓的記載，或歷代志與撒母耳記對同樣事件的記載。

5　嚴格來說，烏加列的居民可能不認為自己屬於「迦南人」稱呼。然而，烏加列和迦南卻強烈地互相影響，因此在以色列人征服迦南地時，兩方的文化已經融合在一起。如此說來，兩方的區別僅限於法律的層面。更確切地說，他們在法律上，各自具有獨立的公民地位。參 Daniel Sivan*, A Grammar of the Ugaritic Language*（Leiden: Brill, 1997）, 3。烏加列文獻的時期，大約在公元前一四○○年左右。另一個主要文獻的地點是拉斯伊恩哈尼（Ras Ibn Hani）。這些文化的興盛期，介乎於公元前十五世紀和十二世紀初葉，全部都在士師記的年代之前。

6　使用以色列的「故事」為詮釋的有趣方式，參 Gordon J. Wenham, *Story as Torah*（Grand Rapids: Baker, 2000）。雖然溫漢（Gordon J. Wenham）沒有將文本互涉當作一個程序性的方法，但他對於倫理典範的研究，卻具有文本互涉的涵義。本書由觀察士師記的一些文本互涉證據，更進一步地擴展溫漢的研究所表現的涵義。

7　Tolmie, *Narratology Narratology and Biblical Narratives*, 95～96。他的研究全然優異與清楚。

8　Walter Burkert, *Structure and History in Greek Mythology and Ritual*（Berkeley: University of California, 1979）, 18；這似乎傾向後面的心理因素看法，而以下此書則傾向前面的社會建構看法：J. David Schloen, *The House of the Father as Facts and Symbol: Patrimonialism in Ugarit and the Ancient Near East*（Winona Lake: Eisenbrauns, 2001）, 48。

9　Umberto Cassuto, *The Goddess Anath*, trans. by Israel Abrahams（Jerusalem: Magnes, 1951）, 19～20。卡蘇圖的研究雖然比較過時，但他的典範研究，仍是今日學術研究的標準之一。他的著作對於烏加列的殘片，有非常詳細的翻譯、註釋和解析。他甚至仔細地討論這些殘片的特徵。亦參 Josef Tropper, "Is Ugaritic a Canaanite Language?" in *Ugarit and the Bible: Proceedings of the*

International Symposium on Ugarit and the Bible, UBL 11, edited by George J. Brooke et al.（Münster: Ugarit-Verlag, 1994）, 343～353。

10 F. M. Cross, *Canaanite Myth and Hebrew Epic*（Cambridge, MA: Harvard, 1973）; W. F. Albright, *Yahweh and the Gods of Canaan*（Winona Lake: Eisenbrauns, 1990 reprint）。有關更廣泛的烏加列歷史研究，參 Mark S. Smith, *The Bible and Ugaritic Studies in the Twentieth Century*（Peabody: Hendrickson, 2001）。

11 如欲更明白以色列征服時期的政治情況，參 Albright, *Yahweh and the Gods of Canaan*, 153～182。從某個角度來看，奧爾布賴特的觀察暗示，以色列的宗教是由多神論進化至一神論。直到最近幾年，以下著作繼續維持這個進化模式的正確性：Alberto R. W. Green, *The Storm-God in the Ancient Near East*（Winona Lake: Eisenbrauns, 2003）, 225～226。事實上，我們根本沒有必要考慮進化的模式；因為使用迦南的意象來攻擊迦南的宗教，是一種文學的爭辯技巧。如同本書所指，這種研究不屬宗教歷史的研究，而應該屬於修辭的研究。

12 我無法完全同意，奧爾布賴特對迦南或異教遺跡的「除去神話」（demythologizing）一詞使用。Albright, *Yahweh and the Gods of Canaan*, 183。相反地，我以文學創意的眼光認為，舊約的迦南遺迹具有為信仰爭辯的首要功能。

13 以文化思想世界為焦點的新近研究，可見於 Nick Wyatt, *The Mythic Mind*（London: Equinox, 2005）。

14 有關大部分是文盲的社會所具有的多種口述文學模式，參 Susan Niditch, *Oral World and Written Word: An Ancient Israelite Literature*, Library of Ancient Israel（Louisville: WJKP, 1996）, 117 ～ 130。第一，帕里—洛德（Parry-Lord）模式，是一種表演的記錄。第二，口述聽寫的模式，具有讓人大聲朗讀的目的。新約書信非常合乎這個模式。第三，模仿演講的寫作模式，基本上與第一種模式相似。不過它的寫作過程先於演講的表演。第四，為了讓文盲觀看的文學寫作模式。

15 Dale C. Allison, *The New Moses: A Matthean Typology*（Minneapolis: Fortress, 1993）, 11～95.

16 Marguerite Yon, *The City of Ugarit at Tell Ras Shamra*（Winona Lake: Eisenbrauns, 2006）, 9.

17 Marjo Christina Annette Korpel, *A Rift in the Clouds: Ugaritic and Hebrew*

Descriptions of the Divine, UBL 8（Münster: Ugarit-Verlag, 1990）, 621.

18 Yon, *The City of Ugarit at Tell Ras Shamra*, 19.

19 Mark S. Smith, *The Ugaritic Baal Cycle Volume 1*（Leiden: Brill, 1994）, 108。一種比較傾向「社會—政治角度」的神話模式，反映了當時的城邦國家。這種模式可見於漢迪（Lowell K. Handy）的作品中：Lowell K. Handy, *Among the Host of Heaven*（Winona Lake: Eisenbrauns, 1994）。

20 重新建構的皇宮透視圖，參 Yon, *The City of Ugarit at Tell Ras Shamra*, 35。

21 Yon, *The City of Ugarit at Tell Ras Shamra*, 43, 145, 151.

22 Yon, *The City of Ugarit at Tell Ras Shamra*, 71.

23 這些刻寫板的圖示，參 Yon, *The City of Ugarit at Tell Ras Shamra*, 127～128。

24 Bruce Waltke and Charles Yu, *An Old Testament Theology*（Grand Rapids: Zondervan, 2007）, 590～591；這裏建議融合政治和神學於以色列的詮釋中。華爾基（Bruce Waltke）的分類，為詮釋提供一種平衡。因為過去有一些詮釋，完全將以色列視為一種屬靈實體或宗教建構。

25 Philippe Guillaume, *Waiting for Josiah: The Judges*, JSOTSup 385（London: T & T Clark, 2004）, 14～21；根據先前的學術研究（大部分是德國的學者），這裏將士師記視為一卷拯救者的書卷。他們的看法基於士師記的特殊公式結構和重複循環。我並不反對這種立論，但這種立論很可能誤導讀者以為，士師記的原始來源是英雄故事。這種立論完全建基於歷史鑑別法（historical critical method）。他也將士師記的人物與後代可能的歷史人物相配，使士師記成為反映作者時代的一部歷史小說。

26 Gale A. Yee, ed., *Judges and Method*（Minneapolis: Fortress, 2007）.

27 有關這方面的討論，參 M. Bal, *Narratology*（Toronto: University of Toronto, 1997）, 114～132；這裏正確地以人物的「使者」（messenger）功能為焦點。以相同的觀念應用於新約聖經的更新近著作，參 James L. Resseguie, *Narrative Criticism of the New Testament*（Grand Rapids: Baker, 2005）, 121～165。總的來說，這是一種有效的「以經解經」方式。所有這方面的努力都不可以忽略原始讀者的記憶庫。

28 例如：Le P. Marie-Joseph Lagrange, *Le Livre de Juges*（Paris: Librarie Victor Lecoffre, 1903）, xv。

29 Waltke and Yu, *An Old Testament Theology*, 588.

30 因為以色列的信仰與各層面緊密相關，因此我將宗教視為首要與最優先的因素。

31 相似看法，參 Lagrange, *Le Livre de Juges*, xv。

32 黑體字是我的強調。

33 有關這方面的優質討論可見於，Daniel I. Block, *Judges, Ruth*（Nashville: B & H, 1999）, 25ff。在解經註釋中，布洛克（Daniel I. Block）的作品是紮實文學解讀的典範。

34 有些學者甚至建議，士師記是在哈該和撒迦利亞的理念之內，重建君主政治的一卷書。參 Janet E. Tollington, " The Book of Judges: The Result of Post-Exilic Exegesis? " in *Intertexuality in Ugarit and Israel*, edited by Johannes C. de Moor（Leiden: Brill, 1998）, 195。將這種特定的用意加在士師記上，似乎顯得太勉強。有關把士師記視為較接近北國被亞述俘虜的時期的這種看法，參 Donald G. Schley, *Shiloh: A Biblical City in Tradition and History,* JSOTSup 63（Sheffield: JSOT Press, 1989）, 130。施萊（Donald G. Schley）也指出，在較後來的時期，示羅逐漸成為北國的小聖殿。

35 所提及的被擄者當然可以是指被擄至巴比倫的人。他們也可以是於公元前七三二年被擄至亞述的人，因為但於那時期被破壞，這正與士師記的作者於十八章對但人的譴責相符。所以，當我提到「被擄聽眾」時，我所說的可能有數個潛在的被擄聽眾。無疑地，士師記的歷史性記錄在撒母耳之前，已被流傳了好一段時間。

一

與聖經傳統文本互涉(一):外邦化的以色列

1.1 引言

士師記的前言和結語，是了解士師記整全信息所不可或缺的部分。[1] 這兩部分能夠幫助詮釋者，準確研究與清楚了解士師記的故事，而不致將士師記視為附加的英雄故事，因為士師記絕對不是一本英雄的故事記載。事實上，當詮釋者由前言和結語的角度來解讀士師記時，詮釋者將發現士師記根本反英雄，因為這兩部分全然被黑暗和壞消息所充斥。如果有人稱以色列為「低於應有水平的人」(underacheiver)，那還是對她褒獎有加。出現在前言和結語的故事，顯示以色列比低於應有水平的人更糟糕，她流露徹底的恥辱。以色列是英雄人物的極端對照，她已經成為反面人物了。

當詮釋者解讀士師記的前言和結語時，詮釋者必須注意，士師記作者的記載和那依時間前後排列而記載的描述，完全無關。舉例來說，士師記一章1節至二章5節，顯示約書亞死後所發生的事情。無庸置疑地，布雷特勒(Mark Brettler)以約書亞的死亡，作為檢視士師記的起始點的這個直接洞察，實際非常正確。[2]

然而，二章6節至三章6節，又出現有關約書亞在世的經文。這種寫作筆法清楚流露，士師記具有雙重前言的特徵。當士師記的故事以線性方式進展時，有關伯利恆的兩個故事，為士師記帶出雙重結語的結束。如此說來，按情節來看，士師記的前言和結語分屬兩個不同的部分；但按時間來看，士師記的開頭與結尾其實非常相近。士師記的故事敍述，跨越不同的年代。關於這方面的討論，容後再續。就歷史紀錄而言，士師記本身的內容，無法為事件發生的精確年表，提出有力的支持；更遑論詮釋者對「士師記的時間記錄是否準確？」作出個人的判斷。[3] 如果時間秩序並不是士師記的關切，那麼士師記一定有其它的目的。下文的討論將展現，前言和結語為士師記帶出的兩個主要目的：以色列既是征服者，又是被征服者。

1.2 作為征服者的以色列：士師記前言的故事

從以色列的征服來看，士師記的讀者/聆聽者，無法避免一個令人困惑的倫理問題。可幸的是，那揭露亞摩利人（亦被稱為迦南人）最醜陋面目的創世記十五章16節，是理解這項倫理議題的真正關鍵。[4] 對當時歷史情境有些許認識的讀者，就能以正確的角度來檢視這項倫理議題。

就摩西五經的情境來說，埃及和迦南各自呈現迥然不同的文化。這兩個不同的文化特徵，為我們帶出上帝定意滅絕迦南人及其宗教的原因。顯然，埃及具有一種分離的文化（separatist culture），因此閃族人備受埃及人輕視。這項文化特徵說明了，以色列人住在埃及歌珊地的原因。而與埃及恰適相反，迦南具有一種融合的文化（integrationist culture），因此她的生活方式和宗教深深地影響周遭的文化。如此說來，上帝定意完全毀滅迦南人，是為了保護以色列人。就在以色列人周遭的迦南人，比那些在地理上距離以色列人較遠的其他種族，受到更嚴厲的對待；因為近距離的迦南人比較可能藉著宗教的影響，使以色列人背道遠離上帝（參申七 1～26，二十 10～18）。

論到宗教上的影響，迦南的宗教不但影響並且吸收居住在迦南地的每一個種族羣體。雖然埃及人敬拜許多陰間神明，但迦南人卻以十分不同的方式，敬拜他們的生育神明。到處可見的性淫亂，成為當時不足為奇的生活方式；因此摧毀了上帝在律法中所制定的家庭結構（kinship structure）。正如賴特（Christopher J. H. Wright）的觀察，家庭結構是以色列宗教生活不可或缺的一部分。[5] 若沒有合上帝心意的家庭結構，以色列人對於耶和華的信仰委身，勢必完全瓦解。根據歷史的觀察，迦南人被毀滅的原因，與所多瑪和蛾摩拉完全相同；因為他們同樣忽略上帝所定意的家庭關係。迦南人的宗教徹底破壞了上帝在男人和女人的忠誠婚姻中所彰顯的形象。更確切地說，他們的敬拜核心違犯上帝的心意。[6] 那麼，除了辯證上帝的命令具有更高的道德標準之外，關乎迦南宗教的觀察，又與士師記如何直接關連呢？事實上，對迦南宗教的觀察，在每一方面都與士師記緊密相連！上帝藉著以色列所要建立的社會，與迦南人的社會是南轅北轍的；因此，若以色列無法征服迦南人，那麼以色列便將被迦南人所征服。當迦南人沒有被毀滅或逐出時，以色列將在社會、道德和宗教方面被征服。換言之，關乎存亡的失敗，將使以色列人形同迦南人，上帝的子民的身分將消逝於無形。

迦南居民想必非常震驚，為何以色列人一開始的征服會如此順利；因為迦南人具有高科技的文化，實際遠遠超越以色列人。

不論對或錯，迦南人將自己的文化與科技成功，歸諸於他們敬拜的迦南神明。畢竟，沒有神明的祝福，豐饒與擴展是不可能發生的。然而，耶和華卻以閃電般的速度征服了迦南地。迦南地輕易被征服，這不但顯見於約書亞記，並且在以色列人的合作下，繼續出現於士師記。儘管迦南人有許多神明，耶和華卻以得勝者的姿態，獨力地將其制服。以色列就像突然崛起的新秀一樣，令人訝異。藉著成功的征服，以色列人發出一項偉大的宗教與政治聲明：世上無一能與她的主耶和華相比。這項聲明也成為以色列的國家神學。無論其他神明在數目或聲稱上，是多麼龐大或響亮的，但他們卻全然無用！

總的來說，把迦南人滅絕淨盡的目的，首先與保護以色列的文化有關；其次與上帝懲罰罪孽滿盈的公義有關。宗教、道德、社會秩序和征服的關係，將在士師記的故事中戲劇性地呈現。換言之，士師記的主旨就是：宗教的失敗將導致道德和社會的瓦解。顯然，宗教與其道德和社會後果，乃一體之兩面。同時，國家的失敗勢必影響上帝在後裔/豐饒和土地上的祝福。

在稍稍涉獵征服的背景之後，士師記一章 1 節至二章 5 節，以及二章 6 節至三章 6 節的兩個前言，將為讀者帶出征服的實際評估。在士師記的初始階段，有幾個成功的因素，為某些支派的努力帶來成功的結果。

1.2.1 關於成功傾向的刻劃

以色列之內的成功故事，包含個人和集體兩層面。然而在士師記中，這類故事顯然不多。事實上，成功的故事極端稀少。在觀察以色列非常有限的集體成功之前，我將先觀察一些確實沒有任何明顯缺點的個人。

第一個我想要談論的成功人士，當屬俄陀聶。士師記一章13節將他和一個成功的家庭連在一起，即迦勒的家庭。雖然這項關係並非成功的保證，但卻是他成功的指標。敍述者並未針對迦勒的軍事成功，帶出任何仔細的描述。士師記一章13節僅僅說明，俄陀聶奪取了一座可能相當強大的城市；至少它難以攻克的程度，足使迦勒以提供自己的女兒為獎賞。其實我有相當充分的理由相信，俄陀聶不過是另一種關係的襯托，即迦勒和他的女兒押撒之間的關係。經文的焦點場景，實際與戰役無關。尤有甚者，整個對話以士師記一章14至15節為中心。雖然俄陀聶在他的戰役中，展現犧牲的勇敢行動；但經文顯示，迦勒忽略了給他的女兒和新女婿，提供足夠的生存資源。士師記一章13節以短語，輕描淡寫戰役的場景，這種筆法生動流露敍事的語調。更確切地說，俄陀聶重要的貢獻，僅是整個事件的註腳而已。

士師記一章14節的希伯來文令人感到困惑，因為押撒顯然勸俄陀聶（一定不是她的父親），去向她的父親要求一塊能夠生產足夠糧食的田地。經文也顯示，俄陀聶並沒有行使押撒所要求的事。相反地，押撒必須自己向父親要求。這種互動展現，俄陀聶可能相當害怕迦勒的勢力。押撒的父親，至終將田地和水泉給了這對新夫婦。有一件值得注意的事，就是經文並未顯示任何不公平對待這對夫婦的迹象，至少沒有明確地表現出來。迦勒並未爭辯，或難阻押撒獲得這塊田地。這項觀察在較後的討論中顯得重要，因為較後的討論將觀察到，士師記中的男性對待女性的方式，如何轉而揭露這些男性的屬靈光景。就目前而言，這個家庭成員之間的關係相當良好。或許俄陀聶對於迦勒的英勇的懼怕（或膽怯），可能是沒有理由的。但至終，俄陀聶在士師記三章9至10節，扮演著主要的角色。再次地，俄陀聶有趣地被帶回敍事中，這段敘事顯然中斷了士師記三章的敘事結構。在有關膜拜偶像的故事之後，那介紹俄陀聶的敘事突然出現，這的確相當奇特。到底發生了甚麼事？

我相信俄陀聶再度被帶回敘事中，乃是因為較早的敘事（即雙重前言），可能是在整卷士師記被寫成之後才被加入的。換言之，俄陀聶和押撒的故事，實際與迦勒的公平觀念有關；這個公平觀念是作者起初就決定加入的，因為在寫作的思考中，士師記的循環帶有不公平的特色。作者在完成整個寫作之後所加入的前言，使俄陀聶的事件，成為「甚麼是真正公平的本質」的提醒。然而，在士師記的循環中，士師記三章 9 節及其後經文中的俄陀聶，和以笏並排出現；這兩位士師因此開始了士師記的第一個循環，這兩位理想的士師顯然勝過所有其他不理想的士師。如此說來，在前言中襯托迦勒的角色的俄陀聶，如今在士師記的循環中，扮演為首的角色。

第二個成功的人物，便是以笏。有關以笏的更仔細討論，將出現在本書的較後部分。就目前而言，我認為從宗教的角度來討論以笏是最佳的切入點。無疑地，以笏的故事超越以笏的生命的層面。它更進一步地反映了以色列的敵人。然而，以笏顯示一種毫無畏懼的勇敢。一些註釋者喜歡採用以笏的欺騙行為，或他殘障的右手來批評以笏。按希伯來文的字面意義，「殘障的右手」實際代表「左手便利」的意思。我認為這種現代批評，完全錯失了要點。不論關於以笏的描繪有多少含糊和語帶雙關，他的能力和智巧無疑強烈地對照了外邦的偶像。在士師記三章 19 和 26 節中，敘述者提及以笏勇敢地忽視外邦偶像的存在。事實上，他在偶像面前的行動，成為故事的轉捩點；因為在此之後，我們看見以色列的敵人的決定性潰敗。偶像在這個故事中，扮演樞紐的角色。

在士師記三章19節，以笏從靠近偶像之地轉回，以欺騙摩押王。其後，他謀殺了摩押王。在士師記三章26節，以笏經過偶像之地。其後，他吹響號角，召集以色列人對抗敵人。以色列人跟隨以笏的領導，將敵人完全擊潰。可見，以笏的刻劃展現某些特徵：軍事的智慧和宗教的勇氣。在對照之下，巴拉和基甸則顯然拙劣地缺乏這些特徵。不過現在討論巴拉和基甸，顯然跳得太遠了。

在這兩位士師之後，除了底波拉之外，其餘的士師沒有一位是理想的士師。這兩位士師實際展現了以色列所能出現的最佳領袖。軍事智慧加上宗教勇氣，是以色列迫切需要的；但在以色列的正常領袖中，卻完全不見這兩種特徵。

在觀察個別成功人士之後，從觀察以色列非常有限的集體成功，我們發現兩個重要的成功因素：第一，除了禱告之外，合作是導致以色列成功的重要因素。以色列人一開始的禱告顯示，在君主政體時期之前，耶和華實質上是統治以色列的王（*de facto* king）。身為國民，以色列應該在王的命令下合作無間。極有意思地，在烏加列的文獻中，伊勒（El）具有王的頭銜，因此伊勒是迦南宗教的王。有時候，甚至巴力也是王。[7] 畢竟，在烏加列語中，「巴力」是「主」的一般名稱。然而，迦南人也有實際掌政的國王。如此說來，在迦南的文化中，神的王權藉著人的王權彰顯與施行。因此迦南所實行的，是一種名義上的神權治理。相反地，上帝在以色列所建立的，是一種真正的神權政治。

在士師記一章3節，作者記載猶大不僅決定上去攻擊迦南人，並且徵求西緬人的幫助。合作誠然是禱告之後最佳的下一個步驟。在這個例子中，上帝呼召猶大首先上陣。為了維護這項殊榮的猶大人，也願意與西緬人合作；因此上帝讓他們取得非利士的迦薩、亞實基倫和以革倫等主要城市。在以色列的地圖上，西緬和猶大在地理上緊密相連。因著彼此間的合作，上帝給予他們極大的成功。

出現在士師記的第一個故事，就是猶大攻克亞多尼比色的勝仗。[8] 從亞多尼比色的誇口，我們可以肯定他在政治和軍事上是成功的。然而，上帝將這一個強人交付在猶大人的手中。因為征服重要的地方統治者，才能顯示以色列必要的優勢。[9] 在戰鬥的喧囂聲中，不乏英雄人物的崛起。例如，迦勒用他的女兒押撒作為新娘獎賞，以激發俄陀聶奪取基列．西弗的英勇行動。這項事迹的記載，預示了俄陀聶在下文的重要性。[10] 士師記作者也藉著一章 14 至 15 節的經文，讓押撒的聲音清楚又響亮地被人聽見。儘管她的父親將她視為物品，押撒要求並且接受父親公平對待丈夫的表現，使她成為故事的主題。[11]

第二，順服也是導致以色列成功的重要因素。在一章 8 節，猶大人遵行耶和華的命令，將迦南人殲滅。作者藉著猶大人的順服，傳遞一個意義深遠的教導。如此說來，到目前為止，那貫穿所有成功的總括概念，就是彼此合作的態度和對上帝的順服。在此，作者以人的內心，為一切的優先。

1.2.2 關於失敗傾向的刻劃

在顯示以色列的簡短成功之後，下文將探討導致以色列失敗的重要因素。對成功略窺一二，乃為遍滿士師記其他部分的慘痛失敗，作出對照。當以色列每況愈下時，以色列人違犯上述兩項成功因素（合作和順服）的程度愈演愈烈。可見，士師記所有的失敗，都至少與違反了其中一項成功因素有關。現在，我們首先使用基甸循環和耶弗他循環的敘述繪圖（narrative mapping），來澄清失敗的事實的確是作者所要表達的觀點。

基甸的敍述繪圖

敍述內容	經文	時間的持續
1） 行惡—懲罰	六 1～10＝共 10 節	7 年
2） 基甸蒙召	六 11～24＝共 14 節	「1 日」：可能只是幾個小時（？）
3） 燒毀偶像	六 25～27＝共 3 節	「1 夜」：可能只是幾個小時
4） 燒毀偶像的反應	六 28～32＝共 5 節	幾個小時
5） 軍隊集結	六 33～35＝共 3 節	1 日
6） 試驗羊毛	六 36～40＝共 5 節	2 夜
7） 集結軍隊	七 1～8＝共 8 節	1 日
8） 偵察行動	七 9～14＝共 6 節	1 夜
9） 得勝與追趕	七 15～25＝共 11 節	1 日（？）
10）以法蓮的問題	八 1～3＝共 3 節	1 日：可能 1 小時（？）
11）疏割的問題	八 4～7＝共 4 節	1 日：可能 1 小時（？）
12）毗努伊勒的問題	八 8～9＝共 2 節	1 日：可能 1 小時（？）
13）擒拿西巴和撒慕拿	八 10～12＝共 3 節	1 日／不確定
14）懲罰疏割和毗努伊勒	八 13～17＝共 5 節	不確定
15）擊殺西巴和撒慕拿	八 18～21＝共 4 節	1 小時（？）
16）製造以弗得	八 22～27＝共 6 節	不確定
17）總結	八 28～35＝共 8 節	40 年（士八 28）

耶弗他的敍述繪圖

敍述內容	經文	時間的持續
1） 行惡	十 6～18＝共 13 節	18 年
2） 拒絕耶弗他	十一 1～3＝共 3 節	不確定
3） 接受耶弗他	十一 4～11＝共 8 節	不確定／ 1 日（？）

4）耶弗他打發使者去見亞捫人的王	十一 12～28＝共 16 節	幾日？
5）爭戰與許願	十一 29～33＝共 5 節	不確定
6）實現許願	十一 34～40＝共 7 節	兩個月（士十一 38）
7）與以法蓮爭戰	十二 1～6＝共 6 節	不確定

根據基甸循環，作者將大部分討論集中於外邦人對以色列人的欺壓。明顯地，作者使用十節經文（士六 1～10），描述了七年的悲慘光景。對一些發生在極短時間內的事件而言，十節經文具有深長的意義。但對七年的漫長時日來說，十節經文實在算不了甚麼。根據耶弗他循環，十八年的痛苦欺壓，出現在十三節經文中（十 6～18）。若與基甸的情況相比，耶弗他時代的壓制顯然漫長得多。作者栩栩如生地描繪了，從基甸到耶弗他的時代，上帝對以色列人愈來愈重的懲罰。若將基甸和耶弗他的時期，與在他們之前另一位主要士師底波拉的時期相比，兩者間的對照更顯突出。因為在底波拉時期，以色列受外邦人的欺壓長達二十年之久，但作者卻僅以短短三節經文一筆帶過（四 1～3）。經文長短的運用顯示出，作者在底波拉的例子中，使用少量經文來描述偶像崇拜所導致的時間荒廢；而在基甸和耶弗他的例子中，作者則使用大量經文來展現偶像崇拜所產生的痛苦。如此說來，在經文愈多愈顯重要的大原則下，仍有例外存在。讀者必須謹慎觀察經文，因為經文的多寡在敘述中各具不同的功用，為要傳遞不同層面的信息。

既然以色列的失敗，是作者所要表達的觀點；那麼導致以色列失敗的三項因素，就成為不可或缺的觀察。

第一，不願付代價的心態，是第一項對以色列不利的因素。

在士師記一章 19 節，作者如此描述：「只是不能趕出平原的居民，因為他們有鐵車。」在取得上帝所應許的土地上，這項描述不啻代表悲慘的失敗。根據考古證據，鐵的使用在當時並不盛行。較後期的埃及證據顯示，埃及人使用鐵戰車，來對抗入侵的迦南軍團。[12] 極為實際地，鐵戰車為弓箭手和標槍投擲者帶出極大的機動性，使他們得以制勝相對緩慢的步兵。[13]

士師記的其餘部分，又如何輔助一章 19 節的闡釋呢？底波拉的故事，成為說明這項觀察的上好例證。因為在底波拉的故事中，軍備的缺乏與以色列的罪惡，有非常突出的平行（士五 8）。[14] 以色列一無是處！為了與士師記的模式保持一致（尤其是四章），底波拉在五章 8 節指出那導致以色列人受苦的屬靈因素。底波拉宣判：「以色列人選擇新神。」以色列人的錯誤抉擇，使他們敬拜虛假的神明。底波拉斷言，當虛假的敬拜發生時，爭戰的事將快速臨到；而使毫無預備的以色列人措手不及。顯然，以色列在爭戰的經驗和科技的裝備上，仍然十分有限。戰士與武器的比例差距，更是廣為懸殊。在他們可見的貧窮中，他們毫無攻擊或防衛自己的工具。

在先前約書亞的戰役中，以色列人不需要太多科技就可以打敗敵人，因為上帝為他們爭戰。但現在的情況卻迥然不同。以色列人必須自己與那些具有更高科技和更豐饒社會的迦南人爭戰。然而，以色列失敗的真正原因，並不是技術上的落差，而是以色列人行耶和華眼中看為惡的事（士四 1）。士師記四章 13 至 15 節生動地描繪，以色列人與西西拉之間的戰役：「西西拉就聚集所有的鐵車九百輛和跟隨他的全軍，從外邦人的夏羅設出來，到了基順河。底波拉對巴拉說：『你起來，今日就是耶和華將西西拉交在你手的日子。耶和華豈不在你前頭行嗎？』於是巴拉下了他泊山，跟隨他有一萬人。耶和華使西西拉和他一切車輛全軍潰亂，在巴拉面前被刀殺敗；西西拉下車步行逃跑。」

以色列戰勝西西拉的記載顯示，鐵車的確展現西西拉的優勢；但它們絕不是以色列人無法克服的困難。因為耶和華僅需呼風喚雨，就可以使西西拉的戰車車輪陷於泥沼，以致無法動彈。五章 19 至 21 節描繪的河水高漲，便證明了上帝的大勝。大自然以不利的環境，來對抗西西拉。在五章 4 節，從天上降下的傾盆大雨，解釋了為何底波拉以「星宿從天上爭戰」（士五 20）作歌。對迦南人來說，占星學具有非比尋常的重要性。[15] 底波拉之歌，彰顯耶和華對於星辰運轉的終極掌控。而雨對鐵車軍隊來說，確實是有害無益的。根據許多專家的觀察，在一年的大部分時間內，基順河的水位並不比小溪的高多少。[16] 既然基順河將巴拉和西西拉的軍隊分隔兩地，西西拉必須過河才能迎戰以色列的軍隊。如果西西拉看見河水正在高漲，他絕對不會發出吩咐馬車過河的行進命令。如此說來，底波拉似乎暗示使基順河迅速高漲的傾盆大雨，是一場令人措手不及的驚奇，因而為西西拉製造了嚴重的困境。在五章 22 節的希伯來文中，作者使用了兩次的「奔騰」（gallop），描述馬車的壯馬急欲逃離的踴跳與奔騰。當時的行軍速度，想必十分狂亂。這幅景象使人想起上帝完全摧毀埃及馬車，以拯救以色列人行經紅海的畫面（出十四 23，十五 4）。

顯然，猶大的失敗並不因技術的落後，乃因心態與信心的問題。如果我們從帝國神學（imperial theology）的角度來看，以色列的失敗實在令人難以原諒。在埃及已經建立的文明之下，埃及的神明一定讓隸屬的臣民十分信服。然而，耶和華這位從不為人知的上帝，竟然崛起並且侵入埃及，將以色列人從埃及人和所有其它神明的轄制中，拯救出來。雖然耶和華處於劣勢，但祂卻以寡擊眾，打敗數目眾多的神明。耶和華如此輕易地攻克埃及人的馬車，應該是一有力的明證，以鼓舞以色列人堅忍對抗迦南人的馬車。可惜的是，以色列人以次好的為滿足。

第二，除了不願付代價的心態之外，不順服是導致以色列最後失敗的第二項因素。不願付代價或走捷徑的生活方式，常是不順服的前兆。安逸不費力的生活泰半源自以色列人不明白上帝對土地的終末應許。重複出現在士師記一章 27、29、30、31 和 33 節的模式，都顯示出以色列人嚴重違反那起初吩咐他們殲滅迦南人的命令。經文一一提名那些在不順服的罪上有分的支派。

事實上，每個支派所擔負的責任已極之清楚。藉著把有罪的支派一一提名，上帝再次斬釘截鐵地昭示，每個支派所應該完成的任務。接續地，作者在二章 3 節指出，這種不順服為集體以色列人所帶出的後果。不幸地，每個支派的各自失敗，很快地累積起來，對整個以色列產生更廣泛的不利影響。

第三，除了不順服之外，對表面成功的自滿，也成為以色列人在征服上遭遇挫敗的第三項決定性因素。在處置亞多尼比色一事上，猶大的表現似乎超乎尋常地類似迦南人的倫理。布洛克（Daniel I. Block）指出，亞多尼比色的陳述充滿反諷意味。[17] 在士師記一章 7 節，亞多尼比色如此說：「從前有七十個王，手腳的大拇指都被我砍斷，在我的桌子底下拾取零碎食物。現在上帝按照著我所行的報應我了。」換言之，亞多尼比色依照習俗，將俘虜的大拇指切斷，以顯示自己的權力；因為切斷大拇指，代表除去對方緊握武器的能力。不知是好或是壞的，猶大現在學會了這種懲治敵人的方法。[18] 與其真正地順服上帝，猶大選擇了表面的成功。

士師記一章 35 節的記載，更加突顯了以色列在這方面的問題。原來，亞摩利人「決意」住在希烈山和亞雅倫並沙賓。沒有人知道，究竟迦南人使用甚麼辦法「決意」對抗以色列。迦南人的力量，顯然征服了以色列人的意志。事實上，整個情勢與以色列人的心態緊密相關。儘管以色列人使亞摩利人成為服苦的人，但上帝並不喜悅他們的作為。儘管以色列人可以藉著表面的成功，來警告鄰邦：「我們的力量很強大。」但上帝的責備，卻出現在二章 1 至 5 節。

1.2.2.1 舊日光輝轉眼無蹤

至此，我們結束一章 1 節至二章 5 節第一個前言的觀察。緊接著，士師記作者便在二章 6 節至三章 5 節，建構了第二個前言。第二個前言和第一個前言，具有相同的模式：皆以約書亞為開始，並以以色列的徹底失敗為結束。作者同樣在細數以色列所犯的多項失敗之前，提醒以色列人過往的好時光。二章 6 至 9 節不僅是事實的紀錄，更是關乎舊日成功的陳述。換言之，它們的出現乃為對比以色列人現在迅速失敗的光景。出現在第二個前言中的約書亞事迹，具有一些顯著的特徵，使讀者不得不將其與以色列當下的情況相比。

約書亞的事迹，具有以下兩方面的特徵。

第一，約書亞設立井然有序的領導階層。士師記二章 7 節記載了那些在約書亞死後仍然存活的眾長老。

第二，約書亞為事奉的文化，設立了典範。「事奉」一字在短短的經文中，已經出現兩次。「事奉」因此成為所有人和士師的量度標準。極佳美地，如二章 7 節的描述，當約書亞在世時，百姓都事奉耶和華。然後，作者繼續在二章 8 節，稱約書亞為耶和華的僕人。實際上，約書亞記二十四章 29 節和士師記二章 8 節，同樣稱約書亞為「耶和華的僕人」。這兩段經文又與申命記三十四章5節平行。這幾處平行經文具有非常重要的涵義。換言之,約書亞和摩西的生命,乃具有「耶和華的僕人」的標準和特徵。因為他們事奉!他們是所有以色列領袖被評價的典範。更確切地説,約書亞是非凡的僕人。約書亞以正確的激勵,也就是他的品格,來啟示和鼓舞以色列人。

似乎,回憶過去的約書亞仍然不夠,作者藉著提及仍然在世的迦勒(士一9～13),清楚説明這些傳奇人物的英雄本色。根據民數記十三章26至33節,約書亞和迦勒是摩西時代窺探迦南地的探子。他們兩位疾呼以色列人,進入應許之地得取上帝的祝福。他們誠然是以色列所當仿效的標準典範。太早放棄,導致以色列的失敗;以色列毫無約書亞和迦勒所具有的堅忍和勇氣。沒有遵循領袖的足迹,以色列選擇了不需付代價的捷徑。縱使迦勒仍然在世,以色列還是沒有從先祖的腳蹤有所學習。至終,約書亞和迦勒提醒以色列,勿忘摩西所流傳的遺志和耶和華釋放以色列人出埃及的救贖。似乎這種活生生的提醒,還是無法激勵以色列履行她的責任。

在顯出約書亞如此不尋常的佳美榜樣之後,作者開始顯示墮落入混亂狀態的以色列。領土慢慢開始瓦解,而下一代(即「後裔」)更顯迷失。下列導致以色列失敗的三步驟,與約書亞時代成為直接的對照。

第一,當約書亞所興起的長老,未能克盡職責地教導下一代時,以色列便走向了失敗的第一步。士師記二章10節明説,興起的世代不認識耶和華,也不知道耶和華為以色列人所行的事。這與約書亞的世代截然相反;因為當約書亞在世時,百姓事奉耶和華,而長老也見過耶和華為以色列人所行的大事。然而,除非以色列人知道上帝的律法所具有的道德和宗教標準,否則他們如何知道邪惡呢？[19]

第二，作者更進一步定義「不認識耶和華」的意義。士師記三章 8 至 9 節記載，以色列人向耶和華哀求。在這記載中，作者清楚表明，認識耶和華是超越對上帝的表面信心。上帝的標準已在祂的話語中清楚啟示。無可置疑地，以色列知道上帝的標準，但卻執意不理，她選擇離棄上帝。[20]

第三，以色列最後以外邦別神取代耶和華。在三章 8 節，當耶和華的忿怒向以色列人發作時，離棄耶和華的後果，便快速地為以色列帶出致命的影響。二章 12 下半節明說，以色列人跟從別的神。[21] 敬拜者的集體無知，終於引導他們陷入敬拜偶像的歧途中。至此，作者的觀點清晰了然。健全的敬拜，建基於真實知識的應用。不健全的敬拜，勢必讓上帝傷心！可見，信仰的傳遞必須兼具理性認知和生命經驗的雙重層面。沒有行動的知識是死的，但沒有知識的行動更加危險！

以色列人不但不事奉上帝，也不順服上帝的命令。實際上，不事奉和不順服，緊密相關。藉著這段有關以色列的敘述，作者帶出三項教導。

第一項教導：作者在士師記二章 17 節，使用淫亂的隱喻，描述以色列的不順服。這是一種道德性的隱喻。淫亂是聖經用來描述不忠實的終極隱喻；因為上帝起初的心意是要使性成為聖潔，並且只能在彼此委身的男女之間分享。因此，淫亂完全違犯這種聖潔。作者的隱喻也深切地反映當時的文化。在聖經中，有一種專門用來描述宗教聖妓的術語（例如，創三十八 22），但二章 17 節的用字，卻與這種專用術語完全不同。[22] 可見，即便根據迦南人的習俗，以色列人的敬拜可能是一種神聖的儀式；但是，上帝卻反諷地將以色列人的行為，稱為最低級的淫亂。他們的錯誤敬拜，必然招致一種向下墮落的惡性循環。三章 5 至 6 節指出，以色列人娶迦南人的女兒，因此引進更深度的虛假敬拜。婚姻界限的維持，的確影響「後裔」的純淨。淫亂的社會隱喻，現在變成宗教隱喻，帶出上帝對後裔/豐饒與土地的應許受到威脅的暗示。

在地理位置的提示下，虛假的敬拜益發突顯。舉例來說，在一章 33 節的經文中，伯．示麥和伯．亞納兩地，早就並肩出現。這兩個地名都是神明的名字，將在後文的敍述中，帶出重要的貢獻。在這個階段，我們只要注意，外邦異教仍然十分活躍。更重要地，除非這些地點在被擄時期仍然聲名狼藉，否則讀者如何知道這些地方呢？以色列的光景實在令人不敢相信。相反地，在士師記我們看不見耶和華的名字與任何地理位置有關。只有迦南和外邦的神明與地點有關，因為他們的敬拜具有地方性和種族性。人們根據種族的傳統來敬拜。然而，相信耶和華的新宗教，卻與這類宗教完全相反。獨一無二地，耶和華與地點無關，卻與祂的子民相聯繫。耶和華不僅是地方種族或個別地點的上帝。尤有甚者，耶和華是所有以色列支派的上帝，祂統轄所有的地點。一章 33 節的地點，不啻是對於殘餘異教的起訴；因為這些殘餘的異教直至被擄的日子，仍與耶和華的宗教並存。沒有根除這種異教影響，直接輕蔑了耶和華的宗教本質。在以色列的社會中，拜偶像已經成為生活中錯綜複雜的一部分。

第二項教導：作者在二章 19 節，更進一步描述以色列的嚴重光景。二章 19 節指出：「及至士師死後，他們就轉去行惡，比他們列祖更甚，去事奉叩拜別神，總不斷絕頑梗的惡行。」由這節經文，我們看見不順服的兩項要素。首先，他們沒有在生活方式上順服上帝，因為他們的「所行」比列祖更腐敗。他們的生活方向，顯然與他們的信仰互不相容。其次，他們拒絕放棄錯誤的生活方式，暗示他們頑梗的心態。生活方式和態度的同化，一併成為對以色列歷史大有毒害的惡性結合。

第三項教導：作者在士師記二章20節，帶出以色列的後果。在耶和華命令猶大出戰之後，二章20節記載，上帝第一次直接對以色列人講話。在前文二章1至4節，耶和華的使者對以色列人説話。在此，上帝直接對以色列人説話，並且發出極嚴重的信息。這兩處經文形成尖鋭的對比，因為前文中的以色列人大哭悔改。然而，此處並未記錄以色列人對於上帝的憤怒有何回應。以色列人刻意忽視上帝的責備，好像上帝的啟示不再與民族的精神特質有何關聯。因此，上帝論及三個重要的後果。

首先，在二章20節中作者使用「民」(nation)一字，來描述以色列。在希伯來語中，這個字通常被用來描述外邦人(例如，士三1～2)。竟然，以色列變成與外邦人一樣的國家，因為她在宗教上的區分已經不復存在。

其次，二章21節論及，上帝不再逐出以色列的敵人。二章23節顯然把以色列的慘淡光景，與約書亞的光輝時代作出對照。

最後，二章22節指出，耶和華明説：「為要藉此試驗以色列人⋯⋯」因著不順服的緣故，以色列為自己帶來更多的艱苦和試煉。

士師記三章2節提到，耶和華留下敵人不單為了試驗以色列的信心，也為教導以色列學習戰事。在上一代約書亞的時日中，以色列人不需任何戰事經驗，因為上帝總是與他們同在。戰事的學習為士師記的餘下部分，籠罩上一層不祥的陰影。

前言除了展現以色列在征服上的成敗之外，也開始了以色列之間不團結的困擾傾向。這種傾向將在第一個仔細闡述的底波拉戰役中，對以色列產生嚴重的損害。從五章 14 至 18 節的記錄，我們看見忠心響應聖戰的支派。這些支派包括來自底波拉地區的以法蓮、來自瑪吉或瑪拿西的便雅憫、西布倫、以薩迦，和拿弗他利。[23] 在這些志願軍之外，流本、基列或迦得、但和亞設，都留在原地。這種不團結的景況，值得我們將其與約書亞時代的團結一致，作對照相比。有關這方面的研究，容後在與約書亞記的文本互涉觀察中，再詳加討論。儘管約書亞的圖像呈現出，每個支派各盡其職，團結如一國的以色列；但底波拉的戰爭卻讓我們看見以色列的不團結。這個不團結的特徵，將持續出現在士師記的其他故事中。自我利益，似乎是不團結的重要因素。與約書亞的自我貢獻恰成對比，這些支派因自我利益，而留在原地駐足不前。以色列將因自我利益而滅亡。亞伯拉罕的「後裔」現在已經分裂，他們將面臨無法取得上帝所賜之地的失敗結局。

前言也展現關乎對上帝是否忠誠的問題。這個問題尤其顯見於第二個前言中。根據士師記其餘敘述的上下文，以色列似乎不知不覺地墮入偶像的陷阱中。士師記的模式顯示，以色列人時常誤以為，他們可以在人手所造的雕像中找到耶和華。逐漸地，有形的物體愈來愈取代耶和華的地位。換言之，以色列人對上帝的忠誠慢慢分裂，最後終於導致膜拜假神明，並將耶和華全然棄置一旁的結果。然而，在第一和第二個前言的比較下，第二個前言的總結，似乎指出一種黑白分明的圖畫。是否士師記的記載相互矛盾？絕對不是！作者乃是使用這種突出的對照，來例證忠誠的絕對性。忠誠不可分割！從更廣的範圍來看，這項教導一點也不奇特；因為新約聖經有多處經文，也提出相同的教導（例如，太六 24）。

究竟士師記的兩個前言，如何幫助我們解讀士師記的其餘部分？

兩個前言清楚顯示，一種將持續重複的國家模式。兩個前言更進一步預示，那從成功的循環快速降至失敗的循環的另類模式。雖然成功出現在前言開始的部分，但它在上帝的使者定罪以色列的錯誤時，轉瞬消逝。俄陀聶、以笏和底波拉，充分流露成功的傾向；但其他的以色列領袖馬上走向失敗的下坡。它至終回響了即將以結語形式出現的極度失敗。

1.2.3 與約書亞的故事作文本互涉

岡恩（David M. Gunn）和後來的奧爾森（Dennis Olsen）皆指出，士師記作者公然採用約書亞那未完成的使命作為共同主題。[24] 士師記一章 1 節和二章 6 節對於約書亞的重複強調，清楚顯示約書亞的重要性。我們可以理解，為何一些如布雷特勒的學者，因為約書亞記和士師記之間的關係，而認為部分的約書亞記被移至士師記。[25] 畢竟，上帝讓約書亞贏得以色列無限的尊敬和認可。因此，約書亞在士師記前言的背景中扮演重要的角色，這並非是一個令人驚訝的觀察。

一些特別的平行主題，可見於約書亞記的結尾部分。茲將這些平行主題列於如下。

平行主題	約書亞記	士師記
以色列的不團結／合一	二十四 21	一 1
希伯崙被攻佔	十四 6、13、15	一 10、20
俄陀聶攻佔基列．西弗	十五 13～19	一 11～15
便雅憫人沒有趕出耶路撒冷的耶布斯人	十五 63	一 21
瑪拿西的失敗	十七 11～13	一 26～28
以法蓮的失敗	十六 10	一 29

鐵車	十七 16～18	一 19
由南至北的支派名單	十三～十九章[26]	一 30～35

因此，仔細檢視平行的記載，以明白作者嘗試傳遞的信息，就顯得益發重要。本書將由兩方面來進行平行經文的觀察。第一方面，士師記那採自約書亞記的旁徵，值得檢視。第二方面，從文本互涉的角度，約書亞的故事可以進而說明士師記的前言。

讓我們從下列三項觀察來進行第一方面的檢視。

第一方面：未竟之業尚待努力。

當約書亞在世的時候，以色列總是以一個團隊的方式同心努力；因此以色列集體分享所有的成敗戰果。在征服一開始，以色列的團結是非比尋常的。縱使流本人、迦得人和瑪拿西半支派的人，都居住在約旦河以東；但他們仍在約書亞記一章 16 節如此聲稱：「你所吩咐我們行的，我們都必行；你所差遣我們去的，我們都必去。」他們的話語流露一股強烈的團隊精神。當約書亞快要離世之前，百姓在約書亞記二十四章 21 節，同心回答約書亞：「**我們**定要事奉耶和華。」這項集體回答，成為以色列團結的完美例子。誰要事奉上帝，並不是當時以色列人爭論的問題，因為每一個人的服事，都出自甘心和樂意。在此，我們看見以色列的「後裔」團結一致，這無疑代表耶和華的祝福。

那麼，在約書亞的時代，到底以色列有甚麼任務呢？最簡單的答案就是，以色列必須確定他們能夠完全殲滅迦南人的文化（書八 24、28，十 30、32 等）。尤其是鄰近以色列居住地的迦南人，更不容存活。士師記一至二章的成功模式，可見於約書亞記中的平行經文。比利洗人被摧毀（參書三 10），俄陀聶攻取基列．西弗（參十五 13～19），和迦南人被滅絕（參八 24、28，十 30、32），都是明顯的成功案例。更確切地說，征服的工作具有一種「已經發生—尚未完成」（already-not yet）的持續性。士師記和約書亞記有關由南至北之支派名單的平行記載（士一 30～35；參書十三～十九章），就是這項持續性的真實指標。學者發現約書亞記十三至十九章的邊界描述，與烏加列的伊瑪文獻（Emar text in Ugarit），有非常重要的相似之處。[27] 如此說來，這些觀察展現了一項寶貴的神學信息。原來，決定疆界的不是盛極一時的赫人，而是偉大真神耶和華！

另外，希伯崙的攻取，也進一步反映出征服那「已經發生—尚未完成」的持續性。雖然，士師記一章 10 節指出猶大人攻擊希伯崙的事件；但早在約書亞時代，約書亞已將希伯崙給迦勒為業（書十四 6、13、15）。在大部分的聖經歷史中，位於耶路撒冷之南的希伯崙，是一個重要的戰略地點。[28] 與希伯崙有關的幔利，具有非常重要的神學意義。因為亞伯拉罕在此地，遇見宣告殲滅所多瑪的天使（創十八章）。創世記的記載是否預示要完全根除迦南人的神聖審判？再者，希伯崙所擁有的水源，顯示它確實具都市建設的巨大潛能。舊約的讀者必然了解，為何約書亞如此急欲攻下此地區。換言之，當約書亞在世時，希伯崙尚未被征服。[29] 既然這樣，基於實際和神學的理由，以色列必須盡最大的努力取下希伯崙。希伯崙高度地象徵了以色列可能達到的境界。

約書亞記十五章 13 至 19 節，對迦勒的努力多有描述。其中重複兩次的短語「亞衲族的始祖」或「亞衲族的族長」，顯示迦勒的敵人出自強有力的祖先（書十五 13～14）。長久歷史的猛烈戰爭（民十三 22、33），證明了亞衲族非比尋常的戰鬥能力。在迦勒的艱苦奮戰和窺探亞衲族之地的原始記載（十三章）相互輝映之下，約書亞記展現上一代在精神和屬靈方面的堅忍毅力。藉著迦勒和俄陀聶的努力，上帝證實迦勒在窺探迦南地之後的聲稱。當時，迦勒在摩西面前安撫百姓，說：「我們立刻上去得那地吧！我們足能得勝。」（十三 30）

約書亞記的上下文記載了，約書亞將地分給迦勒。然而，因為約書亞已經離世，士師記一章並未特別提及迦勒的分地之事。這個些微的差異顯示出，雖然約書亞發出征服的命令，但以色列延遲許久才執行約書亞的命令。可見，約書亞留下許多未竟之業，有待以色列完成。成就約書亞所展開的使命，是以色列無法推托的責任。就如同迦勒在俄陀聶的大力協助之下，終於消滅強大的亞衲族。

第二方面：耶和華發動的聖戰。

當我們將約書亞記八章再攻艾城的故事，與士師記不願付代價殲滅敵人的懶散相比時；我們發現兩者的對照是生動無比的。在以色列「將一切人口盡行殺滅，沒有留下一個」的重複記載中，約書亞記十章更進一步地證明這項命令的重要性。更重要的是，約書亞記八章，必須以約書亞記七章為背景來解讀。在約書亞記七章，亞干私自留下當毀滅的物，因而犯下大罪。當時，戰爭具有「聖戰」的性質，是為了完成上帝的目的而發動的戰爭。約書亞記七章 13 節，以重複的「自潔」這字詞描述以色列人，顯出亞干犯罪的性質。更確切地說，亞干沒有完全順服，因此冒犯了上帝的聖潔。亞干所取的物，是「永獻」（devoted）的物（書七 13、15 等），具有禮儀或宗教敬拜的涵義（例如，利二十七 28）。亞干違犯了上帝所規定的宗教或敬拜本質，因此上帝說：「因他違背了耶和華的約，又因他在以色列中行了愚妄的事。」（書七 15 下）換言之，殲滅的命令必須完全被遵行，因為它是一種具有立約性質的宗教行動。不順服上帝的命令，就是違犯宗主國王耶和華和祂的臣屬以色列之間的約定。聖戰不容許一般戰爭所獲致的私人利益，因為所有的戰利品都應該首先獻給偉大的王耶和華。然後耶和華再以公平有序的祝福方式，將所有的擄物重新分配給各支派。

第三方面：屬靈的更新與抉擇。

根據以色列歷史，士師記中有多處地理位置都深具象徵意義，但這並非本書的研究焦點。許多學者特別注意到吉甲的重要性。[30] 在約書亞記五章，吉甲是更新立約的地方，所有未受割禮的成人，都在此地接受割禮。顯然，以色列人在曠野時，沒有為自己的小孩行割禮，因此他們持續地違反耶和華的約。吉甲容讓以色列人在征服迦南地之前，更新與上帝的立約。與對約的忠誠恰成反照，約書亞記九章敘述了一段令人困惑的故事。在這段故事中，基遍人欺騙約書亞和以色列人，使他們誤以為基遍人是從遠方而來並且自願成為以色列的奴僕。約書亞記九章 14 節特別提到，以色列人與基遍人立約之前，並沒有求問耶和華。所以，在約書亞記中，吉甲也是以色列掙扎是否忠於耶和華之約的地方。以色列不僅需要在割禮的大事上表現忠誠；甚至在與似乎軟弱的敵人交涉這小事上，以色列仍須表現忠誠之心。吉甲不啻是屬靈抉擇的地點。

出現在士師記二章 1 節的吉甲一地提醒讀者，另一個世代必須更新與上帝之約。但士師記中的以色列並未如此行，因此他們的掙扎愈演愈烈。約書亞在吉甲的一次失敗，導致士師記一章所描述的重複與完全失敗。當吉甲的地名被提出時，耶和華已經忍無可忍。不論地點的屬靈涵義是好或壞，任何一個地點被提名時，作者都試圖藉著與地點相關的歷史錯誤，來警告讀者勿犯同樣的屬靈偏差。對約的忽略，使征服的進展下滑至完全的失敗。

同樣地，被擄之民之所以在巴比倫，主要也因他們不將與耶和華的立約當作一回事。

在檢視過士師記如何旁徵約書亞記之後，我們已經完成文本互涉第一方面的觀察。現在讓我們進入文本互涉第二方面的觀察。究竟約書亞的故事如何可以進而說明士師記的前言？當我們將士師記的前言和在文本互涉上對應的約書亞記並排比較時，我們得出下列的總結。

第一，士師記作者清楚反映，完成約書亞所開始之使命的必要性。對故事中的猶大人來說，每一個世代都必須秉持合宜的信心，跟隨上一代的成功前進。沒有任何一個世代，應該以上一代的成功為滿足。儘管兩代之間必須有信仰的傳承，但每一個時代都必須為自己的信心承擔責任。因為下一代以色列人的生存，完全取決於他們是否忠於約書亞為他們設立的信心榜樣。這並不意味，每一個世代都面臨相同的挑戰。事實上，約書亞記似乎顯示，許多未竟之業的挑戰，正在等待下一代信徒來完成。雖然面臨嶄新的挑戰，但下一代仍然可以遵循相同的原則。這是上帝幫助每一代信徒成長的方式。「後裔」或豐饒的祝福，必須由每一個世代各自認領。

第二，以色列的不順服，與缺乏徹底征服迦南人的努力有關。士師記作者刻意提及一些約書亞記的地理位置，這值得觀察比較。舉例來說，希伯崙的出現是要指出一個必要性，就是以色列人須將迦南人的記憶從迦南地完全塗抹。正如約書亞記十五章15節的底璧，變成士師記一章11節的基列．西弗一樣；約書亞記十四章15節的基列．亞巴，也變成希伯崙。名字的改變，象徵統治地位的優勢。無可置疑地，耶和華藉著祂的子民，宣稱土地的所有權。士師記一章8節顯示，猶大人遵行耶和華的指示。

他們用刀殺了城內的人，並且放火燒城。但以色列遵照上帝的命令而行的時間，卻極為短暫。很快地，以色列就在塗抹迦南人記憶的長期努力上，變得緩慢遲鈍。以色列反而為自己存留一些人力，好為他們做些勞苦的工作。

首先，整個約書亞記的勝利情節，在士師記二章 1 至 5 節的挫敗中完全翻轉。約書亞記五章 13 至 15 節的王子人物，一方面顯示約書亞完全順服的重要性，另一方面彰顯耶和華的權威。下列兩點清楚顯示成敗局勢的倒轉：

1） 當約書亞開始進行征服的行動時，上帝即刻宣告成功的好消息（書六 2）。然而，士師記中的耶和華使者，卻在戰役失敗後才到波金宣告壞消息。其中關鍵在於以色列先行違反上帝的命令。
2） 雖然約書亞記五章和士師記一至二章，都相同地面臨強大的敵人；[31] 但士師記二章 1 至 5 節的結尾，卻帶出失敗的宣告。

其次，約書亞記六章的耶利哥城雖然堅固難摧，但以色列因順服而得勝。反觀，士師記中的迦南人，似乎擁有無法攻破的戰略，但以色列因不順服而慘敗。如此說來，雖面臨相似的景況，卻產生南轅北轍的結果。祝福與咒詛的差別，在於順服。關於使者的記述，充分地說明順服的重要性。

最後，根據約書亞記七至八章，亞干私自留下當滅之物的記載；而士師記一至二章，揭示以色列採取捷徑的藉口。以色列的戰爭變得與世界無異。這些戰爭再也無法代表上帝和子民之間聖潔的宗教立約。縱使偉大的王耶和華已經應許祝福，以色列仍須努力付代價，才能得到上帝的祝福。更重要地，在服從命令上的失敗，代表臣屬的（即以色列）已經暗暗地背叛宗主耶和華。貪圖方便，成為盟約的大敵。以色列的災難，將速速臨到！

第三，約書亞記十五章，對俄陀聶的事迹有較長的記載和較濃厚的強調。士師記未提迦勒的名字，可能是要強調俄陀聶的勇敢。[32] 出現在底波拉故事之前的俄陀聶，可能是所有以色列領袖中，最無瑕疵的士師。但甚至在當時，俄陀聶的動機都令人懷疑；因為他並非出於全然的順服，而是在迦勒以女兒為餌的條件下，才奮戰奪取基列．西弗。士師記的經文也可能暗示，起初無人願意攻打基列．西弗的原因，可能與亞衲族的勇猛有關。俄陀聶認為，得以迎娶長官之女，這吸引力值得他冒性命危險攻打堅城。可見，「對我有甚麼好處」的動機，已經慢慢地滲入以色列的領袖中。在接續而來的敍述中，這種心態將摧毀許多大能的士師。最有可能的是，士師記作者突顯俄陀聶的角色，使他成為士師的典範。

同時，若與其他士師的冗長記錄相比（例如，基甸、耶弗他、參孫等），俄陀聶的篇幅實在不多。這種模式顯示，士師記作者將俄陀聶刻劃成以色列黑暗歷史中的一線希望。然而，這一線希望不過是微光掠影罷了。就在讀者從俄陀聶身上看見希望時，腐敗的領袖所佔的篇幅比例，立刻將所有的希望消除殆盡。因為這些敍述不但逼真並且黑暗。士師記作者特別記錄俄陀聶的功績，為要引發讀者對後面敍述感到失望與不滿。俄陀聶的故事絕對不是美好結局的預示。

第四，將約書亞與基遍人妥協的事件和在約書亞記中其他妥協事件，與士師記中的妥協事件相比時；讀者可以更清楚看見，士師記作者的寫作目的。在沒有廢除基遍人例外事件的重要性和合法性之下，士師記作者試圖從以色列和耶和華的使者在波金相遇的角度，來透視和詮釋以色列人沒有殲滅迦南人的失敗。以色列人不能因為上一代的錯誤例外，就被容許在「例外規則」中生活。按本質來說，例外可以變成先例。並且例外常常在不知不覺中，就成為規則。無法征服迦南地，就是例外變成規則的極佳例證。雖然在約書亞記的一些失敗記錄中，讀者看不見上帝的不悅；但士師記作者卻藉著上帝的不悅，傳遞上帝的原則那恆常不變的信息。上帝對例外沒有不悅，只是因為上帝保留祂的憤怒。如此說來，例外絕對不能被當作先例來看待。並不是所有來自上一代的例子，都值得下一代遵循。

1.3 作為被征服者的以色列：士師記結語的故事

1.3.1 關於以色列失敗的刻劃

士師記的結語，始於參孫的記載之後。結語的故事可依兩條清楚的脈絡觀察。第一條脈絡（十七～十八章）以圍繞兩個利未人的故事為中心。這條脈絡具有個人層面的特徵，這將於後面篇章再加討論。第二條脈絡（十九～二十一章）由三個羣體的角度，將以色列視為一個國家；這條脈絡的觀察將隨後出現。這三個羣體分別是但人、基遍人和便雅憫人。在脈絡的交織中，士師記作者筆下的以色列國具有下列四項特徵：宗教背道、祭司腐敗、目無法紀和自我毀滅。下文將從出自結語的例子，展現以色列的各項特徵。這些特徵把以色列勾畫成「被征服者」的畫像。

1.3.1.1 宗教背道

由一個國家的角度來看，宗教背道是以色列的第一項特徵。

以色列的背道，起因於她的宗教形式。在我們還沒有討論士師記結語的恐怖故事之前，士師記的起頭部分已經顯示，更慘之事即將來臨的預兆。例如，以笏故事中的「以笏」這名字，在希伯來語中具有「尊嚴何在」（“where is the majesty?”）的意義。這個名字表達一種對以笏時代的社會和宗教發出冷嘲的意味。這種憤世嫉俗的看法，與偶像崇拜密不可分。在三章 19 和 26 節中，以笏看到盡是環繞在旁的偶像。士師記作者似乎毫無興趣區分這些偶像是以色列人的或摩押人的。顯然，偶像的混淆與含糊，顯示以色列宗教的混淆與含糊；因此旁觀者再也無法分辨，以色列人和外邦宗教之間相異之處。如此說來，士師記在一開始，就充分回響士師記的結語。現在，讓我們由結語中的兩個例子，來觀察以色列的宗教背道。

第一個在結語中顯示以色列宗教失敗的例子，可見於米迦把宗教私有化的故事。

在士師記十七章 1 至 4 節，士師記作者論及米迦的偶像的起源。當我們將這段經文與古代近東的祭司文獻比較時，我們發現以色列和古代近東宗教儀式之間有許多相似之處。然而，兩者之間有一個最主要的相異點，那就是：古代近東的神，多有可見的圖像；但以色列宗教的上帝，卻沒有可見的圖像。[33] 主要原因乃是，沒有任何一種圖像可以充分地代表上帝。[34]

除了米迦偷竊的罪之外，米迦的母親也過著一種宗教背道的生活。當她發現錢被人拿去時，她馬上口出咒詛。原先，十七章 1 節指出，十二公斤銀子〔編按：《和合本》譯作「一千一百舍客勒銀子」〕被人偷了。[35] 銀子的數目使讀者想起，大利拉背叛參孫時，非利士人答應給大利拉的不義之錢（士十六 5）。這種數目記載的刻意重複，顯示故事情節下所潛伏的邪惡。故事並沒有明說米迦的母親咒詛的內容，她極有可能指著上帝的名發咒詛。因為後來米迦的母親嘗試藉著說：「我兒啊，願耶和華賜福與你」（十七2下），來推翻她的咒詛。這明顯是一個在道德與宗教上徹底失敗的家庭。這個故事顯示一個違反上帝所有律法的家庭。米迦違反第五條誡命的「孝敬父母」，以及第八條誡命的「不可偷盜」。[36] 而米迦的母親也不比米迦好多少。她可能違反第三條誡命的「不可妄稱上帝的名」。關於偷盜的誡命是在十誡的後面部分，卻首先被違反，而緊接著違反的誡命就是「不可妄稱上帝的名」；後者卻是在十誡的前面部分。當敍述往前進展時，罪就像一個嚴重的傳染病一樣到處擴散；因此，剛剛開始的道德失敗，不過顯示另一個宗教失敗的更嚴重問題。

米迦的母親似乎有一個令人可疑的信仰背景。雖然從她為兒子取名的方式來看，她表面具有篤信宗教的外貌；但她的祝福卻顯示，她對於宗教的概念是完全錯誤的。士師記十七章3節記載，米迦的母親將銀子分別為聖獻給耶和華，並且將其鑄成一個偶像。事實上，將某些數量當作許願的禮物獻給上帝，是迦南人的習俗。除了不知道耶和華的樣子以外，米迦的母親顯然不明白迦南宗教與以色列信仰之間的利益衝突。畢竟，她為兒子取的米迦名字，具有「誰像耶和華？」（"Who is like YHWH?"）的意義。這個問題屬於一種修辭的問題，因為答案顯然是「沒有人」。**耶和華絕對不可用圖像來表示**。然而，她所鑄的像將顯示，她具有完全相反的想法。對他們來說，那個「偶像」就像耶和華一樣。她的語言好似虔誠，但她的作法卻顯示她毫無敬畏上帝的生活。

當米迦的母親拿回被偷的錢之後，她取出二千三百克銀子

〔編按：《和合本》譯作「二百舍客勒銀子」〕，雕刻一個偶像。作者並未對其餘的錢多作說明，因為米迦的母親必定將其收為己有。原來，製作偶像的材料選擇與數量，都是她自己決定的！可見她的信仰有多糟糕。她咒詛小偷的作法，也顯出外邦習俗的迹象。較後期的迦太基和希臘的咒詛證據都指出，這是一種十分普遍的慣例。[37] 雖然這項觀察未必相關，但所有這類的咒詛，都具有一個相同的心理特徵：以上帝的名祈願。在故事的一開始，米迦的母親以一種非常模糊和令人可疑的用語提及上帝。而到了士師記十七章13節，米迦如此說：「現在我知道耶和華必賜福與我，因我有一個利未人作祭司。」這個母親糊裏糊塗，而這個兒子則完全遠離正統的祭司傳統。

當米迦藉著在自己屋內設立神堂，和製造自己便於攜帶的偶像時；他便把自己的敬拜私有化了。顯然，宗教的背道愈演愈烈。起初，以色列人在上帝所分別出來的聖所中敬拜上帝。根據士師記二十章26節，以色列人可以來到伯特利，請求祭司為他們尋問上帝。事實上，伯特利離以法蓮山地並不遙遠。但對類似米迦和他的家人的這種人，伯特利顯然太過遙遠；因為他們根本不把敬拜當作一回事，更遑論花費心力來遵守上帝的命令。如同基甸，米迦也製作以弗得。以弗得可能是祭司衣服的一部分。在將宗教私有化的過程中，米迦還分派他一個兒子作祭司。他對此一點也不在意：以法蓮人不能擔任祭司的職分。

在米迦的罪行好似達到高峯時，以法蓮山地來了一個祭司。士師記作者並未提及祭司的名字；要到十八章30節時，他的名字才被揭曉。根據下列米迦和利未人故事的敍述繪圖的前半部分，經文的焦點顯然是利未人。

敘述內容	經文	時間的持續
1） 銀子被偷竊	十七 1～2＝共 2 節	1 日？
2） 失物歸還與雕刻偶像	十七 3～5＝共 3 節	不確定
3） 目無法紀的社會	十七 6＝共 1 節	那時
4） 利未人的來到與同住	十七 7～13＝共 7 節	1 日？

十七章 1 至 13 節描述許多不同的日子。這些不同的日子各自有不同的事件發生；而這些事件也產生了一些悲慘的情況。在利未人來到以法蓮山地之前，故事情節的進展十分快速。然而，士師記作者卻使用七節經文（士十七 7～13），來談論利未人的抵達，以及他被米迦立為祭司的諷刺。若與米迦故事的其他部分相比，這七節經文當屬相當龐大的段落。士師記作者刻意不提及利未人的名字，顯然是以他利未人的身分為焦點。如此說來，故事所關切的乃是他的品格，而不是他的姓名。這位在外旅行的祭司，並沒有前往他可以適當履行職責的地方；他反而停留在米迦的家裏。可見，他個人的安適，實際比他的宗教來得重要。

但支派的五位勇士的窺探行動，也對米迦和利未人發出了更進一步的控訴。非常清楚地，約書亞派探子窺探迦南地的故事，與但支派的窺探行動具有形式上的平行；其中米迦的房子，也與妓女喇合的房子平行對應。[38] 在士師記中，「妓女」一字具有隱喻的層面，超越性方面的涵義。例如，前言中的二章 17 節明說：「他們卻不聽從士師，竟隨從叩拜別神，行了邪淫……」

當故事漸次發展時，年青的祭司被但支派帶走，因此轉而事奉他們。在此處，士師記作者對於但人和利未人的初次接觸，以及他們後來綁架偶像和利未人的事件，具有較多的討論，因此整個敘述的步伐較為緩慢。下列是米迦和利未人故事的敘述繪圖的後半部分，繼續顯明經文的焦點。

敘述內容	經文	時間的持續
5）目無法紀的社會	十八1上＝共1節	那時
6）但人的窺探行動	十八1下～2＝共2節	不確定
7）但人與他們的朋友利未人說話	十八3～6＝共4節	1日或1小時？
8）但人窺探拉億	十八7＝共1節	不確定
9）窺探行動的報告	十八8～10＝共3節	1小時？
10）但人武裝前往米迦的住宅	十八11～13＝共3節	不確定
11）進入米迦的住宅，綁架偶像和利未人	十八14～21＝共8節	1日或1小時？
12）但人與米迦對質	十八22～26＝共5節	不確定
13）攻取拉億	十八27～28＝共2節	不確定
14）但人和米迦所作的雕像定居在拉億	十八29～31＝共3節	「上帝的殿在示羅多少日子」（十八31），即很長的時間

有些事件的時間不確定，但顯然需要極長的時間來執行（例如，士師記十八章1節下至2節的窺探行動）。若與這類經文相比，但支派的勇士與利未人那兩次可笑的接觸，必然都發生在少於一個小時的短時間內。然而，作者使用四節經文（士十八3～6），來描述第一次接觸，然後更進一步使用八節經文（十八14～21）描述第二次接觸。最後，當但人掠奪米迦的屋子，並且為利未人提供工作時，這位年青祭司那令人震驚的回應，實在生動至極。整個情況駭人聽聞，因為但人首先要祭司閉口，根本不

把他當作事奉上帝的人。然後，但人提供工作給利未人。這位被錯待的利未人，不但沒有拒絕他們荒謬的提議，反而「心裏喜悅」(十八 20)。一方面，他的選擇使他避過六百位武裝戰士的攻擊；另一方面，他在祭司的職位上得到高升。不過，根據當時的情況，「心裏喜悅」的確不是一個正確的屬靈抉擇。這位利未人終於沉沒至屬靈姦淫的深淵。對作者來說，年青祭司從來不曾自由過。因為如果他不事奉上帝，他就事奉別人。誠然，事奉上帝的利未人，理當得工價。但這位利未人卻在米迦的手下工作，而領取報酬。從淫亂的角度來看，利未人與米迦別無兩樣。當利未人從錯誤的職業中賺錢時，他已經玷污了他的職分。而米迦的屋子就像一個大妓院一樣，他雇用了成為娼妓的祭司，大作宗教生意。

第二個在結語中顯示以色列宗教失敗的例子，可見於但人搶奪偶像的事件中。

終於來到米迦屋中的但人，不但搶奪婦孺，牲畜和財物；並且將偶像和祭司一併帶走。他們的行動顯示，他們相信這些可憎之物，能夠幫助他們贏得戰爭。如果「米迦的家庭是一個妓院」的這個主題持續存在，那麼但人現在已經成為祭司的新主人。他們現在足有資格經營妓院。米迦個人的姦淫，竟然帶出一個支派的姦淫。宗教背道的底線，就是違反盟約。一直以來，「妓院」的隱喻都指向家庭的破裂；而家庭的破裂，至終將導致後裔/豐饒之祝福的破裂。至終，蒙耶和華祝福的土地，也將全然失丟。

1.3.1.2 祭司腐敗

由一個國家的角度來看，祭司腐敗是以色列的第二項特徵。再次地，讓我們從結語中的兩個例子，來觀察以色列的祭司腐敗。

第一個在結語中顯示祭司腐敗的例子，可見於描述利未人約拿單的經文。

作者藉但人和年青利未人的對話，向兩者的罪惡發出更進一步的控訴，因而使他們的對話，更加令人好奇。他們的初次對話，發生於米迦在屋內設立偶像之後。五個但人勇士發現米迦的年青祭司，因此問他：「誰領你到這裏來？你在這裏做甚麼？你在這裏得甚麼？」（士十八 3）這五個人顯然認識這位年青祭司。實際上，應該是祭司以嚴肅的責備，詢問這些人上述的問題。畢竟，這些但人不懷任何好意。為甚麼一羣以色列人，要來窺探另一個以色列人的家庭呢？

尤有甚者，在這種令人好奇又棘手的情況中，年青祭司的答案更是異乎尋常。他在十八章 4 節，提到他的老闆米迦：「米迦待我如此如此，請我作祭司。」[39] 顯然，作者繼續以反諷和嘲笑的方式使用雙關語；因為如果我們思想米迦的名字所具有的意義，利未人的古怪答案，就不足為奇了。米迦的意思就是「誰像耶和華呢？」極其諷刺地，在年青利未人的眼中，米迦已經取代了耶和華。既然米迦承接了老闆的角色，他就成為利未人眼中的耶和華。可見，在最褻瀆上帝的方式下，米迦這個人成為他的名字所提出之問題的答案。然而，如果我們更深入地觀察當時的社會情境，以色列的祭司實際是以色列人的反映。如果以色列人敬拜別的神，並且沒有將奉獻獻給耶和華；那麼耶和華的祭司將無法得到肉類和食物的供應。因此，他們將以任何可能的方式，來謀求生存。這麼說來，在本質上，利未人的貪婪成為對以色列人的控訴。無怪乎，在這個故事中，無人可以逃脫罪咎。

第二個在結語中顯示祭司腐敗的例子，可見於無名的利未人

（士十九1）。

這位無名的利未人與年青的約拿單，都有一些相同的特徵。換言之，他們都漫無目的地四處遊走，並且停留在他們不該停留的地方。因此，他們個人的行動抉擇，為他們招惹了不少災禍。這位利未人顯然對自己的聖召使命毫不在乎。他娶妾的婚姻，揭示他心中老是想著一夫多妻的生活。幾乎在每一個案例中，妾總是從妻子中被挑出來找麻煩。利未人的妾並沒有惹麻煩，但麻煩好像總是跟她的處境有關。在士師記中，凡娶妾的士師都為國家招惹麻煩（參基甸及亞比米勒）。這位無名的利未人，也沒有道德抉擇的能力。他對妾的態度冷漠無情，實在令人髮指。最諷刺的是，他本應幫助以色列在敬拜中連結，但他卻使以色列在戰爭中連結。

1.3.1.3 目無法紀

由一個國家的角度來看，目無法紀是以色列的第三項特徵。目無法紀的例子，在結尾兩個利未人的故事中處處可見。讓我們由五個例子，來觀察以色列的目無法紀。

第一個在結語中顯示目無法紀的例子，可見於米迦的家庭中。[40]

士師記十七章6節以公式化的定罪，暫停了敍述的發展：「那時以色列中沒有王，各人任意而行。」當我們觀察米迦故事的敍述繪圖時，這節經文扮演了一個非常重要的角色。

這節經文不但簡短，並且中斷流暢的敍述。它以短短幾個字，描述一段非常漫長的時期「那時」。在這個古怪的地方，提到這節敍述速度迅捷的經文，實在非比尋常。雖然作者好像沒有因為提到「那時」，而放慢敍述的速度；但整個故事其實是「那時」的最佳定義。換言之，米迦的故事是目無法紀任意而行的十足樣本。

在極盡的嘲諷中，米迦的名字實際代表「誰像耶和華？」的意思；他與米迦勒（Michael）的名字非常相似。然而，米迦的生命一點也不像耶和華，因為他在單一事件中，就違反了耶和華賜給以色列的所有律法。士師記十七章 1 至 2 節的故事引言，便顯示了一個發生在家中的普通偷竊。偷竊的記錄非常戲劇性，因為它並沒有解釋偷竊的細節；卻在幾句短短的措辭中，顯示罪行的嚴重性。小偷米迦在故事的一開頭就承認：「你那一千一百舍客勒銀子被人拿去了，你因此咒詛，並且告訴了我。看哪！這些銀子在我這裏，是我拿去了。」在這個例子中，行動不如記錄的話語來得響亮。「拿去」一詞出現了兩次，這將讀者的懷疑一掃而空；這的確是一個公然的偷竊行為。然而，米迦把偷竊的銀錢交還，乃是出於懼怕，而非為了順服。

第二個在結語中顯示目無法紀的例子，可見於但人搶奪米迦屋子的事件中。

在這個例子中，作者沒有留下定罪的紀錄。但這個例子被定罪的公式所中斷：「那時，以色列中沒有王。」（士十八 1）這個沒有記錄下來的定罪，似乎邀請讀者自己填下空白。更確切地說，整個但人的搶奪事件，就是「各人任意而行」的最佳例證。這個故事的中心，就是但支派與事奉小偷米迦的年青利未人的相遇（十七章）。作者暫時離開米迦的家庭，並且同時一瞥但支派的腐敗。士師記一章的刻意回響，流露作者連結前言和結語的關切（一 34）。按時間先後來說，前言和結語同屬一個時期。另外，支派失敗的徵兆在前言和結語中，也同樣明顯。只是結語中的失敗，比先出現在一章的失敗更加嚴重。一章 34 節中的但人已經非常軟弱，因為他們無法完全攻佔亞摩利人的地區。因此他們必須快速地尋找帶有資源的土地。為了解決無法攻下亞摩利人的問題，但人採取下列幾種邪惡的解決方式：收集情報、搶奪利未人和偶像，以及征服佔領。整個故事值得反思，因為它描述米迦和但人遠離耶和華的信仰光景。實際說來，耶和華的信仰是一種國家的和彼此負責的宗教。

在米迦和但人的故事中，宗教成為被私有化的東西；就如同外邦人的家中有神堂一樣。以色列真是拼命地想要仿效她的鄰居。以色列的信仰應該是集體的、公眾與國家的；因為耶和華要每個人都以社羣的生活來表現信仰。耶和華的宗教律法比較注重集體和公眾的層面，自有其原因。原來，宗教私有化的危險，在於容許個人有這類不合上帝心意的敬虔表現，以致落入敬拜偶像的陷阱。[41] 宗教因此成為便利之事，而非個人的委身。[42]

另外，但人尋找可居之地的方式，首先窺探其地並且確定一切都按照計劃而行。而情報的收集，就是預備工作的一部分。在這個故事中，但人告訴五個勇士：「你們去窺探那地。」(士十八 2) 可見，但人沒有讓任何一個地方，逃過他們的眼目。與約書亞記的記載頗為相似地，他們也抵達米迦的家中，並且在那裏過夜。當但人再度回到米迦家中時，五個勇士向但支派的人，提出了極其邪惡的建議：「這宅子裏有以弗得和家中的神像，並雕刻的像和鑄成的像，你們知道嗎？現在你們要想一想當怎樣行。」(十八 14) 與上帝所設立的道德規範完全衝突，這五個勇士無疑假設，他們的兄弟知道要搶奪這個家庭。這個搶奪的故事幾乎可在此結束；但搶奪之後的逃脫，顯然讓這個故事的結局更刺激。

十八章 21 節繼續描述，他們在轉身離去時，把婦孺和牲畜、以及財物，都放在前面。這項行動顯示，但人極度的高傲。顯然米迦花了一些時間，才集結足夠的人力來追趕但人。當米迦終於趕上這羣惡徒時，但人竟然囂張回答：「你聚集這許多人來做甚麼呢？」這羣惡徒明顯毫無悔意。同樣不敬虔的米迦，勇敢卻愚昧地聲稱，這些偶像是他作的（士十八 24）。米迦的答案流露出他信仰偏差的嚴重程度。他明明願意為這些死的神像和不合法的祭司，冒著性命危險。當米迦與但人對質時，但人竟以暴力的威脅回答：「你不要使我們聽見你的聲音，恐怕有性暴的人攻擊你，以致你和你的全家盡都喪命。」（十八 25）雙方不顧一切、全力地維護自己的面子，並為自己的罪惡尋找藉口。這場介於米迦的家庭和但人之間的小型內戰，實在奇怪；不啻顯示地受到咒詛。耶和華原本的心意，是要土地成為以色列的祝福，使以色列人能夠全然征服祂所賜予的迦南美地。以色列本應同心征服敵人；現在，偶像導致以色列支派彼此爭鬥。這段故事中的財物喪失，鮮活地證明了一項更大的議題：喪失耶和華祝福的土地。

在取得他們的祭司和「神明」之後，但人轉向平靜安寧的拉億。拉億是但人可以享受戰利品的最佳之處，因為他們不費吹噓之力，即可攻下這個毫無防備的小城。當士師記作者提及拉億時，已經過去的戰役只成為作者筆下幾許生動的描繪。在士師記十八章一開始，但人還在尋找可居住的地業。然而，十八章的內容，卻大部分集中於但人和米迦之間的衝突。但人征服迦南地的起初目標，顯然已經失落。事實上，拉億的戰役並不在原本的計劃中，拉億的攻取只因她太容易被攻下了。[43] 但人不但比拉億的居民聰明，更在人數上佔盡優勢。拉億居民的無助，在十八章 28 節的重複措辭中突顯：「並無人搭救；因為離西頓遠，他們又與別人沒有來往。」拉億的居民沒有任何倚靠！根據上帝立約祝福土地的角度，但人攻取拉億的方式，不禁讓人懷疑到底整件事件，如何能夠得到上帝的祝福呢？

總的來說，但人得到了**他們**所想要的一切。在十八章1節和十七章6節的比較下，「各人任意而行」的要素，沒有出現在十八章1節中。十八章1節只是直接宣告，以色列中沒有王。可見，作者刻意以十八章為「各人任意而行」的例證。作者的焦點並不在於人的王權，而在於人的任意而行。與其寫下公然的陳述，十八章2至31節藉以色列人的行動，生動地闡釋「各人任意而行」的涵義。如此說來，這個故事並不是一段普通的征服故事，而是針對但人的嚴重控訴。

由但人的故事，我們可以清楚看見下列幾項要點。

第一，但人試圖為他們的野心，尋找合法性。

第二，但人的故事導致虛假的敬拜。

但人的故事生動證明，各人任意而行所產生的悲慘後果。這個故事描述了，但人如何嘗試合理化自己那毫不合法的行動。整個故事的總綱教導，就是當人需要合理化自己的行動，或為自己的行動尋找藉口時，這些藉口常是不義的理由。當但人愈努力合理化自己的作為時，他們愈陷入錯誤的行動！

第三個在結語中顯示目無法紀的例子，可見於利未人在基比亞的遭遇。

這個故事仍以公式的形式出現：「當以色列中沒有王的時候」(士十九1)。顯然，作者再次邀請讀者自己填上「各人任意而行」。換言之，士師記十九至二十一章整個令人噁心的敘事，也是目無法紀任意而行的例證。在所有聖經敘述中，士師記最後一個敘事或第二個利未人的故事，當居最噁心與最醜陋之冠。這個故事從一個與妾一起旅行的利未人開始；他們一起來到便雅憫人居住的基比亞。在他們進入基比亞之後，一系列的暴力和不幸事件開始發生。作者描述事件的方式，充分流露便雅憫人和這位利未人的品格。雖然基比亞屬於以色列的城市，但作者筆下的基比亞，卻一點也不安全。當利未人和妾抵達基比亞時，他們發現城裏的廣場空無一人。空洞的廣場，揭示了城市可怕的犯罪率。通常，城市的廣場應該具有社羣、文明與地方建設的意味。然而，竟然沒有人膽敢在夜晚駐足於這個文明的地方。那麼，極自然地，也沒有人敢在夜晚之後，為任何陌生人開自己的家門。

此時此刻，以色列看重地理上的連結，勝過約的關係。因此，支離破碎的以色列，無法在約的關係上成為統一的國家。基比亞的老年人接待利未人，因為他們都是以法蓮山地的人（士十九16～21）。基比亞的居民雖是以色列人，卻沒有持守約的關係。他們將利未人和老年人視為寄居者。如今，如同地理位置的社會標準成為以色列的生活導引；上帝的約所設立的標準，不再被以色列所重視。竟然，以色列成為自己的首敵，因為她不但在宗教習俗上被外邦化，她的社會也顯然支離破碎。

當城裏的男人想要與利未人發生性關係時，利未人和妾的惡夢很快就要臨到他們。舊約聖經對於同性戀行為的公然定罪，繼續出現在新約聖經。基比亞的老年人在十九章24節所說的「醜事」，只是根據他自己的道德法規而作出的判斷；因為這些男人將對女人行使的性虐待，同樣不合法。大概他的道德法規認為，強姦一個女人不像強姦一個男人那麼噁心。[44] 我不同意一些最近普受歡迎的社會科學評鑑法（social scientific criticism），他們將這些罪犯視為反社會行為的極端分子。[45] 他們誠然是反社會的。但那些來自其他性關係和強姦詞彙的語詞證據，卻顯示不同的看法。[46] 在聖經其它地方的強姦案例（例如，底拿和他瑪），並沒有使用完全相同的詞彙。尤其值得注意的是，這個事件與故事剛開始利未人用話打動妾回頭之事件的相互對照。雖然利未人的舉動不合上帝的心意，但他至少仍然局限於異性性關係的範圍內。作者明顯強調，這些男人所作的不僅是性行為，**並且**是反社會的行為。而未經雙方同意的性行為，更是加深了這些男人的邪惡。無恥之徒的大力敲門與高聲喧嚷，無疑強調他們邪惡的意圖（士十九 22）。恰與利未人的岳父成反照，基比亞的居民待他們如同異鄉人一樣。他們沒有任何親屬在基比亞，因此受到完全不同的對待。基比亞這個城市就像一個獨立的城邦一樣，與其餘的以色列完全疏離。[47] 基比亞的土地成為咒詛。而上帝的子民，也與迦南人十足相像。在這種情況下，他們危及了上帝給亞伯拉罕的後裔的應許。

從基比亞居民集體目無法紀的角度來看，熱誠待客的老年人也非完全無辜。雖然老年人意圖保護利未人和妾，但他犧牲較弱家庭成員（即女性）的作法，卻是根據自己的行為法規。經文刻意壓制女性的意見，以證明女性在社會中的低微地位。他自動奉獻他的女兒和利未人的妾，好使匪徒可以任意而行。十九章 24 節的希伯來語可以直譯為：「他們看為對的事」（"what is right in their own eyes"）。在此，我們看見一個老年人作自以為對的事。他將自己的女兒和客人的妾送給匪徒，讓他們作他們看為對的事。可悲的是，從這幅圖畫中，我們看不到一件對的事。

後來到底發生甚麼事，經文沒有清楚的說明。但顯然有人將妾拉出去，交給匪徒。將妾交給匪徒性淩虐的男人，似乎比較可能是利未人，因為十九章 24 節稱利未人為「這個人」。如果真是如此，那麼這個利未人只是要向願意犧牲自己女兒的老年人，顯示互惠。整個事件的行為標準，清楚來自迦南的家長制，而非耶和華的律法。換言之,社會與個人的抉擇,而不是上帝的律法,成為道德抉擇的指引。顯然,這羣邪惡的匪徒並不在乎性行為的對象。不論種族、性別與地位,任何人都可以成為他們發生性關係的目標。在妾被性淩辱與殺害之後,妾的肢體被切成十二塊送到以色列全境。以色列的內戰就此爆發!

在雙方災情慘重的恐怖內戰之後,便雅憫人幾乎完全被殲滅。參與內戰的以色列人,竟然以不准便雅憫人娶他們的女兒繼續犯錯。因為他們的決定,將導致便雅憫人從以色列國中消失這個可能的悲劇。放聲痛哭與哀號,隨之出現。以色列人的大哭和獻祭,使讀者想起前面的二章 4 至 5 節。在二章 4 至 5 節中,上帝斥責以色列,那是以色列墮落的開始。而在此,上帝卻沒有對痛哭的以色列說話。上帝的聲音慢慢地消失。整卷士師記被開始與結尾的兩次痛苦所圍繞。它以眼淚開始,也以眼淚結束。目無法紀導致眼中無上帝,最後引來上帝的咒詛。這個故事的結尾,將有更多的血浴戰鬥;因為現在以色列人必須用武力,為便雅憫人尋找妻子。

以色列現在找到了那些拒絕參與對抗便雅憫之戰的基列.雅比人。基列.雅比人顯然薄弱許多,他們竟然成為以色列人解決便雅憫問題的答案。以色列以對待便雅憫人的方式,來對待基列.雅比人。換言之,基列.雅比人沒有犯便雅憫人的罪惡,卻被處以相同的刑罰。更悲慘的是,便雅憫支派還有六百名男丁存活,但基列.雅比人除了處女之外,全被擊殺。可見,便雅憫支派還有男人可以繁衍他們的後代;而基列.雅比人卻不再有任何指望。從這個角度來看,雖然基列.雅比人沒有護衛強姦犯或謀殺者,但他們所受的刑罰卻比便雅憫更為嚴重。極為諷刺地,經文從未指出,基列.雅比人犯有任何比便雅憫人更嚴重或大膽的罪。儘管以色列人幾乎將便雅憫人當作迦南人，但他們完全將基列．雅比人當作迦南人。這次攻擊的惟一動機與公義無關，只為尋找一些「處女」。二十一章12節強調，這些處女不曾「認識」（希伯來語）男人。這個字回響了十九章22節那些想要和利未人交合的基比亞居民。如此說來，以色列在基列所行的，不就像基比亞居民所行的一樣嗎？藉著性詞彙的平行，作者顯示出，搶奪這些處女，與基比亞人企圖強姦的罪，同屬一個範疇。

第四個在結語中顯示目無法紀的例子，與家人死亡的情況有關。

讓我們先假設利未人有權報復，並且基比亞人的確殺了他的妾。在一般的舊約聖經律法中，血仇的糾紛必須先指定一位家庭的血仇報復者，以進行司法的程序。若與其他比較不明確的血仇報復方式比較，舊約聖經的方法顯然十分公平。舊約的司法過程，乃是由第一個男性親屬開始。在這個例子中，男性親屬應該是利未人。然而，他讓個人的事情，牽涉了整個國家。在其他古代近東文化的證據中，我們看見一種根據情況而定的解決公義方式。[48] 沒有一種文明，具有像聖經這麼明確的律例。更確切地說，士師記作者主要記載的是非以色列人處理死亡的方式。利未人處理家人死亡的方法，顯然不是以色列人的慣例。聖經的制度，盡量避免對社會結構造成傷害；而這個故事中的利未人，卻尋求對社會結構造成最大的傷害。

第五個在結語中顯示目無法紀的例子，可見於以色列人對待示羅跳舞之女子的方式。

女性的儀式在士師記中，佔有令人驚奇的重要角色。女性的儀式已經模糊地以負面的形式，出現在前面的耶弗他故事中（士十一40）。[49] 既然耶弗他故事中的儀式，與悲劇有關；這個跳舞的特殊事件，也傳遞了同樣的悲劇意味。這些女性成為另一樁悲劇的演員。雖然這些儀式的性質可能無害；但在公眾面前的表演，卻為女性帶來極大的安全問題。儘管社會容許甚至鼓勵這種儀式，但社會並沒有為這種儀式的安全性，提供必要的保護。邪惡以色列人所到的地點，更突顯他們對上帝的全然不尊重。士師記二十一章 12 節指出，以色列人將四百個未嫁的處女帶到迦南地的示羅營。根據約書亞記十八章 1 節，示羅是會幕豎立的地方。約書亞記的作者，藉著地理來描述聖所的位置。然而，士師記二十一章 12 節竟然明指示羅在迦南地。[50] 這個時期的其他地理資料顯示，示羅的確在以色列的領土範圍內。而約書亞記十八章 1 節，則清楚陳述以色列已經得取示羅的事實。更確切地說，地理位置的暗示，顯露上帝的聖所已經採用一些迦南人的儀式；因此，示羅好像位於迦南地一樣。如此說來，迦南不僅代表一個地理位置，它更是衡量國家屬靈光景的尺寸。

再次地，以色列的迦南化將產生悲慘的後果。模仿迦南人敬拜的女子，將遭受苦難；而犯下大罪的便雅憫人，也將在歷史書上留下污名。這些以色列人一點也不將上帝的聖潔和公義放在眼內。相反地，他們在光天化日之下公然的在上帝的聖所，犯下駭人聽聞的罪行。他們對於上帝，毫無懼怕之心。更糟的是，所有的以色列人都起誓，不將女兒嫁給便雅憫人作妻子（士二十一1）。因此，他們向拒絕參戰的基列．雅比人襲擊（二十一 10）。然而，示羅的女子並不包含在基列．雅比的女子中間，因為基列．雅比在約旦河以東。而示羅則位處以法蓮和瑪拿西之間。那麼，到底這些女子屬於哪種人呢？當我們按字義解釋二十一章 1 節時，這些女子就指外邦女子而言。這些外邦女人究竟在示羅作甚麼呢？她們為甚麼在示羅舉行女性的儀式呢？是否這些迦南人的儀式，已經和耶和華的宗教融混在一起？士師記作者顯然為讀者留下思想的空間。所有這類的活動，都令人懷疑。「示羅的女子」無疑具有異教意味，因為士師記作者將她們與一個特定地點連結在一起。我懷疑，這是耶和華的信仰和迦南人的宗教融合在一起的開始。更重要地，這個情勢使得上帝對亞伯拉罕的後裔的應許，在許多不同的方面都受到危及。

既然便雅憫人懷著明顯的意圖，到示羅去搶奪跳舞的女子，基比亞的事件顯然更進一步地在國家的層面上重演。不論這些示羅女子同意與否，他們被迫成為性和繁殖的工具。男性的尊榮，成為這整個事件的惟一關切。女性的權利一點也不受尊重。可見，本來要懲戒基比亞男人的意圖，不但陷以色列於犯同樣罪惡的下場，還鼓勵元凶更進一步地犯罪。因十九章幾個性變態者對妾的性侵犯，引發整個國家搶奪處女的事件。顯然，整個以色列的力量都被浪費在錯誤的方向，因此悲慘的後果成為他們的結局。一個錯失上帝的祝福的國家，必然成為自己的咒詛。以色列竟然成為自己的首敵。強姦這些女子，對於家庭的建立並沒有正面的益處；因為這種行為破壞了家庭正常延續後代的方式。上帝意欲藉者正常的方式，帶出亞伯拉罕後裔的心意；更遑論，上帝所應許的後裔，將成為以色列未來的拯救。宗教的融合非但不能讓以色列人與迦南人有所分別，還消除了以色列人所具有的獨特身分。

1.3.1.4 自我毀滅

由一個國家的角度來看，自我毀滅是以色列的第四項特徵。讓我們從結語中的兩個例子，來觀察以色列的自我毀滅。

第一個自我毀滅的例子，可見於作者對於基比亞的描述。

根據研究，基比亞是一個四面圍有城牆的城市。[51] 換言之，基比亞對於入侵者有極佳的防範。然而，有堅固城牆保護的城市廣場，竟然成為危機埋伏的地方。基比亞似乎成為自己的敵人，因為它必須防備自己城內的侵犯者。建築的設備，無法拯救基比亞。以色列已經成為自己的首敵！士師記十九章 22 節如此描述：「城中的匪徒圍繞房子……」希伯來語的「無賴之徒」〔編按：《和合本》譯作「匪徒」〕，可以直譯為「彼列的兒子」（sons of Belial）。這種描述顯示，基比亞的這些男人極其邪惡。在舊約聖經中，彼列與死有關；而在新約聖經中，彼列是撒但的同義字（例如，申十三 13；撒上二十五 17、25；參林後六 15）。換言之，這些人的邪惡當被處以極刑，因為他們的行為直接違反聖經關乎道德潔淨的規範（參出二十二 21）。[52] 他們對利未人的妾的強姦殺害，和他們不願以異性交合來繁衍後代的邪惡，都足使他們的名字從天下被完全塗抹。從較狹窄的層面來看，他們放棄了參與繁衍耶和華所應許亞伯拉罕之後裔的權利。

第二個自我毀滅的例子，可見於便雅憫人的戰役。

頗奇怪地，以色列人向上帝求問的方式，竟然與一些征服的戰爭記錄相似。三次的戰役和與其有關的禱告顯示，以色列為了引發內戰，他們錯誤地團結在一起。當基比亞人與所有外來人爭戰時，以色列也將他們視為外來人。他們不僅是互不說話的兄弟，他們還以毀滅對方相互威脅。他們不但沒有從迦南攻取土地，反倒互相征服。

觀察至此，我們應當針對但人的故事和士師記其餘部分的關係，有個重要的總結。到底結語的但人故事，對士師記其餘部分的解讀有何幫助？

但人的故事是一個十足的諷刺，應該與參孫的故事，甚至底波拉和基甸的故事相比較。這種建議並不表示，在原來的歷史情境中，參孫的事件必須先於但人的事件。因為如果作者帶有文學的寫作用意，那麼事件發生的時間先後，就不是最重要的考慮。事實上，在十六章和十七章之間，並沒有任何時間次序的標示，來說明哪一個事件先行發生。藉著地名和人數的使用，作者嘗試帶出參孫的故事和這些但人之間的比較。兩者的對照為讀者帶出，一些錯綜複雜的詮釋可能性。

在但人的故事中，我們看到為數六百的但人，帶著兵器預備搶奪米迦的屋子。當五個人進入米迦的屋內，搶奪雕像時；這六百個人站在門口守衛，好像其他軍隊會來干涉他們愚昧的行為一樣。六百這個數字的重複出現，不啻強調整個情況的極致荒謬。這些人是來自那埋葬偉大的參孫之地的（士十八2，11；參十六31）。然而，他們不是參孫！在最高級的諷刺筆法之下，作者顯示他們恰是偉大參孫的反比。大有能力的參孫可以一次擊殺三千個非利士人；而這些只要搶奪一個普通家庭的但人，卻需以荒謬的人海戰術來展現優勢。他們到底在怕甚麼呢？這根本就是一場毫無價值的虛假戰役。這些無賴之徒假借上帝的名，玩弄戰爭的遊戲。他們根本不是當真的戰士。他們不過是一羣依靠數目優勢的懦夫！除了不像參孫之外，他們也不像底波拉或基甸；因為他們只想到人的力量，完全忘記了上帝的方式。這六百個人只是突顯了他們毫無必要的誇張心態，以及大有問題的信心。但人是終極的懦夫。整個但人的事件，是一樁最諷刺的歷史笑話。

那麼，在結語中的便雅憫支派的故事，又對士師記其餘部分的解讀，有何幫助？

第一，便雅憫支派的故事，可與許多士師作比較，如以笏、底波拉、基甸和耶弗他。這個故事邀請讀者將便雅憫支派的人，與來自便雅憫的左手士師以笏（士三 15），相互比較。以笏實在使這一羣便雅憫人，更加無地自容。這羣便雅憫戰士與以笏的惟一連結，就是他們那來自便雅憫支派的身分。事實上，便雅憫人大有問題的道德觀，將使以色列陷入危機。便雅憫人不但沒有使用他們的特殊能力，來拯救以色列；反而向自己的兄弟宣戰。便雅憫人更沒有像以笏一樣，承擔士師的職分；他們執意成為以色列的敵人。他們一點也沒有資格成為士師。他們倒是應該承受容忍罪惡的刑罰後果。便雅憫人和以笏的表面平行，不啻強調便雅憫人卑劣。

從戰爭是否受民眾支持的角度來看，便雅憫支派的故事，值得與底波拉的軍事行動，作更進一步的比較。在與底波拉和巴拉的記載相較之下，便雅憫人向兄弟以色列支派發動戰爭的熱忱，令人震驚。可見，大眾所支持的解決方式，不見得是最佳的答案。儘管底波拉的軍事行動不像支派間的內戰那麼受歡迎；但底波拉的軍事行動，卻使耶和華得到榮耀。便雅憫人的戰爭，純然是種族和宗教的羞辱。

在自發的公義行動上，便雅憫支派的故事可以和基甸與耶弗他的故事相比（士八章，十二章）。而在錯誤的起誓上，便雅憫支派的故事也可以和耶弗他的故事相比（十一章）。這些事在基甸與耶弗他兩人的生命中，成為最黑暗的一部分。在基甸方面，偶像敬拜隨之出現。而在耶弗他方面，毫無必要的習俗驟然產生。這個習俗不但與上帝的法規無關，更與冷血的種族屠殺有關。基甸和耶弗他的可信性，因著這些事件而大受質疑。如此說來，便雅憫支派結合了基甸和耶弗他的個人失敗，而將之表現於國家的層面。以色列成為有問題的民族，因為他們的道德，與陷於最低谷的基甸和耶弗他，完全無異。便雅憫人與基甸和耶弗他之間那些不尋常的相似之處，更加流露作者對於整個情況的憎惡。

第二，戰爭的記錄使讀者想起前言。在整個軍隊再次集結之後，以色列人前往伯特利求問上帝：「我們中間誰當首先上去與便雅憫人爭戰呢？」(士二十 18) 這次的求問無異是一章 1 節的諷刺回響，因為在前言中，以色列的敵人是迦南人。[53] 從以色列求問的問題來看，以色列人在求問耶和華之前，已經決定了解決問題的方法。他們的問題再次揭露他們任意而行的心思。[54] 現在，他們要求上帝確認他們所圖謀的計劃。為了完成前言和結語的回響，上帝以相同的答案回答以色列人：「猶大當先上去。」(一 2，二十 18) 在這個非常令人可疑的行動中，我們第一次看見以色列人呼求耶和華的名字。這場戰爭一點也不像一章 1 節的聖戰。上帝在一章 2 節如此說：「猶大當先上去，我已將那地交在他手中。」然而在二十章 18 節，上帝沒有預告戰爭的結果。籠罩以色列的烏雲，現在變成恐怖的暴風眼。雖然以色列在人數上大佔優勢，但他們卻經歷空前的慘敗。然而類似的慘況尚未停止。在大敗之後，以色列集結在耶和華面前哀哭。二十章 23 節顯示，以色列人在耶和華面前哀哭一整天；使讀者不得不想起士師記二章，不順服上帝的以色列人，在波金放聲大哭的景況。

經文中提及非尼哈，這繼續顯示出此處的結語和前言之間相似之處。雖然兩者之間相似之處比較隱約，但卻非常值得觀察。二十章 27 至 28 節明說：「那時，上帝的約櫃在那裏；亞倫的孫子、以利亞撒的兒子非尼哈侍立在約櫃前。」[55] 這個有關非尼哈的附註所帶出的時期，與前言相符一致。因為根據約書亞記二十四章 33 節，非尼哈承繼他的父親，並且事奉上帝。他在以法蓮的山地也有產業。所以，士師記十九章 1 節的利未人，既然來自以法蓮，必然與亞倫的家庭熟識。以法蓮這個地點繼續出現，這要使讀者想起士師記的第二個前言。以法蓮山地在第二個前言中，以作為約書亞的埋葬之地，首次出現。[56]這個重要的附註，一方面帶出敬拜的重要性；另一方面顯示結語中的事件，在約書亞死後不久就發生。事實上，約書亞在以法蓮山地的墳墓，應該時時提醒以色列，必須忠於上帝的本分。然而，沒有多久之後，以色列國就忽略了對耶和華的敬拜。提及非尼哈是要顯示出，上帝首要看重的是以色列對祂的敬拜和順服。以色列與上帝的關係，遠遠超越以色列的國家野心。

在一項極具洞察力的研究中，科佩爾（Marjo Christina Annette Korpel）比較烏加列語和希伯來語之間的平行感情詞彙。她的統計帶出，以色列的上帝較迦南人的神明，更具豐富的感情和關係的結論。[57]上帝的感情的確重要。祂關切和懲治便雅憫人的公義，這與敬拜的首要優先毫無衝突。因為敬拜使信徒和耶和華之間，產生一種熱烈和感情的連結。這種良好的關係，勢必帶出公義。如此說來，敬拜先於公義。非尼哈的名字被提及，顯然對照了無名的利未人；因為環境雖然惡劣，但是非尼哈卻仍忠心地事奉上帝。既然非尼哈的父親以利亞撒被葬在基比亞，非尼哈自然與這個駭人聽聞的城市有些關聯。可見，並不是每一個來自基比亞的人都是壞人。甚至底波拉，也似乎來自以法蓮這個地區。即使在惡劣的時代，忠心的子民猶然可見。然而，只要有幾個壞蛋出現，就可以毀掉整個地區的名譽。雖然眾人的情緒很容易就被愚昧又不順服的利未人所激動，但上帝的子民仍須轉向非尼哈這位正確的領導人物，才有可能扭轉局勢。

在整個故事的處理中，士師記作者顯示出，與上帝的關係居首要位置；因為它是所有其他關係的基礎。至此階段，以色列整個國家之所以失敗，乃是因為每一個人都忽略自己與上帝的關係。其中大概只有非尼哈是可能的例外。總的來說，前言和結語的教導完全相同：不順服必然導致災難。與上帝的關係，不啻是國家安全的根基。

第三，便雅憫人的故事在士師記中的重要性，可見於以色列迦南化的程度。在示羅綁架和強姦跳舞之女子的行為，顯然不是以色列人所應有的女性觀。因此，以色列人的女性觀，可以和西西拉的母親的意見相互比較。西西拉的母親在五章 30 節提到，綁架女性的迦南習俗。西西拉的母親厚顏無恥的聲稱，顯示西西拉是一個殘酷無情的人。西西拉的母親在五章 30 節用來描述女孩子的詞彙，代表「女性的性器官」或更直接地指「子宮」而言。這些詞彙顯示迦南人那視女性為低賤的價值觀。[58] 這類詞彙相等於完全以性的猥褻用語，來描述女性的現代語言。對迦南人而言，女性並不完全是人，她們反倒比較像那被性濫待的財產。西西拉給予戰士的部分獎賞，來自掠奪敵人的女性；這項獎賞激勵他的跟隨者，在所有的戰役中為他忠心作戰。女性成為戰利品，這是來自西西拉的母親用來描述她們的詞彙（士五 30）。

迦南人的社會，以這種低賤的眼光來看待女性。與西西拉所要尋求的生命恰恰相反，死亡接踵而來。凡與外邦人有相同價值觀的人，將慘遭與外邦人一樣的死亡結局。這種對待女性的野蠻方式，被舊約聖經的律法嚴肅地約束（申二十一 10～14）；而在新約聖經中，則完全地被中止。雖然西西拉的軍隊以性虐待女性為人所知（士五 30），這些便雅憫人顯然沒有比他們好多少。以色列現在與迦南人已經毫無分別了！就像她的迦南人敵人一樣，以色列現在也應得上帝憤怒的殲滅。在這個時刻，以色列根本不在乎上帝對於後裔/豐饒或土地的應許。

第四，我們可以更進一步地看見，從士師記十九章開始的整個事件，和參孫的生命的平行比較。參孫和利未人，都行自己眼中看為對的事。參孫追求妻子的方式，和利未人極其相似。兩個人可能都有很好的理由，來追求自己的妻子。兩個人也都在令人懷疑的情況中，失去自己的妻子。兩個人的問題，也都引致一系列的殺戮。而這一系列爭戰，都帶有性剝削和虐待女性的特色。兩個故事的惟一相異點，在於利未人故事中沒有像大利拉的女性，因為以色列不需要大利拉來殺害她。以色列可以用內戰來毀滅自己！以色列的迦南化和極至的社會毀滅，現在已告完結。因此，士師記的結尾與約書亞記的完全不同。竟然，以色列人沒有征服迦南，反被迦南所征服。

第五，到底以色列的主要問題出在哪裏？十七章 6 節的著名回響，指出以色列的自我中心。換言之，破裂的立約是結尾敍述的主要題旨。米迦首先違反與母親的立約。然後他和母親一起違反「不可敬拜偶像」的立約。很快地，利未人約拿單也加入他們違約的罪行。最後，但人加入他們，一起違反集體的立約。在第二個利未人的故事中，妾首先破壞她與利未人不甚穩定的婚姻立約。然後，當妾的父親和基比亞的老年人，嘗試維護立約之內的關係時；他們以支派的忠誠為關係的基礎。很快地，利未人、老年人和基比亞的居民，一起違反立約。至終，整個以色列國都違反立約。以色列與上帝的約，已蕩然無存！在論及「各人任意而行」時，作者刻意對照申命記中的一系列教導(申六 18，十二 25、28)。舉例來說，申命記六章 18 節命令：「耶和華眼中看為正、看為善的，你都要遵行，使你可以享福，並可以進去得耶和華向你列祖起誓應許的那美地」，這種教導都是祝福公式的一部分。

克羅斯（F. M. Cross）令人信服地顯示，「你列祖的神」（god of your fathers）是迦南地區的宗教所具有的一般主題。[59] 在此，以色列信仰的獨特性不僅來自傳統，並且來自耶和華向列祖的個人啟示。耶和華因此成為一個與人有獨特關係的上帝。如此說來，如果以色列行上帝眼中看為對的事，就必成功的話；那麼當她行自己眼中看為對的事時，失敗必定速速來到。在士師記十四章3節，參孫強調他的要求，並以希伯來語的句子為結束：「因我喜悅她。」（即「她**在我眼中**看為對」）作者也在十四章7節，使用「就喜悅她」來證實參孫的感情。[60] 因此，參孫的醜事就是他的自我中心，而這個自我中心現在也成為以色列的特徵。藉著模仿一些參孫故事中的詞彙，作者暗示以色列已經成為一個參孫的社會。以色列成為她最差的領袖參孫的寫照，反之亦然。當然，責任並不僅在於利未人，這個故事也針對各方而提出來責難。這個故事成為以色列的道德的縮影（參士二十一25）。從妾、利未人、基比亞居民、老年人、以色列人到便雅憫人，各人都行自己看為對的事。每一個人都是自己的律法。一個破裂的立約，必然導致一個破裂的國家。

1.3.2 與創世記和約書亞記作文本互涉

1.3.2.1 但人故事

在關於征服的主題上，有兩段簡短的以色列歷史，對理解但人處境是極其相關的：第一次與第二次窺探迦南地的使命。

在檢視約書亞記的窺探使命之前，讓我們先將窺探的主題，回溯到民數記十三章30節及其後經文的第一個窺探使命，以及申命記八章9節的應許主題。因為這些經文的詞彙，出奇地出現在士師記中。民數記十三章 30 節記載迦勒窺探迦南地之後的報告,他呼籲以色列人立刻上去佔領那地。事實上,迦勒擁有一股非比尋常的熱心。[61] 但民數記十三章 31 至 33 節卻顯示,其他的探子將迦南地視為充滿強悍巨人的地方。申命記八章 9 節指出,上帝應許迦南地充滿美物和一無所缺;不過,這個應許的上下文,卻重複提及關於遵守誡命的提醒和警告。在上文申命記八章 1 和 6 節,上帝要以色列人謹守遵行一切的誡命;而在下文申命記八章 12 至 20 節,上帝向以色列人發出警告:忘記上帝和敬拜偶像會帶來嚴重的後果。可見,迦南地一無所缺的應許並非白白可得,它實際附帶著條件。然而,在同一個蒙受應許的土地上,士師記時代的以色列人竟然可以因為不順服上帝,而將整個土地玷污毀壞。

但人窺探土地的三個簡單步驟,與約書亞進攻迦南地之前的窺探十分相似。以一種極為反諷的方式,作者仿效約書亞記二章 1 節的敘述,來表達士師記十八章 2 至 6 節的詞彙和內容。約書亞記二章 1 節記載:「當下,嫩的兒子約書亞從什亭暗暗打發兩個人作探子,吩咐說:『你們去窺探那地和耶利哥。』於是二人去了,來到一個妓女名叫喇合的家裏,就在那裏躺臥。」顯然,作者假設他的讀者知道約書亞記二章的敘述。如此說來,在與士師記的比較上,約書亞記二章應該成為檢視情節線索的焦點。從約書亞記二章的上下文來看,窺探的行動是探子順服約書亞的直接回應(書一 16～18)。約書亞記二章的窺探情節,是由探子進入妓女喇合的家中,喇合藏匿並保護探子,一直到探子應許拯救喇合為止。窺探之後,探子將重要的情報帶回:「耶和華果然將那全地交在我們手」(二 24)。

從文本互涉的角度,觀察士師記的但人結語和以色列的故事與約書亞記時，我們可以得到下列幾項總結。

第一，從前言和結語的角度來看，士師記的前言和結語，剛好與約書亞記的前言和結語相反。更確切地說，士師記顯示不順服和違約，而約書亞記則顯示順服和守約。問題並不僅在於行動的順服，更在於以色列人是否願意認真看待上帝的立約。比較這兩書卷的開始和結束，十足流露彼此間完全相反的對照。士師記中的以色列人，一再違反成功的兩項要素：合作和順服。這不啻成為士師記的悲劇。

第二，雖然米迦的故事和利未人的故事緊密交織，但它仍值得讀者從約書亞的窺探故事來詮釋。出現在士師記故事中的每一個人，都無法逃脱醜陋的罪惡。在士師記作者的眼中，米迦是一個不折不扣的屬靈妓院老闆。他的家正是一個屬靈的妓院。作者的諷刺意味，並未就此停止。就熟悉約書亞敍述的讀者而言，我們可以安全地假設他們也知道，喇合至終因為順服上帝而成為一位女英雄。但米迦卻因不順服上帝，而成為以法蓮山地的羞恥。如此説來，一個表面似乎不義的妓女，實際比一個私人神廟的頭目，更值得尊重。米迦比一個普通的妓女還糟糕，因為他是一個宗教的妓女。既然米迦是妓院的頭目，進入米迦家中並且有同樣心態的但人探子，也流露出他們屬靈方面的淫亂。在此，當但人選擇使用偶像和不義的祭司為他們的護身符時，故事的情節從一個妓院，惡化至整個支派成為妓女的悲慘結果。

第三，但人的窺探報告，不但以一種極為奇妙的方式，回響第一批探子的情緒；並且與第一代以色列人最原初的探子，成為反諷的對照。但人的窺探報告是民數記十三章 30 節和申命記八章 9 節的文本綜合。雖然迦南地十分豐饒，但大多數探子卻以迦南地不易攻取，而反對那上去得地的征服行動。只有迦勒勇敢地訴說，征服應許之地的可能性（民十三30）。士師記作者緊密地將士師記一章，和民數記十三章30節的迦勒主題連結在一起；為要顯示這些故事的情節互有關聯：這些人可能**聽起來像迦勒**，但他們都不像迦勒！[62] 這個羣體很快地就會以自己的不道德，咒詛他們的土地。

與民數記十三章31節完全相反地，但人探子的回答卻是勇敢無比的。他們不像民數記中的探子，無端端地懼怕；他們反而有一種不該有的勇氣，意圖征服一羣軟弱的人民（士十八9）。雖然他們以完全相反的方式，帶回窺探報告；但他們與第一批懦弱的以色列人毫無兩樣。極為反諷地，這些但人的懦弱竟然超越其他眾支派。起先，以色列在不該退後的時候退後；現在，但人在不該前進的時候前進。另外，申命記八章9節以迦南地一無所缺，來鼓勵以色列人上去攻取。然而，申命記八章帶有敬拜上帝的條件。而在士師記中，但人仍視窺探的土地一無所缺（十八10下），但卻毫無敬拜上帝的意圖。在一種諷刺的方式下，當每一個人被罪污染時，申命記八章的咒詛開始成為真實的應驗。當但人毀滅平靜安居的拉億人時，但人也成為敬拜偶像的米迦和年青祭司的威脅。在民數記和申命記的文本互涉回響中，士師記作者傳遞了一項響亮的信息：凡拒絕尊榮上帝的人，咒詛必速速臨到。

我們注意到，第一代以色列人和但人的窺探報告，在文本上是有差異的。儘管上一代的以色列人，承認他們可能面臨的艱難；但是，但人卻只想要採取捷徑的易路。簡單是他們的優先考慮。如果他們有選擇，但人絕對想要避免任何辛勞的努力。他們寧願安於舒適的生活，而不願接受任何挑戰。他們寧願安於小塊土地，而不願得取上帝為他們存留的巨大祝福。更進一步地，但人的窺探報告也回響了約書亞時代的探子（書二24）。儘管約書亞記二章 24 節明說：「耶和華果然將那全地交在我們手中」，但人卻以一個泛稱「上帝」的用語，取代耶和華的名。[63] 他們說的話，可能**聽起來像**約書亞記二章那些有信心的探子一樣；但他們的信心卻與這羣探子的信心，相差太遠了。他們空有信心的外貌，卻毫無信心的實質！他們非但沒有順服上帝，反而以上帝的名為藉口，來攻擊容易的目標。

但人本應以亞摩利人為主要的爭戰對象（士一 34），現在卻以一羣微小又軟弱的人民為奪取目標。作者藉著只需六百人參與戰鬥的陳述，生動地描繪這項軍事行動的容易。若與士師記其它軍隊的人數相比，這場戰役根本不夠資格被稱為一項軍事行動。它不過像村莊與村莊之間的械鬥衝突罷了。以巴拉為例，他一個人就召集一萬人來對抗西西拉。惟一人數稀少的戰役，當屬基甸的戰役；但他稀少的軍隊人數，卻是上帝直接的指示。這些例子揭示但人怠惰的嚴重程度。這場沒有上帝參與的戰役，揭示整個事件的主要動機，乃是但人的自我野心。與約書亞記和士師記一章的典型攻擊恰成反比，但人的攻擊毫無上帝的許可。

第四，在檢視喇合與但人故事的文本互涉關連之後，故事的文本互涉用法，也讓讀者想起士師記一章 22 至 26 節的故事。這是一個描述約瑟家如何藉著窺探的行動，攻打伯特利的故事。窺探的人看見一個人從城裏出來，就因他的指示而得知進城的路徑。而這個給予情報的人，也因此得到恩待；並在伯特利城的地方，築了一座名叫路斯的城市。這並不僅是一個有關地點和伯特利或路斯的名字起源的故事。更重要的是，這個故事模仿喇合的情節。士師記一章，是好與壞的混合敍述。當以色列合作時，好事就發生。在約瑟家的故事中，約書亞那曾所行使的立約尊榮，現在被運用在伯特利這個人身上。當約瑟家行使這項尊榮時,他實際模仿了約書亞的作法(士一 22~25)。因此耶和華以成功祝福他們的努力。

當喇合的情節反諷地重現在但人的故事時,士師記的前言便清楚地與結語連結在一起。作者刻意帶出兩者的比較。更進一步地說,約瑟家的征服,是一個合作與公義的故事。而但人的出擊,則是一個分裂與邪惡的故事。以色列違反一切的美好與聖潔,並使自己的屬靈信仰完全顛覆。但人最後按下了自我毀滅的按鈕,逼使以色列的毀滅達到高潮的完結。究竟,喇合故事的兩種用法有何不同?士師記一章 22 節記載:「耶和華與他們〔約瑟家〕同在。」同樣的說法也出現在約書亞記(例如,書一 17)。無庸置疑地,上帝的同在將為一切帶來不同的結果。

第五,另一個與但人的故事有關的文本互涉觀察,可見於攜眷返鄉的雅各敘述。雖然雅各的故事與米迦的故事不盡相同,但其中卻有許多頗有意義的平行和對照,值得比較。在雅各的故事中,拉結帶走了家中的神像(創三十一 34~35)。而隨後趕到的拉班,卻無法找回自己家中的神像。以立約和拉班解決衝突的雅各,繼續上路,和哥哥以掃相見。在與上帝摔角之後,雅各將最不重要的人放在隊伍前面,再將他的妻子和孩子們放在隊伍後面,使他們在必要時可以先行逃脫(三十三 1~2)。雅各並且以和好並謙卑的姿態,與以掃相見(三十三 3)。故事中的以掃,歡喜地迎接雅各的歸來(三十三 4)。然而,雅各並不信任以掃;因此雅各在遠離以掃之地居住。

在米迦的故事中,我們也看見但人搶奪家庭的神像和其它的偶像。然而,與拉結大不相同的是,但人一點都不隱藏他們搶奪的意圖。尤有甚者,他們連祭司都一起搶走。但人可以和雅各的故事相互比較,但卻非從正面的角度來觀察!在雙方衝突的預備中，但人將重要的人放在隊伍前面；並將強壯的人放在隊伍後面，使他們在必要時可以反擊追趕的敵人。但人的策略和雅各的極為相似。不過，他們所行的卻是雅各相反：他們並未預備逃跑，他們打算與對方爭戰。他們不但沒有和好的姿態，更高傲地挑戰追趕的人羣。顯然，雅各面臨的對抗，將在隊伍前面發生；而但人面臨的對抗，則在隊伍後面發生。

如果雅各的故事也是文本互涉做法的一部分，那麼到底士師記作者的用意何在？作者最有可能將米迦和拉班相比較。換言之，米迦不但比妓女糟糕，他還像拉班一樣，一點也不以偶像為恥。更何況，他們兩人都不知道自己的道德敗壞。另外，米迦和以掃也有對比之處。儘管以掃和雅各合作，但米迦卻和但人對抗。米迦實際比以掃更糟糕。在被擄時期，以色列人對以東人持有極負面的看法。因此，如果米迦比以掃更糟糕，那麼米迦真是糟透了！

但人也無法逃脫這個悲慘的文本互涉比較。但人一點也不像雅各。雅各和以掃和好，但人卻和米迦交惡。他們還以蠻力的方式，取得財富。如果雅各是但人肉身的祖先，那麼但人實在是不配的後代。但人一點也不配當上帝應許列祖的後裔。但人是亞伯拉罕後裔的羞恥。但人的宗教背道，可列羣惡之冠。

1.3.2.2 便雅憫人故事

在便雅憫人的故事方面，創世記十九章和約書亞記的征服記載，是兩處重要的文本互涉經文。利未人和妾所經歷的事件，和創世記十九章所記的相似；隨後發生的戰事，則與約書亞記的征服記載相似。利未人誠然有自己的問題，但基比亞城的邪惡，卻值得與創世記十九章相互比較。另外一個可以比較的經文，是創世記三十四章底拿被強姦的故事。然而，在詞彙的關聯上，創世記三十四章不如十九章那般強烈與直接。創世記十九章和三十四章的共通點，在於他們都有根據集體／支派意識和社會身分而建構的強姦情節。這些強姦情節將女性的身體，當作支派尊榮的對象；就像在現代的戰爭中，士兵強姦戰爭受害者一樣。[64]對「我們女性中的一位」發生暴力行為，將產生護衛社會或支派尊榮的集體反應。士師記時代的社會意識，實在是非常病態的。

下文將從創世記和約書亞記，來進行士師記的文本互涉觀察。

首先，創世記十九章是有關所多瑪和蛾摩拉的可怕記載。在故事的一開始，兩位天使於黃昏的時刻，來到所多瑪的城市廣場（創十九1）。當時坐在城門口的羅得，[65]看見兩位進城者（十九1），就俯伏在地迎接他們。兩位天使堅持在廣場過夜（十九2）。但在羅得再三請求之下，兩位天使來到羅得家中。他們還沒有躺下睡覺，所多瑪的男人就圍住羅得的房子，要和兩位天使交合（又譯作「知道」〔know〕；十九5）。[66]羅得嘗試説服所多瑪人不要作惡，卻連自己的生命都遭受威脅（十九9）。最後，兩位天使擊打所多瑪人，使他們眼目昏眩。在城市面臨毀滅的結局之前，天使將羅得和他的家人帶到城外的安全處（十九10～15）。在風格上，所多瑪故事的情節和詞彙，和利未人的故事非常相似。[67]

到目前為止，因為道德的行為，而被上帝完全毀滅的惟一城市，就是創世記十九章的所多瑪。而同性戀則是道德淪喪的根本原因。我們很快就會看見，便雅憫人的故事情節，完全採用與創世記十九章相同的人物和詞彙。事實上，創世記十九章約有四分之一的詞彙，出現於便雅憫人的故事中。顯然，作者刻意比較這兩處經文。現在，基比亞的老人採用和羅得相似的方式（創十九章），將自己的女兒和客人的妾，獻給基比亞的男人。

到底基比亞的男人的故事，和創世記十九章如何相關？即使有下列九項相似之處，有些詮釋者還是不願意從創世記十九章所持有的傳統，來解讀士師記十九章。更確切地說，他們不認為所多瑪的罪行與性有關。[68] 茲將這九項平行之處列表如下：

平行主題	創世記	士師記
故事的背景都是夜晚。雖然兩處經文的詞彙不完全相同，但故事發生的時間大概相同。	十九 1	十九 11
利未人和他的妾，和創世記的兩位天使平行對應。[69]	十九章	十九章
故事的場景都是城市的廣場。兩處經文的詞彙相同。[70]	十九 2	十九 15、17
利未人和天使都被城內的寄居者所接待。所多瑪人對羅得的威脅，清楚顯示羅得是一位寄居的人。而照顧利未人和妾的老年人，也是一個寄居者。[71]	十九 9	十九 16
故事的主人和客人都一起吃喝。	十九 3	十九 21
故事的犯罪者都被稱為「城裏的男人」。[72]	十九 4[73]	十九 22
故事的主人都提供女性受害者，給城裏的男人虐待，其中包含還是處女的女兒。	十九 8	十九 24
故事的主人都讓犯罪者，行「他們眼中看為好」的事。	十九 8	十九 24
故事的主人都將同性戀的行為，稱為「作惡」。[74]	十九 7	十九 23

讓我們概括第一部分文本互涉的總結。究竟，士師記的作者想要從所多瑪的類比，帶出何種信息呢？

1）羅得被拯救的原因來自上帝的干預，可能因為他和亞伯拉罕的關係，而得到上帝的憐憫。反觀利未人的故事，完全不見上帝的蹤影。邪惡繼續漫延，因為上帝是惟一可以預防邪惡的有效方式。

2）以色列人所居住的基比亞，與外邦人最墮落的都市一樣黑暗。事實上，以色列在她的邪惡上比外邦人更甚。

3）這個故事的諷刺在於利未人和妾試圖逃避外邦人，卻反被以色列人迫害。更糟的是，利未人竟然將自己的妾交給基比亞人凌辱。原來，她一點也不需要顧慮外邦人的迫害；她反倒需要從自己的丈夫和以色列人的手中被拯救出來。所多瑪的類比，致命地被用來對以色列的墮落程度作出分析。如果以色列的土地，和外邦人最邪惡的土地一樣或更加罪惡；那麼以色列的土地的確被咒詛了！上帝對亞伯拉罕的祝福，竟然如此遙遠！

其次，在創世記與士師記的文本互涉觀察之後，讓我們觀察便雅憫人的故事，與約書亞記之間的平行。這段觀察可由艾城之戰和便雅憫人故事的第三次進攻之平行比較，約書亞記結語和便雅憫人故事的結尾之平行比較，和約書亞記結語和士師記第二個前言（二 6～三 6）之平行比較等三方面來進行。

第一方面是便雅憫人的故事與約書亞記之間的平行。

在約書亞記的征服記載中，艾城之戰和便雅憫人故事中的第三次進攻最為相似。士師記二十章 29 至 48 節顯示，以色列人的第三次進攻在策略上與艾城之戰相似，因為它們具有相同的情節。甚至當伯特利這地點再次被提及時，都會讓讀者想到約書亞記中的艾城（參士二十 31；書八 12 等）。在示羅綁架女子，也有點像艾城之戰；不過便雅憫人的懦弱，以致使他們只能綁架年輕女人，而無法與真正的戰士對抗。根據這些埋伏的故事，我們甚至可以認為艾城的故事，類比了那引發第三次進攻的整個敘述。換言之，在最後一次進攻前的卑鄙事件，與亞干家庭的犯罪有獨特的相似之處：為了個人的利益，上帝聖潔的律法被棄置一旁。

如同亞干，利未人因忽略自己的職責，而違反上帝的律法。又如同約書亞記七章的以色列人，便雅憫人故事中的以色列集體地為一個人的過犯付上代價。可見，在容許以色列獲得勝利之前，上帝必須先除掉充滿可憎的態度和人民的土地。士師記作者使用所多瑪和蛾摩拉與艾城的故事，來顯示以色列已經是一個集體違犯上帝的聖潔的犯罪者。這種違犯上帝的罪行，根本不應該發生。

在結構上，整個情節的重複，也成為第三次進攻和艾城之戰的平行觀察。故事的情節以三個基本階段展開：

1) 如同約書亞，以色列人也設下埋伏（參士二十29；書八2、4、12）。如同艾城的王，出來迎戰以色列人的便雅憫人，也陷入前後受敵的埋伏中。以色列人的第三次進攻，和約書亞記八章所不同之處，在於士師記二十章31節下。顯然，約書亞記八章並未記錄任何傷亡，而士師記二十章31節下卻記載：「〔便雅憫人〕像前兩次，動手殺死以色列人約有三十個。」因此，我們看見上帝仍然容許，以色列人有更多的生命損失。雖然傷亡減少許多，但以色列還是必須為自己的罪付上重價。

2) 以色列人的埋伏策略，首先引誘便雅憫人離開基比亞城（士二十32）。當便雅憫人看見以色列人撤退時，他們以為以色列人仍像前次一樣慘敗。然而，此時就像約書亞記八章 19 節一樣，以色列的伏兵攻下基比亞，並且從城裏放火，使煙氣上升。然後，以色列人突然轉回，擊敗拿刀的便雅憫勇士。士師記二十章 35 節告訴我們：「耶和華使以色列人殺敗便雅憫人。」經文清楚指出，作戰成功的不是以色列人，耶和華才是勝利者。上帝的公義終於顯現！實際上，這次進攻與前兩次進攻絲毫無異。按照人的標準，前次的戰役，也理應可以輕易地打敗便雅憫人。換言之，成功與失敗的關鍵，在於上帝是否與以色列為敵。顯然，在第三次的進攻中，上帝與以色列人站在同一陣線。

3）以約書亞記八章艾城之戰的方式，以色列用刀擊殺便雅憫城市的居民。大約只有六百名男人存活。如果便雅憫人有智慧地處置他們的匪徒，這整個悲劇事件將不會發生。幾乎整個支派的人都被毀滅。藉著可怕的毀滅畫像，作者顯示便雅憫人的所行，與他們周遭最邪惡的外邦種族毫無兩樣。他的信息躍然呈現：「如果你像迦南人一樣生活，你將像迦南人一樣死亡。」然而，不像所多瑪和蛾摩拉的徹底毀滅，上帝容許六百名男人存活。不論事件如何悲慘，六百名男人的保存顯示，上帝的確愛便雅憫人，因此祂不讓便雅憫人完全殲滅。

第二方面是便雅憫人故事的結尾與約書亞記的結語之間的平行。

可怕的便雅憫人故事的結尾，與約書亞記的結語相互平行；因為兩處經文都顯示一些相同的主題和詞彙。士師記以「誰當首先上去攻擊迦南人？」（士一 1）為開始，並以「各歸本支派、本宗族、本地業去了」（二十一 24）為結束。士師記的結語和約書亞記二十四章24至28節，流露一種刻意的平行。[75] 在以色列人與上帝立約，並且宣誓效忠上帝之後，約書亞記二十四章28節如此記載：「於是約書亞打發百姓各歸自己的地業去了。」相同的用字，也可見於士師記二章6節。這段前言一瞥約書亞在世時的成功，以提醒讀者以色列人原本可以達到的境界。在二章6節之後，作者繼續描述：「約書亞在世和約書亞死後…… 百姓都事奉耶和華。」(二7) 反觀士師記的結語，在二十一章24節，訴說各人回到自己的地業之後；作者更進一步地在二十一章25節指明：「各人任意而行。」以色列的土地不啻變成上帝祝福亞伯拉罕的反面。

為要正確了解士師記結語和約書亞記結語的關係，讀者必須注意兩者的一些相異點。更確切地說，約書亞記有一些要素，不見於士師記：

1) 對上帝忠誠的立約宣誓，不見於士師記。士師記所有的只是錯誤的起誓。
2) 上帝的祝福，不見於士師記。在士師記中，各人都行自己看為對的事，因此成為自己的咒詛。從士師記二十章的後半段開始，上帝就靜默不言。當人將上帝摒除於他們的生命之外時，上帝的聲音就被罪的陰影所混淆。因此，一個妾被強姦，導致六百名處女被強姦的悲劇。二十一章24節下提及，各人回到自己的地業去。作者明顯強調，這本是上帝賜給收納的兒子以色列的土地；而上帝所祝福的土地，不應該有這種被咒詛的事件發生。然而，以色列人竟然和所多瑪與蛾摩拉的人不相上下！

第三方面是約書亞記的結語和士師記的第二個前言（士二6～三6）之間的平行。

約書亞記的結語和士師記的第二個前言，顯露平行的對應。約書亞記二十四章28至31節，實際是隱含在部分士師記字裏行間的意義（例如，士二十一23下～25）。[76] 大體來說，約書亞的事奉似乎在摩西律法的傳承上，呈現一股失落的意味。摩西五經直接命令以色列人，將律法教導每一代以色列人，藉以使律法成為他們遵守上帝的立約的基礎。例如，利未記十章8和10節，便告訴以色列人：「……可以將耶和華藉著摩西曉諭以色列人的一切律例教訓他們。」申命記三十一章13節是關乎孩童的教導：「也使他們未曾曉得這律法的兒女得以聽見，學習敬畏耶和華——你們的上帝，在你們過約旦河要得為業之地，存活的日子，常常這樣行。」這些命令都假設百姓生來無知。可見，百姓必須被教導。然而，綜觀前言，我們看見這方面教導的忽略（例如，士二10）；因此，雙重結語的雙重利未人故事所流露的目無法紀，便成為必然的結果。

因著這些邪惡事件，以色列嘗試毀滅自己的首敵，也就是她自己。在這種情況下，上帝所有的祝福都成為無效。士師記一開始的光明前景，在結語時變為前所未見的屬靈黑暗，將以色列帶進最糟糕的信仰地步。所有的行動，都有其後果。不幸地，其中有些是致命的後果。

1.4 結論

兩個前言所帶出的信息，就是以色列人的失敗。在第一個前言中，以色列沒有忠心事奉上帝。而在第二個前言中，以色列完全沒有事奉上帝。邁向毀滅之路，並不在失敗的那一刻才產生。相反地，當人的態度開始轉差時，毀滅之路已經展現在前。當信徒對事奉開始不認真時，信徒將很快不再事奉。信徒對上帝所賦予的使命缺乏信心，這實際源自他們對上帝的不忠。換言之，沒有信心，是來自不忠心。當以色列開始三心二意地事奉上帝時，她已經開始罷黜上帝了。

在聖經中，社會對待寡婦、孤兒和寄居者的態度，總是成為社會道德的寫實。許多先知書不斷指責以色列社會的不義。當宗教背道產生時，社會混亂必定隨之而來。整個以色列的合一最後被瓦解，這是來自一個城市對於社會公義規範的違反。近年來，有一些針對寄居者在以色列的角色所作出的重要研究。[77] 所有的討論都指出，基比亞對待自己人的方式，就像對待寄居者的不義方式一樣。如果以不義的方式對待寄居者，都違犯了上帝的律法（例如，申二十四 17～22）；那麼，以誤待寄居者的方式，來對待自己的人，這又將如何觸怒上帝呢？[78] 從上帝的律法包含對待寄居者之律例這個事實來看，就知道以色列必然有虐待寄居者的事情發生。可見，兄弟之間的互相尊重，早已是社會的規範。基比亞人對待自己親人的方式，甚至不能符合社會公義的最低標準，更遑論合乎對待兄弟的任何標準。如此說來，在不公義的事上，以色列已經超越外邦人的罪惡。這項信息對那些曾因以色列的政治而受害的被擄之民而言，具有莫大的衝擊。到底是甚麼原因，使以色列像外邦人那般行出最惡劣的社會行徑？

士師記作者在前言以四項結論，迅速地帶出上帝極度不悅的信息。

第一，上帝要以色列人從他們的歷史記憶中更新與學習（士二 1～2）。

第二，上帝繼續提醒以色列人，他們應有的職責：「你們也不可與這地的居民立約，要拆毀他們的祭壇。」（士二2）上帝提醒祂的子民，他們的身分本質和順服基礎，都建立於救贖的根基上。

第三，上帝責備以色列人，破壞了他們與上帝的關係。在士師記二章2節下，上帝說：「你們竟沒有聽從我的話！為何這樣行呢？」「這樣」一詞代表，以色列人在遵循上帝的旨意上所有不認真的努力。上帝提出這個問題，要使以色列有機會反省自己失敗的原因。

第四，後果總是隨著行動而來。上帝在二章3節陳明以色列人的後果：「我必不將他們從你們面前趕走；他們必作你們肋下的荊棘。他們的神必作你們的網羅。」誠然，有些問題是因他人的因素而產生，但有些問題卻是因自己的愚昧所造成的。而後者就是以色列所須面對的問題。舉例來說，士師記一章33節的伯．示麥和伯亞納這兩個地名，都是神明的名字。「示麥」代表太陽的意思，指出敬拜太陽的宗教儀式。而「亞納」則是女戰神的名字。因為上帝沒有將這些偶像敬拜者滅除淨盡，因此這些四散各處的偶像，將成為以色列信心的試驗根據。

除了長期的痛苦之外，以色列人也面臨近在眼前的憂傷。以色列現在已經成為一個痛苦的國家。士師記作者在二章4至5節如此記載：「耶和華的使者向以色列眾人說這話的時候，百姓就放聲而哭；於是給那地方起名叫波金。眾人在那裏向耶和華獻祭。」然而，以色列眾人的痛悔顯然不夠，因為他們知道上帝的標準。上帝的使者向以色列人顯現的地方名叫波金；「波金」具有「哭泣者」的意思。當以色列以平庸和三心二意的順服為滿意時，她的國家命運將以淚水為結局。

總的來說，士師記前言所傳遞的信息就是：以色列人的惰性，為他們帶來無盡的憂傷。

士師記的結語所帶出的信息，不但響亮並且清楚。但支派的危機，以少數幾個人的不忠為開始（即米迦和約拿單）。然而，這種屬靈淫亂的影響，卻巨大無比。士師記的作者提醒讀者關於罪的終極危險。罪必定有受害者。許多時候，眼前的情況未必顯得嚴重。米迦小小的偷竊行為，並不嚴重。利未人約拿單的家庭宗教，也不嚴重。而但人沒有得取土地的失敗，更不算嚴重。然而，當這些似乎細微的小事集結在一起時，結局便十分悲慘。如同「千里路途起於單一的步伐」一樣，一個國家的傾倒也始於一個人的敗壞。

當第二個利未人的故事顯露醜陋的苗頭時，士師記作者描繪的圖畫，展現更加黑暗的色調。其實，在約書亞死後不久，以色列歷史上最悲慘和血腥的事件，就已開始。再次地，妾逃離她有問題的丈夫，似乎顯得微不足道。而丈夫過期地停留在岳父家裏，似乎也微不足道。他們對基比亞的旅行毫無計劃，更是無可厚非。然而，當妾被殺害時，一連串的事件如同滾動的雪球一樣失去控制。利未人的尊榮受到傷害，而以色列也陷入內戰。整個事件在毫無深思熟慮的情況下，使得以色列落入幫助便雅憫人綁架和強姦更多女性的結局。可笑的是，強姦女性的罪惡，正是以色列向便雅憫人宣戰的最根本原因。如果讀者無法從但人的故事，明白罪的嚴重性；那麼便雅憫人的故事，應該讓他們對罪毛骨悚然。因為罪的確具有致命的嚴重性。

究竟以色列如何從征服者，淪為被征服者？前言和結語充分揭露以色列的錯誤；而作者對以色列的敵人的快速勾畫，也讓我們更透徹領悟問題的癥結。有趣的是，作者似乎將以色列的敵人視為一個笑話，因為他們的確可笑。從肥胖的伊磯倫到像嬰孩的西西拉，以色列的敵人並非堅不可摧。他們應該很容易就被擊敗。如此看來，雖然上帝將以色列人交在敵人手中，作者所顯示的敵人，卻軟弱得令人無法置信。以色列最大又最可怕的敵人，並不是這些可笑的人物。相反地，以色列是自己最頑強的敵人。她因自己的行為而墮落，她的失敗在於離棄自己的信仰傳承。外邦敵人不過是表面的外在因素，他們並不真是以色列的敵人。

根據約書亞記的敍述和士師記的征服記載之間的文本互涉，我們可以看見士師記的故事，朝著與上帝的祝福相反的方向展開。在約書亞的世代，巴力的土地被耶和華的敬拜者所佔領。然而，在士師記的世代，耶和華的土地慢慢被交還給巴力。既然耶和華立約的祝福，以後裔/豐饒和土地的形式表彰，以色列社會的惡化和土地的失去，無異顯示祝福的逆轉。事實上，在被擄之前，沒有任何一個世代所受的咒詛，比士師記的世代更為嚴重。

1.5 省思與應用

本書第一章以士師記的「前言—結語」，和約書亞記及其他聖經書卷的相互比較為焦點。綜合所有的觀察與論述，我們得到下列十二項豐富的屬靈教訓。

第一項，當我們從以色列人不事奉上帝的角度來觀察時，我們清楚看見三個值得學習的功課：

1) 以色列應當學習的第一個重要功課，可見於士師記二章13節。作者在寫作中並列諸神的方式，教導讀者認識偶像敬拜的本質。換言之，耶和華被別神所取代！偶像敬拜所牽涉的是敬拜的抉擇。二章13節的「事奉」一字，實際代表「俯伏在地」的意思。這是一個效忠的用語，表明被事奉的人是俯伏在地之人的最高統治者。「俯伏在地」也傳遞著，事奉的人對於活主人的個人認知。在這個例子中，以色列人反諷地離棄活的上帝耶和華，而去事奉死的巴力和亞斯他錄。巴力和亞斯他錄，是迦南的男性和女性生殖神明。更確切地說，以色列人以這些生殖神明取代耶和華。在「離棄」和「事奉」的對立中，以色列人的行動表明了他們的心意。他們離棄一方，並且事奉另一方。簡而言之，第一個寶貴的屬靈教訓就是，上帝要的是完全和無條件的忠誠。

2） 以色列應當學習的第二個重要功課，和緊接的上下文有關。士師記二章4節顯示，以色列為自己的罪憂傷。二章16節則顯示，上帝興起士師來拯救以色列。極明顯地，縱貫士師記全書，以色列因受苦的緣故，屢次向上帝呼求。而上帝也因著祂的恩典，總是以恩慈拯救以色列。然而，以色列終究未能汲取教訓。第二個寶貴的屬靈教訓，與憂傷有關：沒有行動的憂傷，仍然走向失敗的結局。

3） 以色列應當學習的第三個重要功課富有神學意義。在二章14至15節，作者描述以色列墮落的後果。作者如此記載：「耶和華……把他們交在搶奪他們的人手中……」上帝是以色列最起初的主人，因為祂將他們從埃及拯救出來。現在，上帝使以色列再度陷入奴隸生活，好教他們學習以前沒有汲取的教訓。當以色列不再珍惜得救贖的奇妙時，她便被迫學習失喪的可怕。這個故事激發一個神學問題的思考：「上帝是否可以容許邪惡來審判祂的子民？」士師記作者無疑出示了一個十足正面的答案！

第二項，除了由以色列不事奉上帝所引申的三個重要屬靈教訓之外，約書亞的領袖特質也值得我們學習。約書亞是一個值得敬佩的領袖，並不是因為他具有所有的世俗特質，而是因為他將事奉上帝視為優先。如果有人問甚麼是約書亞最顯著的特徵，那麼答案應該是他的僕人心志。領袖的種類繁多，有許多領袖僅是說話者和命令者。然而，約書亞不僅說話，並且活出他所宣講的信息。約書亞的生命教導我們，上帝的標準的確高超，因此上帝的子民必須竭盡全力地事奉祂。若沒有正確的心志，上帝的子民將繼續違犯立約。安舒的生活，絕對不是事奉上帝的公式。上帝的子民必須在今世的生活中，不斷努力與進步！

第三項，本書第一章的觀察也顯示，只有幾個像俄陀聶這樣的「好人」，在某個時期興起「行善」是不夠的。懶惰的傾向，像潮水般地侵蝕以色列的國家精神特質。這種情勢的惡劣，以致無人可以獨力拯救以色列。若不是上帝的恩典，以色列早就無法繼續存在。可見，集體的團隊事奉有多重要！超級領袖的時代，已經過去。領袖誠然不可少，團隊事奉卻仍有不可或缺的重要地位。許多組織因領袖而建立，就像許多體育球隊，依靠幾個超級球員維持一樣。然而，惟獨整個團隊，可以獲得長期的成功。當約書亞離去時，總有俄陀聶出現。但在沒有集體順服的情況下，以色列很快地就陷入無法挽回的危機中。沒有團隊事奉的超級領袖，常給人一種危險的平安和自我嘉許的滿足感。就長遠來看，這種現象不但不足取，並且對上帝的子民具有莫大的危險性！

第四項，本書第一章的觀察，還為我們帶出教導下一代的重要性。許多人經常誤以為，孩童無法理解深奧的真理。因此，這些孩童等到青少年時期，才開始學習屬靈的事務。同時，在這段屬靈真空的時期，媒體和世俗教育成為孩童道德價值觀的首要教育者。因此孩童的時期，被浪費在世俗的人文主義中。事實上，在真理不需過度單純化的情況下，下一代可以吸收經過簡化的深奧真理。任何不將精力貫注在孩童事工的教會，都將像以色列一樣面臨慘痛的失敗。沒有將救恩的信息傳遞給下一代的教會，將在下一個世代消逝於無形。

第五項，因著三心二意的努力，以色列終於在與外邦人融合的錯誤中征服自己。格斯特（Pauline Deryn Guest）認為，士師記展現一羣扮演壞人角色的外邦人。至終，以色列自己也像這羣壞人一樣。[79] 士師記仔細詮釋，以色列人如何與這羣外邦壞人相仿，並且自己最後也成為壞人。換言之，那些具有象徵性的外邦人，分散地出現在士師記，為要突顯以色列與他們的相似。士師記的結尾，回答一個重要問題：「究竟我們如何陷入今日這種可怕的光景中？」[80] 在許多方面，結尾的故事具有相同的情節結構。同樣的故事情節，也標示了參孫的循環。更確切地說，一個人的問題，導致了全國的危機。這些故事的一般道德教訓是相同的：罪的後果誠然超越第一個犯罪者。以色列內部的衝突，已經影響應許之地所有層面的生活；它所產生的失控局面，都來自不負責任和自我中心的領袖。

第六項，個人家庭的瓦解，也使以色列這個亞伯拉罕的大家庭集體瓦解。米迦家中的一個小麵酵，將整個但支派變成偶像敬拜者。而便雅憫人的愚昧，也使整個以色列陷入內戰的哀號中。以色列已經成為自己最可怕的敵人。這個多元化的土地，已經危及了以色列的社會和家庭。以色列在自己不道德的罪惡下，癱瘓無力。在士師記的末段，以色列這個壞人，竟然使外邦人看起來像好人。當但人扮演壞人的角色時，那些生活像西頓人的拉億居民，悲慘地激起讀者的同情心。有時候，上帝的子民惡劣到一個地步，以致外邦人受人羨慕。不知有多少次，我聽說有一些基督徒比非基督徒還要邪惡。這種信徒一點也不值得同情。他們的光景，與士師記中的以色列人毫無差異！

第七項，我們也可以從兩個利未人故事中的社會，得到一些值得警惕的教訓。當時社會的敗壞程度，向上帝的子民發出警告。當上帝的子民忽略上帝所設立的道德標準時，社會將變得混亂。在這種社會中，最邪惡的罪行有可能發生在最軟弱的社會成員身上。在一些所謂的文明世界中，最柔弱的受害者就是女性和孩童。文明並不保證謙恭。這段經文也帶出社會的關係的教導。[81] 當人堅持憑己意而行時，第一個被犧牲的就是社會的關係。接著，支派的關係也隨之破裂。最後，支派的氣氛就像外邦人一樣，因為每一個人都以自己的標準為是。在這段經文中，耶和華無處可見。上帝的缺席，顯然是混亂的開始。無神論並不是自我的自由，它是自我毀滅的開始。敬拜上帝，可以拯救人類免於自我的毀滅。

以色列的社會所呈現的畫面，不再有謙恭和公正的氣息。每個支派訂立各自的規則。家屬關係的尊榮，超過上帝的尊榮。男人的尊榮，又大過女性的尊榮。一個與現今許多社會相似的奇特之處，就是人對於個人責任明顯帶著寬容的態度。過去認為屬犯罪的行為，如今都被賦予新的標記和名字。換言之，犯罪者成為了受害者。縱然有許多人是受害者，但在社會和道德的次序上，所有的受害者仍須承擔自己在集體責任上的一部分。第二個利未人是受害者，也是迫害者。惟一能夠停止受害循環的方式，就是承擔個人的責任。現在還有許多基督徒，過著像第二個利未人的生活。他們只會編織自己的異象，完全缺乏誠實、謙卑和願意從錯誤中學習的心志。驕傲和個人的尊榮，實在是悔改和屬靈健康的大敵；然而，這類的例子卻不斷地在教會中重演。當人面對罪時，人總是以「誤解」為藉口，或索性否認到底。這種行為不但得罪上帝，並且會導致關係、團契、組織和宗派的毀滅。

第八項，士師記的悲劇結尾，也蘊涵重要的政治意義。任何一個愛好自由過於承認上帝的絕對道德的國家，勢必為自己招惹禍患。以色列決定不再跟從上帝的絕對道德。若不是上帝恩慈的拯救，以色列早就爆裂身亡了。同樣的原則，可以應用於任何一種以無神論和相對論為基礎的政治體制。若無一位具道德屬性的上帝，道德觀不可能存在。一旦個人的眼光成為衡量的標準，道德的界限就會變得混淆不清。

第二個利未人的故事，具有聯合起來殺害兄弟的明顯主題。在現今這個「相對合一」（relativistic unity）成為正常現象的時代，這個故事更為我們暮鼓晨鐘。當人們行自己眼中看為對的事時，政治的正確立場便成為合一的口號。有時，不道德甚至可能成為合一的焦點。合一本身，未必具有道德的優越性。在士師記的例子中，錯誤動機的合一，使得以色列變成一個大笑話。在這個故事中，以色列的合一根本無法通過上帝的道德標準。

第九項，我們也可以從以色列人預備戰爭的方式，學習許多寶貴的功課。在預備過程中，以色列人似乎完全忘記耶和華的主權。他們已經先有解決的方法，而後再求問上帝祝福他們的決定。他們只要上帝給他們「誰當首先上去攻打？」的簡單答案。他們的行動顯示，他們認為上帝已經認可他們上去攻打的決定。無怪乎，士師記二十章 18 至 22 節顯示出猶大的慘敗。因為他們完全顛倒了正確的行事次序。當他們再度求問上帝，是否可以上去攻打時（士二十 23），上帝容許他們落入自己的毀滅中。以色列人失敗的關鍵在於立約獻祭的缺乏。二十章 26 至 28 節顯示，以色列人終於明白自己的錯誤。在他們向耶和華獻上燔祭和平安祭之後,上帝就將勝利賜給他們。

立約關係的角色,在基甸的敘述中多有強調,因為基甸在戰役之前就先向耶和華獻祭。然而,以色列人卻將整個次序完全顛倒。他們應該先獻祭,而後求問耶和華是否上去攻打,最終才求問誰先上去攻打。他們沒有將立約視為優先,因此創造了毀滅的環境。這些以色列人的根本問題,可以以一個問句總結:「是誰或是甚麼在掌控一切?」是利未人的自我?是基於人類尊嚴(honor)的公義?甚或是人的策略?他們起初的慘敗,更加肯定了上帝對整個事件的憤怒。是輸或贏,都在上帝的掌控中。以色列人傷亡的教訓,實在代價高昂。以色列人和便雅憫人雙雙遭受可怕的刑罰。

第十項,以色列人向基列·雅比人的諷刺刑罰,也顯示以自我中心的方式行事,必然導致更慘重的禍害。以色列所創造的悲劇,已經在快速的旋轉中失控了。血腥屠殺沒有止於便雅憫人,對於以色列另一個支派的極度攻擊仍然繼續發生。最糟的是,現在整個以色列都沉浸在基比亞的居民所犯的罪惡中。可見,當我們大聲指責別人的罪時,我們必須格外小心自己是否有盲點。以色列沒有看見自己盲點的諷刺,導致產生一個與約書亞那一代完全相反的結果。

從所有的悲劇故事來看,個人聖潔的功課的確非常明顯。當我們看見上帝和祂的子民之間的親密結合時,我們必須記住,我們的生命應當反映這種結合的關係。我們應該從此章學習到,信徒沒有「是否向上帝委身」的選擇權。換言之,「委身」是信仰的前提。而聖潔則是委身的自然反應。我們所有的生活方式,都應該是信仰的虔誠反應。許多信徒嘗試過一種沒有上帝幫助的生活。他們不了解，沒有上帝的幫助，他們絕對無法得到上帝為他們一生所定意的成就。信徒的委身，是讓信徒堅穩站立在上帝這邊的關鍵要素。

上帝的觀點是信徒委身的基礎。從這兩個利未人的悲哀事件中，我們看見重複出現的短語：「以色列中沒有王，各人任意而行。」照字面來說，「任意」的希伯來文慣用語，就是「在他自己的眼中」。這個概念與觀點有關。委身涉及從上帝的角度來看事情。實際上，如同非尼哈的公義領袖，正代表了上帝的觀點。然而，上帝的觀點被大大忽略，因此導致以色列內戰的發生。觀點就是一切！沒有正確的觀點和異象，人們將不斷犯錯，並且苦嘗悲慘的後果。

第十一項，現代讀者千萬不要瞧不起以色列人、便雅憫人和利未人；他們的光景其實與現代許多教會相似。以色列並不缺乏宗教領袖，因為非尼哈仍然在世。以色列也不缺乏律法的知識，因為石板應該在當時的約櫃裏。以色列所缺乏的是對信仰的嚴肅性。只是知道並不夠，知識必須經由生活方式的應用展現出來。事實上，在世界許多地方，基督教的傳遞並不完全忠於信仰。尤其有過失的是那些具有大量科技和資訊的個別國家。擁有得愈多的教會，應該承擔愈重的責任。

第十二項，以色列的問題也為我們帶出有關敬拜的適當教導。其中最重要的就是，知識是敬拜的基礎。而知識的核心，就是救恩的信息。當我們討論現代的敬拜時，我們常常採取固執和狹窄的方式。我們熱烈討論樂器、體裁和風格。然而，敬拜應該以對上帝的知識，以及與上帝的關係為首要焦點。更確切地說，神學應該引導敬拜；感覺和個人的喜好，並非決定敬拜方式的關鍵要素。我認為，敬拜的教導非常適切當今許多教會有關敬拜形式的討論。如果我們錯失建立神學指引的機會，我們的敬拜將面臨成功和失敗交錯出現的艱難考驗。這種敬拜對信徒毫無益處！

註釋：

1 Sim. Susanne Gillmayer-Bucher, " Framework and Discourse in the Book of Judges, " JBL 128（2009）, 687～702；作者視前言和結語的聲音，為與士師記循環交談的聲音。

2 Marc Zvi Brettler, *The Book of Judges*（London: Routeledge, 2001）, 94.

3 這項議題導致學者對於歷史和「意識理念/神學」之間的二分法。例如：Walter Bruggermann, *An Introduction of the Old Testament*（Louisville: WJKP, 2003）, 122。

4 Keith N. Schoville, " Canaanites and Amorites, " in *Peoples of the Old Testament World*, edited by Alfred J. Hoerth et al.（Grand Rapids: Baker, 1994）, 157～182；這裏似乎認為亞摩利人和迦南人是同義字。

5 Christopher J. H. Wright, *The God of Mission*（Downers Grove: IVP, 2006）, 291.

6 有關腓尼基人和布匿人（Punic）的宗教資料，參 Glenn E. Markoe, *Peoples of the Past: Phoenicians*（Berkeley: UCP, 2000）, 115 ～ 142；William A. Ward, " Phoenicians, " in *Peoples of the Old Testament World*, edited by Alfred J. Hoerth et al.（Grand Rapids: Baker, 1994）, 183～206。

7 E. Theodore Mullen, Jr., *The Assembly of the Gods*, Harvard Semitic Monographs 24（Atlanta: Scholars, 1986）, 10.

8 「亞多尼比色」似乎是一種頭銜，而不是名字；因為士師記一章 4 節記載，戰爭發生在一個名叫比色的地方。因此，亞多尼比色就是「比色的主」的意思。同樣地，在亞摩利、腓尼基和希伯來語中，亞多是代表「主」的另一個用字。參 Daniel I. Block, *The Gods and the Nations*（Grand Rapids: Baker, 2000）, 48～50。

9 有關懲罰之社會價值的更深度理論討論，參 Ferdinand E. Deist, *The Material Culture of the Bible: An Introduction*（Sheffield: Sheffield Academic Press, 2000）, 111, 293。德斯特（Ferdinand E. Deist）注意到砍斷手腳拇指的象徵意義。他的

觀察讓我想到，手腳的拇指是戰士在戰鬥中不可或缺的一部分。雖然沒有手腳的拇指，戰士仍能依靠四肢四處走動，但他們在戰場上卻毫無用處。德斯特也指出與手腳的拇指被砍斷相關的羞辱。在本質上，這個動作顯示，奉命爭戰的戰士被完全制服，而無法作戰的羞辱。

10 預示的討論，被列在吉尼特（Gerard Genette）之重要研究的預辯法（*prolepsis*）標題下。Gerard Genette, *Narrative Discourse*, trans. by J. E. Lewin（Ithaca: Cornell University Press, 1980）, 40。

11 Richard G. Bowman, " Narrative Criticism, " in *Judges and Method*, edited by Gale A. Yee（Minneapolis: Fortress, 2007）, 22.

12 Chaim Herzog and Mordechai Gichon, *Battles of the Bible: A Modern Military Evaluation of the Old Testament*（New York: Random House, 1978）, 49～51.

13 更詳細的資料，參 Robert Drews, *The End of the Bronze Age: Changes in Warfare and the Catastrophe CA. 1200 B.C.*（Princeton: Princeton University Press, 1993）, 113～129。

14 士師記五章 8 節的分詞在希伯來語的文法中，顯示「在四萬人中，確實（certainly）沒有盾牌或槍矛」的意義。參 E. Kautzsch and A. E. Cowley, *Gesenius' Hebrew Grammar*（Oxford: Oxford University Press, 1910）, 472；下文簡稱 GKC。

15 參 Manfried Dietrich and Oswald Loretz, " Opferschauprotokoll anlässlich einer Konstellation von Sonne and Mars – KTU 1.78（RS 12.061）, " in *Mantik Ugarit: Keilalphabetische Texte der Opferschau-Omensammlungen Nekromantie*, edited by Manfried Dietrich and Oswald Loretz, ALASP 3（Münster: Ugarit-Verlag, 1990）, 39～85。他們的研究極有價值，因為他們將一些文本翻譯出來。這些文本顯示星象如何控制人的生活。

16 Daniel I. Block, *Judges, Ruth*（Nashville: Broadman and Holman, 1999）, 236.

17 Block, *Judges, Ruth*, 90.

18 將敵人的手腳或指頭砍斷，是對敵人羞辱和不方便的懲罰。這是一種制服對方的行動。參 T. M. Lemos, " Shame and Mutilation of Enemy in the Hebrew Bible, " JBL 125（2006）, 236～238。

19 Block, *Judges, Ruth*, 123；這裏將作者的道德標準知識，歸於上帝啟示的一部分。但它並沒有論到啟示的形式。我認為作者的知識來自他對上帝的律法的熟悉；而這律法則是經由摩西傳遞下來的。

20 Le P. Marie-Joseph Lagrange, *Le Livre de Juges*（Paris: Librarie Victor Lecoffre, 1903）, 35；這裏更進一步地指出，申命記（八 19，十一 28，十三 2 等）使用相同的詞彙，來描述人的背道。

21 Kari Latvis, *God, Anger and Ideology: The Anger of God in Joshua and Judges in Relation to Deuteronomy and the Priestly Writings*, JSOTSup 279（Sheffield: Sheffield Academic Press, 1998）, 38, 51；這裏認為，士師記二章 12 節是申命記六章 12 至 15 節的引述。這兩處經文有許多文本互涉的平行之處。我們不應忽略申命記六章，可能是當時以色列人時常背誦的口述宗教信條（如同十誡一樣）。因此，拉特維斯（Kari Latvis）的看法顯然合理。申命記六章實際是申命記五章一開始的十誡的延伸。

22 學者不再認為迦南宗教有異教的淫亂儀式。然而，創世記三十八章使這種解釋無法被人接受。雖然證據並不完全，但絕對暗示迦南有異教的淫亂儀式。

23 有關瑪吉，參創世記五十章 23 節。Block, *Judges, Ruth*, 232。

24 Dennis T. Olsen, *New Interpreter's Bible: The Book of Judges*（Nashville: Abingdon, 1998）, 733.

25 Brettler, *The Book of Judges*, 94ff.

26 Olsen, *New Interpreter's Bible: The Book of Judges*, 733.

27 Richard S. Hess, " Boundary Descriptions of the West Semitic World, " in *Ugarit and the Bible: Proceedings of the International Symposium on Ugarit and the Bible*, UBL 11, edited by George J. Brooke et al.（Münster: Ugarit-Verlag, 1994）, 136～138.

28 有關希伯崙考古資料的更透徹總結，參 A. Offer, " Hebron, " *The New Encyclopedia of Archaeological Excavation in the Holy Land*（New York: Simon and Schuster, 1993）。

29 讀者尤其可以參考以下的討論：Elie Assis, " ' How long are you Slack to go to Possess the Land '（Jos. XVIII 3）: Ideal and Reality in the Distribution Descriptions in Joshua XIII ～ XIX, " VT 52（2003）, 1～25；這裏指出，重複出現在約書亞記十三至十九章的土地分配，是以色列人必須奮勇實行征服職責的真實指標。

30 例如，Klaus Bieberstein, *Joshua-Jordan-Jericho: Archäologie, Geschichte und Theologie der Landnahmeerzählungen Josua*, OBO 143（Göttingen: Vanden hoeck

and Ruprecht, 1995）, 63～71；這裏列舉許多理論和論證，但都環繞這個地方在禮儀上的意義進行討論。

31 約書亞記六章 1 節值得注意，因為它中斷了約書亞與上帝的元帥相遇的敍述。它逕自帶出耶利哥如何難被攻克的陳述。如果直接翻譯六章 1 節的希伯來語，「關閉」一詞會出現兩次。「關閉」的重複，顯示耶利哥緊緊關閉的程度。對於缺乏高度軍事科技的以色列而言，耶利哥城根本不可能被攻下。

32 只有迦勒所摧毀的敵人，出現在士師記一章 10 節。這些敵人出現的次序，與約書亞記十五章 14 節的次序完全相同。可見，士師記的作者刻意擷取約書亞記的部分記載，來突顯他的英雄俄陀聶。士師記的作者肯定熟知約書亞記十五章的內容。

33 參 Michael S. Moore, " Role Pre-Emption in the Israelite Priesthood, " VT 46（1996）, 323；這裏提到神明的形像（form）。將神像看為神明本身，是一種錯誤的看法。

34 在許多古代近東文化中，神像並非神明，不過是神明的代表罷了。這使耶和華的獨特性，更加偉大！

35 這相當二十五磅的銀子。

36 Jason Bray, *Sacred Dan: Religious Tradition and Cultic Practice in Judges 17～18*, JSOTSup 449（London: T & T Clark, 2006）, 32；這裏指出一項重要的觀察。他注意到士師記十七章 1 至 6 節有關偷竊的記錄極為簡短。作者很快地跳入這件似乎不重要之事件的嚴重後果。作者以愈少的篇幅描述這個事件，愈表示這個事件不重要。但這並不意味這個事件微不足道。相反地，作者將它描述成不重要的事件，以便顯示這種區區小事如何使整個支派脫離正路。

37 有關證據，參 C. A. Faraone, B. Garnand and C. Lopez-Ruiz, " Micah's Mother（Judg. 17.1～4）and a Curse from Carthage（KAI 89）: Canaanite Precedents for Greek and Latin Curses Against Thieves? " JNES 64.3（2005）, 161ff。

38 相同看法，參 Block, *Judges, Ruth*, 497。

39《聖經新譯本》的「他雇了我……」，顯然比《和合本》的「請我作祭司……」更為貼切。

40 Navad Na'aman, " The Danite Campaign Northward（Judges xvii ～ xviii）and the Migration of the Phocaeans to Massalia（Strabo iv 1, 4）, " VT 55（2005）, 50；這裏提出一個有趣的建議。他認為這個故事實際攻擊耶羅波安和在但的金牛

瀆。極巧合地，耶羅波安的母親也在列王紀上十一章 26 節被提及。這些題旨使米迦的故事，不可能像此文作者所建議的，只是一種諷刺故事。米迦的故事細節非常生動，僅將其解讀為宗教諷刺，將錯失大部分的修辭效果。

41 士師記十七章 5 節的希伯來語如此說：「現在米迦這人擁有一間上帝的家。」「上帝的家」的整個觀念令人十分好奇，因為在這一章的多處經文中，它指向「米迦的家」（例如，士十七 4、8，十八 3、13 等）。如此說來，米迦的家是上帝的家嗎？答案肯定是「不」，因為在米迦的家中有複數的「上帝/神明」出現。他的家置有許多偶像，因此成為「諸神的家」（house of gods）。然而，他把自己的家視為「上帝的家」（house of God）。上帝真正的家在伯特利，也就是雅各遇見單數的真神的地方（參士四 5；創二十八 10～19）。他置有多重偶像的家，成為伯特利的嘲諷。底波拉、伯特利和以法蓮山地之間的地理關連（士四 5，十七 1、5），也為我們帶出底波拉的公眾事奉，和米迦與利未人私有偶像之間的比較。這幅畫像具有爭辯性和諷刺性。換言之，在當時並沒有所謂「私人的上帝的家」的存在。

42 士師記十七章 3 節的複數偶像，可能指米迦為自己作一個偶像，並且為他的母親另作一個偶像。兩個偶像都代表獨一上帝耶和華。現在，每個人都可以隨身攜帶他們私自擁有的耶和華。

43 若與征服的預備比較，作者僅以少數經文描述士師記的戰爭。作者的筆法顯示，這場征服之戰不過是從米迦的家中開始的整個醜聞的附註罷了。

44 相同看法，參 Jacqueline E. Lapsley, *Whispering in the Word*（Louisville: WJKP, 2005）, 45。

45 例如，Susan Niditch, "The Sodomite Theme in Judges 19 ～ 20: Family, Community, and Social Disintegration," CBQ 44（1982）, 365～378；Terence E. Fretheim, *The Book of Genesis*（NIB; Nashville: Abingdon, 1994）, 473～478。這些罪犯一般都是反社會的，但他們的罪過卻非常特殊。根據士師記作者，他們應該被處死，而這個刑罰也將速速臨到。破壞社會的行為不一定都要被處死，但尤其以這種方式犯下的同性戀行為，在舊約倫理中，是必須被處死的。根據舊約聖經，同性戀是一種可憎的生活方式（利十八 22、24，二十 13、23）。

46 不要僅由社會的角度來詮釋同性戀，參漢密爾頓（Victor Hamilton）一項令人信服的論證，他以語詞的論證（lexical argument）為切入點。Victor Hamilton,

Genesis, NICOT（Grand Rapids: Eerdmans, 1995）, 34～35。

47 Amihai Mazar, *Archaeology of the Land of the Bible*（New York: Doubleday, 1990）, 336；這裏指出，基比亞在當時可能是一個小村莊。若果如此，那麼，這個事件就不能以都市化的問題為藉口。事實上，這個小村莊成為污染以色列，並且讓整個以色列陷入內戰的負面因素。

48 同一個時期有關公義的比較，參 Pamela Barmash, "Blood Feud and State Control: Differing Legal Institutions for the Remedy of Homicide During the Second and First Millennia B. C. E.," JNES 63.3（2004）, 183ff。

49 Erhard Gerstenberger, *Theologies of the Old Testament*, trans. by John Bowden（Minneapolis: Fortress, 2002）, 47；這裏將這視為進入青春期的儀式。我們很難決定這種儀式的真正性質，但士師記的敘述肯定它們所產生的負面影響。

50 約書亞記二十二章 9 節也有相同的敘述，但當時「迦南」所扮演的角色，是尚未被征服的土地。在士師記此段經文中，「迦南」描述一種文化的特性，就像參孫在非利士人統治的日子一樣。另外，還有一個相異點是，約書亞記的情節線索，並沒有失敗的描述；然而，失敗是士師記從開始到結尾的特徵。施萊在一項有益的研究中（Donald G. Schley, *Shiloh: A Biblical City in Tradition and History*, JSOTSup 63 [Sheffield: JSOT Press, 1989], 136）指出，考古的發現證明，示羅從中期青銅時代（Mid Bronze Age），就已經是一個聖壇的事實。可見，她在以色列人進入迦南之前的迦南人根源，已經和以色列的信仰混合生成一種奇怪的耶和華信仰。

51 Mazar, *Archaeology of the Land of the Bible*, 336.

52《新英文譯本》（New English Translation Bible, NET）在附註中指出，基比亞城的男人與彼列的兒子相同。這種說法暗示，城市所有的男性人口都集體犯罪了。當好男人沒有行動時，邪惡就得勝。士師記作者以集體的單數定義集體的腐敗，這種筆法出現在士師記多處經文中（例如，士二十 23）。亦參 Deist, *The Material Culture of the Bible*, 271；這裏根據社會—歷史的詮釋模式（social-historical model of interpretation），更詳細地討論社會疏離的問題。

53 相同看法，參 J. Clinton McCann, *Judges*, Interpretation Series（Louisville: WJNP, 2002）, 30。

54 有關「問題」在希伯來聖經中所具有之功能的討論，參 Deist, *The Material Culture of the Bible*, 241。

55 希伯來語的句子是一個無動詞子句（verbless clause），沒有"was"的動詞。它指向前一節經文中的伯特利地點。這種寫法可能因作者匆忙執筆，或他使用無動詞子句作為間歇，以擷取讀者對於這些人所處地點的注意力。這顯示以色列的宗教生活所處的悲哀光景。

56 我們可以使用「後示」（backshadow）、「回顧」（retrospection）或「倒敍」（analepsis）諷刺，來形容這種文學技巧。更深入討論，參 Genette, *Narrative Discourse*, 40。士師記作者不斷地前瞻與後示士師記中的故事，使整卷書成為一個整合的故事。

57 Marjo Christina Annette Korpel, *A Rift in the Clouds: Ugaritic and Hebrew Descriptions of the Divine*, UBL 8（Münster: Ugarit-Verlag, 1990）, 183.

58 相異看法，參 Arthur E. Cundall and Leon Morris, *Judges and Ruth*, Tyndale Commentary（Downers Grove: IVP, 1968）, 101。大部分註釋者，都只認為這個字含有性的內涵。我相信這個字同樣帶有生殖的觀念，因為這同是以色列人和迦南人所追求的。在那個文化中，性與生殖緊密相連。相異看法，參 J. Cheryl Exum, "Feminine Criticism: Whose Interests Are Being Served?" in *Judges and Method*, edited by Gale A. Yee（Minneapolis: Fortress, 2007）, 75；這裏認為這個結尾原諒對於婦女的強姦。

59 F. M. Cross, *Canaanite Myth and Hebrew Epic*（Cambridge, MA: Harvard, 1973）, 10。然而，為慎重起見，我要修飾一下我對於克羅斯（F. M. Cross）觀察的正面陳述。雖然埃及人、腓尼基人和古亞甲人（Akkadian）的信仰，都充滿這種觀念；但將以色列視為一種倚靠這種「你列祖的上帝」傳統的宗教之一，則是錯誤的看法。

60 士師記十四章 7 節的希伯來語如此說：「她在參孫的眼中看為對。」換言之，她看起來是對的，所以她一定是對的。

61 迦勒的熱切之心，在他反覆的「上去，上去……」（Go, go...）中顯露無遺；《新國際譯本》（New International Version Bible, NIV）將此翻譯為「我們應該上去」。這些經文也可以翻譯成「讓我們現在就上去！」，以帶出強調的語氣。

62 民數記十三章 30 節使用的詞彙「佔領」，再次出現於士師記十八章 9 節下。

63 Block, *Judges, Ruth*, 502；這裏同樣懷疑他們對於上帝的名的使用；但與約書亞記二章 24 節比較，可以顯出更強烈的證據。

64 Susanne Scholz, *Rape Plots: A Feminist Cultural Study of Genesis 34*（New York:

Peter Lang, 2000), 109～125；這裏根據社會學的意義，為底拿被強姦的各種詮釋，提出一項上好的概論。

65 Nahum Sarna, *Genesis: The Traditional Hebrew Text with the New JPS Translation* (Philadelphia: JPS, 1989), 134～135；這裏指出經文中並不明顯的有趣觀念。當時，重要的城市商業都在整個社羣可以看見的城門口進行。這與市民攻擊羅得的私人財產形成對照。羅得由遊牧民族變成家屋的居住者。極為諷刺地，當他住在自己的家中時，他反而更不安全。

66 Scott Morschauser, " 'Hospitality', Hostilities and Hostages: On the Legal Background to Genesis 19.1～9," JSOT 27 (2003), 461～485；這是另一種社會學的詮釋，他將「知道」理解為一種沒有性意味的詢問。根據士師記十九章的詞彙，這種看法完全站不住腳。利未人在重述發生的事件時，似乎對於跳過「知道」的部分，十分滿意。到底被質問有何羞恥，使得利未人要在解釋事件當中，跳過這一部分？

67 關於精簡但優異的圖表，參 Block, *Judges, Ruth*, 533 ～ 534。根據布洛克(Daniel I. Block)的統計，創世記十九章大約有四分之一(十六個)的用字，以同樣的形式出現於士師記十九章。

68 參 Brian Doyle, "Knock, Knock, Knockin' on Sodom's Door," JSOT 28 (2004), 433～434；這裏強烈否認這個故事與亞伯拉罕故事有任何關連。然而，本書已經顯示，士師記有許多部分具有亞伯拉罕的副情節。多伊爾(Brian Doyle)的研究似乎以「知道」不具性的意味的統計為根據。統計有其功用，但卻不能否認兩個文本之間詞彙和情節的直接平行。

69 至少利未人和妾這兩位都是受害者。雖然尚有僕人同行，但僕人所扮演的角色一點也不重要。

70 廣場的地點在士師記十九章 15 和 17 節一再重複，強烈顯示作者參照所多瑪事件。

71 這可能是因為羅得以社羣領袖的身分坐在城門口。

72 Daniel I. Block, *Ezekiel 25 ～ 48*, NICOT (Grand Rapids: Eerdmans, 1998), 207。在士師記十九章重複出現的「城裏的人」，使讀者想起「所多瑪的男人」。所多瑪男人的罪惡如此深重，以致他們的身分和他們的罪與毀滅同義。無怪乎，布洛克將基比亞的男人稱為「新一所多瑪人」。

73 Sarna, *Genesis*, 131。撒娜(Nahum Sarna)的說詞，更是一針見血：「所多瑪和

蛾摩拉的罪惡與駭人刑罰，將這兩個城市的名字轉變成人類的邪惡和上帝的報應的永恆隱喻。」事實上，在創世記十三章13節，當羅得選擇遷移至所多瑪時，經文已經提及所多瑪人的名字，作為故事的預示。而創世記十八章20節，也暗示所多瑪人向耶和華犯的罪，極其深重。可見，在士師記中，「城裏的男人」的圖像，必然使讀者想起另外一羣「城裏的男人」。現在，這些「城裏的男人」，圍繞了老年人的房子。

74 在創世記十九章7節，羅得使用可被譯為「邪惡」（wicked）或「罪惡」（evil）的字，來形容所多瑪人的惡行。希伯來語似乎強調，所多瑪人是這個罪惡的起因。士師記十九章23節使用「噁心」（disgusting）或「淫蕩」（lewd），來形容這項行為。創世記十九章的一般性邪惡，被士師記作者以一種更具體的詞彙來強調。士師記十九章的描述，清楚顯示基比亞男人的邪惡本性。基比亞的男人是士師記作者和上帝所討厭的人。同樣的詞彙也出現在士師記的結尾，來描述以色列具有外邦人邪惡的悲慘光景（士二十一25）。在這種方式下，作者顯露他記載這個引發內戰的噁心事件的背後用意。換言之，基比亞不只是酷似所多瑪的惟一城市，整個以色列已經像所多瑪一樣令人厭惡，並且當受上帝的憤怒刑罰。作者的主要信息乃是：基比亞只是一個像所多瑪這類邪惡已經蔓延整個以色列的象徵罷了。

75 Bruce Waltke and Charles Yu, *An Old Testament Theology*（Grand Rapids: Zondervan, 2007）, 57；這裏不單注意到平行之處，並且注意到士師記二章的經文，為約書亞的故事帶來結束。

76 有關約書亞記的文法，和士師記作者對詮釋的改變之間的比較討論，參Block, *Judges, Ruth*, 120。

77 例如：Christina von Houten, *The Alien in Israelite Law*, JSOTSup 107（Sheffield: JSOT, 1991）；Christoph Bultmann, *Der Fremde im Antiken Juda*（Göttingen: Vanderhoeck and Ruprecht, 1992）；Harold V. Bennett, *Injustice Made Legal*（Grand Rapids: Eerdmans, 2002）。

78 Harold V. Bennett, *Injustice Made Legal*（Grand Rapids: Eerdmans, 2002）, 104～105；這裏正確地注意到，以色列已經藉著律法建立社會制度。到現在，這種標準應該是基比亞人民的生活指引。

79 Pauline Deryn Guest, "Dangerous Liaisons in the Book of Judges," SJOT 11（1997）, 251。她可能有其它的目的。因為她不斷提及一些可能繼續成為絆腳

石的各種寄居者。這些寄居者指向同化的題旨。

80 Block, *Judges, Ruth*, 516；這裏以反向的方式（backward）解讀這個故事，非常能夠例證這個觀點。

81 曾祥新：《士師記註釋》（香港：天道，1998），頁 448～456；這裏以統一的「好客」題旨，解讀整段經文。不過，我喜歡使用「社會關係」和「社會責任」，而非「好客」這個用語，來描述這個故事主要部分的違法行為。同性戀是一種錯誤的社會表現，直接違反耶和華的律法。在社會上，關乎性的活動，男人和女人應該在一起。

二

與聖經傳統文本互涉(二)：引以色列入歧途的領袖

2.1 引言

士師記對迦南領袖的描述，乏善可陳。在這方面的觀察，俄陀聶的故事最能提供深具意義的討論。俄陀聶的敵人古珊．利薩田，具有一個涵義生動的名字。他的名字代表「古珊雙倍邪惡者」。或以現代用語來說，「古珊．利薩田」就是「古珊這個可怕的人」的意思。在不需要使用更多言詞來細說他的恐怖之下，「雙倍邪惡者」的綽號，成為古珊．利薩田的絕佳描述。他是所有暴虐領袖的典型。另外，在以笏故事中的肥胖伊磯倫王，更是一樁大笑話。他是所有無能統治者的典型。然而，在許多方面，一些以色列的領袖竟然符合這些國王殘酷和無能的特徵。我們可以使用亞伯拉罕、約書亞和摩西等偉大的歷史人物，來突顯這些迦南國王的殘酷和無能。同時，有些無能又邪惡的以色列領袖，也不見得比這些迦南國王來得好。

下文的討論，將以士師記的領袖為焦點。但在進入這些主要士師的討論之前，我們必須記得俄陀聶這位勝任有餘的士師，他在幫助迦勒得勝的事上，扮演極重要的角色。他可以被視為毫無瑕疵的士師。另外，以笏這位主要的「小士師」(minor judge)，也值得我們注意。我之所以認為他是主要的「小士師」，乃是基於作者描述他的生平的篇幅。他經過特別訓練的左手，是便雅憫特別精兵的特徵(士二十16)，也成為他主要引人入勝之處。[1]然而，在耶和華尚未興起他為士師前，肥胖的伊磯倫仍然統治以色列人。換言之，沒有耶和華賦予能力和呼召，許多士師將仍然隱匿無名。耶和華才是真正的英雄！

2.2 幼稚懦弱的領袖巴拉：他不像約書亞

2.2.1 巴拉和士師記

士師記首先登場的第一場漫長戰役，當屬底波拉的故事。在故事的一開始，以色列人又行耶和華看為惡的事，因此耶和華將他們交在迦南王的手中。士師記作者的一貫寫作風格，乃是在尚未進入其他敘述之前，先行提出以色列陷入困境的屬靈原因。行邪惡之事的觀念，成為敬拜偶像和所有與其相關之不道德行為的委婉說法(士三7、12)。惟恐讀者認為上帝對以色列過度殘忍，作者顯示以色列在完全知道上帝會不喜悅的情況下，一次又一次地違犯上帝的律法；因為他們常很快地「呼求耶和華」(四3)。以色列所遭受的刑罰並不新鮮。然而，上帝甚至沒有等到祂的子民完全悔改，就伸手援救他們。上帝的憐憫正是士師記的主要題旨。在這個故事中，上帝使用底波拉，呼召巴拉行使拯救者的作為。

2.2.1.1 出身於名門

巴拉的名字可能具有「閃電」的涵義。作者花費極大的篇幅，談論敵人和巴拉。畢竟，如果敵人是勇猛的戰士，那麼能夠敵得過他的，必定是一位卓越超羣的男性人物。儘管敵人是一位聞名天下的戰士，但巴拉卻不是一位有抱負的戰士。在整個故事中，他的行動讓人看見，極度的懷疑總是籠罩著他。巴拉是眾望所歸的戰士，但他卻無法實現大眾所賦予的期望。有時候，作者記載某些人的名字，是為了強化士師記的情節。巴拉很可能就是其中之一，因為他就像閃電一樣；對於上帝呼召作戰的順服，只是一閃而現。事實上，從故事的開始甚至到西西拉最終毀滅的結尾，巴拉總是慢一拍。

馬修斯（Victor Matthews）注意到，底波拉故事中的男人和女人，剛好扮演倒轉的角色。巴拉的逃脱責任，與西西拉相似。當巴拉面臨被女人奪取殺敵之功的後果時，西西拉承受被相同女人殺害的更嚴厲刑罰。[2] 在這些士師的記載中，總有一些女人以各自不同的方式，為以色列敵人的死亡貢獻己力。從女性領袖的角度來看，巴拉的確有失職的地方。士師記作者對於巴拉這人物和其作為，的確有一番生動的描繪。

關於巴拉出身自非常顯赫之家庭的暗示，隱含地出現在作者的敍述巧筆中。雖然巴拉在敍述部分（就與其相對之詩歌部分而言），扮演主要的角色；但作者描述他的方式，卻顯示他僅具次要的角色。既然底波拉的地區是以法蓮的山地，她很可能是一位以法蓮人。然而，她有權柄徵召那似乎是拿弗他利人的巴拉。巴拉被召來領導以色列與敵人爭戰，可見，拿弗他利人和以法蓮人具有特殊的關係。或許上帝以清楚的諭言向底波拉啟示，祂要使用誰來征服迦南人。很有可能的是，巴拉是一位來自顯赫家庭的有名人物，因為四章 6 節指出他父親的身分。既然他來自拿弗他利的基低斯，他離當時非常重要的通商路徑米吉多，只有幾英里之遙。[3] 米吉多本身變得如此重要，以致於最近聯合國教育科學暨文化組織（UNESCO），都將她規劃為世界古迹遺址（World Heritage Site）。根據他的家世，巴拉可能有極豐富的資源，得以召集打仗的戰士。上帝誠然可以使用人的資源，來成就祂的旨意。總的來說，底波拉之所以獨特地徵召巴拉，很可能與巴拉出身自拿弗他利有名的統治家庭有關。

2.2.1.2 幼稚如孩童

除了巴拉的出身背景之外，巴拉像孩子一樣的屬靈光景，也是重要的觀察焦點。給巴拉的呼召和給底波拉的呼召混合在一起。在底波拉初次呼召巴拉時，上帝在四章 6 節下至 7 節，告訴巴拉：「你率領一萬拿弗他利和西布倫人上他泊山去。我必使耶賓的將軍西西拉率領他的車輛與全軍往基順河，到你那裏去；我必將他交在你手中。」[4] 是上帝而不是巴拉，將把西西拉交在巴拉手中。巴拉的主要職責只是集結軍隊與上帝合作，並且完成上帝所開始的工作。然而，士師記作者所描述的巴拉卻是一位幼稚的懦夫，因為他向底波拉說：「你若同我去，我就去；你若不同我去，我就不去。」（士四 8）[5]

與士師記其他人物（例如，亞比米勒、參孫等）不同的是，巴拉的母親沒有出現在敍述中。因此巴拉好像把底波拉當作他的母親一樣。[6] 五章 7 節的「母親」回響，更是肯定了底波拉的母親形象。[7] 在四章 6 節下和 8 節重複出現的「去」一字，顯示巴拉想要順服上帝，但卻需要有人陪他一起順服上帝。[8] 如同一個不成熟的孩童一樣，巴拉需要人陪伴。當五章 7 節將底波拉刻劃為一個母親時，巴拉的談話更像一個孩童。底波拉實際承擔了巴拉的母親的角色。又如同一個憤怒的母親責備自己的孩子一樣，底波拉以嚴峻的預言，同意和巴拉同赴戰場。因為巴拉有條件的順服，因此本應屬於巴拉的光榮，將歸給一個婦人。巴拉將與敵人爭戰視為一項艱難的工作。然而，在上帝的應許之下，消滅敵人首領的崇高使命，應該是男人和女人都可以輕易完成的小事。如此說來，巴拉的幼稚行為，必須從上帝應許拯救以色列的角度來解讀。巴拉的不成熟，使他懷疑上帝的應許。

巴拉不僅幼稚，還具有被動的特徵。在四章 14 節，底波拉直接命令巴拉「起來」，好像巴拉是一個驚嚇的孩童。[9] 巴拉的猶豫不決，更強烈地對照了底波拉的果斷。在底波拉和巴拉一同到基低斯之後，底波拉就從敘述中全然消失。當然，這並不代表底波拉不在戰場上。[10] 更確切地說，敘述時常藉著抑制某些觀念或人物，來選擇性地強調其他的重點。因此不論底波拉的消失是否表面多於真實，巴拉現在必須獨自面對敵人。

2.2.1.3 上帝工作之旁觀者

巴拉的生命也反映出，上帝的確可以藉著無能的人成就祂的大事。在敘述中，巴拉的地位不斷地被上帝佔去。巴拉的得勝，令人難以理解地與上帝相連在一起。士師記四章 15 節明說，耶和華而非巴拉，使西西拉的軍隊潰敗。作者刻意將上帝得勝的確切方法，保留至底波拉之歌時才揭曉（士五 21）。另外，也是耶和華而非巴拉，使西西拉的全軍倒在刀下。根據這段敘述，巴拉可能與追逐和殺戮敵人的行動，有較直接關聯。然而，所有的光榮都歸與上帝這位真正的英雄。

作者幾乎將巴拉的角色，歸類為目擊上帝之手作工的旁觀者。經文沒有陳述，巴拉和他的跟隨者必須參與戰鬥。他們只需要追趕敵人。他們可以使用刀劍對抗敵人的鐵車，完全是上帝的作為和恩典。最後，上帝使用另一個人的妻子雅億，輕易地擊殺了西西拉將軍。西西拉的死亡，為巴拉和以色列的領袖，帶出一項嚴肅的教訓。似乎不知西西拉逃往何處的巴拉，再次地扮演了微小的角色。雅億甚至需要將他領到已死的西西拉面前。雅億向巴拉說：「來吧，我將你所尋找的人給你看。」（士四 22）「死」一字，在四章 22 節重複出現，顯示巴拉錯失了成為英雄戰士的呼召。相反地，雅億不但立下大功，並且篡奪巴拉的地位，而成為一名英名永存的女戰士。換言之，勝利與信仰有關，而與是否孔武有力無關。勝利的屬靈層面，實際大大超越物質層面。整個敘述展現出，當上帝與以色列同在時，以色列的勝利便垂手可得。上帝可以在轉瞬之間扭轉乾坤。上帝的子民只要信任祂就夠了。

2.2.1.4 小結

到底巴拉的故事，如何與士師記的其他部分相關？

第一，巴拉和基甸非常相似。他的問題並非缺乏計畫，而是缺乏決心和勇氣。巴拉的順服是有條件的，因此違反士師記的成功原則。巴拉的例子預示，將有更多不好的例子，會以基甸的形式出現在士師記。顯然，基甸的順服也是有條件的。不過，上帝的勝利永遠不會被人的軟弱所阻擾。

第二，巴拉象徵以色列領袖在士師記的循環中的緩慢墮落。韋納姆（Gordon J. Wenham）認為：「巴拉是勉強回應上帝藉女先知發出的呼召，但基甸卻需要耶和華的使者向他顯現，加上兩次求證，和一個夢……」[11] 顯然，以色列的墮落並不始自基甸，而是在巴拉時即已開始。只是嚴重的程度愈來愈加劇。巴拉就像第一個前言中的以色列一樣，當他面臨順服的抉擇時，他只想採取容易的路徑。因此，他無法獲得上帝所應許的完全祝福。相反地,他最後落入自己的榮耀被他人奪走的地步。缺乏自信和剛毅,這成為以色列致命的標誌。這種現象不單在巴拉身上發生,並且在整個以色列普遍地呈現。

2.2.2 巴拉和約書亞

當我們將巴拉的敍述,與約書亞記的對應經文並排時,我們可以得到一些文本互涉的總結。約書亞記是最佳選擇,因為士師記在許多方面都仿效約書亞記的風格。如此說來,巴拉的故事在概念上,直接與約書亞記的征服傳統相連。士師記和約書亞記,的確共有征服的主題。更具有教育意義的是約書亞初次蒙召征服迦南地,以及在劣勢下攻克耶利哥的事件。

根據摩西的呼召傳統,約書亞蒙召行使軍事責任,與巴拉第一次的蒙召十分一致。約書亞記一章的情況顯示,作者非常強調摩西死去的時期(書一1)。約書亞的蒙召,具有下列幾項特徵。

第一,約書亞記的作者提及摩西的去世(書一1),並且再以上帝直接的宣告(一2)重複強調。

第二,上帝呼召約書亞承擔重任,因為上帝的同在已經從摩西轉移至約書亞的身上(書一5)。[12] 上帝吩咐約書亞,在一切事上堅強勇敢(一9)。

第三,上帝也呼召約書亞,保持對立約的忠誠(書一8,五1～9)。

第四,上帝也給予約書亞得勝的應許(書一5)。

當上帝呼召約書亞攻打耶利哥城時,約書亞以完全的順服,正面回應上帝。在完成上帝所吩咐的事上,約書亞沒有絲毫的猶豫。可見,摩西的傳統中,約書亞是領袖的理想典範。[13] 約書亞給予以色列希望!

約書亞記一至五章關於約書亞蒙召記載，與巴拉的故事的確有一些相似之處。但兩者也顯示一些相異點。

讓我們先看看兩者相似之處。

與約書亞記的開始類似，巴拉的故事也以雙重的前言為序，其中並且提到約書亞的去世（士一1，二6、8）。換言之，在這兩個關鍵時期，上帝的子民同樣地面臨缺乏領袖的危機。在巴拉之前，以色列有三位領袖；但巴拉是第一位被大幅記載的領袖。

除了這相似之處之外，巴拉和約書亞也有下列幾項顯著的相異點。

第一，雖然立約用語雙雙出現在兩書卷中，但巴拉的時代明顯違反上帝的立約（士四1）。約的違犯預示，以色列迫切需要一位領袖。與約書亞相反的是，巴拉並不因要征服未竟之業而蒙召。他乃是因為以色列被上帝刑罰的悲慘景況而被召。雖然在約書亞的征服中，上帝要求以色列堅守立約的義務；但在巴拉的時代，上帝卻仍對立約的破壞者滿有恩慈。

第二，雖然在兩卷書中，上帝都應許以色列的得勝。而且，士師記四章6和9節，也重複約書亞記一章9節的同樣用字：上帝的「吩咐」和「去」。但巴拉的表現卻與約書亞完全相反。巴拉對順服上帝的吩咐，表現得非常不情願。巴拉應該承接約書亞的領袖職分。然而，與約書亞相異的是，約書亞具有上帝同在的應許，巴拉所要的卻是女先知底波拉的同在。兩人之間的差異，實在天壤之別。

總的來說，經文對巴拉的刻劃顯示出，士師記作者給巴拉的評價極低。至少，俄陀聶、以笏和珊迦，[14] 都可以通過合乎約書亞傳統的考驗。在士師記中，巴拉是第一個（但不是最後一個）無法通過這項考驗的領袖。巴拉標示了那即將接踵而來的失敗。

雖然具有約書亞的潛力，但巴拉竟然無法給予以色列人任何盼望。以色列仍在引頸盼望她真正的救主的臨到！

2.3 本非英雄的領袖基甸：他不像摩西

2.3.1 基甸和士師記

基甸可說是聖經中，最像謎一樣、也最具爭議性的人物。他的故事被主日學的孩童所熱愛。然而，本書的研究將顯示出，他的生命故事並不適合成為孩童或青少年的道德教導。相反地，士師記作者為基甸描繪了一幅真實的、赤裸裸的、又帶著些許複雜性的畫像。他的領袖表現在完全懦弱和徹底統治這兩個極端中，搖擺變化。他的生命並不是一幅漫畫，但卻充滿難以解釋的動態。士師記六至九章敘述了基甸的興衰，因此這幾章的豐富內容，應該被視為一個故事來解讀。士師記九章時常被視為正常士師的對比。不過，此章最好被視為基甸故事中延伸家庭的部分，藉此來解讀其內容。[15] 因為本書將在後文針對亞比米勒這位反士師人物作詳細觀察，因此亞比米勒的生命將與基甸的生命分開討論。在敘述的正常解讀下，我們最好將出現在八章末段的亞比米勒，視為基甸之生命的延伸。下文將以士師記作者對基甸幾項領袖特徵的刻劃為觀察焦點。這幾項特徵分別為：一個猶疑的英雄、一個順服的領袖，以及一個放縱的國王。

2.3.1.1 一個猶疑的英雄

從基甸的蒙召和行使任務的預備來看，基甸是一個猶疑的英雄。事實上，我們可以說他根本不是一個英雄。基甸和其他出現在他之前的士師非常不同，因為士師記作者花了極多篇幅，來仔細描述基甸的蒙召。最主要的原因乃是因為基甸的猶疑不決。

作者以高技巧的藝術手法，表現基甸的懦弱。更可悲的是，如果我們認真研究故事一開始的情節，我們將發現，基甸其實是每一個以色列人的寫照。在六章 1 至 6 節中，作者描述以色列的偶像敬拜（士六 1）、懦弱（六 2）和貧乏（六 3～5）。基甸的故事顯示，基甸從一個拜偶像的家庭開始，也以一個拜偶像的家庭結束（六 25 及其後，八 24～27）。即便在基甸蒙召之後，他仍然像以色列人一樣，擔心害怕（參六 11，27，36；七 10）。整個士師記九章，在基甸的兒子幾乎全被殺害的貧乏下，悲慘結束。基甸是一個不稱職的領袖，因為他與他所領導的人民毫無差別。我們可以從蒙召的地點、與上帝的對話、持續的懷疑、宗教的潔淨，以及最後的偵察這五部分，來觀察作者筆下這位猶疑的英雄。

2.3.1.1.1 蒙召的地點

作者毫不留情地揭露基甸的軟弱。基甸蒙召的地點顯示，他不情願承擔任何勇敢的作為。基甸蒙召的地點非比尋常，因為他本應在打麥場上打麥子，但他卻在壓酒池裏打麥子。當時極可能是大麥剛豐收完畢的五月季節。[16] 這個季節的圖像讓讀者想起，當年渡過約旦河的以色列人，在利哥平原守逾越節吃那地出產的時候。那時候，以色列人不用耕種就有食物享用，因為上帝的祝福如恩雨降下（書五 12）。如此說來，如果以色列人忠於上帝的立約，那麼基甸現在應該可以明明歡慶，而不是暗暗躲藏。基甸所處的景況極具諷刺性。在以葡萄製酒的壓酒池裏豐收大麥，更是突顯基甸的懼怕。作者在此使用的希伯來語，是一種石頭和灰泥的磨器，只能在城內使用。[17] 為甚麼基甸在壓酒池，而不在打麥場打麥呢？作者提出的惟一解釋就是，基甸要「防備米甸人」。有誰能夠責怪他呢？

在士師記六章12節，耶和華的使者找到他，並且向他說：「大能的勇士啊，耶和華與你同在！」究竟為甚麼大能的勇士如此害怕地躲在壓酒池裏，而不敢公開地打麥呢？如同博林（R. G. Boling）的一些註釋者，將「大能的勇士」解釋為貴族的同義字。[18] 在下文七章14節，敵人的同伴的確知道基甸的名字和他的家庭。可見，縱使他躲藏在壓酒池裏打麥，但是根據敵人的情報，基甸已經成為一個家喻戶曉的人物。然而，士師記作者運用他作為諷刺的手法：藉著上帝對基甸的呼召具修辭性地顯示，這位為人所知的貴族與他所具有的潛力相差有多遠。更進一步地，基甸的名字具有「殺戮者」（slasher）的意義，或許他的父母很希望他成為一位戰士。但在此，我們看見他一點也沒有實現父母的期望。尤有甚者，「耶和華與你同在」成為基甸之力量的關鍵。耶和華的使者要基甸知道，上帝之所以呼召他並不因為他有甚麼能力；乃是因為在上帝的幫助之下，他能夠成為一位勇士。更確切地說，基甸的力量並不來自他自己，而是來自上帝的同在。當故事繼續發展時，讀者將看見基甸一點也不勇敢。

2.3.1.1.2 與上帝的對話

基甸的不情願，也呈現在他和上帝的對話中。基甸根據自己的環境，質問上帝的陳述。當上帝明說，自己和基甸同在時，基甸反說，上帝沒有和祂的子民同在。[19] 在故事的敘述中，作者顯示基甸是一個不明白上帝啟示的人。因為早在士師記六章7至10節，上帝便回答了基甸在六章13節所提出的問題。基甸要求答案的心態，使人懷疑他事奉上帝的意願，因為這顯然不是一個真誠的問題。雖然這個問題聽起來合乎信仰並且十分具神學性，但它不過是真正議題的煙幕：基甸是一個懦夫。基甸懦弱的特性，在上帝再次重複祂的呼召時顯露無遺：「你靠著你這能力去從米甸人手裏拯救人以色列，不是我差遣你去的嗎？」（士六 14）原來，基甸的問題根本不值得回答，因此上帝全然忽略他的問題。儘管上帝並不喜悅基甸的問題，但上帝繼續以自己的同在，來澄清基甸的疑慮。再一次地，在六章 16 節，耶和華對基甸說：「我與你同在，你就必擊打米甸人，如擊打一人一樣。」上帝重複了成功的關鍵：上帝的同在。成功的真正關鍵，並不那麼在於基甸對於環境的看法。相反地，上帝的差遣加上祂同在的保證，才是基甸成功的關鍵。最重要的考慮並不是誰被差遣，而是誰是差遣者。如同上帝當初設立約書亞為以色列的領袖一樣，在約書亞記一章 9 節，上帝如是說：「我豈沒有吩咐你嗎？」在此，上帝以同樣的問題問基甸（士六 14）。這個問題要求一個肯定的答案，而肯定的答案則要求行動的落實。

上帝把相同的應許，給予上述兩位不同世代的獨特領袖（出三 12～14；書一 5、9）。而在這個世代中，上帝再次向基甸作出保證，祂必與基甸同在。不同的世代，上帝興起不同的領袖。只要上帝所興起的領袖肯跟隨上帝的領導，上帝的同在將永遠不變。成功的真正鑰匙，在於確認上帝的同在。這正是貫穿這段經文的重要強調。另外，上帝和基甸之間的對比已極之清楚。當上帝以自己為焦點時，基甸則以自己為焦點。上帝終將獲得勝利，但基甸仍須承擔自身的責任。上帝甚至沒有說：「以我所要加給你的力量前去。」上帝的呼召非常基本：「你靠著你這能力前去。」事實上，基甸已經具有足夠的能力，來行使上帝呼召他的使命。真正的關鍵不在能力的多寡，而在於意願的甘心。基甸一點也不甘心情願。因此基甸以獻祭，尋求上帝的憑據和印證。以上帝長久忍耐的屬性，上帝等待基甸將獻祭預備妥當。當祭物預備好時，耶和華的使者（不論那是誰）伸出手中的杖，燒盡所有的祭物。上帝的印證像向基甸顯示，上帝接納他的敬拜。敬拜永遠應該先於領導。在基甸獻完禮物之後，耶和華的使者消失不見了。基甸看出整個現象的真正本質，因此聲稱上帝的同在。在上帝確保基甸絕對不會死之後，基甸為耶和華築了一座祭壇，並且稱為「耶和華沙龍」（即「上帝是和平」〔Lord is Peace〕）。我們可能應該認為，基甸所有的疑慮，應該就此一掃而空。然而，士師記六章末段的敘述，更進一步地帶出基甸的懷疑。

2.3.1.1.3 持續的懷疑

只因為基甸有上帝的靈，並不代表他自動有更大的信心。基甸想要順服上帝，但他對某些工作還帶有疑慮。以羊毛求證的故事非常生動，因為羊毛很可能與基甸最初的獻祭有關。在最初的獻祭中，祭物被剝皮並且殺死。而上帝接納基甸的獻祭之後，基甸只剩下動物的皮。所以，基甸現在想要使用他惟一所剩的，再次求證上帝的諭言。基甸永遠不放棄試驗上帝的機會。從羊毛求證所佔的篇幅來看，基甸試驗上帝的作為，絕對不是歷世歷代信徒的好榜樣。對士師記作者而言，這段記載幾乎是一個事後的想法。事後的想法絕對不可能成為信徒主要的倫理典範。

尤有甚者，整章的敘述並不以印證的尋求為焦點。由敘述的分配比例來看，基甸的蒙召和偶像的毀滅，才是整個敘述的重要議題。[20] 許多信徒誤以為試驗羊毛的方法，是與上帝溝通的正常方式。這實在是一項非常嚴重的錯誤。這不單造成許多神學上的問題，並且違反士師記作者的寫作用意。作者的寫作用意，端賴作者在故事中有多強調某些特定主題。雖然上帝退讓並且為基甸提供印證，但這個例子絕對不是信徒的榜樣。因為作者顯然有其他的強調。更確切地說，整個敘述發展到目前的主要張力，可見於上帝和巴力，還有上帝和基甸之間。這段經文絕對不鼓勵信徒尋求記號。換言之，在那個時代，上帝的律法惟一清楚記載著，正確尋求印證的方式，是與烏陵和土明有關的。

2.3.1.1.4 宗教的潔淨

作者除了顯示基甸對自己領袖身分的極度懷疑之外，他還描述基甸在第一次尋求上帝印證之後（士六 17～21），毀滅偶像的懦弱表現。在擊打米甸人的事上，上帝沒有以基甸立即召集以色列戰士為開始；反而以基甸家庭的宗教潔淨為開始。這項教導清楚簡單：領袖必須先潔淨自己。極為諷刺地，上帝要基甸拆毀父親的巴力祭壇，砍下壇旁的亞舍拉，還要在其上將牛獻給上帝。這些石柱可能代表當時家庭膜拜的女神，它們和在烏加列與馬利（Mari）等地所發現的石碑或異教石柱非常相似。[21] 最開始時，基甸躲起來打大麥。現在上帝迫使他在最高處，公開行使這項勇敢的行動。無怪乎，基甸非常懼怕。事實上，基甸是如此害怕，以致在整個潔淨的記錄中，基甸未發一語。[22] 沒有人可以責怪他，因為他這個似乎是自我本位的行動，顯然嚴重違反當時的社會規範。[23] 這個預備步驟，不但流露以色列的宗教背道，還顯示基甸的懦弱。

基甸的父親約阿施，不但沒有將兒子交出來處死，還宣布任何敬拜巴力的人，必受死亡的刑罰。約阿施說：「誰為他爭論，趁早將誰治死！」（士六 31）約阿施終於做了一件正確的事情，因為他所言的完全符合申命記十三章 6 至 9 節的教導。上帝在申命記命令家庭的領袖，將他們拜偶像的親友處以死亡的極刑。當人自己決定對或錯時，社會的規範顯然已經偏離正道。約阿施帶回真正的焦點：惟獨上帝決定人的行為規範。城裏的人對約阿施的神學陳述深感挫折，因此稱基甸為耶路巴力，就是「讓巴力與他爭論」的意思。換言之，他們為基甸取了一個新的別名，代表基甸的存在乃為標示巴力或耶和華為基甸的行動辯護。這個別名十分生動，因為在烏加列文本中，巴力被稱為「審判者」(judge)。[24] 現在，「審判者」巴力將審判以色列的士師基甸。到底誰會贏呢？士師記六章 33 節再次以敵人聚集之處，帶出以色列人所面臨的危險。敵人已經離以色列人愈來愈近了。然而，上帝的同在卻離以色列更近。六章 34 節描述，耶和華的靈降在基甸身上。基甸就吹角，而來自瑪拿西、亞設、西布倫和拿弗他利等地的人，都出來跟隨這位不情願的領袖。

2.3.1.1.5 最後的偵查

這個故事最後一處表現基甸的不情願，就是在戰役之前的偵查行動。藉著這個偵察行動，上帝使身處敵人營地的基甸，聽到基甸將得勝的預言。上帝給基甸一個選擇，如果他害怕的話，他可以再聽一次有關成功的信息。當然，懦弱的基甸絕對不會喪失這個機會。因此，他親自從敵人的口中，聽見勝利將屬於他的信息。綜觀作者對於基甸的刻劃，我們看見基甸的不情願，實際成為彰顯上帝的能力和恩典的管道。基甸這個人物是信息的媒介，而不是信息的本身。換言之，上帝才是信息的中心。士師記的信息仍然貫注在一個焦點上：上帝是真正的英雄。

2.3.1.2 一個順服的領袖

基甸是一個順服的領袖，這是作者想傳遞關於領袖的信息的第二項特徵。檢視領袖是否順服，那最佳及最不尋常之處，就是上帝選擇戰士的方法（士七 2）。

2.3.1.2.1 以寡敵眾

上帝明明地說出，祂選擇少數人的目的：「免得以色列人向我誇大，說：『是我們自己的手救了我們。』」不論是人或上帝，誇口乃是為了將榮耀歸與被誇讚的對象。如果驕傲成為得勝的結果，那麼整個教訓就沒有意義了。即使勝利在握，上帝也沒有真正得勝。因為上帝不要表面的勝利，而要集體的順服。因此，上帝在七章 3 節告訴以色列人：「凡懼怕膽怯的，可以離開基列山回去。」很快地，上帝削減了三分之二的戰士。誠然，根據環境的因素，這些人有足夠的理由戰兢害怕。七章 3 節的「膽怯」一字，與七章 1 節的地名「哈律」相同；這表示作者將這個地名，當作關於害怕和信靠的教導。雖然數目和資源常使人贏得戰爭，但上帝對這兩個重要因素，卻一點也不在乎。上帝更加關切人的心。祂並不需要很多人。相反地，祂只需要一些好的人。七章 3 節記錄：「於是有二萬二千人回去，只剩下一萬。」我們必須記住，這些戰士是要與「米甸人、亞瑪力人，和東方人」爭戰（士六 33）。[25] 就在這場最激烈的戰役之一中，上帝一反平常地大肆削減祂的軍力。上帝不需要更多的人。祂只需要願意和順服的人。這場戰役也因另一個原因，而倍顯重要：耶和華的名譽正處於危急關頭中。舉例來說，敬拜其他神明的米甸人，正在等待良機證明他們的神明更優越。耶和華必須證明祂自己的超越性！[26]

上帝在七章 4 至 6 節的最後篩選，諷刺地為基甸和以色列提供了他們所迫切需要的教訓。上帝的篩選值得我們仔細思考上帝的信息。上帝首先告訴基甸：「人還是過多」，因為上下文所針對的議題與心態有關。雖然數目在七章2節也是上帝的關切，但在此處，人數卻是惟一的關注。然後，七章5至6節描述，基甸帶以色列人下到水邊去喝水。上帝挑選用手捧到嘴邊舔水的，總數共有三百人。那些屈膝跪下喝水的，則被打發回去自己的地方。這段精彩的敍述，引發許多不同的解釋。一個常見的錯誤看法，就是那些屈膝跪下喝水的之所以被遣回，乃是因為他們比較不警醒。[27] 而那些用手捧到嘴邊舔水的，比較警醒，因此上帝使用他們來作戰。這種看法未必真實，因為經文沒有明指這些被挑選的，在屬靈或心理上較佔優勢。

事實上，經文在七章6至8節，不斷強調「三百人」。如此說來，與一般的解釋恰適相反地，警醒與否或喝水的姿勢，並不是上帝挑選的關鍵，數目才是上帝的真正關切。換言之，如果這三百個人屈膝跪下喝水，而不是用水捧到嘴邊舔水，上帝仍然會使用他們。上帝明顯地在七章2和4節宣稱，還是太多人要參與戰役。上帝不需要人數，祂一點也不在乎人數。最少的人數和最軟弱的領袖，更可以彰顯神聖戰士耶和華的偉大和力量！

2.3.1.2.2 上帝的鼓勵

上帝為自己的目的而興起的領袖，常常得到上帝的鼓勵，而能夠順服祂。就像上帝藉著容許基甸在敵人的營地中，聽到得勝的預言一樣。基甸正在等待，而那個時候正是夜晚的時刻。士師記七章9節記載，上帝命令基甸：「起來，下到米甸營裏去，因我已將他們交在你手中。」上帝的第一項命令直截了當，因為上帝要基甸即刻起來，並且進攻。如果基甸心無懼怕，他可以接受這項命令，馬上下去毀滅敵人。然而，上帝接著在七章10節告訴他：「倘若你怕下去，就帶你的僕人普拉下到那營裏去。你必聽見他們所說的……」沒有要基甸馬上進攻，上帝容許基甸稍稍延後進攻，以作更進一步的偵查工作。上帝在七章 11 節說：「然後你就有膽量下去攻營。」既然基甸很可能害怕，上帝容許基甸取得更多情報以壯膽行事。畢竟，寡少人數的戰鬥力量，足使基甸產生更多的懼怕。

下到敵人營地的基甸，看見一幅令人不敢相信的畫面。士師記作者描述，好像蝗蟲那麼多的米甸人、亞瑪力人和所有的東方人，散布在平原上；而他們所擁有的駱駝則像海邊的沙那麼多。乍看之下，作者的描述很像創世記二十二章 17 節，上帝賜予亞伯拉罕的應許：「論福，我必賜大福給你；論子孫，我必使你的子孫多起來，如同天上的星，海邊的沙。」在沒有得到繁多後裔的祝福下，以色列現在反而面對一羣，得到繁多後裔的敵人。這個畫面似乎顯得是祝福的倒轉。有關駱駝的描述，也使讀者想起約書亞記十一章 4 節，以海邊的沙描述迦南軍隊的眾多人數。然而，基甸聽到的一段對話，更令人感到訝異。在士師記七章 13 節，基甸聽到敵人的對話：「我做了一夢，夢見一個大麥餅滾入米甸營中，到了帳幕，將帳幕撞倒，帳幕就翻轉傾覆了。」更戲劇性地，敵人的朋友在七章 14 節回應說：「這不是別的，乃是以色列人約阿施的兒子基甸的刀；上帝已將米甸和全軍都交在他的手中。」儘管米甸人應該以人數眾多的優勢深感自信，但他們卻因可能發生的挫敗而害怕。[28]

2.3.1.2.3 上帝的得勝

對被擄之民來說，夢具有重要的意義；因為夢的預兆在外邦人中，已經有長久的歷史。這場關於耶和華的力量勝過作夢者的對話，一方面彰顯勝利的必然性，另一方面展現耶和華的確超越被擄之民的俘虜者。更重要地，國家神明的觀念帶出：米甸人和亞瑪力人的神明，毫無力量拯救他們免於被擊敗的命運。沒有任何一位國家神明的力量，能和以色列之上帝耶和華相比。尤有甚者，在此基甸的刀是為耶和華，而不是為自己爭戰。他成為耶和華之作為的具體化身。「殺戮者」基甸終於藉著以刀砍殺敵人，而實現他成為戰士的潛力。在基甸展開戰役之前，他作一件非常重要的事情。士師記七章 15 節描述他敬拜上帝。上帝的大能大力慢慢地在榮耀中被揭示，至終達到敬拜的高峯。七章 15 節之前的基甸，在敘述中無言無語。或許因為敵方佔有壓倒性的優勢，因此基甸沒有甚麼可說。現在，基甸終於以敬拜和勇敢的心開口說話。上帝終於給基甸足夠的勇氣，來順服上帝的呼召。

夜晚是試驗上帝是否與基甸同在的時刻。如同基甸在夜晚，以羊毛的乾濕要求上帝的印證（士六 36～40）一樣，基甸在夜晚呼召他的跟隨者起來攻擊敵人。事實上，他第一次的勇敢行動，也在夜晚發生（六 27）。在這項拆毀巴力祭壇的行動中，城裏的人以耶路巴力的別名，嚴厲指責基甸。現在，試驗達到高潮的時刻。基甸的順服表現在他對跟隨者的兩部分呼召。第一部分，基甸以上帝在七章 9 節向他發出的呼召，呼召他的跟隨者。第二部分，基甸重複他從上帝（七 7、9）和敵人（七 14 下）口中聽見的：「上帝已將米甸人交在你的手中」，呼召他的跟隨者。基甸命令跟隨者的次序，和上帝告訴他的一樣；因為上帝也要他起來，然後應許他將敵人交在他手中。如此說來，基甸成為上帝的信息的傳信者。即將藉基甸的手行使的作為，現在有基甸的跟隨者分享與參與；因為他說：「耶和華已將米甸的軍隊交在你們手

中了。」(七 15)

基甸的策略非比尋常。首先，他將三百人分為三隊，可能一百人一隊(士七 19)。他給他們角、空瓶和火炬。基甸以身作則地告訴他們:「你們要看著我行事」(七 17)。突如其來的命令顯示，基甸可能要快快地解決戰爭或展開戰爭的決定。[29] 接著，基甸要他的軍隊跟他一起喊叫，可能為要驚嚇敵人。他們必須喊叫:「耶和華和基甸的刀！」顯然，這個喊叫的內容為基甸的心態帶出生動的教導。將上帝放在第一位的次序，是承認上帝在這場勝利中的完全掌控。同時，基甸的名字也展現出，上帝使用基甸為衪的器皿的事實。基甸不是一個假裝謙虛的人。在這個階段，他也不是一個自高自傲的人。相反地，將自己的名字放入喊叫的內容中，顯示基甸要得到上帝所應許的(六 14，七 7、9)。[30]

在這部分的故事中，基甸是一個大戰略家。既然這些米甸人是游牧式的入侵者，他們肯定住在帳篷中，並且攜家帶眷地四處移動。基甸的策略顯示他深知游牧民族的特性，因為突擊最容易造成整個營隊的驚慌。[31] 當動物、婦女和孩童四處逃跑時，整個營隊勢必分散，而使力量變得薄弱。

因基甸的順服，七章 22 節明說:「耶和華使全營的人用刀互相擊殺」。耶和華的刀和基甸的刀，神蹟地變成為敵人的刀。整個戰爭以米甸和他同盟的刀為開始。當然，這些刀背後的主導，是上帝自己！布洛克(Daniel I. Block)如此解釋:「結果戰爭惟一使用的刀，竟然是敵人手中的刀，他們用此彼此殘殺。」[32] 基甸和他的跟隨者可能根本不須使用手中的刀，直到他們開始追趕逃竄的敵人。在合乎征服敵人的正常方式下，基甸呼召拿弗他利、亞設、瑪拿西和以法蓮各地的以色列人，一起剿滅以色列的敵人。作者描述敵人大敗的方式極為有趣。士師記七章25節記錄，以色列人將抓住的米甸人首領西伊伯，殺在西伊伯酒醡池那裏。酒醡池在前文是懦弱的基甸藏身之處，而現在則成為勇敢處殺敵人首領的公開之地。可見，勝利乃是經由對上帝的順服和信心，加上以色列許多支派的合作而成就的。

2.3.1.3 一個放縱的國王

在一個不情願的英雄和一個順服的領袖之後，基甸成為一個放縱的國王。基甸的領袖角色從一個順服的僕人，轉變為一個自我設立的國王。基甸在三個重要的關係層面上徹底失敗，因此他成為一個自立為王的失敗領袖。這三個重要的關係層面牽涉那些反對他的人、他的國家和他的家庭。士師記作者以爭辯為八章的開始，潛伏了情況開始轉惡的暗示。聖經翻譯者在此處開始另一章的分隔，這的確合理；因為故事的焦點由對敵人的追趕，轉移至支派之間的爭辯。換言之，這是基甸的聖戰已經開始走下坡的轉向。他的使命焦點，已經從上帝轉移至自己。作者對基甸的別名耶路巴力的使用，達到完美的境界（士七1）。他藉著這個名字的意義「讓巴力與他爭論」，顯露更深一層爭戰的圖像。事實上，基甸最後一場戰役的首敵，就是他自己。基甸的別名將繼續閃現在敘述中，以提醒讀者這場戰爭的主要議題，是關乎耶和華或巴力的名聲。[33] 當基甸潔淨他父親的家時，他的父親知道基甸的身分已經改變。基甸將要承擔的戰爭使命，具有顯示巴力或耶和華輸贏的目的。輸贏的關鍵在於基甸這個人物，因此作者在基甸的別名之後，隨即加上「就是基甸」的說明（七1）。所以，基甸的主要目的乃為藉著他的名字、行動和戰役，來彰顯耶和華才是真神。

更進一步地，基甸展現上帝的工作，以他個人的家庭潔淨為開始。當敍述漸次開展時，基甸與家庭的關係，將繼續對以色列產生深遠的影響。如此說來，作者以基甸的別名顯示，領袖與自己家庭關係的重要性。究竟在公共和私人的範圍內，巴力可以為自己爭辯，或耶和華將得勝以色列和外邦的偶像敬拜者？基甸的勝利將成為耶和華得勝、巴力被擊敗的見證。更確切地說，這場戰役不僅關乎基甸的得勝。整個基甸的故事，應該從士師記作者對基甸別名的雙關語運用來解讀。這方面的觀察，可見於後文的敍述研究中。在這場戰役中，上帝的主權與巴力的力量直接對決。上帝的名聲顯然處於危險中。到底巴力是否會贏，取決於這位非正式地統治以色列的國王領袖基甸。下文將從基甸與反對他的人、他的國家和他的家庭等三方面的關係，來討論基甸如何墮落至自立為王的失敗者。

2.3.1.3.1 基甸與其反對者的關係

在敵人方面，基甸面臨三類敵人的反對：第一類敵人是以法蓮人；第二類敵人是疏割人；第三類敵人是毗努伊勒人。在與這些支派的交涉中，我們看見基甸想要使用人的方式，來自立為王的真實野心。

第一類敵人以法蓮人，是戰爭的參與者。在戰事完畢之後，他們質問基甸：「你去與米甸人爭戰，沒有招我們同去，為甚麼這樣待我們呢？」（士八 1）以法蓮人被冒犯，因為基甸沒有呼召他們，直至他擊打米甸人四散奔逃時，才呼召他們。他們好像是不受歡迎人物，是在孩子的遊戲中沒有人要，直到最後才被挑選入隊的。基甸以十分圓滑的方式，回答以法蓮人：「我所行的豈能比你們所行的呢？以法蓮拾取剩下的葡萄不強過亞比以謝所摘的葡萄嗎?上帝已將米甸人的兩個首領俄立和西伊伯交在你們的手中;我所行的豈能比你們所行的呢?」(八2)基甸的回應的確狡猾。但基甸顯然要平息以法蓮人的怒氣;因為沒有跟隨者,基甸不可能成為一個領袖。

當我們思考基甸的回答時,我們發現幾個令人可疑的問題。第一個問題是:上帝是否意欲基甸呼召所有的支派,來追趕敵人?士師記七章2和4節記載,上帝告訴基甸要贏得戰爭的「人數還是過多」。然而,在戰爭的末段部分,基甸卻相反地召集更多的人來追趕敵人。因此,第二個問題就是:究竟上帝將敵人交在以法蓮人的手中,還是基甸的手中?基甸為了保住自己的面子,以巧言回答以法蓮人。這與起初拆毀家中偶像的基甸完全不同。在此,基甸取悅人,而不取悅上帝。他對政治的關切,勝過講述全部的實情。如果他告訴以法蓮人,人數已經過多;他將要冒著永遠被他們疏離的危險,因為他們會覺得自己是多餘的包袱。在這個階段,他比較在意別人對他的想法,而不在乎自己是否是上帝得勝的見證。這種心態,是基甸墮落的第一步。

「亞比以謝」的出現,使得整個敘述更加生動,因為這個地名在希伯來語中具有「幫助」的意義。[34] 如果耶和華真是基甸和以色列的幫助,那麼基甸不是更應訴諸於耶和華的權威,過於自己的政治聯盟嗎?基甸與以法蓮人的對答,不啻充滿諷刺。儘管基甸在口頭上,承認耶和華的大能;但他實際為自己的晉升,暗中操縱政治關係。如同今日許多基督徒一樣,基甸聽起來很敬虔,但卻漸漸地遠離他對耶和華的立約忠誠。

第二類敵人是疏割人。有關他們與基甸發生衝突的記載,可見於士師記八章4至9節。根據約書亞記十三章27節,疏割位於約旦河以東,似乎是迦得人擁有之地。約旦河以東的支派,可以在各自的地業上安居，但他們必須參與以色列在迦南的軍事征服（書一 12～14）。然而，當追逐敵人的基甸經過疏割時，疏割人的領袖竟然拒絕施以援助。八章 5 節顯示，疲乏的基甸和跟隨者，極其需要食物的加力。但疏割人的領袖直言：「西巴和撒慕拿已經在你手裏，你使我們將餅給你的軍兵嗎？」（士八 6）他們的回答流露嫉妒的心態。這些人好像在告訴基甸：「既然你已經得勝了，為甚麼現在還需要幫助呢？」基甸非但沒有訴諸於起初上帝要全部以色列共同奮戰的命令；反而以威脅的話語，來表露報復的心態。八章 7 節生動地記載基甸的說詞：「耶和華將西巴和撒慕拿交在我手之後，我就用野地的荊條和枳棘打傷你們。」這兩個敵人領袖的名字，各自代表「犧牲」和「沒有保護」的意義。[35] 作者特別提及他們的名字，因為他們非常真實地成為那藉著基甸的手來奉獻給耶和華的祭物。他們不能逃脫基甸的手。基甸要求疏割的領袖給予物質的援助，並沒有不對之處。然而，基甸處理這些不合作的以色列領袖的方式，卻不盡然正確。因此，在敵人領袖的名字交織重現中，基甸對於疏割領袖的威脅更顯諷刺。

第三類敵人毗努伊勒人，同樣給基甸惡劣的待遇。因此基甸在八章 9 節，對毗努伊勒人說：「我平平安安回來的時候，我必拆毀這樓。」從鞭打到殺害不合作的人，基甸的威脅變本加厲。在基甸的故事一開始時，米甸人是壓迫者，而基甸則是拯救者。竟然到現在，基甸從自己人民的拯救者，變成壓迫者。

基甸被自己的挫折所控制，他沒有耐性的脾氣也在燃燒。本應砍殺敵人的「殺戮者」基甸，現在變成自己同胞的殺手。在這種無法扭轉情勢的景況下，基甸實踐了巴力的目標。說話算數的基甸，在完成最後追趕敵人的行動之後（士八 16），用荊條和枳棘鞭打了疏割的七十七位長老。基甸也拆毀毗努伊勒的樓,並且殺死城裏的人,以致毗努伊勒無法防禦入侵的攻擊者,更遑論得以重建(八17)。[36]

至此,基甸的真正品格,以最懦弱的方式流露殆盡。更確切地說,以法蓮是一個強壯的支派,曾經出現過像底波拉那樣優秀的領袖。以法蓮以上好的理由幫助基甸,因為她有強大的軍事力量。所以基甸使用間接的方式平息以法蓮的怒氣。相反地,只憑一小撮人就被基甸攻克的疏割和毗努伊勒,顯然薄弱許多。然而,針對薄弱的羣體,基甸卻用重刑懲罰他們。基甸這種前後不一致的作法,一點也不像以色列的好領袖。事實上,這種政治技倆成為基甸私設王權的鋪排。基甸對以法蓮的第一個回應,是個人的惶恐;基甸對割和毗努伊勒的第二個回應,則是個人的報復。可見,基甸的戰爭從公眾的軍事行動,轉變為私人的政治活動。

在對付不同反對者的行動之後,基甸的米甸之戰達到高潮。基甸的最後追擊,在米甸人的兩個王被捕時,達到高潮。基甸以煽動的口語問這兩個王:「你們在他泊山上所殺的人是甚麼樣式?」(士八18)這並不是一個必要的問題,因為它與這場戰役毫無相干。原來,這場戰役的單純目的,就是要拯救以色列。因此,這種侮辱他人的問題,必然導致侮辱自己的後果。自知難逃一死的兩個王,非常得意地向基甸發出最後的侮辱:「他們好像你,各人都有王子的樣式。」接續著,八章19節顯示基甸的答案:「我指著永生的耶和華起誓,你們從前若存留他們的性命,我如今就不殺你們了。」雖然基甸的回答具有濃厚的宗教意味,但他根本不關心上帝的榮譽。以上帝的名起誓的基甸,已經完全將上帝拋在腦後了。這整個事件都是關乎基甸自己的榮譽。

氣憤填膺的基甸為了展現他的優勢，命令還是個孩子的長子益帖，處死這兩個領袖。基甸好像在向兩個領袖炫耀：「你們一點也不值得我浪費時間。我只需要找一個和你們差不多的小男孩，來殺你們就可以了。」然而，男孩因為懼怕而不敢拔刀。因此，這兩個領袖逮到良機再次侮辱基甸：「你自己起來殺我們吧！因為人如何，力量也是如何。」換言之，他們向基甸說：「像一個男人來殺我們吧，不要叫一個小男孩替你行事。」兩個領袖所引用的諺語非常有趣，因為它例證了隱藏在基甸和他的敵人背後的心態。基甸原本想用這句格言侮辱兩個領袖，因為用男孩處死兩個領袖，代表兩個領袖的力量並沒有比男孩的更強大。然而，現在必須親手處死兩個領袖的基甸，反被兩個領袖嘲笑，基甸的力量與他們的完全一樣。

在這個階段，成功已經將基甸從一個微小的懦弱者，變為一個驕傲的自大者。莫布利（Greg Mobley）注意到，基甸的故事常使讀者誤以為故事已經快要結束，但作者卻出其不意地帶出另一個層次的故事發展。[37] 這一個基甸不是理想統治者的故事層次，使他的生命無法得到完全的尊榮。這段似乎是間歇的描述，實際是作者顯示基甸如何在他的人民和上帝面前自我毀滅的寫作筆法。

2.3.1.3.2 基甸與國家的關係

在觀察完基甸和敵人的關係之後，士師記八章 22 至 25 節展現，基甸如何處理他剛剛獲得的驚人成功。這段經文將為我們顯示基甸與國家的真正關係，因為以色列人要求基甸作他們的統治者。[38] 以色列人的拯救，不僅藉基甸的手，更是上帝的作為。以色列人沒有認知這項事實，並沒有立即被基甸矯正。雖然基甸向以色列人說：「惟有耶和華管理你們。」（八 23）但他拒絕成為統治者的主要原因，可見於作者使用的例外子句（exception clause）。在聖經大部分的陳述中，例外子句具有否定前述內容的傾向。因自己懦弱的品格，基甸沒有自信接受成為國王的尊榮。然而，他在每一方面都扮演迦南國王的角色。他好似敬虔的說法，因著後續的行動而不禁令人懷疑。在這種情況下，不論他是否有直接或明顯的宣告，他已經成為超越耶和華的國王了。

另一方面，聖經也清楚禁止國王為自己聚集財富（申十七 17）。然而，基甸向每一個人索取他們所奪得的耳環。因此基甸獲得部分的戰利品。根據士師記八章 26 節，基甸所要的金耳環，共重約二十公斤金子（約四十三磅；《和合本》譯作「一千七百舍客勒金子」）。八章 24 節記錄，以實瑪利人都戴耳環；而八章 26 節告訴我們，基甸也收集米甸首領所佩帶的裝飾。作者藉這些記載顯示，基甸已經完全接納外邦的文化，並且終於登上他的王位。在申命記十七章 14 至 17 節，上帝描述迦南國王具有聚集財富的習慣。竟然，基甸現在已經像他的敵人一樣了。

基甸用取得的金子做了一個以弗得，這個以弗得就像一個象徵重要勝利的錦標一樣。然而，這個行動將以色列帶進無法挽回的墮落中，因為八章 27 節顯示，以色列眾人後來隨從以弗得行了邪淫。極悲哀地，勝利的私人記念，現在已經變成國家的偶像敬拜。以色列更進一步地陷入虛假的宗教中，她將一個地方起名為「巴力 · 比利土」（士八 33）。而在迦南人中，「巴力 · 比利土」正代表「立約之神」的意思。以弗得並不只是任何一件衣服。根據烏加列文獻（KTU 1.5），希伯來語的以弗得，與迦南的神諭服飾有些關聯。[39] 摩西之約的真神，已經變成虛假之約的假神。當災難擊倒以色列和基甸的家庭時，巴力．比利土所扮演的角色將愈顯重要（士九章）。一個人的貪婪，導致整個國家的傾倒。基甸已經從「拆毀偶像者」變成「製造偶像者」。[40] 無怪乎，作者在九章 28 節使用耶路巴力來描述基甸。表面看來，基甸在上帝的幫助之下贏得勝利。但實際上，巴力贏得以色列的敬拜。基甸的自立為王，至終以災難為結束。

2.3.1.3.3 基甸與家庭的關係

基甸為王的表現，也充滿在他的家庭生活中。因此，下文將以基甸和家庭的關係，來觀察他的墮落與失敗。士師記八章 30 至 31 節顯示，基甸的生活猶如迦南的國王。他從許多妻子生了七十個兒子。如此說來，他根本違反了國王不應該有許多妻子的律法（申十七 17）。他可能認為既然拒絕了國王的正式頭銜，他應該可以擁有很多妻子。根據當時的社會，多妻是富有的象徵。[41] 一些像巴力的迦南神明，也有很多妻子。上帝的律法之所以反對娶很多妻子，並不僅為禁止人有過多的樂趣，而是要人警惕勿因財富的豐裕而生活腐敗。基甸的多妻多子並非一日造成的，因為八章 20 節記載，當基甸擊敗米甸首領時，他的長子益帖，不過是一個年輕的孩子。尤有甚者，當時基甸只有一個獨子的暗示，來自八章 22 節的陳述。因為當時以色列人要求基甸、（具單數形態的）兒子和（具單數形態的）孫子，成為以色列的統治者。[42] 如此說來，當基甸的生活慢慢陷入更低點時，基甸的迦南化也漸次形成。雖然基甸當王的時期頗長，但作者卻未多加記錄，因為在屬靈領袖方面，基甸毫無建樹可言。

在基甸自立為王的觀察上，悲慘的後果顯示循環已經達到圓滿的地步。在士師記特有的風格下，作者以以色列行耶和華看為惡的事，為基甸故事的開始。從後面的敍述，我們知道這個故事公式化的開始，就是指敬拜偶像而言。因此，上帝將他們交在米甸人手裏七年之久。而要求基甸為領袖的呼召，也隨之而起。除了作者在故事一開始的控訴之外，上帝定罪以色列行動的陳述也清楚展現。上帝在六章10節說：「我是耶和華——你們的上帝。你們住在亞摩利人的地，不可敬畏他們的神。但你們竟不聽從我的話。」「聽從」的觀念，不僅代表使用耳朵聆聽。更進一步地，聆聽必須產生行動。以色列並不是沒有聽見上帝，她的問題在於沒有順服上帝。所以，她的行動就像她沒有聽見上帝一樣。上帝也提醒以色列，是祂將以色列從埃及拯救出來。上帝配得他們的忠誠。上帝的立約要求全然的忠誠。但在故事的末段，基甸一點也不忠於上帝。

在故事的一開始，財物的損失隨著信仰背道出現。然而在故事的結尾，財物卻滾滾而來。這是何等大的對照！不過，詮釋者必須更深入地觀察當時的情況。士師記六章2至4節記載，米甸人不斷侵擾以色列，並且毀壞和奪走他們的農作物。以色列在出產和牲畜方面，都蒙受重大的損失。根據迦南人敬拜的背景，巴力的敬拜應該為敬拜者帶來豐饒的生產。尤有甚者，敬拜相同的神明，應該更緊繫彼此的政治聯盟。然而在此，以色列既沒有豐饒的生產，也沒有政治的和平。以色列根本沒有得到她所尋求的。作者在此為讀者帶出一項極為寶貴的教訓。更確切地說，追逐世界的價值，未必帶來成功。不順服上帝，勢必苦嘗毀滅的後果。可悲的是，追逐於世界成功和縱情於王位權勢的基甸，從來沒有學會這項教訓。當以色列更加追逐世界的價值時，她就遭受更加悲慘的處罰。很快地，基甸的行動將導致惡劣的結果：以色列要再次地陷入偶像敬拜中。至終，基甸又開始了邪惡的循環，也就是他最初要將以色列拯救出來的墮落光景。這就是基甸自立為王的悲劇。有一句通俗的諺語如此說：「沒有冒險，沒有收獲。」恰適相反地，基甸的生命可以絕妙地被描述為：「多有冒險，沒有收獲。」當耶和華的王位被推翻時，那取代耶和華的不是領袖，而是偶像。

2.3.1.4 小結

到底基甸的故事，如何與士師記其他部分相關？

第一，基甸的故事開始了以色列墮落的循環。[43] 出現在基甸敍述中的先知，與底波拉這位女先知平行，因此值得我們將基甸和巴拉互作比較。在巴拉的敍述中，作者暗示巴拉是一個軟弱的領袖，但在基甸的故事中，作者卻直言描繪基甸是一個完全軟弱的領袖。雖然基甸有些許信心的點綴，但他軟弱的品格卻使他的生命，無法成為跟隨者的榜樣。基甸的生命開始了士師記中屬靈領袖的墮落沉淪。在基甸之後，以色列繼續陷入困境；而在壞的士師接二連三興起之後，整個以色列終於沉淪至完全的混亂。基甸的生命呈現一幅，開始順服而最後卻不順服的領袖畫像。他和許多士師一樣，在一項重要的成功因素上徹底失敗：順服。

第二，基甸較晚期的生命，成為不信上帝的社會的例證。整卷士師記也呈現以色列同樣不信上帝的光景。當基甸忘記上帝時，他成為失敗領袖的縮影。類似基甸這種生命，將出現在下文將仔細討論的亞比米勒生命中。而在亞比米勒掌權之後和耶弗他興起之前的間歇中，有另外兩位士師的簡短記載，也值得與基甸的故事略作比較。除了耶和華明顯地不在故事中之外，陀拉的記載沒有甚麼特別之處。而睚珥則像基甸一樣，生活儼若一位國王；他將城市和駱駝賜給他的許多兒子。以色列領袖的習慣愈來愈像基甸了。擁有許多兒子，這暗示，基甸和睚珥都有多妻的問題。另外，陀拉和睚珥也在名字上形成對照。因為睚珥的名字與耶和華有關，意含他的家庭認識耶和華。而將在下文關於亞比米勒的段落中再作討論的陀拉，則具有毫無宗教意義的名字。雖然名字暗示這些士師似乎認識耶和華；但他們的行動，卻響亮地顯出他們的真正信仰。以色列的情況實在悲慘，因為再次地耶和華的名字不見於陀拉和睚珥的故事中。當然，這並不代表上帝沒有興起陀拉和睚珥為以色列的拯救者。相反地，上帝沒有出現在故事中，乃為顯示以色列的信仰光景。

同時，小士師簡短記載的結構，也顯示基甸故事的倒轉。基甸的故事，以基甸有許多妻子和兒子，並亞比米勒的興起，來顯示基甸的墮落。然而，士師記十章在開始重現擁有多子的習俗之前，卻先提到亞比米勒的名字。換言之，在沒有上帝的任何干預之下，以色列的領袖只不過是一羣小基甸罷了！

第三，基甸沒有使以色列團結。耶和華要求以色列合作的命令，被基甸所破壞；因為基甸這位領袖毫無必要地報復那些不屬於三百名跟隨者的其他以色列人。至終，基甸不但沒有在耶和華的名下，承擔領袖的職責來團結以色列國；反而在信仰的背道上大大成功。現在，以色列竟然在巴力的名下團結一致。基甸的故事顯示，以色列在合作方面的徹底失敗。基甸的失敗就是以色列的失敗！

附記

更進一步從迦南的背景來看，那出自敘利亞地區的烏加列文獻顯示，迦南的神明伊勒（El）和亞舍拉（Athirat / Asherah）也有七十個兒子（KTU 1.4 VI: 44～46）。「七十個兒子」也是迦南皇族家庭的組成標準，因為它反映地上國度代表天上神明的深厚涵義。[44] 然而，耶和華並沒有要地上的以色列，以相同的方式反映天上的現實。可見，基甸採納了迦南人的行為。基甸不但像迦南國王，更活得像迦南人的神明。[45] 基甸的生活符合烏加列文獻對迦南國王的觀念：國王是神明的具體化身。[46] 一份發現於一九九四年，並出版於一九九九年的烏加列神明國王新名單，肯定了這項不可否認的事實。[47]

似乎基甸的墮落還不夠沉重，作者指出基甸將他的妾所生的一個兒子，命名為「亞比米勒」，就是「國王是我的父親」的意思。這種國王的頭銜曾經被發現於阿瑪納（Amarna）的信件中。從這些信件中，我們知道有一位推羅（迦南人的領土）統治者名叫亞比米迦（Abi-Milki）。他與一個名為亞波魯（Apiru）的閃族羣體發生衝突，並且因為當時的政治局勢，而與埃及的法老交往。[48] 另外，烏加列文獻也顯示，巴力兼具國王和審判者的角色。[49] 換言之，巴力的國王權位，包含審判者的角色。由此，我們看見基甸所犯的嚴重錯誤。因為耶和華從未告訴基甸或其他人，士師可以像迦南神明巴力一樣，具有國王的地位。然而，基甸這位士師卻以行動表現他是國王的身分。他的行動與迦南的暴風神明巴力，實在太相像了。基甸為自己的兒子命名為亞比米勒，更是顯出他的迦南人氣息。有趣的是，他的妾就像利未人的妾一樣，在眾多妻子中被作者挑選出來，象徵前面的黑雲滿佈。

根據一些外邦文獻，多妻制是當時極普通的習俗(參 KTU 4.102)。基於迦南人的文獻記載，多妻制的問題常與妻子的地位和潛在的內鬨有關。[50] 亞比米勒的母親不具妻子的名分，她不過是具有次等地位的妾罷了。基甸非但沒有以公平和敬虔統治以色列，反而在每個關鍵時刻施予權能政治，甚至到一個將自己的兒子命名為亞比米勒的地步。在這個階段，耶和華的名字只在作者論及以色列人忘記耶和華他們的上帝時，才出現一次(士八34)。當基甸使用「亞比米勒」的名字時，他以自己取代上帝的地位。整個情況也為基甸帶來麻煩。基甸不但沒有得到國王當得的尊榮，八章35節也明說在基甸死後，以色列沒有恩待基甸的家。亞比米勒的地點值得注意，因為他出生的地方，並不是基甸居住的俄弗拉。相反地，亞比米勒出生於距離俄弗拉大約二十英里的示劍(八31)。將遠離自己住處的孩子取名為亞比米勒，乃為向不住在附近的人顯示，誰是真正的統治者。可見，作者對於亞比米勒出生地點的提及，揭示了基甸的不良動機。雖然在自己的地方，基甸已被承認為王;但在遙遠之處，他仍要散布自己的名聲，以提醒眾人誰真正掌權。他的王位也確保了下一代的尊榮。

2.3.2 基甸和摩西

基甸的故事具有顯著的次要情節。這次要情節可見於摩西與上帝的相遇。下文將針對這次要情節，觀察它與基甸故事之間的文本互涉關係。

現在我們首先將討論轉向一個富涵藝術巧筆的故事：摩西的蒙召。為要更透徹了解基甸，詮釋者必須明白在早期以色列歷史中摩西的蒙召故事。我們可以由前文的基甸敍述繪圖，證明士師記作者如何努力地嘗試展現基甸蒙召的重要性。當基甸蒙召的敍述，被放置在上帝刑罰（士六 1～10）的敍述旁時；作者使用眾多經文，藉以描述基甸蒙召，這個目的便更加顯明。更確切地說，基甸的蒙召為前面關於上帝的刑罰的敍述，提供了答案。作者使用十四節經文（六 11～24），來描述一件在數小時之內發生的事件。作者猶如邀請讀者，對故事作出更深入和更具意義的思考。基甸的蒙召，可以藉摩西的蒙召，擷取更豐富的涵義。

在許多方面，摩西蒙召的故事象徵了，上帝在陷入困境的國家中，向拯救者發出的第一次呼召。同樣的呼召，也與約書亞遇見耶和華軍隊的元帥的敍述，互相平行（書五 15；參出三 5）。在耶利哥戰役之前，上帝以象徵性的呼召，更進一步地確認約書亞是繼摩西之後的領袖。在約書亞脱鞋的象徵性行動中，上帝保證祂必然在爭戰中與約書亞同在。現在，同樣的呼召也對基甸極其重要。根據布洛克的觀察，作者似乎將基甸與摩西相比。[51] 基甸的蒙召和出埃及記三章的不尋常平行，嘗試提出一個值得深思的問題：「基甸是新摩西嗎？」[52] 以色列一直引頸盼望一位像摩西的先知（申十八 18），而基甸也像是一位完美的候選人。

現在讓我們看看摩西蒙召的故事情節。

當以色列人在困苦中時（出三 7），[53] 摩西正在曠野牧羊。上帝出其不意地呼召摩西，成為以色列的領袖（三 10）。然而，摩西卻提出下列五項拒絕的理由：

1） 摩西問上帝：「我是甚麼人，竟能……將以色列人從埃及領出來呢？」（出三 11）
2） 摩西詢問耶和華的名字（三 14）。
3） 摩西回答上帝：「他們必不信我……」（四 1）
4） 摩西懷疑自己的能力（四 10）。
5） 摩西不願接受上帝的差派（四 13）。

上帝最後應許摩西，要使用摩西的手代表祂拯救以色列人的手（出三 20，四 2、4 等）。

除了摩西蒙召的次要情節之外，更大的次要情節與出埃及記的意象有關。例如，亞倫的金牛犢（出三十二 2～4），就是一例。關於亞倫的金牛犢的情節約略如下。當以色列人見到上山領受律法的摩西遲遲不下來時，這羣失去耐性的百姓便聚集起來，要求亞倫為他們做神像，以帶領他們往前行（三十二 1）。[54] 亞倫吩咐他們將耳上所戴的金耳環摘下來，全部交給他（三十二 2～4）。於是，亞倫鑄造了一隻牛犢，讓以色列人獻祭和敬拜（三十二 4）。[55]

金牛犢的故事和基甸的故事的相似處，可見於「耳環」的重複出現。當作者再次使用不尋常的經文篇幅（或長或短），來描述一個獨特事件時；這個獨特事件的嚴重性便清楚展現出來。根據前文的基甸敍述繪圖，士師記作者對於這段漫長時期的簡短描述，特別值得注意。

作者使用十四節經文（士八 22～35），來總結基甸大約四十年的生命時期。雖然作者使用極多詞彙和篇幅，描述基甸這段時期的光景；但他加速敘述的筆法卻顯示，基甸將他的生命白白浪費在這些不討上帝喜悅的事上。雖然基甸的故事刻意強調，這些耳環的原本擁有者是外邦國王；但基甸仍是繼亞倫之後，以敵人的戰利品製造偶像的劣質領袖。在上下文的觀察中，亞倫的故事顯然是反照著摩西對立約的順服（同樣地，基甸違反上帝的立約，也成為前文備受讚美之底波拉的反照）。如此說來，基甸不但沒有成為新摩西，反而流露亞倫最糟糕的生命特徵。他竟然成為新亞倫。基甸的行動將很快地使以色列分裂，因為他們不再具有成功的第一個原則：合作。而這種國家危機的逼近，完全因為他們忽視成功的第二個原則：順服。

當我們將基甸和那具文本互涉對應的摩西蒙召故事並排比較時，我們便得出下列的總結。茲將兩者的平行之處列於如下：

出埃及記	士師記
以色列人呼求上帝，上帝就興起摩西為拯救者（三 7）。	以色列人呼求上帝，上帝就興起懦弱的基甸為拯救者[56]（六 7；相同的敘述情節）。
以色列在埃及受苦的主題（三 7）。	耶和華將以色列人從埃及領上來的主題再現（六 13）。
耶和華的使者向摩西顯現（三 2）。	耶和華的使者向基甸顯現（六 12）。
米甸人出現在經文中（三 1）。	米甸人出現在經文中（六 1～8）。
上帝說：「……我要打發你……」（三 10）	耶和華對基甸說：「……不是我差遣你去的嗎？」（六 14）
上帝說：「我必與你同在。」（三 12）	耶和華對基甸說：「我與你同在」（六 16）。[57]
摩西憂慮上帝的差遣（三 14～15，四 1）——不情願的領袖。	基甸懷疑上帝的呼召（六 17）——不情願的領袖。[58]

呼召發生的地點極不尋常——何烈山（三1～2）。當時摩西沒有顯著的角色，他不過是一位逃亡的牧羊人。	呼召發生的地點極不尋常——壓酒池（六11）。基甸不在打麥場，反在壓酒池打麥。
摩西説：「主啊，你願意打發誰，就打發誰去吧！」（四13）	基甸對上帝説：「主啊，我有何能拯救以色列人呢？」（六15）[59]
上帝給摩西印證的神蹟（sign；四8）。	基甸要求上帝藉著他即將獻上的祭物，給他一個憑據（六17）。[60] 以色列的歷史到目前為止，只有摩西與基甸有相同的要求。
上帝給予一個與敬拜直接相關的記號（三12）。	上帝接受基甸的敬拜（六21）。
上帝使用摩西的手拯救以色列人（三20，四2、4）。	上帝使用基甸的手拯救以色列（六36，七16、19）。[61]
摩西有幸在他的使命中，代表上帝的手。上帝使用摩西的手和杖，施行大事（四2～7）。	基甸有幸在他的使命中，代表上帝的手。上帝使用那跟隨他的三百人小軍隊（七8）。
摩西的自我懷疑（三11）。	基甸的自我懷疑（六15）。

還有，在士師記六章16節，上帝應許與基甸同在，這經文實際直接引自出埃及記三章12節。當我們延伸至出埃及記三章12節的上下文時（出三12～14），我們便看見在以色列人被拯救之後，上帝要求他們敬拜耶和華。然而，在基甸拯救以色列人之後，經文並沒有關於以色列人敬拜耶和華的記載。

上帝必然與基甸同在，就像他與摩西同在一樣。上帝也將同樣的確據，賜給約書亞。約書亞記一章5至9節清楚記載：「我怎樣與摩西同在，也必照樣與你同在；我必不撇下你，也不丟棄你……因為你無論往哪裏去，耶和華——你的上帝必與你同在。」這幾處記載都顯示出差派者的某種權威，和被差派者的膽怯。因此，上帝是所有被差派者的領袖。無怪乎，基甸的戰役要以下列的次序喊叫：「耶和華和基甸的刀！」（士七18）基甸是否能夠實現相同的期待？讀者陷在懸疑之中，要等到士師記八至九章，作者揭示真正的基甸之後，讀者才恍然大悟。作者運用摩西主題的巧筆，絕妙地製造了懸疑的氣氛和帶出倫理的教訓。當年的摩西，在上帝的印證之後，以英雄的本色認同他的人民，並以具體的行動解決他們的困境。[62] 基甸也會如此嗎？

不幸地，基甸和摩西的相似之處，在兩個人開始履行使命時便即停止，而且基甸也流露出自相矛盾的一面。而在與摩西蒙召的平行觀察上，士師記作者並沒有描述或解答基甸故事所呈現的張力。尤有甚者，基甸比摩西要求更多的神蹟印證（sign）。當上帝以神蹟顯示給摩西看之後，摩西馬上承擔起領袖的使命；然而基甸卻是相反的，他要求更多的神蹟印證。基甸是新摩西嗎？或基甸是申命記十八章那位像摩西的彌賽亞先知？在基甸起初的蒙召敘述中，作者沒有針對上述問題提出答案。他似乎在暗示，基甸必須藉著一系列的行動來證明他自己。基甸的行動將回答，這些文本互涉所探討的問題。

我們可以肯定的是，基甸具有毀滅性的潛力；至少部分地，他已經履行了關於毀滅方面的使命。然而，摩西的標準實在很高，他是以色列的聖人。因此，基甸的行動實在與摩西所展現的理想，相差太遠了。基甸達到了成為上帝毀滅力量的期望，因為上帝的手與他同在。當上帝的手與摩西同在時，摩西的生命充滿正直的流露。而基甸卻在晚年時，慘遭無法持守正直的痛苦後果。如此說來，基甸反而比較像帶領以色列離開立約義務的亞倫。基甸選擇了錯誤的道路。基甸的以弗得，並不僅是一件衣服；它乃是象徵基甸勝利與其成就的偶像。在亞倫的時代，以色列人將由埃及奪來的金子，鑄成一隻金牛犢，使得祝福成為咒詛。同樣地，基甸實際以敬拜那作為偶像的以弗得，來慶祝上帝的祝福。「如此多的潛力，如此少的正直」，不啻是總括基甸刻劃的最佳結語。另外，我們也可以從「『相當偉大』是『真正偉大』的敵人」的短語，來描述基甸的一生。不能持守正直的領袖，終究無法達至真正偉大的境界。可見，根據文本互涉的人物刻劃來看，領袖的正直和才能一樣重要。

上述這些複雜的文本互涉觀察，究竟在基甸的人物刻劃上，為我們帶來哪些貢獻？

第一，基甸一點也不像摩西。他的確具有成為偉大拯救者的潛能，但他卻缺乏正直的品性。他摧毀了以色列的希望。

第二，作者準確地刻劃基甸這位人物。在作者筆下，基甸比較像最差之時的亞倫。

第三，既然基甸不像摩西和約書亞，反而更像表現最差之時的亞倫；因此基甸不配成為領袖。

基甸一點也不合乎以色列歷史中勇敢守約的英雄傳統（例如，摩西、約書亞、以利亞或亞伯拉罕）；他倒是比較合乎以色列歷史中那些懦弱膽怯的違約者（例如，掃羅、亞倫）。基甸最大的缺點，在於他掌權的方式完全忽略以色列與上帝的立約。事實上，上帝最關切的，就是祂與以色列的立約！基甸違反前言所述的兩項成功原則。在耶和華的立約之下，基甸不但不在乎合作，他更不在乎順服。因此，基甸沒有留下任何有真實價值的後代。因他而被祝福的土地，也因他而成為屠宰之地。基甸的生命不容許他經歷得到，上帝對亞伯拉罕在後裔或土地上的應許。以色列的希望，已經粉碎了！

2.4 情非得已的領袖耶弗他：他不像亞伯拉罕

2.4.1 耶弗他和士師記

在漸次加增的迫害和患難中，耶弗他以非常巧合的方式竄升興起。舉例來說，士師記三章7節記載：「以色列人……事奉諸巴力和亞舍拉……」而在此，十章6節指出，除了巴力和亞舍拉之外，以色列還事奉其他四種地方的新神明。這些神明來自那些環繞以色列的鄰國。第一組神明的來源是亞蘭人，位處迦南上方的東北邊。這二組神明的來源是西頓人，位處迦南上方的西北邊。第三組神明的來源是摩押人，位處迦南的東南邊。第四組神明的來源是亞捫人，位處迦南的東邊。這幅圖畫顯示，圍繞以色列的鄰國不但在軍事上，並且在宗教上騷擾與迫害以色列。因為以色列愈來愈擴大其偶像敬拜的範圍，所以其敵人威脅的嚴重性，自然日趨惡劣。以色列人在這個時期所處的迫害是史無前例的。[63] 當以色列人向上帝呼求時，上帝的反應與以前大不相同。上帝極其憤怒，以致拒絕拯救他們。士師記作者沒有提及上帝會馬上興起士師來拯救他們，這筆法暗示上帝的憤怒。作者暗示，上帝必須真正對付以色列的態度。士師記十章17至18節，也顯示著以色列所陷入的危機。在這種情況下，基列的領袖竟然如此說：「誰能先去攻打亞捫人，誰必作基列一切居民的領袖。」（士十18）這是一位情非得已的領袖。

讀者可參考第一章關於耶弗他的敍述繪圖（頁33～34），便更清楚掌握關於耶弗他的整個敍述。

在挑選領袖的過程中，上帝的聲音沒有出現。在士師記中，每當上帝的聲音沒有出現時，讀者就有預感，極嚴重的事情將要發生（例如，士二十一章）。在這個案例中，既然聽不到上帝的聲音,以色列人就以他們所知道的方式匆忙了事。若將這段經文與前面篇章相比,這段經文清楚顯示,是人而不是上帝,來開始設立領袖。因為沒有人求問上帝:「我們中間誰當首先上去攻打擊……」(一 1)這種作法讓我們想起,迦勒對任何能夠攻下基列.西弗之勇士所作的應許(一 12)。然而,現在的情況比較危急,因為敵人的威脅嚴重許多。鼓舞勇士為以色列爭戰的動機,已經不再以國家的利益為前提。相反地,領袖成為個人野心的表露。因為沒有人回應第一次的戰役呼召,危急的情況就成為強大領袖出頭的機會(十 17～18)。耶弗他的出現,並不因上帝的設立,而是領袖與眾人默認的結果。這項根本的事實,為耶弗他成為領袖的資格,籠罩著令人懷疑的陰影。像基甸一樣的個人野心,最後將為耶弗他的領袖特質塗上污點。

在作者的刻劃巧筆之下,作者以下列六種方式,生動地流露出耶弗他的故事。

第一,直至目前,出現在士師記的所有領袖,沒有一個像耶弗他的家世那樣令人質疑。作者特別強調耶弗他的家世,因為他的出身實在卑微。事實上,作者刻意把關於以色列危機的敘述停在十章 17 至 18 節,繼而帶出耶弗他的背景敘述。不論與哪一位領袖相比,耶弗他的領袖特質都是最差的。例如,底波拉已經是女先知;巴拉和基甸都出自名門;甚至連亞比米勒這位邪惡的領袖,都出自有名的基甸家庭;而耶弗他只是一位妓女的兒子。當士師記的循環繼續發展時,女人的地位和道德的程度也隨之降低。有關這方面的討論,將在後文出現。現在的討論,只以耶弗他那令人質疑的出生為重點。

第二,耶弗他的名字顯出其令人質疑的宗教背景。「耶弗他」代表「神已經開了」的意思。從他的名字,我們看見他的母親對耶和華的認識極少。模糊不清的「神」一字，很自然地令人想到，她所指的是生育之神開了她的子宮。她似乎是一個十足的迦南人。因著他的出身，在耶弗他父家中的合法兒子們，將他排除在繼承家業的名單之外；更遑論讓他成為家庭的領袖。在這方面，他很像亞比米勒（因為亞比米勒也可能因為母親是來自示劍的妾，所以被自己的家庭疏遠與輕視）。如此說來，耶弗他是一位具有迦南人傾向的士師，他在某些方面與邪惡的亞比米勒非常相似。

第三，作者使用耶弗他反映以色列的價值觀，因為以色列看重能力過於品德。作者沒有以品德，卻以作戰能力來刻劃耶弗他。士師記十一章 1 節記載，耶弗他是一位像基甸的英勇戰士（參士六 12）。與基甸不同的是，耶弗他是一位真正的英勇戰士，而基甸則因未來的使命而被上帝呼召。在人的眼光裏，耶弗他具備一切領袖的特質。因為他以令人滿意的記錄，證明他的能力。士師記作者藉著基甸和耶弗他的比較，強調出那真實而非潛在的能力。根據耶弗他的背景，他的能力的確克服了其低微出身和屬靈問題。

返回基列的耶弗他，在基列的長老以耶和華為證人之下，成為眾人的首領和統率。事實上，他們很可能在米斯巴的聖所和以色列軍隊面前，立耶弗他為領袖（參士十 17）。耶弗他的故事直到現在，才出現耶和華的名字。原來，他們不但利用耶弗他，也利用上帝。然而，耶弗他不再為他們所用。他要基列的領袖保證他治理的權利。他們很快地就立下誓言，因為他們迫切需要耶弗他。耶弗他運用其優秀的軍事能力的時機，已經來到。他處在萬無一失和百利無害的完美狀況中。以色列的危機，為耶弗他帶來翻轉命運的機會。在米斯巴的以色列，也顯出她的迫切之心。在還沒有取得勝利之前，以色列已經將耶弗他設立為領袖。以色列對於戰士的緊急需求，表露無遺，任何人都可以成為她的領袖。當人沒有尋求上帝為領袖時，人就隨意尋找領袖來跟隨。現在發生在耶弗他的情況，將在歷史的後期發生在掃羅的故事中。不單是耶弗他，並且在後繼的士師參孫身上，我們都看見以色列已經讓能力成為設立領袖的惟一考慮。

第四，士師記作者顯示耶弗他是一個知道自己歷史的好政治家。身為一個狡猾的領袖，耶弗他無懼地面臨挑戰。他首先派遣使者，前去詢問亞捫王的動機。他在士師記十一章 12 節如此說：「你與我有甚麼相干，竟來到我國中攻打我呢？」耶弗他不但是一個政治領袖，更是一個上等的修辭家。身為一個妓女的兒子，耶弗他不但善用令人信服的修辭論證，並且對於自己的歷史具有精深的了解。[64] 亞捫人是否在歷史上有任何權利，這可由民數記二十一章得到答案。耶弗他繼續引用以色列與摩押的交涉為例。當時以色列的確採取和平的解決方式，來面對摩押人。然而，當昔日亞摩利王西宏聚集人民，要與以色列人爭戰時，以色列便攻佔了亞摩利人的土地。既然是亞摩利人首先開始攻擊的一方，他們不再有權以和平的方式，來接受他們的土地。因為土地不再屬於亞摩利人，因此他們喪失土地是合理的。

最後，耶弗他訴諸於耶和華這位審判者。他說：「……願審判人的耶和華今日在以色列人和亞捫人中間判斷是非。」（士十一 27）不過，耶弗他在士師記十一章 24 節宣稱，基抹將土地給予亞捫人。作者刻意藉這句陳述，表明耶弗他對自己信仰的誤解。基抹擁有土地的觀念，可見於摩押人的碑文（Moabite Mesha Inscription）。這個碑文形容神「向他的土地發怒」（KAI 181.5）。[65] 除了將基抹這位原是摩押人的神明視作亞捫人的神明之外，耶弗他也沒有提到，惟獨以色列的上帝才可以訂立國家的疆界。[66] 當我們將耶弗他的所知和民數記二十一章的完整記錄相互比較時，我們便看見耶弗他對於修辭的使用是慎重挑選的。因為惟有如此，耶弗他才能很快地表達觀點，並且結束他與亞捫人的交涉。耶弗他實在是一個具有多面才能的人物。

第五，耶弗他不但是政客，並且非常渴求權力。根據士師記十一章29節，耶和華的靈，是促使耶弗他與敵人爭戰的主要啟動者。耶弗他經過米斯巴，想必是要征召作戰的戰士。米斯巴具有「崗哨」或「有利地位」的意思，應該是一個軍隊聚集的地方。[67] 它應該可以俯視某些戰略性的地區。這就是耶弗他隨意許願的地方。[68] 因著這清楚可見的地點，耶弗他很有可能在典型的軍事冒險之前，公開許願。在耶弗他向耶和華匆忙許願之後，敘述便馬上開始描繪亞捫人的潰敗。作者已經顯示，耶弗他急欲獲得權力；而在這個例子中，他竟然為要加速他的竄升，而願意犧牲一切。

作者在敘述的一開始，就稱耶弗他為「英勇的戰士」（士十一1）。作者一方面為表達耶弗他所具有的能力，另一方面為回響前文的基甸。在某些方面，耶弗他就像基甸一樣，他在錯誤的地方，使用錯誤的方式來贏得權力與聲譽。因著上帝的靈，耶和華很快地把勝利給予耶弗他。然而，耶弗他的許願，成為他勝利的代價。在這個過程中，他失去了自己的女兒。[69] 我們必須注意，士師記作者沒有記錄耶弗他的女兒的名字，他更沒有描述女兒與父親有任何對話，以了解是父親的許願使她喪命。第一個靜默顯示，女兒在故事中毫無地位。顯然，在家長制的社會中，女人常是受害者。她就像即將在下文出現那位利未人的無名妻妾一樣。她完全沒有機會向暴君般的父親提出成功的抗議。尤有甚者，第二個靜默顯示，耶弗他的許願沒有一點價值，因此不值得再次重提。雖然女兒在當時並不是正面的資產，但總好過沒有任何繼承人。[70] 經由離開「好的」地方（陀伯），來幫助以色列；耶弗他為自己的家庭製造了「壞的」情況。如果耶弗他繼續留在「好的」地方，他便不致落得今日「壞的」下場。好壞轉變的關鍵，在於耶弗他的無知。他的愚昧與上帝無關，他應該承擔一己的責任（二十一 25）。這是一個代價高昂的個人悲劇。他所贏得的權力，讓他蒙受極大的損失！

第六，作者顯示耶弗他是基甸最壞一面的縮影。然而，在我們責怪耶弗他的錯誤行動之前，我們必須記得，耶弗他蒙召的起源是出自人，而非上帝。以色列人與他們的領袖相稱。基甸活像一個迦南國王的野心，導致以色列產生衝突。從某個角度來看，基甸像摩洛〔編按：亞捫人的神明〕一樣，造成孩童的死亡。作者藉著重複基甸的別名「耶路巴力」，將控告雙雙指向基甸和亞比米勒。基甸朝向上帝的公開事奉，轉變成針對個人事情而引發的私人報復行動。相同的轉變，也可見於耶弗他。顯然，就像基甸一樣，並不是所有的以色列人，都因耶弗他戰勝亞捫人，而承認他的領袖地位。士師記十二章 4 節記載，耶弗他召集基列所有的人，預備作戰。就像基甸一樣，耶弗他正要引發一場支派之間的內戰。身為一個聰穎的戰略家，耶弗他很快就佔領了關鍵性的約旦河渡口。所有的以法蓮人都必須經過渡口，才能逃命。現在，耶弗他使用支派的口音，來辨認以法蓮人的身分。任何人具有以法蓮人的口音，必定格殺勿論。最後，耶弗他殺死了極大部分的以法蓮人。

以色列本應善用她的力量，來行使上帝的旨意；但她卻將其浪費在支派間的爭鬥和個人的報復上。以色列對於支派合一的渴慕，更清楚地表現在繼耶弗他之後而興起的以比讚身上。作者描述他利用兒女的婚姻關係，與家族以外的人建立政治聯盟（士十二8～10）。[71] 在支派的衝突中，衝突雙方同時完全不尊重上帝。耶弗他不把上帝當作一回事，以致他成為集體屠殺其他支派的領袖人物。他的殘酷可以和基甸與亞比米勒媲美。然而，這不過是更嚴重支派內戰的開始罷了。悲慘的內戰將在後面篇章中更形劇烈。基甸設下的先例，現在已經傳到耶弗他。因為這些人的巨大自我，世世代代的以色列人將繼續經歷血戰。要等到大衛的統治來到，整個以色列才能經歷和平。像基甸和耶弗他的自我，只會帶來毀滅的結局。[72]

到底耶弗他的故事，如何與士師記其他部分相關？

第一，耶弗他的起源預示國家的衰微。作者特別提及耶弗他的母親是妓女。妓女的身分，成為參孫和利未人故事的前奏。耶弗他的故事從人的角度，談論耶弗他的能力過於他的品質。參孫的故事也與能力有關，因為在所有士師中展現最低屬靈品質的參孫，擁有最高品質的能力。另外，耶弗他是以色列悲慘結局的開始。耶弗他所逃難之地，具有生動的涵義。這個名為「陀伯」的地方，代表「好土地」的意思。現在，耶弗他被召離開「好的」地方，並且返回壞的處境中。在因戰爭而來的一連串災難中，士師記作者則把隱含的諷刺躍然呈現在讀者的眼前。更進一步的，耶弗他是從「好的」地方，回到邪惡的地方。地理名稱的反諷重複出現，代表作者向上帝子民的社羣所發出的控訴。上帝子民的社羣已經成為不適合好人居住的地方，並且變得完全邪惡。作者藉耶弗他，來質問以色列的國家精神。以色列土地上的邪惡，將在後面篇章所繼起的內戰中，表露無遺。在耶弗他的故事中，以色列的領袖和土地，已經開始受到懷疑。

第二，與上述第一點相關的觀察，可見於耶弗他和以色列相似之處。耶弗他是一個混亂家庭的產物，就像以色列是一個混亂宗教制度的產物一樣。從一個腐敗家庭的廢墟中，出現以色列的拯救者。從以色列的角度來看，耶弗他的興起實在非比尋常。既然以色列拒絕他，他不再有義務事奉以色列。我們在此看到的是一個報應的循環。當基列家的人將耶弗他趕出家門時，他們不知道有一天他們需要耶弗他的幫助。現在，被耶和華拒絕的以色列，使用一位被家人拒絕的耶弗他來拯救自己。就像以色列一樣，耶弗他對上帝的缺乏知識和認定，使他落至傾倒的結局。

第三，耶弗他的故事，以一種對照的方式與基甸的故事產生平行。不過，耶弗他顯然更邪惡。與基甸極為不同的是，耶弗他以天才和有系統的方式，屠殺以法蓮人。他的殘酷程度遠超過基甸。他在不穩的根基上建立領袖地位，因此他的工作以完全的災難為結束。同樣的人物，也出現在基甸和耶弗他的故事中。就像基甸的故事，以法蓮人也抱怨耶弗他，沒有讓他們參與對抗外邦入侵者的戰爭。以法蓮人向耶弗他威脅要用火燒掉他和他的房屋(參士八1)。然而，耶弗他不像基甸，他沒有使用退一步的方式，來解除以法蓮人的威脅。

作者更進一步地告訴我們，以法蓮人因種族的緣故鄙視基列人。他們向基列人說:「你們基列人在以法蓮、瑪拿西中間，不過是以法蓮逃亡的人。」(士十二4)顯然，耶弗他吞不下這口氣。在合理化自己對以法蓮人的憤怒時，耶弗他在回答中第一次使用耶和華的名字。就像士師記所有的悲劇事件一樣，上帝沒有在事件中扮演主要的角色，這很可能就是悲劇開始的原因。不像基甸使用柔和的回答，消除以法蓮人的憤怒；耶弗他使用他最大的長處，加以反擊。耶弗他是一位英勇的戰士，因此他使用他的能力昭告以法蓮人（和所有的以色列），他是以色列的統治者。總共有四萬二千人，死於耶弗他的軍隊手下。到目前為止，士師記作者很少對死亡人數，作出精確的記錄。這個極不尋常的巨大數目，強調這個特殊事件的麻木不仁和非比尋常。

第四，從一個與基甸的故事緊密相關的角度來看，耶弗他的被逐與亞比米勒故事中的約坦有雷同之處。亞比米勒的故事涵具多種複雜的詮釋可能性。亞比米勒的名字可能具有「我的父親是摩洛」的意思。亞比米勒以自己的兄弟為祭，而耶弗他則將自己的女兒獻為祭。耶弗他的行動，形同將耶和華視為摩洛來敬拜一樣。敬拜摩洛的一個顯著特徵，就是殺害自己的家人。[73] 在耶弗他對於權力的渴求中，經文流露出一股悲傷的反諷意味。作者藉著耶弗他如何在權力的追求中喪失自己的眼光，來表達耶弗他令人咋舌的錯誤。沒有教導和遵循耶和華的律法，再加上對於權力慾望的渴求，使耶弗他付出極大代價。

亞比米勒和耶弗他都以謀殺自己的家人，向摩洛宣誓效忠。在這種不敬虔的領袖身上，耶和華祝福子孫（即後裔/豐饒）的應許盼望，全然消失。雖然前面的討論，已在這方面多加暗示；但耶弗他的敍述結尾，卻僅以這個悲劇的結果為焦點。被放逐又返回的繼承人，是烏加列文獻中常見的文學結構。[74] 如此說來，耶弗他的故事情節與烏加列的不謀而合。當然，耶弗他與亞比米勒一樣，兩者都不是合法的繼承人。因此，這種故事情節為耶弗他的生命，籠罩上另一層可疑的陰影。尤有甚者，士師記十二章 1 節指出，耶弗他身處在撒分之地（即是《和合本》的「北方」）。撒分是北邊的山區，迦南人在此敬拜伊勒和巴力。[75] 再次地，撒分山的地點，使人懷疑耶弗他的信仰是否正統。耶弗他的故事愈來愈像烏加列/外邦的故事，他一點也不具敬虔領袖的模樣。他不但沒有建立一個健康的社會，他自己就是不健康和迦南人社會的產物。雖然耶弗他不像亞比米勒那般邪惡，但他不是一位適合的領袖人選。不過，上帝仍然在有限的範圍內使用他。至終，耶和華的子民失去繼續征服耶和華所應許之地的繼承人。

第五，耶弗他的故事顯示，以色列的價值觀具有濃厚的外邦色彩。就像亞捫人的王一樣，以法蓮人的抱怨，不但是不誠實並且不合理的。在此，我們看見上帝的子民不但在生活上，並且在道德觀上，愈來愈像迦南人。這不啻是一個大悲劇。耶弗他理直氣壯地回答以法蓮人：「我和我的民跟亞捫人大大爭戰；我招你們來，你們竟沒有來救我們脱離他們的手。」（士十二 2）因著他們不誠實和不合理的抱怨，加上他們威脅要燒毀耶弗他的房屋；所以他們斷然將自己變成耶弗他的敵人。[76] 以法蓮人威脅燒毀耶弗他的房屋，不就像非利士人威脅燒毀參孫新婚之妻的房屋一樣嗎（十四 15）？儘管耶弗他處理以法蓮的方式，和基甸與迦南領袖的作法不盡相同，以色列的領袖現處理以色列人的方式，也與迦南毫無分別。耶弗他沒有在耶和華的領導之下，團結以色列。他太無知，以致無法順服耶和華。竟然，以色列的首敵，就在以色列自己的內部。自我的利益和以自我為中心的爭吵，成為國家合一的最大威脅。這羣邪惡的人民，配得他們邪惡的領袖！

2.4.2 耶弗他和亞伯拉罕

從文本互涉的角度來看，耶弗他將女兒獻為祭，與創世記二十二章的先例極為相似。創世記二十二章的情節如下。首先，上帝清楚地告訴亞伯拉罕，將以撒獻為燔祭（創二十二 2）。於是，亞伯拉罕祕密地將以撒帶到摩利亞地，預備將兒子獻為祭

（二十二 5）。就在亞伯拉罕準備伸手殺兒時，上帝為亞伯拉罕預備了一隻代替以撒的公羊（二十二 13～14）。亞伯拉罕為了紀念這個事件，特別為那地方起名為「耶和華以勒」，就是「耶和華必預備的意思」（二十二 14）。在這個關鍵事件之後，耶和華再次向亞伯拉罕重申，亞伯拉罕的子孫，必如同天上的星，海邊的沙；並且地上萬國都必因亞伯拉罕的後裔得福。

當我們將耶弗他和具文本互涉對應的亞伯拉罕故事並排比較時，我們得到下列總結。

耶弗他的故事並不僅顯示出，獨女比像以撒的獨子更可以成為犧牲品。[77] 事實上，當我們比較這兩個故事時，耶弗他的記載流露著上帝強烈的憎惡。在亞伯拉罕的故事中，上帝為要試驗亞伯拉罕的信心，主動開始整個事件的發生。[78] 撒娜（Nahum Sarna）指出，亞伯拉罕的事件「與外邦人為要討好憤怒或冷漠之神，而以人為祭的作法完全不同。外邦人這種習俗，可見於列王紀下三章 21 至 27 節」。[79] 不像亞伯拉罕，上帝並沒有命令耶弗他將女兒獻為祭。上帝從來沒有命令耶弗他，許下這種誓言。實際上，凡將自己的女兒經火獻給摩洛的人，必要被治死（利十八 21，二十 1～5）。耶弗他的許願是錯誤的，因為他的動機並非出自敬虔，而是出自個人的野心。尤有甚者，耶弗他將基抹和耶和華，視為同樣能夠賜給人土地的神明。這種看法顯示耶弗他擁有不正確的神學觀。不正確的神學觀終止了耶弗他的家族承傳。耶弗他是一個道道地地的外邦人。在亞伯拉罕的記載中，上帝最終出現拯救以撒。然而在耶弗他的記載中，上帝並沒有出現，因為上帝在士師記十章就已經消失不見了。上帝的聲音不再被聽見，因為以色列選擇聽而不聞。

根據耶弗他的故事，以色列行她眼中看為對的事。不論國家或領袖，都根據人的狡詐而行事。儘管上帝因過去的應許而施行拯救，但上帝對以色列人已經無話可說了！上帝拒絕再出現，因為以色列拒絕聆聽上帝的話。在耶弗他身為領袖的時期，他從來不尋求上帝的聲音。耶弗他也不想去理解利未記為還願而設立的律法（利二十七 1～8）。[80] 耶弗他對於上帝的旨意，了解極其膚淺。他的父親目無法紀，因此導致兒子對於上帝的律法缺乏認識。而這種缺乏認識，繼續傳至她的女兒，以致他的女兒同意成為錯誤許願下的犧牲品。上帝沒有原諒這種野蠻的行為。上帝也沒有為耶弗他提供另一個出路。因為祂所說的，都已經在包含在祂的律法中。洛根（Alice Logan）已提供豐富的證據，以顯示出在異教中間存在著把孩子獻為祭。[81] 耶和華的沉默加上律法清晰的規定，明明地譴責著這種行為。因為耶弗他沒有花精力以理解耶和華的律法，所以他反而向異教文化學習，並成為一個相當異教化的以色列領袖。但是，我並不認同洛根的觀點：他認為耶和華已事實上容許把人獻為祭，並認為耶弗他更像大衛。不像亞伯拉罕的子孫綿綿不絕，耶弗他的後代在父親的手中，接受痛苦又恐怖的死亡。耶弗他使讀者想起基甸的家庭悲劇，兩者皆因沒有了解和遵行上帝的旨意，而導致悲慘的家庭事件。

亞伯拉罕在獻上以撒之後，將那地方起名為耶和華以勒，以紀念上帝的供應。然而，耶弗他的作為卻產生了一個好像追念女孩死亡的哀悼儀式（士十一 39～40；參結八 14～15）。極為正確地，詹曾（David Janzen）將耶弗他的獻祭稱為「以色列外邦化的記號」。[82] 在他們外邦化的生活方式中，有些以色列人甚至將耶弗他的獻祭，視為符合亞伯拉罕傳統的敬虔做法。作者清楚地揭示，耶弗他一點也不像亞伯拉罕！

2.5 勇智雙全的領袖參孫：他不像撒母耳

2.5.1 參孫和士師記

參孫是希伯來人中的赫克力斯（Hercules）。在舊約中，參孫的英雄色彩居冠羣雄，甚至連昆蘭社羣都對參孫的英雄本色有一種錯誤的看法。昆蘭社羣以「一生都是拿細耳人」的讚詞，來頌揚參孫的生命（4Q Samuel^a）。[83] 韋布（Barry G. Webb）將參孫視為所有英雄的高峯。[84] 最精確的討論可能來自埃克薩姆（J. Cheryl Exum），她認為士師記十三章與十六章，還有十四章與十五章，均以平行的結構配對出現。[85]

茲將參孫的敘述繪圖列於如下，以幫助讀者更容易分析與理解，士師記作者對於參孫的人物刻劃。

敘述內容	經文	時間的持續
1）以色列的邪惡	十三 1 = 共 1 節	40 年
2）第一次顯現：耶和華的使者向參孫的母親顯現	十三 2～8 = 共 7 節	1 日
3）第二次顯現：耶和華的使者向參孫的父母顯現	十三 9～23 = 共 15 節	1 日
4）出生和名字	十三 24～25 = 共 2 節	成年（青春期）的年數，不確定
5）參孫要求娶妻	十四 1～4 = 共 4 節	1 日？1 小時？
6）參孫殺死壯獅	十四 5～7 = 共 3 節	不確定，過了些日子（十四 18）
7）參孫回到父母的家中	—	—
8）參孫回去迎娶妻子，並且玷污父母	十四 8～9 = 共 2 節	不確定
9）參孫的筵席和謎語	十四 10～14 = 共 5 節	3 日

10）參孫的妻子受威脅	十四 15～16＝共 2 節	1 日或又 4 日？
11）參孫告訴妻子答案，救了妻子的性命，卻輸了賭注	十四 17～18＝共 2 節	1 日
12）參孫失去了妻子，並且還了賭注的要求	十四 19～20＝共 2 節	不確定
13）參孫試圖重新得回妻子，但卻失敗了	十五 1～2＝共 2 節	1 日？1 時？
14）參孫燒燬非利士人的禾田和橄欖園	十五 3～6 上＝共 4 節	不確定
15）參孫失去妻子和岳父	十五 6 下＝共 1/2 節	1 日？
16）參孫擊殺非利士人	十五 7～8＝共 2 節	不確定？
17）猶大人背叛參孫	十五 9～13＝共 5 節	1 日？
18）參孫擊殺敵人並且作歌	十五 14～17＝共 4 節	不確定？
19）耶和華解參孫之渴	十五 18～19＝共 2 節	1 日？
20）參孫作士師的陳述	十五 20＝共 1 節	20 年
21）參孫與妓女親近	十六 1～3＝共 3 節	1 日 1 夜
22）參孫愛上大利拉	十六 4＝共 1 節	不確定
23）非利士人以誘餌吸引大利拉	十六 5＝共 1 節	1 日？
24）大利拉三次失敗	十六 6～14＝共 9 節	3 日？
25）大利拉的成功	十六 15～20＝共 6 節	1 日？
26）非利士人捉住參孫	十六 21～22＝共 2 節	不確定
27）非利士人的歡慶	十六 23～24＝共 2 節	1 日
28）但人參孫毀滅非利士人	十六 25～30＝共 6 節	1 小時？
29）參孫的埋葬和士師的陳述	十六 31＝共 1 節	20 年

參孫的故事常常激發讀者豐富的想像力，許多人將他視為一個參加世界最強壯男人之競賽的巨大人物。事實上，作者並沒有在參孫的身體特徵上大作文章，反而參孫的屬靈特質，才是作

者刻劃的主要焦點。在參孫的時期，以色列又陷入禍患中。作者以精簡又準確的方式直接指出：「以色列人又行耶和華眼中看為惡的事，耶和華將他們交在非利士人手中四十年。」(士十三1)這個問題必須和作者過去對以色列的所有描述，作個比較。更確切地說，作者在此對以色列苦境的簡短描述，顯示著他已經厭倦再詳細說明以色列所犯的罪惡了。以色列的罪包含他們離棄耶和華，並且事奉列國諸神明的罪惡(參士十6)。作者實在沒有必要再重複描述敬拜偶像這個相同的罪惡。更何況，典型的宣告「又」一字，已經清楚指出這是一種罪惡的循環(參十6)。另外，在這時期陷入苦境的以色列人，並沒有向上帝哀求。可見，以色列已經非常習慣於卑屈的角色。

參孫的故事帶有非常重要的修辭角色。它所具有的重複主題和詩歌成分，無疑引起許多讀者的興趣。[86] 參孫的循環具有格式上的特徵，因此讀者很容易記住整個故事的來龍去脈。有一種常見的滑稽漫畫，便諷刺地將參孫描繪為有勇無謀的角色。這種過度簡化的描繪，不但對這位超級士師不公平，並且與作者對參孫的刻劃完全相反。事實上，作者所刻劃的參孫，是一位智勇雙全的風雲人物。經由刻劃的巧筆，作者生動描繪大有恩賜、卻一次又一次陷入罪中的參孫。參孫的一生活在才能和罪惡的張力之間。

士師記作者以下列五項特質，一一為參孫勾畫那複雜卻完整的畫像。

2.5.1.1 神聖呼召

第一，參孫的蒙召極其神聖。

在參孫出生的敍述中，上帝不但知道參孫的母親所處的現況，並且知道參孫的未來。士師記十三章5節明說：「……不可用剃頭刀剃他的頭，因為這孩子一出胎就歸上帝作拿細耳人。他必起首拯救以色列人脫離非利士人的手。」有關拿細耳人的描述，可見於民數記六章1至21節。拿細耳人是離俗歸耶和華的人，他們的外在記號就是長頭髮。在古代的閃語族文化中，長髮和鬍鬚是男性氣概的表徵。如此說來，拿細耳人代表一種出自聖潔事奉的高度男性氣概。拿細耳人也應該在一些禮儀的習慣上保持潔淨，其中包括飲食的限制和其他與社會有關聯的行為。

比參孫出生的事件更重要的是，他的父親向耶和華的使者所提出的問題：「願你的話應驗！我們當怎樣待這孩子，他後來當怎樣呢？」（士十三12）學者曾祥新指出，瑪挪亞所提出的問題具有深刻的文學功能。這個問題可以更清楚地被譯為：「這個男孩的生命和工作將如何被審判？」[87] 換言之，這個問題為參孫的敘述，提出一個重要的議題。實際上，在參孫的整個故事中，作者不斷地傳遞他自己對參孫的評價。這個問題的主要文學功能，在於指明整個敘述的中心要旨：參孫的生命將依照他的性格和工作品質，接受審判。

從聖潔的角度來看，作者對參孫的評價顯見於他建構故事的方式。故事的建構由參孫出生前的聖潔為開始，並以參孫死於道德有問題之女人手中的不聖潔為結束。參孫是否聖潔的議題，在故事的結尾（士十六章）特別值得注意。雖然作者沒有以參孫的身體特徵為焦點，但他特別強調那與參孫蒙召有關的頭髮特徵。參孫一再違犯他的聖潔和屬靈信仰。參孫沒有以事奉耶和華，而是以吸引女人和結婚的能力，來定義男子氣概。他的定義顯然與上帝的心意毫不相符。現在，讓我們由士師記十三章與十六章的對照，來觀察參孫的生命特質。

士師記十三章	士師記十六章
記載許多有關拿細耳人的規定。	參孫違犯上帝所有的律法，並且推翻了十三章所寫的一切規定。
上帝向參孫的父母顯現。	上帝安靜無聲。
作者強調參孫的聖潔。	參孫繼續與妓女親近，並和非利士女人調情，使自己成為不潔淨。[88]
頭髮是參孫惟一的聖潔記號。	在一次快捷的行動中，參孫的頭髮被剃除，導致他面對那無法改變的終結。

一般來說，當拿細耳人離俗的日子滿了時，拿細耳人要把離俗的頭髮剃掉（民六 18）。[89] 然而非常悲哀地，身為拿細耳人的參孫，竟然無法符合任何一項要求。所以，將頭髮放在平安祭的火上的這個做法，並沒有出現在參孫的故事中；因為參孫的頭髮被剃，是與他的聖潔毫無關係（士十六 19）。至終，他僅有的就是頭髮，然而他連頭髮都無法保全。在反諷的戲劇性轉折下，參孫滿了他離俗的日子，因為他根本沒有實行任何一項規定。被剃去的頭髮象徵參孫的地位，從尊榮轉變為羞辱。然而，更諷刺的是，這羞辱的時刻卻成為參孫被上帝使用的機會。

最後，從另一個角度來看，參孫循環的結構，邀請讀者將士師記十六章視為參孫生命的總結。在故事的一開始，士師記作者就在參孫出生前，為參孫的生命作了總結。上帝對於參孫生命的期待，就是聖潔。然而，在參孫的故事結束時，參孫卻被黑暗的不道德生活所玷污。如此說來，故事的結尾並不只是故事的片段之一。實際上，故事的結尾是標示參孫生命總結的片段。換言之，靠許多女人而活，並因一個女人而死，就是參孫的生命記號。參孫的故事顯示，一個人竟然可以如此遙遠地遠離自己的身分。參孫不但不尊重自己的生命，他更不在乎周遭之人的生命或上帝的命令。與其為了道德和政治的影響力而分別為聖，參孫為了毀滅自己和他的敵人而被分別出來。雖然參孫的蒙召極其神聖，但參孫的聖潔卻成為他生命中最大的諷刺和悲劇。

2.5.1.2 缺點無數

第二，參孫的生命以一種特殊的方式，和諧地交織在原始本能和上帝的工作之間。士師記作者並未針對這項倫理或神學張力，提出解決的答案。同樣地，我們也很難回答，為甚麼一位缺點無數的人，竟然能夠如此有力地被上帝使用。作者生動地採用參孫第一個女人的事件，並由下列三方面來表達故事的張力。

2.5.1.2.1 女人的身分

作者以參孫下到亭拿，看見一位非利士女子，並想娶她為妻，作為故事的開始。作者沒有提及這位女子的名字，僅以種族代表她的身分。她是以色列敵人中的一位女子（士十四 1～2）。這情況的描述，揭露了參孫的性情。士師記十四章 2 節明說，他「看見」這位女子。一些考古證據顯示，非利士女人的穿著並不穩重。[90] 許多考古學者同意，非利士人的文化起源自米諾文化（Minoan culture）。[91] 聖經的資料似乎也指向相同的看法（參申二 23；耶四十七 4；摩九 7）。[92] 在米諾的遺址，可以看見許多上空女人誇張地昂首闊步的繪畫。他們的女人服飾，刻意顯露女人巨大的胸部、纖細的小腰和身體較低的性感部位。[93] 從塞浦路斯的陶器和小雕像，我們也看見一些類似的女神。這些女神以巨大的胸部或肚子，彰顯她們的生殖能力。[94]

既然非利士人很可能源自塞浦路斯，我們可以從當時的手工藝品和聖經文本中的性圖像，作出更進一步的推論。就像迦南人一樣，非利士人的文化似乎也是一種充滿性意味的文化。參孫游移不定的眼睛，將繼續為他招惹麻煩。關於第一個女人的事件，明顯暗示即將降臨在參孫身上的危險。參孫看重以色列敵人中的一位女子；但他一點也不在乎父母的看法，並且執意想要娶她為妻。為免有人以為上帝贊同參孫的行為，聖經的律法實際對整個事件，持完全相反的立場。上帝未必認可參孫對自己女人的恐怖濫待。然而，人的失敗無法阻礙上帝的成功。在人的意料之外，上帝充分使用參孫的本能，來懲罰非利士人。人的本能和上帝的工作，藉著作者的巧筆流露無遺。

2.5.1.2.2 亭拿的地點

亭拿的出現，不啻為參孫的刻劃注入更加豐富的色彩與意義。亭拿是以色列歷史上的重要城市，因為她在以色列第一次被擄至巴比倫的厄運中倖存。可見，士師記的原始讀者非常容易明白參孫下到亭拿的涵義。在參孫的時代，非利士人的入侵已經導致亭拿文化變得多樣化。根據在亭拿地區進行廣泛和權威性研究的考古學家克爾姆（George Kelm）和馬扎（Amihai Mazar），亭拿是一個防衛非常堅固的城市。[95] 創新的非利士人，很可能在已經非常堅固的迦南人堡壘之上，繼續加上有力的建築。這些考古學家也在他們的挖掘中，發現類似公牛的宗教物品。[96] 亭拿已經成為所有外邦事物的文化交匯點。考古學家在此地發現一種黑色和紅色的希臘式陶器，這個發現成為非利士人由愛琴海地區遷移至非利士地的極佳例證。[97] 更確切地說，亭拿的宗教和文化，不僅來自迦南，並且來自愛琴海地區。參與亭拿的社交並在那地找到配偶的參孫，顯然已經是那個社會圈中的一部分。他不但不加思索，更是毫無羞恥地與外邦人和他們的文化/宗教雜混在一起。在參孫成年後的第一個故事中，我們看見參孫已經相當熟悉外邦人的生活方式了。他在外邦人和外邦人的宗教與文化中，比在自己的人民和信仰中更覺自在。參孫絕對不是耶和華之約的守護者，而他的父母應當為他的行為，承擔部分的責任。

2.5.1.2.3 失敗的婚姻

除了亭拿的地點清楚顯示參孫的性情之外，參孫第一段婚姻的失敗，也充分揭示參孫的原始本能。依照當時的傳統，參孫來到女子父親的家中，準備迎娶女子為妻。[98] 然而，參孫第一段婚姻，成為所有麻煩的開始。參孫因為輸了在筵席中所設的謎語賭注，所以拋下妻子怒氣沖沖地回到自己的父家。既然他的麻煩部分出自婚禮的非力士陪伴之人，參孫因此有滿腹的不平需要解決。參孫已經踏上快速了結羞辱的衝突路徑。參孫定意大顯能力，以擊敗所有的對手。

在參孫伺機報復的時候，他首先到岳父家中見自己的妻子。士師記十五章 1 節顯示，此時相距十四章 19 至 20 節的憤怒插曲，已有一段時日。參孫帶了一隻代表平安祭的山羊羔，試圖重新贏得太太的芳心。參孫說：「我要進內室見我的妻。」（士十五 1）其實，這句話是想要和太太有性關係的委婉說法，因為參孫向太太發的怒氣，已經消失了。[99] 此時此刻，強烈的性慾，取代了前一章的憤怒情緒。在時間上，此時此刻已經從前一章的時間「過了些日子」。就像往常一樣，參孫在他想要的**任何時候**（when），作他想要做的**任何事**（what）。然而，參孫的岳父因為將參孫的妻子歸了一個陪伴參孫的人（十四 20），因此不讓參孫進入內室。

作者並沒有說明，參孫是否知道這件事。這樁婚姻顯然為參孫帶來極盡的侮辱。相信如果參孫知道此事，他一定早就使這個膽敢與自己妻子結婚的男人，魂歸陰間。如此說來，假設參孫不知道這樁婚姻，是較佳的看法。在參孫的震驚和沮喪之下，他的岳父竟然願意將比參孫的妻子更年輕和美麗的妹妹，嫁給參孫。這個時候的參孫，根本不在乎這個女人如何吸引人，他所在乎的是他受損的傲氣。對岳父而言，女兒只是商品罷了。蒙受神聖呼召的參孫，故意與那些價值觀完全與上帝的律法相反的外邦人，肆意往來。在這種情況下，一場暴力的對抗勢必難免。參孫第一段失敗的婚姻，的確顯露出他那介乎於原始本能和上帝的工作之間的生命！

2.5.1.3 恩賜無比

第三，參孫具有無比的恩賜。在這段觀察中，士師記作者從「參孫勝過獅子的能力」、「參孫的領袖表現」，以及「參孫誤用恩賜」這三個方面，生動刻劃參孫超人的恩賜。

2.5.1.3.1 參孫勝過獅子的能力

讓我們先從「參孫勝過獅子的能力」，來觀察參孫特有的恩賜。這項觀察將由「參孫擊殺獅子」、「參孫愚弄陪伴之人」，以及「參孫弄巧成拙之後的衝動行事」這三點來分部進行。

首先，士師記作者如何藉著參孫擊殺獅子的事件，來刻劃參孫的恩賜呢？

在參孫前往岳父家的第一次旅途中，他遇見一隻少壯獅子。顯然，他的父母當時並沒有與他同在。士師記十四章 6 節告訴我們：「耶和華的靈大大感動參孫⋯⋯他⋯⋯卻將獅子撕裂⋯⋯」

上帝的能力表現令人感到困惑——祂使參孫有能力殺死獅子，其目的乃為保護前往探看女子的參孫。從作者的文學藝術技巧來看，豐富的獅子題旨，可能具有下列幾方面的預示功能。第一，獅子是代表非利士神明的常見宗教題旨。這種象徵可以遠溯至美錫尼—米諾傳統。[100] 第二，獅子也與公牛一併出現在巴力神廟西南邊的烏加列衞城，牠們同是異教的繁殖力題旨。[101] 第三，亞舍拉——迦南的性愛女神——常以裸體騎在獅子身上的形象出現。[102] 如此說來，上帝的能力顯現，也為預示非利士人將在參孫手中遭遇最後的毀滅。更重要的是，獅子的題旨顯示耶和華的力量，超越迦南人繁殖的宗教。極諷刺地，上帝藉著過度縱情於性慾的參孫，來制服崇尚繁殖神明的敵人。

尤有甚者，擊殺獅子的事件顯示出，在參孫前往發生性行為途中所遇見的獅子，常與迦南人的亞舍拉神明有關。參孫的麻煩，已經尾隨而至。下去亭拿的參孫，再次與相同的年輕女子說話。但健康的溝通顯然不是作者的強調。經文只是簡單地述說：參孫喜悅她。參孫真是一個隨從自己性慾和渴望的人，他一點也不在乎他人或上帝的想法。更進一步地，參孫的表現暗示，他不能沒有上帝的幫助。若沒有上帝的幫助，單憑參孫致命的缺點，將使參孫周遭的人陷入極大的危險中。

其次，作者如何藉著參孫愚弄陪伴之人的事件，來刻劃參孫的恩賜呢？

參孫的婚宴顯然具有政治的性質。士師記十四章 11 節告訴我們，眾人請了三十個人陪伴參孫。在希伯來語中，陪伴之人可以用來描述一個政治團體。我們將在下文發現，這三十個陪伴之人，根本不是參孫的真正朋友。他們可能具有監視參孫的任務。經文並未說明參孫是否知道此事。不過，參孫總是找到機會來炫耀自己。這是參孫的大喜日子，他絕對不會讓任何人阻礙他顯示自己男子氣概的大好良機。參孫在婚宴上的行為，終於揭露出他為甚麼選擇玷污自己的原因。

參孫發明一個遊戲，來炫耀自己的非凡能力和高超智慧。他使用謎語，向三十個陪伴之人發出挑戰。參孫要他們知道，他不僅在體能上佔優勢，更在智慧上超越非利士人。我們知道這羣非利士人乃是來自愛琴海地區，因此他們的聲譽與他們的生命同等重要。參孫的姿態，直接挑戰著他們的聲譽。因此，參孫選擇在大喜之日炫耀自己的無比恩賜。參孫的謎語如此說：「吃的從吃者出來；甜的從強者出來。」（士十四 14）這個謎語顯然指吃人的獅子而言。根據十四章 17 節，猜謎語的事件連續七天的日子。

三十個陪伴之人集合腦力，都無法想出謎語的答案。他們本來就不可能想出答案，因為參孫給他們一個無法回答的謎語。因此他們以暴力威脅新娘，要她從參孫的口中得到答案。不幸地，參孫一生中應該最喜樂的一週，竟然變成一場噩夢。這位迷人的年輕女子沒有在參孫面前歡笑；為了得到答案，她整天哭啼。整個情況顯示，參孫為了顯示自己的一點恩賜，情願將自己的婚姻、自己和妻子的生命置於險境。這些重要的事，竟然不如參孫的賭注：三十件內衣和三十套衣服。一切，甚至包括參孫自己的生命，都在自我誇大的突顯下黯淡無光。一週的婚宴日子，應該是參孫和妻子最快樂的時光。然而，參孫在一霎那間，讓妻子和自己陷入最痛苦的光景中。參孫自食其果！他試圖炫耀自己的男性氣概，但卻得到無盡的沮喪。

參孫的確在謎語的遊戲中，顯出自己的智慧；但他炫耀自己的動機，卻為他惹禍上身。

最後，作者如何藉著參孫弄巧成拙之後的衝動行事，來刻劃參孫的恩賜呢？

被妻子連連騷擾的參孫終於投降，他以問題的形式給妻子答案。「吃的從吃者出來」，原來應該指蜂蜜。另外，「甜的從強者出來」，原來應該指參孫殺死的獅子。所以，謎語的答案應該指向參孫的力量。詩的謎語將參孫和獅子平行比較，為要展現參孫比獅子強壯的力量。這三十個陪伴之人所給予的答案是：「有甚麼比蜜還甜呢？有甚麼比獅子還強呢？」（士十四18）他們故意顛倒答案的次序，來嘲笑參孫為愛而被融化得像蜂蜜一樣。參孫終於輸了賭注，而明顯的罪魁就是他的新娘。這對參孫的自尊，不啻是極致的侮辱。不論真實地在身體上，或具象徵性地在其他方面被女人征服，都是在士師記中的一項鉅大羞辱。例如，西西拉被雅億所殺（四9）；亞比米勒被一個女人的上磨石所殺（九54）；參孫輸在向他哭啼的新娘手中。

輸了的參孫想必非常憤怒；他所說的話，更是流露他的為人。參孫竟然稱自己的新娘為母牛犢（士十四18）。尤其是她讓參孫失望時，她的價值只等同一隻耕田的動物。參孫所說的話，沒有一點愛或委身的意味。在這個問題失控之前，上帝再次介入，以耶和華的靈大大感動參孫。參孫就下到非利士人的要塞亞實基倫，擊殺他們中間三十個人，並且奪了他們的衣服。參孫自己製造的麻煩像滾雪球般，惹出一連串與非利士人的衝突。可見，輸了賭注的參孫，仍然在弄巧成拙之後的衝動行事中，顯出他從上帝得來的恩賜。

現在，讓我們藉著下文，為參孫具有無比恩賜的第一方面觀察（即「參孫勝過獅子的能力」），作個總結。

首先，參孫知道自己具有許多特別的能力。

參孫的確已經和非利士人進入全面衝突的階段。尤其是在參孫無法贏回自己的妻子之後，參孫更威脅著非利士人：「這回我加害於非利士人不算有罪。」（士十五3）參孫的話語顯示，他認為亞實基倫的擊殺事件，並非真正的暴力。在這個時候，參孫已經知道自己具有許多特別的能力；因此他在毫不考慮後果的情況下，勇敢又快速地行使暴力。[103] 參孫將火把插在兩條狐狸尾巴中間，讓這些四處竄逃的狐狸，燒盡非利士人的禾田和橄欖園。[104] 參孫能夠抓到三百隻狐狸的事實，證明他是一個狡猾又能幹的獵人。參孫不僅是獅子的殺手，他更是大羣狐狸的領袖。無怪乎，許多像莫布利和妮蒂曲（Susan Niditch）的學者，將參孫和古代的野人超級英雄，聯想在一起。[105] 參孫的狐狸所造成的損害，相當悲慘。

火的主題，也讓人想到參孫和亞比米勒之間的比較（士九15、52）。參孫完全忠於自己的名字。他的名字具有「小太陽」的意思，現在他與他的狐狸一同燃燒。[106] 不過，非常諷刺的是，參孫並沒有得到繁殖後代的機會（即與他的新娘發生性關係的行為）。反倒是不能生育的父母，生下了他（參士十三24）。[107] 因此，參孫毀壞非利士人的禾田。這就是古典「以一物換一物」（this-for-that）的最佳表現。從策略上來看，這是豐收的季節。因此，參孫知道如何打擊敵人的痛處。一般常見的看法，常將參孫視為一個有勇無謀的大白痴。但參孫的故事，卻為參孫帶出截然不同的畫像。

其次，參孫的屬靈生命極其貧乏。

士師記作者進一步地描繪參孫貧乏的屬靈生命：參孫非但沒有將榮耀歸給上帝，還高傲地說：「他們向我怎樣行，我也要向他們怎樣行。」（士十五11）何其悲哀，參孫的行事動機，已經淪落至最低的等級了。參孫的整個故事，以他的自我利益為焦點。參孫的最大問題不在於缺乏智慧，乃在於缺乏敬畏上帝的心。憤怒的非利士人，將參孫的岳父和妻子殘忍燒死。他們以一種燒毀的行動，報復另一種燒毀的行動。參孫這個小太陽，已經燒盡他周遭的一切！

最後，參孫缺乏自省的能力且行事衝動。

既暴力又容易反應的參孫，在岳父和妻子被燒死之後，立即威脅要對付非利士人。參孫不會在這些事件上，反省自己的錯誤。他是一個不會反省的行動者。他極其殘忍地殺戮非利士人。之後，他住在以坦的磐石穴。參孫聰明的伎倆，觸發非利士人向以色列宣戰。參孫的事迹創下非常危險的先例，因為他使非利士人像一羣業餘者一樣。如果他們不克制參孫的話，那麼以色列將很快叛變，並且推翻非利士人的管轄。然而，以色列非常安於與非利士人共存。參孫的愚昧行動，破壞了以色列舒適的現狀。

2.5.1.3.2 參孫的領袖表現

觀察過「參孫具有無比恩賜」的第一方面之後，現在讓我們進入第二方面的觀察。這方面的觀察，以參孫的領袖表現為焦點，這可由參孫身為領袖的第一個命令和第一個禱告，分部進行。

首先，士師記作者藉著參孫因猶大人的背叛而發出的第一個命令，來刻劃參孫的領袖特質。

在參孫燒燬非利士人的禾田和隨之而來的一場大殺戮之後，非利士人在猶大安營。不願陷入麻煩的猶大人，欲將參孫交給他們；因此來到以坦的磐石穴去見參孫。極反諷地，參孫在這次會面中，第一次展現他的領袖特質；因為他向以色列人發出生平第一次的命令。在士師記十五章 12 節，參孫對猶大人說：「你們要向我發誓，應承你們自己不害死我。」參孫叫猶大人不要殺他，但卻可以將他綑綁起來。這個例子清楚顯示，參孫的確知道自己擁有恩賜，但卻選擇將恩賜使用在自己的好處之上。讀者千萬不要錯過參孫的命令所流露的諷刺意味。換言之，在此之前，參孫從未向以色列或任何一個支派發出命令。但現在他發出的第一個命令，竟然不是為了支派或國家的好處，而是為了自己的利益。可見，參孫的領袖風格就是「我為第一」。「我為第一」的心態，很可能就是以色列人無法跟隨他的原因了。他不是一位以眾人的利益為己任的領袖，他只關切自己的好處。

很自然地，上帝的靈再次臨到參孫身上。非利士人想要加害於他，但上帝容讓參孫掙脫捆綁而獲自由。十五章 15 節讓我們看見，參孫使用一個驢腮骨擊殺一千人。這次的擊殺事件意義非凡，因為這是參孫到目前為止，最大樁的殺戮行動。在此之前，士師記作者只在參孫為了三十件衣服，而擊殺三十個人的事件中，提到死亡的人數。雖然作者在十五章 14 節下，特別記載到：「耶和華的靈大大感動參孫⋯⋯」但參孫卻以慣常的方式稱讚自己，一點都沒有將榮耀和讚美歸給上帝。參孫說：「我用驢腮骨殺人成堆；我用驢腮骨擊殺了一千人。」（士十五 16）這個典型的自我中心和殘暴的歡慶，再次代表一種詩歌的誤用。毫無疑問，參孫的歌和底波拉的歌，恰成對比；一個以人為中心，另一個以上帝為中心。總的來說，雖然參孫第一次發出命令，多少展現其領袖特質；但在本質上，參孫是一個完全被肉體衝動所掌控的人。

其次，作者藉著參孫因擊殺一千人而口渴要死的景況，而發出的第一個禱告,來刻劃參孫的領袖特質。

在士師記十五章18節,參孫向耶和華呼求:「你既藉僕人的手施行這麼大的拯救,豈可任我渴死、落在未受割禮的人手中呢?」突然之間,參孫竟然在意那些非利士人在禮儀上的不潔淨!將非利士人與未受割禮連結在一起,不啻是一項最大的諷刺;因為參孫自己就和那些與上帝沒有立約關係的不潔人民,交往與結合。他無異為自己的錯誤,打自己一記響亮的耳光。[108] 參孫對上帝的讚美,不過是他表明要求之前的引言罷了。在到目前為止的敘述中,這是參孫的第一次禱告。然而,一點也不讓我們訝異的,參孫為了自己的需要而禱告。在十五章16節,參孫只讚揚自己的勝利,但他卻要求上帝滿足他的需要。參孫的禱告突顯了他生命中的優先順序。他自己,就是他生命的首要優先!上帝奇妙地使一個窪地裂開,流出水來滿足參孫的乾渴。為了紀念這個故事,那泉被稱為「隱.哈歌利」,就是「呼求者之泉」的意思。總的來說,雖然參孫所發的第一次禱告,多少展現其領袖特質;但在本質上,參孫是一個完全以自己為優先的人。

現在,讓我們總結一下,參孫具有無比恩賜的第二方面觀察。

如同前述,第二方面的觀察,以參孫的領袖表現為焦點。當我們發現,參孫的故事以「參孫作以色列的士師二十年」(士十五20)為結束時,我們便知道,無論如何,參孫還是被視為一位士師。然而,更重要的是,作者在這句陳述之前還加了一句評註:「當非利士人轄制以色列人的時候」。可見,敵人的存在,是參孫時代的一個特徵。一方面,這句評註可能暗示,那個時代是非常黑暗的。另一方面,這句評註也可能代表著,在參孫的時代,非利士人是主要的統治者,而參孫只是偶發地拯救以色列罷了。

2.5.1.3.3 參孫誤用恩賜

現在讓我們進入「參孫具有無比恩賜」第三方面的觀察，這方面的觀察會以「參孫誤用恩賜」為焦點，這可從「參孫與妓女的關係」、「參孫與大利拉的關係」，以及「參孫誤用恩賜的結果」，分部進行。

首先，作者如何藉著參孫與妓女的關係，來刻劃參孫的誤用恩賜呢？

在參孫尾端的生命中，他再次使自己陷入險境；而在險境中，參孫的大力和智慧繼續清楚展現。這次為參孫招惹麻煩的，是他與迦薩一個妓女的關係。最糟糕的是，士師記一章18節告訴我們，迦薩已被猶大攻取。然而因著參孫，迦薩可笑地成為一股使這位最具才能的士師傾倒的腐敗力量。參孫在迦薩所遇見的困境，最能揭露他腐敗的性格。參孫在這個故事中智勇雙全。十六章3節暗示，參孫知道敵人的計謀。參孫可能在策略上極為清楚；但他在屬靈上卻極不以為意。

再次地，仔細解讀這故事，便能發現參孫一點也不缺乏智慧。以他一貫的風格，參孫抓起關緊的城門，將它扛到對面的山頂去。[109] 古代的城市都以城門為保護。現在，那被參孫放在山頂上的城門，很難讓迦薩的人民帶回迦薩再度使用。如此說來，迦薩象徵性地被參孫征服。參孫以一個人的力量征服迦薩，顯然與猶大當年贏得勝利的方式，截然不同（士一18）。換言之，參孫大膽宣告，甚至城門都無法限制他，更遑論城市裏的人民。更進一步地表示，連城門都無法保護城內的居民，因為城門根本無法阻擋參孫的大力。

這個故事清楚顯示，參孫誤用上帝所賜的恩賜。讀者早已知道，參孫的力量來自上帝；顯然上帝一直在容忍參孫對自己恩賜的使用。另外，這個故事也預示那將出現在下文的非力士廟宇倒塌事件。在巧妙的故事敍述中，作者顯示參孫狂傲的陳述：參孫不需要非利士人的保護，但非利士人的確需要參孫的保護。在城門的故事中，關於上帝的靈降在參孫身上的記載，已經不再出現。作者刻意的疏漏更進一步地預示，參孫最後的勝利和傾倒將很快地同時出現。此時此刻，參孫只是依靠自己的恩賜，雖然恩賜的賜予者靜默無聲。[110] 這個故事揭示，當參孫愈遠離上帝時，他的判斷力愈加受損。尤有甚者，他對上帝的靈的認知，也逐漸消逝。

其次，作者如何藉著參孫與大利拉的關係，來刻劃參孫的誤用恩賜呢？

另一個與參孫的道德和實際無神論有關的問題，可見於參孫與大利拉的關係中。因為兩者的關係，一方面顯明參孫對恩賜誤用，另一方面表露參孫那低落的道德。參孫喜歡戲弄大利拉，他認為自己太聰明了，絕對不可能上大利拉的當。參孫和女人的關係並非缺乏智慧，而是無法保持自己的祕密。在這個故事中，參孫像飛蛾一樣，愈來愈靠近熾烈的火焰。參孫的恩賜不但使他自傲，甚至使他自以為所向無敵。然而，前面的故事已經顯示，在第一次洩露機密的時候，參孫便為自己的新娘帶來被毀滅的命運。更確切地說，參孫的問題並不在於身體或智慧的方面，而是源於缺乏堅勇的心智和強壯的屬靈素質。

作者在敍述中使用了一種頗為獨特的方式，來表達參孫的力量。換言之，每次非利士人突擊參孫時，作者都沒有強調參孫的大能大力，因為參孫的力量並不是真正的議題。雖然參孫很有可能在每次的突擊中，都殺死許多非利士人；但讀者已經知道，其力量的大小並不是作者重要關切的地方。最重要的議題是，大利拉明顯的共謀應該警惕參孫，早早停止他似乎仍佔上風的遊戲。可是，參孫沒有停止！在一段頗長的時期內，參孫終於屈服於大利拉的猛烈催逼。被非利士人捉住的參孫，似乎邁向毫無用處的生命終結。現在，無論是他的智慧還是他的力量，都無法拯救他！然而，作者以一段令人驚訝的故事結尾，顯示上帝的掌控和參孫缺乏自我控制之間的張力。

最後，作者如何藉著參孫誤用恩賜所帶來的結果，來刻劃其對恩賜的誤用呢？

在參孫被捉之後，非利士人找到一個機會來歡慶他們擊敗參孫和他的上帝的大勝。士師記十六章27節記載：「……房的平頂上約有三千男女觀看參孫戲耍。」經文沒有詳細記載，到底有多少人在廟宇之內。這很可能代表，廟宇極其龐大，因此整個城市的人都聚集在廟宇中，為要觀看這位偉大的參孫究竟有多神奇。然而，十六章22節預示了即將降臨的災禍：「然而他的頭髮被剃之後，又漸漸長起來了。」可見，參孫還有未竟之事要完成。在酒醉的瘋狂中，非利士人要參孫耍把戲來娛樂他們。參孫竟然淪落到，像馬戲團的猴子的地步。他不但不是一個真正的英雄，反而成為敵人所奪得的錦標。這個悲慘的光景充分流露出，參孫真正的角色和他現在的角色之間的張力。所有士師記的偉大戰士，甚至連邪惡無比的亞比米勒，都出現在戰場上。沒有人像參孫一樣，淪落到站在娛樂台的地步。

就在參孫幾乎毫無選擇的時候，參孫使出他最後一招。可見，即便在最惡劣的時刻，參孫還是有機靈的智慧。雖然外表看起來像馬戲團的猴子，但參孫內裏還是具有勇士的心志。參孫的故事終於進入高潮點。參孫的偉大計劃，很快就要揭曉了。參孫要拉著他手的童子，讓他摸摸支撐廟宇的柱子。[111] 接著，參孫行了一件非比尋常的事情。參孫開口向耶和華禱告。這個禱告暗示，參孫與耶和華具有真正的關係。在故事的其他部分，參孫從未呼求耶和華的名字，因此讀者很難推論參孫與耶和華的關係。[112] 現在，參孫呼求「主耶和華」。可見，參孫對耶和華有些認識。參孫要求耶和華再給他一次力量，以報他失去雙眼的仇。顯然，參孫對於耶和華的理解，仍然局限在非常膚淺和服事自己的層面。

總的來説，參孫的故事由嘲笑參孫的縱情，以及教導耶和華的力量這兩方面交織而成。參孫的一生，被他的眼睛所驅使（參士十四 14，十六 1）。如果他沒有眼睛，他寧願一死，也不願過著瞎眼的生活。為了他的兩眼，許多生命可以被殺害。如果他不能活，他也會盡其所能地讓更多人與他同死。一言以蔽之，整個故事毫不包含參孫對以色列的關切或愛護。所以參孫説：「我情願與非利士人同死！」（十六 30）這是一個生命方向錯誤的人所獲得的悲劇結局。極諷刺地，「大袞」在希伯來語中代表「穀類」的意思，所以那可能是一位生殖的神明。在敬拜生殖的神明時，非利士人反遭死亡的命運。無論如何，耶和華總會得勝！

最後，當參孫推倒神廟時，作者説：「參孫死時所殺的人比活著所殺的還多。」（士十六 31）這是作者為參孫留下的墓誌銘。最有恩賜的士師參孫，將士師的循環帶進高潮。然而，參孫死的時候，竟比活的時候更為有用！參孫以他的戰鬥能力威名遠播，然而，他最大的勝利卻發生於他失去雙眼的時候。應該使他更有戰鬥力的雙眼，卻接二連三地導致他失敗，因為他雙眼所專注的只是女人，而非他的事工。現在，沒有眼睛的參孫比有眼睛的參孫，贏得更大的勝利。

現在，讓我們總結一下，參孫具有無比恩賜的第三方面觀察。

作者對於參孫的死亡詳加記錄，乃是因為他死的時候，比他活著的時候更有用。儘管基甸敬拜偶像的錯誤，在他死時造成廣泛的禍害；但參孫的死亡卻成為一個超級的罪惡領袖至終下場的歡慶。參孫毫無顧忌地玩弄自己的恩賜。因此，參孫的故事顯示，凡玩弄自己恩賜的人，很可能死於自己的恩賜之下。整個參孫的故事，在最多非力士男女共同歡慶那等待已久的大勝利中，達到高潮。

參孫的父親瑪挪亞在士師記十三章 12 節有關參孫的生命和工作的問題，終於在十五章 20 節得到作者的回答：參孫在「非利士人轄制以色列人的時候」，作以色列的士師。參孫的大能大力驚動天地，但他在屬靈方面的影響力卻完全欠奉。雖然以色列得到一些痛苦的解脫，但參孫的時代基本上是非利士人統治的日子。參孫並沒有為以色列帶來任何正面的影響。[113] 參孫的生命和工作品質，乏善可陳。最後，這類總結陳述，總是出現在士師的重大事件之後（士五 31，八 28，十二 7）。然而，參孫的故事卻沒有在這總結陳述後結束。我認為士師記十四和十五章的故事，刻劃了參孫的領袖時代；而開頭的十三章和結尾的十六章，則顯示參孫的身分。參孫的時代的確黑暗。或許參孫在一生中，還有更多的英勇事迹；但作者特選這些事迹，以顯示出非利士人統治（即參孫的治理）的痛苦光景。從參孫的衝動來看，他的恩賜只能讓以色列從敵人的壓迫中，得到暫時的紓解；他的恩賜沒有在屬靈層面上具有任何長遠的正面影響。

2.5.1.4 罪惡居冠

在作者對參孫第三項特質的漫長刻劃之後，我們來到第四項特質的觀察：參孫可能是所有士師中罪惡居冠的一位。

除了那被詮釋者視為非正式士師的亞比米勒之外，參孫當屬士師中罪惡居冠的一位。士師記作者從參孫對婚姻的態度、他對拿細耳人的許願的違反、他與迦薩妓女的關係，以及那導致參孫罪惡諸多的根本原因等這四部分，逐一刻劃參孫那戲劇化的生命。

首先，參孫的婚姻故事，反映參孫的道德低落到可怕的地步。

對以色列人而言，婚姻具有濃厚的宗教意義。就以舊約為例，舊約以婚姻比喻耶和華和祂的子民之間的關係（書二十四19～28）。這也是耶和華警告以色列人，不可娶外邦女子為妻的原因。因為婚姻成為以色列對立約是否忠實的寫照。與外邦女子通婚，這同樣絆倒另一位重要的以色列領袖——所羅門王。然而，參孫將上帝的警告當作耳邊風。以整個故事所呈現的一貫性格，參孫拒絕父母對於婚姻的種族辯證；參孫自己也以無法令人信服的回答，告知父母他要與這位漂亮年輕女子結婚的原因。參孫在士師記十四章3節下，如此回答他的父母：「因為我喜悅她。」換言之，這位女子是參孫「眼中」看為對的。參孫完全以自己的慾望為焦點，對於上帝的律法毫不在意。參孫對於婚姻的態度，一點也不符合上帝的律法。參孫的婚姻成為以色列陷入之罪的典型。因為早於三章6節已明說，以色列人讓他們的兒女，嫁娶不敬虔的外邦人。[114] 參孫是每個邪惡以色列人的化身。很快地，讀者將可從利未人的故事中，看見參孫的影子出現在每個邪惡的以色列人身上。到目前為止，參孫的婚姻問題不僅為一個家庭亮起紅燈，更形成與敵人交往結合的國家危機。作者在十四章4節特別指出，非利士人是以色列人的壓制者。然而，上帝不但不會停止，反而藉著這個黑暗的事件，使用參孫來擊打敵人。

其次，參孫違反拿細耳人的規定，也顯示參孫的道德低落到可怕的地步。

參孫在下到亭拿娶妻的第二次旅行中，違反了拿細耳人許願的規定。十四章8節記載，參孫在「過了些日子」之後，再次下到亭拿。無人確知「過了些日子」的時間有多長，但卻足使獅子的身體，住滿一羣蜜蜂。顯然，參孫走向岔路，因為他在與父母會合之前，先去看獅子的屍體。或許在第一次的旅行中，參孫也離開正路。因此，在第二次的旅行中，參孫傲氣十足地去檢視他所殺戮的獅子。參孫所見的情況非比尋常，因為通常死屍會招引蛆，而非蜂蜜前來。不論如何，參孫不但摸了不潔淨的死屍，還吃了其中的蜂蜜。尤有甚者，他在沒有警告父母的情況下，將蜂蜜給父母吃，因而沾污了父母(士十四9)。

此時此刻，讀者可能會懷疑，到底參孫是否知道自己的許願？參孫非常可能知道自己的許願，因為他必須保持與一般以色列人大不相同的奇怪髮式。他沒有將蜂蜜的來源告訴父母，也顯示他很可能知道自己的許願。如此說來，參孫不但違反自己的許願，並且毫不關心自己的父母。直至目前，婚姻故事中的參孫，只在他想要獲得甚麼東西時，他才說話。其他時候，作者都以行動來描繪參孫。我們無法從經文看見，到底參孫向年輕女子或他的父母說了甚麼。作者刻意將其留白，因為他所要表現的參孫，是一位只滿足自己之目的和慾望的行動型人物。在故事的後續部分，我們將看見參孫的性格，如何導致他慘痛的失敗。

接著，參孫與迦薩妓女的關係，也顯示參孫的道德低落到可怕的地步。

參孫與迦薩妓女的關係，出現於參孫故事最後一個循環的開頭部分。參孫最後一項英勇事迹的序幕,由士師記十六章的迦薩事件揭開。到底參孫為何往迦薩去,無人知曉。在參孫的故事中,迦薩象徵所有的外邦人、事、物。[115] 迦薩原是埃及的要塞,在一條重要的埃及要道尾端。這條要道被稱為「荷魯斯要道」(Horus Road)。[116] 在參孫的時代,非利士人已經慢慢佔領此地。約書亞記十章 40 至 41 節,便將迦薩包含在邊界城市的名單中,更是突顯了她的戰略重要性。在最初的征服行動中,士師記一章 18 節強調,迦薩在耶和華的能力之下不堪一擊。然而,參孫並不是因戰爭而來迦薩,他也不是因要征服任何一位敵人而來迦薩。他來迦薩只為征服一位妓女。參孫熱愛非利士女人,他甘願到離家四十五英里的遙遠地方,以滿足他的感官慾望。或許這妓女是一位眾所皆知的漂亮女人,因此參孫特地來找她。

這個故事是一個壞事的典型開始,就像他第一段婚姻的開始一樣。當參孫照常到他的性伴侶那裏,同時麻煩也將很快地找到他。就像參孫在亭拿「看見」他的妻子,現在他「看見」一個妓女,並且決定與她親近。參孫是整本聖經中最肉慾的人。他讓他的眼目決定他的思想和道德判斷。迦薩的人應該都是非利士人,他們圍住參孫的住處,並且設下埋伏預備捉拿他。他們在十六章 2 節說:「等到天亮我們便殺他。」再次地,參孫因著不必要的情況,而將自己和上帝的計劃置於險境。雖然參孫總是不在乎他所面臨的危險,但以色列的敵人卻警醒等待良機,以便將他全然毀滅。不過,作者也沒有一直停留在妓女的事件中。這個短短的插曲,為要提醒讀者參孫所過的罪惡生活,就像他在婚姻中選擇他的妻子一樣。參孫本性難移,妓女的事件預示了,前面還有更糟的事在等待參孫。

最後,導致參孫罪惡諸多的根本原因,為我們解釋了為何參孫的道德低落到可怕的地步。

導致參孫罪惡諸多的原因，與參孫對上帝缺乏認識有關。在參孫最後的生命階段中，一個單一事件使參孫推翻了上帝所有的誡命。參孫在這個事件中，又與另一個名叫大利拉的女人墮入情網。作者花費大量篇幅講述這個故事，因為它是參孫生命末段中的主要焦點。大利拉似乎是一個希伯來人的名字。極為諷刺地，參孫終於和一個希伯來女人混上，但卻因她而落入非利士人的手中。在這個時候，無論參孫所遇見的是哪種女人，是希伯來人還是非利士人，他總是面向被毀滅的結局。大利拉和其他女人一樣，都是導致參孫傾倒的上好候選人。如此說來，真正的問題不在於種族，而在於道德和宗教。參孫已經變成一個頭痛人物，以致非利士人願意懸賞重金來捉拿他。在大利拉的事件中，參孫必須負全責，因為他主動先愛大利拉。一般人總是快快怪罪女人，但作者卻將責任完全放在參孫身上。

在參孫無數的英勇事迹之後，非利士人已經知道，在參孫非凡的大力背後，必定有一個不為人知的祕密。因為參孫的力量是如此超乎常人。現在，非利士人和參孫的角色竟然互換，非利士人反比參孫更認識在參孫力量背後的超自然因素。總的來說，參孫視自己超乎常人的能力為理所之當然；他一點也看不見上帝在背後的掌控。更確切地說，他對上帝缺乏認識，這就是造成他道德低落的根本要素。

現在，讓我們為士師記作者刻劃參孫的第四項要素，作個總結。

極為諷刺地，當參孫的敵人愈來愈察覺上帝時，參孫對上帝的認識反而快速地消退。敵人終於藉大利拉找到答案，並且成功捉拿參孫。表面看來，參孫落於敵人之手，好像是參孫的羞辱；

但實際上，這卻是參孫執意忽略上帝，以致使上帝的名受辱的結果。顯然，士師記十六章23至24節，重複記載非利士人對大袞神的讚美。非利士人採納了廣為流傳的迦南神明大袞。大袞的名字和西方閃語系（West Semitic；即希伯來、烏加列）的「穀類」一字，具有詞源的關連。[117] 既然大袞在神明名單中的位置，介於伊勒和巴力之間，因此它是迦南宗教非常重要的一位神明。[118] 事實上，迦薩就是大袞神廟所在的主要中心。[119]

另外，亞實突也有兩間大袞神廟。[120] 在非利士人遷移的早期年代，非利士人已經快速地適應迦南文化。這個故事讓我們看見，迦南文化改變新移民宗教信仰的強大力量。在一些遺址，我們看見非利士人的建築風格，融合了愛琴海和迦南地的特徵。[121] 宗教建築物在尺寸上的加大，也顯示宗教生活對非利士人的重要性。[122] 現在，非利士人為了大袞給他們帶來的勝利，而大大歡慶與讚美。非利士人因自己的好運而大大喜樂。他們高唱：我們的神拯救我們。那在經文中常見的公式「耶和華拯救我們」，卻不被聽見。當上帝的子民忘記上帝，並且任意而行時；上帝的子民便被擊敗，上帝的名也受到羞辱。更確切地說，當參孫忘記上帝，並且任意而行時，參孫的道德便低落到可怕的地步。

2.5.1.5 上帝終報應

在作者對參孫第四項特質的刻劃之後，我們來到第五項特質的觀察：作者將參孫的生命，刻劃為一幅上帝報應的圖畫。

在第五項特質的觀察中，我們發現作者使用士師記十六章的結構和主題特徵、參孫多種角色的刻劃，以及關於頭髮與眼睛的交織討論，來展現上帝報應的圖畫。

首先，作者獨特地使用十六章的結構和主題特徵，來突顯參孫多端的罪惡和超乎常人的恩賜。作者在十五章20節和十六章31節下，使用了雙重治理公式的結構特徵，這的確是獨一無二的。換言之，每一個士師的故事，都只出現一個公式。可見，作者將十六章分別出來，成為一個獨特的循環。學者對於十六章的結構，具有多種不同的詮釋。埃克薩姆認為，十六章是參孫故事的結尾，作者之所以刻意強調這一章，乃為要使故事的結尾和參孫循環的開始相符一致。[123] 儘管這種強調的看法自有優點，但這種看法也有問題，因為即便**沒有**十五章20節的公式，故事仍能保持一貫的主題。在十六章，參孫來到迦薩這個非利士人的要塞之地。因此，莫布利認為這個特徵只是編者之筆，未必具有任何詮釋的意義。[124] 更合理與更靠近經文目標的看法，當屬博林的觀察。博林認為，這項特徵將參孫的循環劃分為興起和墮落兩部分。[125]

本書嘗試作出較博林更為深入的觀察：十六章應被視為參孫墮落的總結。更重要地，士師記並未詳記任何一位英雄的死亡。在士師記中，獨有壞人或受害者的死亡，才被記錄下來(例如，伊磯倫、西西拉、亞比米勒、利未人的妾等)。在最後一項英勇的行動中，參孫所犯的罪涉及生命的每個層面。例如，他違犯了家庭的尊榮、性生活的倫理，以及聖潔的許願等。這些錯誤都詳細記錄在十四和十五章中。十六章也摘要參孫所犯的一切罪，以及其所行的一切英勇事迹；因此參孫不但在自我引發的情況中成為受害者，並且突然成為終極的壞人和英雄！

總的來說，作者藉獨樹一格的十六章，帶出非利士人和參孫同受上帝報應的結果，並為參孫的循環畫上休止符。

其次，作者藉參孫多種角色的刻劃，展現一幅上帝報應的圖畫。

本書將參孫的獨特角色劃分為壞人、受害者和英雄。這些角色都與他的罪息息相關。參孫渴望他的女人，但她們沒有一個為他帶來幸福和持久的結果。他無法得到幸福的原因，乃是因為他對上帝的立約缺乏敬畏之心。在成年之後，參孫就追求他所「看見」的女人。直到十六章，他仍繼續「看見」妓女。最後，上帝容許他的敵人，剜去他的眼睛。上帝仍然在作事！在參孫的例子中，上帝報應參孫和非利士人的罪孽。就如同作者採用大量篇幅，描述亞比米勒的死一樣；士師記作者對於惡者的報應極為關注。以他一貫的風格，作者在此使用了九節經文，來描述失去眼睛的參孫被非利士人當作耍把戲的過程（士十六 25～30）。由前文關於參孫的敍述繪圖（尤其是第 26 至 29 項），我們知道，參孫失去眼睛之後的故事發展，是參孫敍述中極其重要的部分。因此，這段經文再次顯示，與全書呼應的報應神學。

最後，作者藉著頭髮與眼睛的交織討論，展現上帝報應的圖畫。

如果十六章是參孫生命的總結，那麼它為參孫創造了一幅在身體和智能上，都超越其它眾人的特殊圖畫。其中尤其值得注意的，是參孫的眼睛。十六章的敍述，從他濫用眼睛觀看妓女開始。參孫的眼睛是導致參孫墮落的根本原因。他選擇性伴侶的低級方式，與他選擇妻子的方式，毫無區別（參士十四 3 下）。因此，我們看見上帝在故事結尾所報應參孫的方式，就是使他的眼睛被取走。這實在是一幅十分諷刺的畫面。就在被抓之前，參孫竟然不知道耶和華已經離開他了（十六 20）。此時此刻的參孫有眼睛，但沒有頭髮。這個情況相當特殊。參孫的頭髮，實際象徵耶和華對參孫的所有要求。參孫的頭髮，代表順服的最低要求。當參孫失去頭髮時，上帝終於無法忍受而離去。沒有頭髮（即順服律法），就沒有耶和華的同在。

更大的諷刺是，當時參孫仍然有眼睛。參孫沒有適當地使用眼睛。雖然參孫可以「看」他應該「看」的，但他卻沒有能力如此「看」。在他眼睛被剜去的最後懲罰中，參孫的頭髮又開始長出來了。但惟當長出頭髮的參孫，向上帝禱告時，耶和華再次幫助他。雖然沒有眼睛並且僅有一些頭髮，但參孫這次擊殺敵人的數目，卻超過他活著的時候所殺死的。如果眼睛的擁有者不會用眼睛來順服耶和華，那麼似乎與生命攸關的眼睛，就變得一點也不重要！更重要的是那小小順服的象徵，即參孫的頭髮。參孫需要有人將他綁起來，他才學會小小的順服。這個故事突顯了依靠耶和華的重要性。甚至是小小的依靠，都能產生至大的結果。關鍵點在於參孫是否知道上帝的同在或離去。當參孫不知上帝的同在與離去時，他便墮落並且失去眼睛。當參孫知道耶和華的同在時，上帝便給他最後的勝利。如果對耶和華同在的小小認知，都可以帶來如此的成果；那麼上帝藉著順服的信徒所能成就的大事，勢必超乎我們的極至想像！

2.5.1.6 小結

到底參孫的故事，如何與士師記其他部分相關？

第一，右表將顯示出參孫和其他士師的相關對照。在所有士師中，耶弗他、基甸和亞比米勒，都各在不同的特點上與參孫直接相關。

總結右表的相關對照，我們可以得到一個肯定的結論：到目前為止，甚至連以色列最偉大的英雄，都難免具有壞人的角色。因此，至終惟獨上帝才是真正的英雄。[126]

參孫的故事也回答了一個重要的問題：「究竟上帝的子民可

參孫和其他士師	相關之處
參孫和耶弗他	兩者皆與妓女有關。 耶弗他無法改變母親是妓女的事實。參孫卻破先例地讓妓女玷污他的生命(十六 1～3)。
參孫和基甸	兩者的故事皆與家庭有關。 基甸逐漸退步至屬靈的平庸,而參孫則陷入道德深淵中,達到屬靈墮落的極點。
	兩者的故事都具有三個事件的特徵。 基甸的三個事件,引向兒子亞比米勒的毀滅;而參孫三個女人的故事,則導致他個人的毀滅。
	兩者生命的末段,都具有類似的情節結構。 參孫的生命以出生為開始,死亡為結束,而中間則被不恰當的生活所充滿。 兩者的死亡都記錄在關於他們治理年數的陳述之後。
	兩者都有詳細的死後記錄。 基甸生命的餘波,以描述亞比米勒的長引言而出現。而參孫的死亡,則是一個刻意拉長的故事。
參孫和亞比米勒	兩者都出自以色列家庭,但兩者都以壞人的身分死亡。 兩者的故事都包含上帝懲罰那主要的和在他們周遭之長期作惡者。

以沉淪到多差的地步?」另外,接續參孫敘述的利未人故事,也將為這個問題提供答案。在參孫那問題重重的婚姻中,士師記作者顯示出外邦人的女人觀。參孫的岳父所實行的「娶來代替」(take-her)政策,預示利未人或房主將犧牲妾、讓基比亞匪徒虐待的事件(士十九 25)。在利未人的故事中,利未人與岳父相處的回響,也可以和參孫失敗的婚姻相互比較。然而,將女人當作物品來調解那可能的暴力情況,絕非以色列的價值觀。但令人悲哀地,以色列的屬靈領袖利未人,竟然以外邦人的價值觀來對待

自己的妾。

最後，參孫那超乎常人的英勇事迹，也與利未人的故事平行。士師記十五章9節提到，非利士人在猶大安營。可見，參孫的大屠殺迫使以色列陷入困難的局面。參孫的個人危機，導致國家危機。同樣地，在後續的敍述中，利未人的個人問題，也將在二十章導致國家危機。

第二，參孫與最佳士師底波拉的平行對應。

參孫和底波拉以對立的平行，開啟與結束士師記的英雄故事。而這兩位士師，也都是詩歌的作者。實際上，除了底波拉之外，參孫是惟一譜寫詩歌的士師。參孫在婚禮筵席中作歌，他的詩歌明顯具有自我誇耀的目的。而底波拉則以五章的詩歌，來讚美上帝的工作。兩者的詩歌反映著完全相反的內容，成為強烈的反照。

再次地，士師記作者邀請讀者把參孫和底波拉作出比較，以了解參孫遠離自己身為以色列士師的角色，到底有多遠。參孫吃蜂蜜的事件，可能是一個指向底波拉的旁徵，因為底波拉的名字具有「蜜蜂」的意思。[127] 一方面，參孫反諷地吃了蜜蜂的產品，但卻失去他的尊榮。另一方面，領導以色列獲得決定性勝利的底波拉，反而像一隻會螫人的蜜蜂一樣。參孫這位以色列強人，竟然無法與以色列的母親女蜂王底波拉相比。儘管在所有的事迹中，參孫低看女人的價值；但底波拉女蜂王所作的，卻遠遠超越參孫一生渴想成就的。

最後，故事以出乎意料的轉折，顯示著參孫與底波拉的反照。當底波拉被列在主要士師名單的前頭時，參孫敬陪末座。在所有的主要士師中，底波拉是好士師的縮影；參孫則是壞士師的巔峯。底波拉沒有特殊的身分，參孫卻是拿細耳人。底波拉不畏懼任何挑戰,勇敢事奉上帝;但參孫卻陷在道德的墮落中,偶然事奉上帝。

總結參孫和底波拉的對照,我們可以斷言:參孫的領袖模式一點也不值得仿效。一點也不!

第三,參孫在智慧和體能上,都超越其他士師。

參孫遠遠超越所有的士師。他可能是所有士師中最有恩賜的一位。但他的疾速興起和恐怖墮落,卻令人驚訝。在以色列中,有誰像參孫呢?

不像以笏需要作戰的工具來刺殺伊磯倫,參孫使用雙手這與生俱來的武器,就能撕裂獅子,殺戮未受割禮的戰士,並且推倒一個神廟。沒有任何一種人手所造的武器,能夠超越參孫的大力雙手。與底波拉這位母親相比,參孫是一位戰士。他也不像雅億,需要在狡猾又奸詐的一次行動中,擊殺西西拉;參孫不斷地使用他的機智來制服他的敵人。而與懦弱的基甸和巴拉相比,參孫總是能夠隨時應戰。再與耶弗他這位出自妓女的兒子相比,參孫在出生時,就是歸與上帝的拿細耳人。沒有人可以與參孫的力量和出身相比。參孫實際是一支「一人軍隊」。從他出生開始,他聰穎的智慧和超人的力量,就顯露無遺。在他的婚禮中,他的機智無可比擬。而在以色列的短暫歷史中,他的力量難以匹敵。然而,他的屬靈軟弱也無人超越。可見,恩賜絕對不是領袖所應具備的首要條件。恩賜不過是所有領袖要素的一部分罷了。

第四,參孫的死亡,在士師記的所有士師中獨一無二。

在一篇新近的文章中,蓋爾帕茲—費勒(Pnina Galpaz-Feller)指出,甚至在所有以自殺結束自己生命的人中,參孫的死亡仍屬獨特的。[128] 她將參孫和掃羅與其他自殺的聖經人物作出對比,但本書偏以參孫和亞比米勒的比較為焦點。[129]

就像亞比米勒甚至基甸一樣，敍述中的參孫一貫地向反對他的人作出報復(士十五 3、4、7)。參孫的動機顯然是個人的考慮。在士師記中，報復的問題並不獨特，但參孫報復程度的嚴苛，卻獨一無二。參孫重複使用報復的模式來對付非利士人。事實上，參孫臨死時，還在報復非利士人。縱使上帝使用他的性格，但他報復的傾向卻使他成為所有士師中最自我中心的一位。

亞比米勒自殺的動機顯然與參孫大不相同，因為亞比米勒弗不願意面臨等待死亡的羞辱與痛苦。[130] 參孫不像沒有行使士師責任的亞比米勒，他小心計劃自己的死亡，以履行他的責任。參孫的死亡並不為縮短自己的極度痛苦，乃為盡可能地擊殺以色列的敵人。不管有多難看，參孫以英雄的身分死亡，因為他以最不尋常的方式，完成了上帝的旨意。也不像亞比米勒，參孫活著的時候，反而對非利士人比較有娛樂價值。除了為政治原因擊殺非利士人之外，參孫的報復也毀滅了非利士人讓參孫存活的最根本目的。非利士人再也無法觀賞這位超級英雄的耍戲了。如此說來，參孫報復非利士人的行動，具有極其羞恥的層面。換言之，參孫沒有以戰士英雄的身分壯烈死亡，反倒以耍戲者的身分悲哀地滅沒！至少，亞比米勒死於戰鬥。參孫的死，竟然比壞人亞比米勒還糟糕。

最後，參孫的死亡與其他士師大異其趣，因為經文並未宣告敵人被上帝、士師或以色列所制伏(參士四 23，八 28)。可見，參孫的事奉沒有在國家的層面上，產生任何可見的果效。作者謹慎刻劃參孫那娛樂者的角色，為要帶出嚴肅的倫理教導。參孫的生命是一場笑話。參孫活著像笑話的生命，並且經由悲劇性的喜劇，履行他的責任。他的生命，沒有顯出任何價值！

第五，在許願的使用上，參孫的死亡與耶弗他形成諷刺的平行。

儘管在某方面，參孫與耶弗他是截然不同的人物；但他們的生命卻帶出類似的教導。一方面，耶弗他以殺害自己的女兒來還願；而參孫則因違反許願而失去自己的生命。另一方面，耶弗他濫用言語，導致自己的女兒死亡；而參孫濫用言語，則導致自己的死亡。對耶和華而言，言語相當重要。當人的言語符合上帝所賜予的立約時，佳美的事情自然產生。當人的言語和上帝的律法衝突時，邪惡的事情就無法避免。兩位士師在這點上那極不尋常的比較，為我們傳遞了重要信息：在耶和華的立約和祝福上，人的話語的確重要。至終，兩位士師都遭到沒有後代的咒詛，而以色列地也不得安息。後裔/豐饒和土地的祝福，都與這兩位士師無分，因為他們濫用自己的言語。

第六，參孫的生命具備作為最剛強男性所有必要的條件。

參孫的生命顯示著一幅在外邦和耶和華價值觀之間掙扎的圖畫。參孫的故事流露一項突顯的主題：他和女人的關係。縱使參孫極有潛能，重新征服一度被最強壯的猶大支派所攻取的迦薩（士一18）；但參孫的故事卻充滿關於他與女人的調情，以致連征服迦薩的猶大支派，都不想與參孫有任何關連。參孫與女人的關係，以缺乏道德約束而聞名。關於繁殖力的主題，與其他士師的多妻關係，形成極大的對照。基甸有許多妻子，為他生了七十個兒子，而無名的利未人也有一位以上的妻子；參孫則有許多女性性伴侶。按本質來說，他應該是家中最有生育能力的男人。然而，就像無名的利未人一樣，作者從未提及參孫是否有後代。

參孫的誕生是上帝所賜的奇迹，惟獨上帝可以賜予生育的能力。儘管環繞以色列的外邦文化，高抬性行為可以創造更高的生育能力；但上帝卻是生命的掌控者。參孫的死亡，不啻為自己斷絕了後代。作為長子的參孫，竟然落到沒有後代的下場。因為士師記作者沒有記述，參孫是否從眾多女人中生育兒子；因此我們可以推論，參孫的不端行為導致自己斷根。

參孫死亡的最大諷刺，就是他死於大袞神廟。大袞是生育的神明。而參孫這位沒有後代的士師，竟然死在歡慶穀類和生殖能力的神廟中。更可笑的是，參孫的死亡導致眾多在大袞神廟敬拜生育神明的非利士人，慘死在廟中。至終，只有耶和華掌控生育的能力。沒有後代的參孫，失去了後裔/豐饒的大大祝福。參孫的故事，沒有以穀類的豐收，卻以耶和華大怒的死亡豐收為結束。更可怕的是，耶和華所賜給他那無法生育的父母的莫大祝福，卻在參孫的身上，變成沒有後代的咒詛。如此說來，參孫的故事清楚教導，參孫對於自己潛能的誤用，使得上帝的立約祝福完全失去功效。

第七，參孫的生命違反上帝所重視的成功原則。

上帝所重視的成功原則，可見於士師記的前言中。參孫不但沒有與自己的家人合作，更因自己的不當冒險，而破壞家人的合作。沒有人知道參孫在做甚麼，更遑論承認他的領袖身分。參孫的生命也顯露著最高程度的不順服。當以色列被召來順服耶和華時，參孫被賦予拿細耳人的身分。然而，參孫毫無順服之心，並且屢次執意違反拿細耳人的許願規定。參孫的不順服，終於為他招惹死亡的結局。最後，參孫甚至忽視自己的頭髮，而參孫的頭髮正是聖潔最重要的外表記號。參孫的頭髮，代表聖潔的外貌特徵。在參孫死亡之前，他被剃除了這項深具意義的外貌特徵。

參孫的故事與士師記其他部分的相關，可見於上述的七項觀察中。現在，讓我們進入參孫的故事，與撒母耳的文本互涉觀察。

2.5.2 參孫和撒母耳

參孫的出生和撒母耳的出生，有著許多雷同的場景預表（type scene）。有些學者認為撒母耳具有摩西的特質。因此將撒母耳視為像摩西一樣的先知，將為以色列帶來光明的盼望。[131] 既然士師記作者善於使用撒母耳記上的主題（例如，基比亞、便雅憫）和場景（例如，掃羅的蒙召），[132] 因此我們足有理由推論，參孫的出生和撒母耳的出生相互平行。在撒母耳的出生記錄中，作者首先提及父母的地理和支派起源（撒上一 1）。雖然作者提到撒母耳的父親有兩個妻子，但故事顯然以他無法生育的妻子哈拿為焦點。在倍受自己的痛苦中，哈拿向上帝哭泣並且祈求說，如果上帝賜她一個兒子，她必將兒子一生獻給耶和華。撒母耳記上一章 11 節「不剃頭刀剃他的頭」便暗示，哈拿許了拿細耳人的願。上帝顧念哈拿，因此賜她一個兒子。哈拿給兒子起名為撒母耳，以紀念上帝垂聽她的禱告（一 20）。[133]

當我們將參孫和具文本互涉對應的撒母耳並排比較時，我們得到下列總結。

首先，讓我們先觀察兩者的相似之處。

如同撒母耳的故事，參孫的故事也以公式化的地理和支派起源，加上父母的身分為開始。[134] 如同撒母耳的母親，參孫的母親在上帝賜她兒子以先，也無法生育。同時，參孫也生來就有拿細耳人的許願。兩者的紀錄都談到，孩子的母親滴酒不沾。這個共同的背景色彩，將參孫和撒母耳兩個人相連在一起（士十三 4；撒上一 13）。[135] 兩個故事都以母親而非父親為焦點；因為母親都非常主動地為孩子命名（士十三 24；撒上一 20）。最後，參孫和撒母耳都有特定的殊榮，可以為以色列行大事，並為他們迫切的需要帶來盼望。

其次，參孫和撒母耳的故事，也有一些重要的相異點。

在撒母耳的故事中，作者提及父親和母親的名字。而在參孫的故事中，士師記作者只提及父親瑪挪亞的名字。然而，女人意外地採取所有的主動。[136] 這個突出的對照再次證明，作者試圖顯示瑪挪亞之無能，作為反諷的用意。[137] 另外，參孫的興起是上帝主動開始的，而撒母耳的職分，卻是絕望的哈拿開始的（士十三 5，7；撒上一 11）。士師記經文甚至明顯地認定參孫的拿細耳人職分。雖然參孫的蒙召明顯比撒母耳的優越；但撒母耳卻一生忠心事奉，從未違背他的許願。反觀參孫，他不眨眼地一次又一次地違反拿細耳人的許願。參孫完全是撒母耳的反照。當撒母耳盡心竭力地事奉上帝時，參孫只顧滿足自己的需要。然而，參孫是以色列歷史上，最有恩賜與最蒙福的人之一。至終，參孫的故事教導我們，上帝並不在乎人有多少恩賜或職分，上帝所看重的是人的品格。參孫是信徒的警告。作者的觀點清楚響亮！參孫具缺陷的性格，摧毀整個國家的希望。

最後，參孫和撒母耳的名字，也突顯了兩個家庭背景的對照。

如同前述，參孫的名字具有「小太陽」的意思。而撒母耳的名字，則具有「上帝的名字」的意思。正值「小太陽」顯露外邦人的根源背景時，「上帝的名字」揭示撒母耳的母親哈拿的敬虔背景。當哈拿在為撒母耳命名時，哈拿承認兒子是從上帝那裏求來的（撒上一 20）。哈拿的上帝，是聽禱告的上帝。如此說來，撒母耳的名字聽起來也很像「上帝已經聽見」。從撒母耳的名字來看，上帝的首位被承認，而上帝與子民的立約關係也被尊重。相反地，參孫的名字顯示，上帝的主權被全然輕忽。參孫的命名和瑪挪亞的不熱心禱告，顯示當時的文化與上帝的關係十分疏遠。除了神蹟之外，這種家庭幾乎不可能養育出一個屬靈健全的兒子。

2.6 耶路巴力的兒子亞比米勒：他違約而受咒詛

2.6.1 亞比米勒和士師記

在亞比米勒的故事之前，士師記作者已經在前一章（士八31）告知讀者，亞比米勒在基甸的家庭中所佔的次要地位。然而，在基甸的七十個兒子中，惟獨亞比米勒的名字被提及；可見，作者暗示亞比米勒在即將展開的戲劇性故事中，將扮演主要的角色。茲將亞比米勒的敍述繪圖列表於下：

敘述內容	經文	時間的持續
1） 自立為王的行動	九 1～6 = 共 6 節	不確定
2） 約坦的咒詛	九 7～21 = 共 14 節	1 小時？
3） 反對勢力的興起	九 22～25 = 共 4 節	3 年後
4） 以別的兒子迦勒和示劍人的背叛	九 26～29 = 共 4 節	1 夜
5） 攻佔示劍的預備	九 30～41 = 共 11 節	1 日和 1 夜
6） 攻佔示劍的戰役	九 42～45 = 共 4 節	1 日
7） 示劍樓的懲治	九 46～49 = 共 4 節	1 日？
8） 亞比米勒之死和提備斯戰役	九 50～57 = 共 8 節	1 日？

這位由妾所生的兒子，將要高升成為家庭中的主要領袖。可能除了參孫之外，亞比米勒是士師記所有人物中，最任性的一位。亞比米勒的性格非常單面，因為他的生命僅僅展現自我利益和暴力的特徵。在本質上，亞比米勒是為巴力而戰。藉著顯示亞比米勒的劣質生命，作者明確警告，領袖實行多妻制的

危險。

在一項關乎亞比米勒的研究中，布盧多恩（Wolfgang Bluedorn）指出，亞比米勒故事的一些重要特徵。其中一個特徵，就是亞比米勒在故事中絕不僅是一個次要人物。[138] 若與士師記中的其他小士師相比，亞比米勒顯然佔據極大的敍述篇幅。很奇怪地，是亞比米勒而非基甸，成為下一章（士十 1）的引介人物。這種筆法顯然中斷了士師記的慣常寫作格式。從亞比米勒的故事，我們知道亞比米勒是一個具有極大影響力的人物。在故事中，作者刻意強調亞比米勒具有基甸最惡劣的品質。他真的是他父親的兒子！亞比米勒的故事情節，可分為兩部分：政變和咒詛。

2.6.1.1 政變的陰謀

在故事的一開始，作者以耶路巴力的兒子來描述亞比米勒（士九 1），這清楚流露著，與巴力有關的緊張關係，尚未得到解決。這節經文為故事設下了語調，因為「耶路巴力」將繼續出現在整個敍述中，以提醒讀者這個迫在眉睫的重要議題。亞比米勒的故事並不僅是家庭內的爭吵事件。事實上，這個關係問題的核心，是耶和華和巴力之間的爭戰。基甸的別名，出現在整個基甸故事的次數，比他的真名來得多；因此肯定這段記錄絕不僅是一個英雄故事的推斷。就像亞比米勒的父親一樣，很快地，亞比米勒的一生將要回答：究竟是耶和華或巴力會贏得這場宗教戰爭？就像亞比米勒父親年老時一樣，亞比米勒也是一個十足的政治家。他首先從自己家族開始其陰謀地接管「家庭事業」的目的。在士師記九章 1 至 3 節中，亞比米勒以兩項訴求，向示劍的眾人發表一篇演講。雖然他是家庭中地位最低的成員，但他卻煽動他的家族，逕自選出家庭的領袖。他首先訴諸於自我利益的心態。亞比米勒本應按照上帝對以色列的旨意，訴諸於以色列的和平和團結，但他所訴諸的卻是他們自私心態。他向他們挑戰：「請你們問示劍的眾人說，是耶路巴力的眾子七十人都管理你們好呢？還是一人管理你們好呢？」（士九2）其次，他訴諸於種族的驕傲。他在九章2節如此說：「你們又要記念我是你們的骨肉。」亞比米勒不但沒有因各支派共同根源於亞伯拉罕的立約而團結以色列，反而以種族身分的區別來分化以色列。

亞比米勒具煽動性的演講，帶出亞比米勒被立為王的結果；因為眾示劍人的心都傾向亞比米勒。當亞比米勒進行謀殺自己兄弟的下一步行動時，亞比米勒表面的民主，已經違反了上帝的治理。因著以色列道德標準的下降，整個社會自然容許邪惡操縱者的治理。士師記作者在此使用非常獨特的反諷技巧，顯示基甸的家庭所陷入的混亂。這個故事是士師記第一次出現妾扮演重要角色的地方。亞比米勒的母親是一個妾。一般被譯為「妾」的字，皆代表地位次於妻子的女人（例如，創十六3）。妾有時被用來生育小孩，或履行其他婚姻的責任。既然基甸已經有許多兒子，因此她一定是所有家庭成員中，最不重要的一位。或許這就是約坦稱她為婢女的原因了（士九18）。當基甸在世時，亞比米勒無法贏得任何立足點，因此他父親的死為他提供了奪取權力的最佳時機。極其諷刺地，由基甸最低地位的妻子所生的最低地位的兒子，竟然在政治謀略和個人正直方面，最像他的父親。在使用相同的方法下，與他父親擁有一樣的卑微出身，但一點也沒有妨礙他竄升至顯赫的高位。就像他的父親，亞比米勒也訴諸於種族的驕傲。亞比米勒真是他父親的兒子。他的政變很快地便更進一步顯示出，他和他父親的相似之處。

作者使用和基甸的故事相同的語言，來描述政變的計謀策動。從作者描述亞比米勒的惡行中，我們看見基甸的影子。[139]

第一，亞比米勒的財務支持，來自巴力．比利土的廟宇（士九4）。值得注意的是，經文所提的巴力的廟，與當時的考古記錄相符一致。事實上，示劍的廟和夏瑣（Hazor）或烏加列那膜拜巴力的中心的建築格局非常相似。[140] 雖然這些廟宇多遭受不同程度的損壞，但虔誠的巴力信徒總是一再地將其重建。[141] 既然異教中心常在通商路徑上被建立，示劍在這裏被提及，就更顯出她的重要性。十分合理地，宗教必須依靠通商路徑的財務支持。考古記錄的確能夠證實這項觀察。如此說來，虛假的宗教藉著基甸的成功和通商路徑的便利，像野火般蔓延開來。這節經文（九4）使讀者想起，以色列人從基甸家開始，並且遍佈以色列都在信仰上背道（八27、33）。這些偶像現在成為亞比米勒的依靠者。更進一步地，證據顯示巴力．比利土具有「巴力，約的守護者」或「巴力，約的一方」的意義。[142] 古代的政治條約，都以巴力的名訂立。換言之，亞比米勒所訂的條約是外邦人的條約，這項條約絕對不是合法的耶和華之約。無論如何，巴力已經明顯地掌控了基甸的家庭。如果巴力真是約的守護者，那麼亞比米勒一切所行的，都將公開地宣告，巴力是他的支持者。

第二，亞比米勒的謀殺惡行，發生在俄弗拉，也就是基甸的家。俄弗拉是基甸安置以弗得的地方（士八27），也是基甸的權力和統治中心。竟然，基甸成為自己家庭的首敵，並且將自己的惡行完全傳給亞比米勒。因著叛逆的亞比米勒揮殺刀劍，基甸所有的努力都歸於無有。

第三，這七十個兄弟，竟然只值七十舍客勒。換言之，一個兄弟值一舍客勒。根據士師記九章5節,亞比米勒聚集一些無賴流氓,將他的兄弟殺在俄弗拉家中的一塊石頭上。[143] 根據利未記二十七章3至7節的定規,男性奴隸估價五十舍客勒。而在此,這些兄弟合起來的生命,只比一個男性奴隸稍高一些。

就像他的父親毫無分別地殺戮迦南人和以色列人一樣,亞比米勒也不眨一眼地殘殺自己的家人。殘酷真是基甸和亞比米勒所共有的特徵。在一種可怕的反諷方式下,他的父親是王;而現在這位王的兒子,竟然模仿他的父親成為「殺戮者」(基甸這個名字的精確意義)。更確切地說,亞比米勒對基甸家所行的惡事,正是巴力的敬拜者想要卻沒有成就的陰謀。就像基甸毀滅自己的百姓一樣,亞比米勒也以毀滅自己的家人,開始他的政權。因為和亞比米勒的母親結婚,也因為生出亞比米勒,基甸在毀滅自己的家庭上同樣有罪。

在亞比米勒血腥屠殺自己的兄弟之後,亞比米勒被立為王。亞比米勒的加冕乏善可陳。因為作者僅在士師記九章6節記錄,亞比米勒加冕的地點:「示劍橡樹旁的柱子那裏」。這個有趣又簡短的句子,顯示整個事件的邪惡性質,因為耶和華的名字竟然沒有出現。可見,耶和華已經不再是以色列的王。耶和華已經被叛變者亞比米勒所取代。作者沒有特別説明橡樹和「柱子」的所在地點,因為他假設讀者具有足夠的地理常識,可以了解這個地點的所在。更有可能的是,當時的人都知道這個立有亞舍拉柱子的異教聖壇。[144] 這個異教的柱子和底波拉的公義棕樹,成為何等強烈的反照。根據士師記四章5節,底波拉以女先知的身分,坐在棕樹下治理以色列。出現在亞比米勒故事中的橡樹,不論在政治或宗教上,都致命地打擊了以色列。可能因為亞比米勒的加冕,又或因為在異教上的重要性,原始讀者已經熟知這個地點。如此說來，作者根本不需要對「柱子」多加說明。[145] 極其悲慘地，異教猖狂到一個程度，已不需作者針對異教神壇或敬拜加以解釋。就像基甸在晚年之時，試圖在以色列人中間高抬自己的地位一樣；亞比米勒這個異教和無神的加冕事件，沒有任何來自上帝的祝福。亞比米勒和基甸一樣，成為一個外邦國王。藉著對外邦作出刻劃，士師記作者宣告一項清晰的信息：在異教神壇前敬拜異教神明，將使以色列禍害無窮。

上文已經針對亞比米勒的名字，詳加討論。在此，當故事的情節達到高潮時，我們可以再對其作更多的觀察，因為他的名字在故事中，展現許多寶貴的文學性。一般來說，詮釋者以下列三種方式詮釋亞比米勒的名字。[146]

第一，亞比米勒的名字，具有「外邦神明摩洛（Moloch / Malik）是我的父親」的意義。這個意義的可能性最小，因為摩洛在士師記或基甸的故事中，似乎沒有扮演任何角色。然而，當耶弗他的故事漸次展開時，摩洛題旨的可能性，將愈來愈加增。換言之，在基甸故事的層面上，摩洛的詮釋是不可能的。然而，在整卷士師記的層面上，摩洛的題旨一方面作出預示，另一方面以雙關語的方式，指向耶弗他的行動。士師記作者的巧筆，吸引讀者將耶弗他和亞比米勒相互比較。

第二，亞比米勒的名字，具有「王（即耶和華）是我的父親」的意義。這種詮釋比較有可能，因為當基甸論及耶和華時，他好像仍以耶和華為王。最肯定的是登基詩篇（enthronement Psalms）將耶和華而非巴力，視為坐在寶座上的神聖君王。在當時的社會中，巴力代表另一位神聖的國王，因為他的名字顯然具有「主」（Lord）的意義。[147]

第三，亞比米勒的名字，具有「王（即基甸）是我的父親」的意義。

詮釋者對於詮釋的掙扎，多數介於第二和第三種意義之間。如果第三種意義是基甸原本的心意，我就不同意賴特（Christopher J. H. Wright）的看法，因為他認為基甸的確拒絕成為王，而亞比米勒卻自立為王。[148] 賴特所肯定的是正確的，但他所否定的卻是不正確的。換言之，如果基甸的意圖是要高舉耶和華為以色列的父，而亞比米勒卻以自己為王，那麼賴特的看法是正確的。然而，我認為作者刻意讓亞比米勒的名字，在第二和第三種意義之間盡可能地模糊，而他的目的乃為展現，耶和華的真正王權和亞比米勒的虛假王權之間的張力。這種張力在一個可能是異教神壇的地方，達到了高潮。同時，士師記作者也容許摩洛的文學題旨，在耶弗他的故事中出現。虛假的宗教產生虛假的王權，這不啻是基甸起初墮落的明顯原因；如今也應驗在亞比米勒的身上。

事實上，亞比米勒的王權基礎，是建立在第三種詮釋之上。這項觀察可見於亞比米勒在士師記九章 2 節的訴求。他清楚地將自己的角色視為統治者，因為他來自一個統治者的家庭。他視自己的父親為王。當耶和華不再為王時，亞比米勒便成為王，以致災難接踵而至。當上帝不再統治時，邪惡就成為統治者。士師記作者鼓勵這個故事的讀者，在第二和第三種詮釋中逕行判斷。亞比米勒的詮釋是否正確？或者，耶和華這位王，真是基甸家族的父親？到底哪一種觀點正確？作者對於名字的修辭用法，成為他反對亞比米勒自立為王的強烈暗示。

2.6.1.2 咒詛的應驗

約坦向亞比米勒發出的咒詛，是亞比米勒傾倒的開始。士師記作者在九章22節，以用來描述士師的典型用語，如此記載：「亞比米勒管理以色列人三年。」[149] 作者描述亞比米勒的方式，顯示他邀請讀者將亞比米勒與其他士師相互比較。亞比米勒是士師的反面（anti-judge）。他是士師的極端反照。在他匆促的謀殺行動中，他漏殺了基甸最小的兒子約坦。這項疏忽為故事製造了懸疑和複雜的氣氛。究竟約坦或亞比米勒，哪一位才是基甸家庭的合法繼承人？雖然作者未作回答，但他卻在基甸和約坦的比較中，表露他的看法。在希伯來語中，經文強調約坦是最小的兒子。他是家中最小的，但至少他是合法的繼承人；雖然在這個例子中，他是一位受害者。就像他的父親基甸稱自己為家中最年輕的（士六15），約坦在此也是最年輕的。藉著他們之間相似之處，作者展現約坦是第二個「好」的基甸（alter ego），而亞比米勒則是第二個「最壞」的基甸。基甸和約坦具有不同的功能。基甸施行拯救，約坦發出預言；約坦和勝利之前的基甸非常相似。

前文關於亞比米勒的敍述描繪，再次證明約坦的預言。雖然預言那共十四節的咒詛所需的時間，不會超過一小時（士九7～21）；但作者卻非常仔細地寫下咒詛的內容。亞比米勒故事的其餘部分，都在說明約坦的咒詛如何應驗。可見，與約坦恰適相反地，亞比米勒和勝利之後的基甸非常相似。就像整個基甸故事的情節一樣，所有的災難都因一個原因或一個人而起。在這個故事中，那啟動整個災難發生的一個人，就是逃亡別處的約坦。一次又一次地，士師記作者都強調兄弟之間的血緣關係。那麼，到底誰是合法的繼承人呢？又是否繼承人真的需要合法性？在讀者猶疑於這些問題時，作者提出另一個焦點，將故事帶進家庭以外的另一個境界。換言之，作者藉著約坦的咒詛，揭示違反立約的觀念。不但約坦咒詛的地點，使讀者想起上帝和以色列之間的立約；約坦開始咒詛的形式，也流露著立約的語調。約坦在九章7節開始他的咒詛：「示劍人哪，你們要聽我的話，上帝也就聽你們的話。」可見，要聽約坦的話，與上帝是否聽示劍人的話是直接相關的。因為亞比米勒的不公義，直接違反上帝的立約，因此約坦引用上帝的名是合理的。為使立約再度恢復，示劍的人民必須先聽約坦的話。不像亞比米勒訴諸於自我利益，約坦似乎以示劍人集體的宗教好處為訴求。這項觀察，可在立約的上下文中得到肯定。下文將更深入地討論立約的觀念。約坦逕自咒詛亞比米勒，而在咒詛的解釋之後，約坦逃到比珥以躲避他的「兄弟」。

約坦話語的應驗，顯示咒詛的論言力量，以及上帝對約坦咒詛的辯護。咒詛的應驗，在兩個階段中完成。

第一，在亞比米勒統治的小圈子中，有些人開始有背叛的蠢動（士九22～24）。整個故事因此產生一個巨大的轉變。在三年的治理時間中，亞比米勒已經成為一位「反面的士師」。惟一與上帝稍有關聯的，竟然是「上帝使惡魔降在亞比米勒和示劍人中間」（九22）。亞比米勒的政權，實在是一個咒詛。就像掃羅最後階段的生命一樣，亞比米勒現在也預備接受上帝嚴厲的審判。尤有甚者，上帝也容許這些成為恐怖分子的示劍人，變成合乎他們惡劣品格的強盜。

第二，迦勒來到示劍地區，設立一個敵對的政權。士師記作者將迦勒描述為「以別的兒子」或「一個奴隸的兒子」。他和亞比米勒一樣，是一個敬拜外邦神明的高傲和無恥之徒。既然亞比米勒是一個奴婢的兒子（士九18），現在有一個跟他一樣出身低微的人，出來背叛他。這兩個人，一個是統治者，一個是反叛者，真是旗鼓相當又罪有應得。就像亞比米勒一樣，迦勒也以使人信服的策略，訴諸於種族的高傲。在九章 28 節，迦勒如此說：「……你們可以服事示劍的父親哈抹的後裔。」在酒醉的興奮中，他試圖使用他和示劍人的關係，來奪取亞比米勒的政權。[150]極為諷刺地，迦勒就像第二個亞比米勒，因為兩者同樣來自低微的背景，並且使用相同的計謀來奪取權力。然而，應當在亞比米勒之下的示劍首長，背叛迦勒並且向亞比米勒通報有關叛變的事宜。亞比米勒因此連夜設下埋伏，準備和迦勒對決一戰。

亞比米勒打仗的方式，使讀者想起他父親贏得勝利的作戰方式。亞比米勒真是在每一方面，都極像他的父親。為甚麼上帝把勝利給予亞比米勒呢？因為士師記九章 18 節記載了，示劍人行了不公義的事；而九章 20 節又記載，示劍人的罪行將得到報應。被亞比米勒追趕的示劍人，逃進「伊勒．比利土廟的地穴裏」(即《和合本》的「巴力．比利土廟的衞所」)。「伊勒．比利土」，代表「立約的伊勒」的意義。如此說來，這個故事是一羣外邦敬拜者，與外邦領袖對抗的故事。那些與伊勒神明立約的人，為了尊榮伊勒的名，而設立一間廟宇。極有意思地，這羣外邦化的以色列人，竟然在外邦的神廟裏尋求庇護。故事的發展十分符合士師記的神學，因為虛假的神明根本無法拯救以色列人。外邦化愈普遍，以色列遭受的浴血苦難也愈厲害。當約坦的預言和咒詛一一應驗時，故事進展至高峯，並為亞比米勒贏得一面倒的勝利。在九章 20 節上，約坦預言，將會有火從亞比米勒出來吞滅叛徒。而亞比米勒也真正在圍城之後，將城燒毀。他甚至將鹽撒在地上，使城市完全失去生產能力(士九 45；參申二十九 23)。亞比米勒不但以摧毀父親在俄弗拉的家為開始，更以摧毀母親的城市為結束。他所作的，正好滿足了巴力想要毀滅應許之地的計劃。亞比米勒成為象徵性的耶路巴力。巴力如今藉著他們所稱為「我的父親是王」的人，與基甸的家庭爭辯。

亞比米勒結束戰爭的策略，與基甸的私人戰爭非常相似(士八 17)。亞比米勒和基甸不可思議的相似之處，不僅表明他是基甸的兒子；亞比米勒的極至醜陋，更流露基甸最惡劣的品性。順著勝利的氣勢，亞比米勒繼續進行向提備斯攻打的行動。他嘗試使用圍城和火燒這相同的策略攻下城市。但正當亞比米勒要火燒提備斯城時，一個婦人把一塊上磨石拋在亞比米勒的頭上，使他受到致命的傷害。非常悲劇性地，這位從一個婦人身上得到生命和權力的亞比米勒，竟然死在另一個婦人的手中。在故事的一開始，亞比米勒將自己的兄弟，都殺在一塊石頭上；而在故事的結尾，一塊重約二十至三十磅的上磨石，落在亞比米勒的頭上，使他幾乎喪命。他的生命以邪惡的罪行為標誌，而他的死亡則以上帝的公義為記號。[151] 士師記作者仔細描述那導致亞比米勒毀滅的事件，為要強調報應的層面。

提備斯戰役所花的時間似乎極短，因為在所有的戰役中，這場戰役特別顯得輕而易舉。當亞比米勒還活著時，他握有完全的掌控；但當他快要死亡時，他還需要命令他的屬下，結束他的生命。在這方面，亞比米勒再次和他父親一樣，極像以色列最不受歡迎的第一個國王掃羅。亞比米勒和掃羅都命令屬下，了結自己的生命(參士九 54；撒上三十一 4)。[152] 前文關於亞比米勒的敘述繪圖顯示，這個事件發生的時間長短無法確定，但作者清楚使用了共八節經文，以描繪亞比米勒死於婦人手中的情況(士九 50～57)。再次地，耶和華將報應那與「惡徒」有分的人；至終，「惡徒」自己也難逃耶和華公義的報應。這段故事為士師記的其餘篇章，設下了倫理教訓的語調。

故事的結尾為我們展現了一幅宏觀的圖畫：「上帝報應亞比

米勒向他父親所行的惡，就是殺了弟兄七十個人的惡。示劍人的一切惡，上帝也都報應在他們頭上……」（士九 56～57）整個故事有力地證明了上帝的屬性。上帝存留基甸的生命，以顯出上帝寬容的憐憫。而亞比米勒死亡的結局，則證明了上帝的公義。在這個鮮有高尚道德人物的故事中，上帝仍然掌權，並且以祂自己永不改變的公義，報應那些行不義之人。巴力的確贏了。但藉著事件的反諷轉折，上帝的公義仍然得到彰顯。

2.6.1.3 小結

到底亞比米勒的故事，如何與士師記其他部分相關？

第一，亞比米勒是士師的對立典型（anti-type）。亞比米勒不但沒有像他的父親基甸一樣，召集僕人拆毀巴力的神壇；更雇用了一羣無恥之徒，代他行使謀殺兄弟的罪行。[153] 如果基甸還有一些好品格的話，那麼他的兒子亞比米勒則恰恰是他的反面，因為他使巴力大有機會勝過以色列。顯然，在耶弗他故事之前的陀拉，存在於亞比米勒的時期；藉著他的出現，作者強烈暗示，亞比米勒的政權混亂不安。[154] 作者極其諷刺地使用了那用來描述其他士師的相同詞彙，來描述亞比米勒；為要顯示亞比米勒雖以行動自居為士師，但卻一點也沒有士師的生命流露！作者陳述，亞比米勒治理以色列人三**年**，就好像他是一位士師一樣（參士十 2、3，十二 7）。在極盡的挖苦中，作者使用士師的完美典範，來審判亞比米勒。到目前為止，在士師記錯綜複雜的敍述中，亞比米勒是一位最不配的人物，更遑論成為以色列的士師。亞比米勒用盡心思，從與父親的關係得到權位。如此說來，這個故事展現了，外邦王權從一代傳衍至下一代的問題。在這個國家光景低落的階段，似乎無人有資格成為以色列的士師。

第二，亞比米勒是基甸生命故事的最後插曲。亞比米勒的故事，應當被視為基甸敘述的最後片段。它既不屬於下一個耶弗他故事，也不是其他敘述的一部分。它的情節線索和基甸晚年的生命雷同。如果基甸晚年的生命實在惡劣，那麼亞比米勒就是基甸的邪惡的延伸。基甸的敘述顯示，他在教育子女方面很可能大有差錯。在基甸晚年的私人生活中，多妻制顯然是亞比米勒出生的主要原因。基甸荒謬的私人生活，乃是日積月累造成的結果。在最極端的情況下，基甸和他的妾生下亞比米勒。亞比米勒甚至不是基甸的妻子所生的。一個領袖的私人生活，很可能在國家的層面上，對公眾造成影響。相信這是作者想要藉這段故事傳遞的信息之一。

第三，亞比米勒是基甸的生命延伸。縱使基甸與亞比米勒有相似的行為，只是在亞比米勒身上，那些行為有不同的曲折轉變；但在本質上，亞比米勒和他父親在最惡劣的品格上，毫無兩樣。換言之，一個領袖的「來世」（afterlife），以他兒子的形式在此出現。因為亞比米勒的故事情節結構，反映了基甸的生命；因此關於一個領袖的歷史記憶，以最惡劣的方式繼續出現在他的兒子身上。亞比米勒故事的循環，也和典型的士師相似。在亞比米勒故事的中間部分，作者加插了一句酷似描述基甸的陳述（士九 22）。而在這項陳述之後，亞比米勒的傾倒隨之而來。同樣的結構，可見於基甸的故事。例如，在八章 28 節論及基甸給予以色列和平之後，亞比米勒的問題繼而出現。基甸的成功在他和亞比米勒的關係上結束。而亞比米勒的成功，則在上帝懲罰所有犯罪者時結束（九 28）。

第四，亞比米勒的生命，預表了士師記的定罪模式。前述已經討論的情節結構，是作者嚴厲定罪的士師所具有的典型結構。舉例來說，參孫的生命循環，也以相同的結構出現：士師治理的年數首先出現，然後士師的毀滅隨之出現（參士十五20）。毫無疑問地，作者非常鄙視基甸、亞比米勒和參孫。尤有甚者，一個人的錯誤行為，很快地便將整個國家陷入內戰的慘劇中。這將成為士師記結語的重要主題。作者暗示著，一個小小的麵酵，至終將把全團的麵弄壞。基甸、亞比米勒、參孫和士師記結尾的邪惡利未人，都是以色列的毒害。另外，亞比米勒的死亡也很像那在底波拉故事中被一個婦女殺死的西西拉（參四21）。

在此，如同他父親晚年的生活，亞比米勒過著與迦南人一樣的生活。所以，他擁有一個與迦南人一樣的死亡方式，也是他該得的。可見，亞比米勒不僅展現基甸最惡劣的品性，他更顯示迦南人當得的結局。尤有甚者，亞比米勒也和士師記十章1節的陀拉，成為強烈的反照。陀拉的名字具有「蟲」的意義，它雖與耶和華的名字毫不相關，但卻指向亞比米勒的名字。顯然陀拉比亞比米勒來得成功，因為他的治理比較正常。更確切地說，即使亞比米勒的父親是王，但他卻十分慘痛地失敗，並且比一個名叫「蟲」的人更差勁。上帝對亞比米勒的審判，也與士師記結語部分的一些可怕事件相關。有時候，上帝可以使用邪惡來審判邪惡的人。在這個例子中，上帝的審判在三年之後來到，這好像在等待上帝的時間應驗一樣。

第五，亞比米勒成為「究竟是巴力或耶和華為以色列而戰」的答案。因為亞比米勒是耶路巴力傳承的一部分，因此他為這個問題提供更進一步的答案：「巴力會與基甸爭辯嗎？」原本放在他父親身上的咒詛「耶路巴力」，如今在他身上應驗。有了亞比米勒，巴力不費吹灰之力，即可毀滅以色列。亞比米勒取代巴力，擊敗基甸的家庭和以色列（我們將在「附記」的討論中，會觀察巴力和亞比米勒在殘酷和暴力方面的相似特徵）。作者接著為這個事件作出總結：「上帝報應亞比米勒向他父親所行的惡事……示劍人的一切惡，上帝也都報應在他們頭上……」（士九56～57）[155]最後，作者終於顯明，上帝在一切事上的掌權。

從宏觀的角度來看，要求基甸或他兒子統治以色列的以色列人（士八22），也因這邪惡的事而遭到報應。因為以色列顯然棄絕了上帝。上帝以祂的審判，報應不同形式的邪惡。這個故事從頭到尾，都以「耶路巴力」的名字，代替「基甸」的名字。巴力．比利土和伊勒．比利土的廟宇，也為這段敘述籠罩一層黑暗的陰影。[156]作者的文學技巧，揭示迫在眉睫的議題：巴力是否將要贏得勝利？當無法無天和混亂掌權時，巴力似乎戰勝了整個以色列社會。一個人對上帝不忠，可以為整個國家帶來災難。上帝是否仍然得勝？是的！上帝仍然藉著展現自己的屬性，證明祂是得勝的上帝。然而，亞比米勒是一位失敗者，因為他不但不能團結整個以色列，更導致她的分裂。亞比米勒最根本的問題與錯誤，就是他違背了耶和華的立約。

第六，亞比米勒是好君王的極端反照。亞比米勒的生命提醒讀者，為甚麼以色列沒有王。基甸是一個偽裝的王，因為他將自己的兒子命名為「我的父親是王」。然而，根據作者，以色列沒有王，因為沒有一個人有資格承擔王的地位。基甸不配，亞比米勒更是所有士師中最不配的一位。亞比米勒顯示，由父親傳承而來的王位，可能為下一代造成的危險與後果。毫無疑問地，亞比米勒以巴力為王。畢竟，巴力代表「主」或「主人」的意思，因此暗示一種統治迦南的神授王權。亞比米勒是迦南王權的具體實現。在本質上，他與他的父親基甸一樣，以自己取代耶和華的地位，逕自成為以色列的王。亞比米勒向整個世界展現，一個王所**不應**有的行為。雖然亞比米勒熱切盼望得到成為一國之王的尊貴與敬重，但作者卻對其嗤之以鼻。作者在士師記結束時，清楚記載：「以色列中沒有王，各人任意而行。」（士二十一25）人並不因為自己的名字和王的傳承有關，而自然成為王。惟獨上帝的許可和祝福，才能造就真正的王權。

2.6.2 亞比米勒和約坦的咒詛

文本互涉觀察的第一個焦點，可見於約坦和他的預言。整個約坦的故事，建構於申命記二十七至二十八章的意象之上。這段互涉經文的意象，包含三個具有深刻意義的地點：基利心山、以巴路山和示劍。整卷申命記的撰寫，乃為預備以色列人進入應許之地。申命記的最主要目的在於告誡以色列，不可在進入迦南美地之後，忘記耶和華。顯然，申命記二十七至二十八章的命令，很可能極快地就被約書亞執行。申命記二十七至二十八章所記載的律例，也在士師記時期，得以全部應驗。

申命記二十七章13節明言，如果以色列陷入偶像敬拜，那麼以色列將遭受寫在以巴路山那些石頭上的咒詛。[157] 而二十七章12節則論及，選擇遵循耶和華立約的以色列，將享受到來自基利心山的祝福。一方面，申命記二十七章15至26節的許多咒詛，屬於社會的律法。它們的出現乃為確保社會的穩定，並且展現耶和華的治理。另一方面，上帝的祝福成為人民能夠享有社會—政治穩定的保證。祝福和咒詛的詳細解釋，可見於申命記二十八章。一些被選出來的支派，必須將祝福和咒詛大聲唸出，以提醒以色列勿忘耶和華的立約。

這三個重要的地理位置，因所在地的不同而顯出各自的意義。以巴路山位於北邊，基利心山位於南邊，而示劍則位於兩山之間。夾處在兩山之間的示劍低谷，因而代表著一種道德的交叉路口。當以色列人面臨祝福或咒詛的抉擇時，以色列便站在這個道德的交叉路口。根據這個地區的考古研究，示劍敬拜巴力的外邦異教，已經存在許久。[158] 可見，潔淨這個地區的宗教污穢，是以色列的重要使命。我們不需要詳細研究這些祝福和咒詛，因為許多咒詛已經顯見於士師記中的以色列。[159] 申命記所顯示的列舉，讓讀者更加清楚以色列終將面臨的悲慘結局。許多人認為以色列所遭遇的情況，來自社會環境的影響。然而，「以色列如何淪落到此地步？」的問題，應該由神學的角度來尋求答案。換言之，立約的祝福和咒詛，才是這個問題的真正答案。這類文本格式的背景，來自近東的「宗主—屬國條約」（vassal-suzerain treaty）。條約內容的撰寫由宗主一方負責。更確切地說，條約的規定顯示，耶和華是以色列的王。如此說來，以色列不單違反對上帝的信任，並且毫不尊重耶和華的王權。

現在讓我們來看看，到底約坦的預言如何與申命記二十七至二十八章相符一致。這兩段經文之間的文本互涉回響，不僅限於內容，並且與申命記二十七至二十八章的上下文有關。毫無疑問地，申命記的經文絕對具有過約旦河的考慮（申二十七 2～3）。與祝福的圖畫恰好對立，沒有在國家和個人層面上（即基甸）潔淨外邦宗教的以色列，自己將因亞比米勒的邪惡而被征服。在基甸的兒子亞比米勒身上，以色列很快地將要倒轉約書亞的使命所帶來的所有祝福。如果我們仔細察看申命記二十七章的咒詛內容，我們很容易就看見，亞比米勒如何徹底違反這些律法。茲將下列四個例子列表如下：

申命記的律法記載	亞比米勒的背逆
敬拜偶像的必受咒詛。（申二十七 15）	亞比米勒的一生，都與巴力．比利土的偶像敬拜者有關。
輕慢父母的必受咒詛。（申二十七 16）	亞比米勒的謀殺行動，無疑羞辱了他父親的家庭。
殺害鄰舍的必受咒詛。（申二十七 24）	亞比米勒的故事以極大的篇幅，敘述亞比米勒謀殺那些從近處到遠處的人民。
接受賄賂殺人的必受咒詛。（申二十七 25）	亞比米勒公開以七十舍客勒，來雇用邪惡的匪徒殺害他的兄弟。

上述例證顯示，約坦明白上帝的立約標準。

士師記作者以十分特別的方式，鋪排約坦的咒詛。在咒詛結果的記錄上，作者藉著約坦和亞比米勒的對比，更清楚顯示他的信息。約坦宣告咒詛的地方，就是基利心山頂。而更諷刺的是，示劍的居民竟然助長惡行的完成。示劍居民的所行，顯示他們對於祝福和咒詛的選擇。在此的畫面顯示，有分於惡行的惡人，完全違反了上帝的立約。十誡中幾乎每一誡，都被基甸和他的家庭所破壞。現在，約坦站在應該象徵祝福的基利心山頂，宣告可怕的咒詛。以色列因著順服而接受的祝福，竟然轉變成因著不順服而接受的咒詛。示劍位處上帝的祝福和咒詛之間。約坦呼籲示劍的居民，要知道他們在這個即將臨到的咒詛上所扮演的角色。

種族關係、王位繼承權和自我利益，現在成為以色列面臨的交叉路口。藉著她對亞比米勒的回應，以色列必須自己決定：到底她要接受上帝的祝福或咒詛？示劍是每一個以色列人的倫理交叉路口。以色列任何一個錯誤動作，都將導致可怕的國家災難。

以色列必須選擇仿效基甸好的一面(即約坦呼籲他們的行動),還是仿效基甸壞的一面(即亞比米勒的行動)。換言之,以色列被迫在跟隨第二個好的基甸,還是第二個壞的基甸之間作一個抉擇。如此說來,亞比米勒和約坦象徵了,起初基甸所面臨的道德和立約抉擇。到底以色列將選擇順服,還是虛假的王權?示劍人必須決定接受約坦並拒絕亞比米勒,以表現他們對立約的順服。但不幸地,示劍作了相反的決定,因此為自己惹來當得的咒詛。示劍和亞比米勒雙雙違反了對上帝的信任。他們不像申命記二十七至二十八章的以色列,以耶和華為王;示劍的居民以那稱為「我的父親是王」的亞比米勒,為他們的王。這個事件不啻在耶和華的臉上,打了一記響亮的耳光。

當我們從更廣的角度來看亞比米勒的故事時,「石頭」的主題和詞彙,也出現在與申命記二十七章有關的文本互涉觀察上。「石頭」的題旨諷刺性地籠罩著基甸兒子的被殺,和將亞比米勒置於死地的上磨石。而石頭在申命記二十七章 2 至 6 節和 8 節中,則與上帝的立約記錄和祭壇有關。這些似乎不甚相關的石頭題旨,在亞比米勒的故事中,被完美地連結在一起。因為不但約坦使用申命記二十七章 2 至 3 節的立約主題,士師記作者也藉著純熟的文學技巧,重複使用「石頭」一字,來暗示立約主題的重要性。根據當時的石頭和立約背景來看,我們將更清楚經文的涵義。在古代,遍滿近東各地的石頭雕像,代表宗主統治者的同在。雖然王不能親身居住在王國的每片地土上,但他的雕像代表他觀看各地的眼目。然而,在以色列我們看不到這種雕像的存在。其中一個最重要的理由,就是上帝的律法明明禁止這類雕像的設立。申命記二十七至二十八章的寫作格式,不但與近東的「宗主—屬國條約」相似;申命記二十七章和別處經文所顯示的所有石頭，都象徵上帝的同在。將律法刻在石頭上（申二十七 2）和在石頭上獻祭（二十七 5～7），無疑與近東的石頭雕像，具有相同的功能：它們顯示上帝的同在。

亞比米勒的故事，尤其是與約坦的預言相關的部分，十足流露著對立約的違反與破壞。士師記作者靈巧地運用了石頭的主題，藉著強調象徵性立約的意象，帶出相關的立約神學主題。在最後一塊「石頭」打在亞比米勒的頭上時，上帝響亮地警告，違背立約者將面臨的後果。那些違背立約的人，尤其在家庭關係的觸犯上，常遭被石頭打死的刑罰（申二十一 21，二十二 21、24）。所有的背約者，都當得亞比米勒暴戾死亡的懲罰。亞比米勒遭到最嚴厲的石頭極刑，成為試圖違反耶和華立約之人的最大警告。起初將自己的兄弟殺在一塊石頭上的人，現在得到他罪有應得的致命石頭。上帝必然報應！極為悲慘地，記載在申命記二十七至二十八章的咒詛，已經出現在大部分的士師記中。可見，約坦的意象不但與亞比米勒的故事緊密相連，並且為士師記的其餘部分帶出隱含的暗示。總的來說，約坦的咒詛主題與士師記的信息相當一致。

綜合上述所有文本互涉的觀察，亞比米勒的故事展現抉擇的重要性。在約坦的寓言中，好壞植物的抉擇清楚已極。讀者必須在基甸的順服生命，或亞比米勒的邪惡生命間，作一個抉擇。背後所抉擇的對象，就是耶和華或巴力！以色列人可以選擇效忠耶和華，活出上帝的子民的身分；或變得像巴力一樣（即亞比米勒）。抉擇的要求，再清楚不過了！

附記

在一個重要的研究中，舒隆（J. David Schloen）指出，能夠打仗的男人在烏加列文化佔有重要的位置。這項觀察出自烏加列的家庭統計文獻（KTU 4.102, 4.360）。[160] 在這些文獻中，舒隆正確地觀察到，所有與家庭有關的名字，若不是具有高地位的妻子，就是已經成人的兒子。這項觀察的重要性，在於顯示女人和男人在迦南人社會中的地位。具有高地位的妻子，必須為家庭生產高地位的兒子，以統治家庭和管理產業。而妾所生的兒子則不在家庭的名單上。如果他們不能用來打仗，又不能用來管理產業，那麼他們的名字又為何要列在名單上呢？

舒隆的研究更進一步地揭示，有一些烏加列的故事，具有和亞比米勒的故事非常相似的文學結構。[161] 他的觀察指出，這些故事常關於那些下一代可能繼承人之間的爭鬥。爭鬥的形式也以失敗的繼承人被放逐或謀殺的結果出現。最後，被放逐的繼承人以勝利的姿態返回，成為家庭的統治者。然而，在亞比米勒的故事中，約坦並沒有返回治理。整個故事的強調重點，是立約的全然違背，以及亞比米勒的錯誤抉擇。

根據迦南人的文化，亞比米勒的出生顯得非常戲劇性，因為他那屬於妾所生的兒子地位。他是一個「無名小卒」。他的母親也是一個「微不足道」的女人。經文之所以提到他，乃是因為他具有高地位兒子的一切能力。他可以打仗，他也可以領導地方上的家族。如此說來，他的能力使他竄升至高位。他的暴戾為他贏得政權。當把亞比米勒的故事和迦南人的文獻相比時，亞比米勒的故事便說明了，上帝定規申命記十七章17節的理由。迦南人的家庭觀念，實在不足以取。

在迦南人的家庭價值方面，男性的角色特別與亞比米勒的故事相關。迦南家庭中男性成員的角色，不但包括在和平時期治理家業，並且包括在動亂時期負責作戰。男人的戰士角色，是當時社會的寫照。男人的理想典型，可見於烏加列文化中有關巴力的宗教文獻。同樣的情節線索，也可見於耶弗他故事的開始部分。暴力是巴力的生命記號。巴力不但以生殖的能力（就像已婚的男人）被尊崇，並且以作戰的能力被敬重。[162] 出現在烏加列文獻中的巴力肖像，赤裸著上身並且手拿長矛（spear）預備作戰。巴力有時甚至以閃電的形式出現（參 KTU 1.2 II: 38～39; IV: 15～16，20～21）。[163] 在巴力的循環中，巴力向海中怪獸閻（Yamm；意為「海」）宣戰，因為閻圖謀叛變。[164] 他們之間的衝突，也導致神明家庭的分裂（例如，KTU 1.2 IV）。衝突的起源，來自家庭之內。閻和默（Mot；意為「死亡」），分別是巴力的堂兄弟和姪子。在一個階段中，巴力被殺，生育能力也告停止（即下雨）。既然巴力是伊勒同父異母的兄弟和大袞（Dagan）的養子，因此他具有合法的王位繼承權。[165] 因巴力與這些親戚的關係，他們總是想要把他除掉（KTU 1.1 II, III）。至終，在亞納將默劈成兩半的情況下，亞納幫助巴力戰勝，並且贏得繼承產業的合法地位。[166] 在所有的巴力故事中,總是有一個共同的主題出現。巴力和亞納這兩個最暴力的人物,最後篡奪了伊勒和亞舍拉(Asherah)的地位。圍繞整個巴力循環的主要議題,似乎與巴力是否具有合法的王權和領袖地位有關。在與亞納聯合的暴力行動中,巴力終於贏得勝利!

當我們將亞比米勒和文本互涉對應的迦南家庭文獻和巴力的故事並排比較時,我們得到下列總結。

毫無疑問地,亞比米勒在巴力.比利土被立為王的行動,顯示他是由巴力而非耶和華設立的王。在約坦的預言中,亞比米勒是否合法為王的議題,像可怕的預兆一樣籠罩著亞比米勒。在亞比米勒與匪徒聯合作惡的一開始,亞比米勒就試圖合理化自己名字的意義。

2.7 令人難堪的利未人:他使摩西無地自容

2.7.1 利未人和士師記

2.7.1.1 利未人約拿單

與但人的故事 [167] 直接平行的米迦故事顯示出,利未人約拿單是米迦合理化個人野心的人質。米迦的故事由敬拜偶像和道德腐敗的家庭開始。在故事的進展中,米迦找到自己的利未人。最後,但人也找到自己的利未人。米迦的故事和但人的故事,都以錯誤的敬拜為結束。如此說來,利未人約拿單悲哀地成為最高投標人的奴隸。

有關利未人約拿單的人物刻劃,已經在但人的故事中詳盡討論（參本書第一章〔頁 58～60〕）；因此我們不必在此重複。下文將從約拿單的名字和以色列的祭司制度，來探討約拿單的故事如何與士師記其他部分相關。

首先，約拿單的名字在但人故事的結尾才出現，實在令人好奇。

士師記作者在十八章 30 節揭曉利未人的名字。這位利未人原來名叫約拿單，他是摩西的直系孫子。為甚麼作者刻意等到故事的結尾，才提及他的名字呢？因為他實在太讓摩西的屬靈承傳難堪了。十八章 31 節記載：「上帝的殿在示羅多少日子，但人為自己設立米迦所雕刻的像也在但多少日子。」這段以色列信仰極受影響的時期，顯然在建造聖殿之前。如此說來，上帝暫時的居所停留在示羅多久，偶像的居所也停留在但人之地有多久。[168] 在《新國際譯本》（New International Version Bible, NIV）中，「但人為自己設立米迦所雕刻的像也在但多少日子」，出現在「上帝的殿在示羅多少日子」之前。作者在談論示羅之前，先行談論利未人，可見利未人退後到何等差的地步。約拿單應在示羅的神殿，作上帝忠心的僕人；但他竟然成為但人偶像之屋的宗教領袖。約拿單完全沒有順服那出現在士師記前言中關於成功的兩大因素。他沒有以耶和華的名，促進以色列支派的團結。他自己反倒參與家族之間的內戰。尤有甚者，他完全沒有順服身為利未人的職責要求。

其次，就像但人的窺探，羞辱了約書亞和迦勒那適當的窺探行動一樣；利未人也羞辱了以色列正統的祭司制度。

約拿單在自己祖父的信仰上，身負巨大的重任。事實上，他的名字約拿單具有「耶和華已經賜予」（“YHWH has given”）的意思。然而，他悲慘地失敗！雖然耶和華把如此多的恩典給予他的家庭，但他只學會作一個接受者，而非給予者。他不但沒有任何貢獻，反而背道並與墮落的社會一同沉淪。他的失敗，成為以色列失敗的寫照。信仰背道的蔓延如此嚴重，連身為領袖的家庭都無法倖免。如同中斷了的祭司制度，以色列也停止忠誠的敬拜傳承。在這個故事之前，利未支派消失得無形無蹤，這令人感到可疑。我們無法從士師記中看見，利未人的祭司制度曾扮演過任何主要的角色。不過，這是理所當然的故事發展，因為以色列已經不再敬拜上帝，利未人的祭司制度又如何可能扮演任何主要的角色呢？當利未人終於出現時，他們只讓以色列陷入更糟糕的境況。約拿單的故事，為下一個故事揭開序幕。而下一個故事也是與不忠心的利未人有關的，這個故事將為士師記帶出高潮。當約拿單將自己捲入支派爭鬥的醜聞時，下一個利未人將更大幅度地為以色列招惹災禍。

2.7.1.2 無名的利未人

士師記十九至二十一章這段令人噁心的故事，以無名的利未人為開始。作者以他慣常的巧筆，在故事的一開始即帶出關於問題的陳述（士十九 1 下～2）。作者以兩種不同的方式，生動地描述無名的利未人的問題。在描述之間，作者邀請讀者將此故事與上一個利未人的故事，相互比較。兩者之間的確有一些叫人警覺的不同之處。

第一，我們必須注意兩個利未人的所在地點。

在士師記十七章，從耶路撒冷來的利未人，寄居在遠離神殿示羅的地方。而在十九章，這個非常靠近示羅的利未人，卻從伯利恆娶了一個女子為妾。究竟這個利未人為何在猶大為自己娶妾？這個問題值得思考，因為如果他寄居在以法蓮山地的偏遠地區，那麼他就應當專心事奉。他的所在地點顯示，他可能在神殿中有專職的工作。可見，只因他在事奉上帝，並不代表他一定與上帝有正確的關係。應當回到示羅更進一步事奉上帝的利未人，卻在猶大的伯利恆往返流連。無名的利未人的問題，顯然是沒有以自己的事奉為焦點。極諷刺地，他甚至比上一個利未人還糟糕。雖然十七章的利未人誤入歧途，但他至少還以假裝行使祭司的職責為開始。而十九章的利未人，不但不在乎自己的事奉，更以個人的性生活和利益為關注。這不啻是另一個錯位焦點的例子。一個不事奉上帝的人，不見得無所事事或完全自由。他實際上是在事奉其他的利益或主人。十九章的利未人將自己的時間和精力，奉獻給他的妾。他對社會所定義的丈夫和祭司角色，顯然嚴重地妥協。[169] 這個妥協的丈夫角色讓我們想起士師記中的基甸、耶弗他和瑪挪亞。這些軟弱的男性領袖，將繼續傷害整個以色列的屬靈光景。

第二，作者對兩個利未人的身分描述，清楚顯示他對利未人的個人觀感。

在士師記十七章，利未人被視為但人的祭司。在此，利未人只以「人」或「主人」的肖像出現。他的身分不再與他的宗教職責有關，只流露出自己的種族背景罷了。在士師記十七章，作者在故事的末段揭示利未人的名字。在此，利未人在整個故事中都是無名者。他沒有名字的難堪可能也顯示出，他在利未人事奉中的無關重要。總的來說，在此的利未人只具利未人的表面名分，但卻毫無身分、方向或宗教的實質。

除了兩個利未人之間的比較刻劃之外，士師記作者亦由「家庭破裂」、「殘忍無情」、「令人髮指」，以及「無法脫罪」等四方面，繼續生動地帶出無名的利未人的刻劃。

2.7.1.2.1 家庭破裂的利未人

作者非常簡潔地以無名的利未人的家庭生活，來描繪他的問題。

士師記十九章 1 節下指出，他有一個妾。希伯來語的「妾」，基本上具有兩種涵義。換言之，這個女子可能是一個妾，或是第二位妻子。[170] 無論如何，她次要的地位已極為明顯。利未人沒有身分的特色，在這位女子那卑微的身分中，更加突顯。在作者的心目中，這個故事盡是一些地位低微的人物。可悲的是，利未人的主要特徵是與他的性慾，而非宗教職責緊密相連。[171] 根據倫理規範，利未人通常是與他們的宗教職責和他們的上帝一併被提及的；但現時的情況，卻與倫理規範完全相反。利未人的性慾是他墮落的根本原因，因為十九章 2 節如此記載：「他的妾背夫行淫，離開丈夫，回到猶大的伯利恆她父親的家那裏去了，在那裏住了四個月的日子。」(《聖經新譯本》) 有些人可能將「背夫」(unfaithful) 詮釋為：逃離丈夫回到自己父親的家中。但希伯來語的意義，的確傳遞在性方面不貞的涵義。如此說來，利未人的性慾並沒有為他帶來任何益處，因為他的妾運用更多的性自由，不但對他不忠，並且離開他。

為何利未人的妾對丈夫不忠？經文沒有提供明顯的答案。是否因丈夫的忽略或其他問題，才導致她的不忠？這位女子沒有名字，並以利未人的性對象為她在故事中的角色。從這個角度來看，無名的利未人的故事，和參孫的故事非常相像；因為在參孫的故事中，多數的女性人物都是參孫的性對象。作者也沒有說明，為何妾要離開利未人。或許像後段故事的情節所指一樣，他是一個濫待女性的人。又或許因為利未人忽略自己的妾，而導致她離家出走；因為經文明說，在妾離家四個月之後，利未人才意識到他想念她，並且要將她帶回家裏（士十九 2）。[172] 作者好像要顯示時間被全然浪費，因為他只使用了一節經文，來描述四個月的時間。也有可能利未人對自己的妾的怒氣難消，因此他需要四個月的時間才得以平靜。更有可能的是，他將自己的心神貫注在其他妻子身上，直到他開始厭倦她們，才想起已經離家數月的妾。作者刻意製造令人困惑的情況，好讓讀者享有自己的想像空間。[173]

利未人在四個月之後才去尋找妾的表現，讓我們想起「過了些日子」才去看自己妻子的參孫（士十五 1）。利未人和參孫的類似行為，為我們肯定一項事實：更確切地說，這個利未人的生活，明顯流露出家庭關係破裂的問題。在僅僅兩節的經文中（十九 1～2），作者不斷重複妾來自猶大的伯利恆。他的筆法顯示出，利未人全神貫注於那使他分心的事，以致他完全沒有以祭司的職責為他的焦點。[174] 家庭的破碎使他無法再將精力貫注於自己的工作上。雖然妾犯了重罪，作者卻不單單把她定罪。反之，作者藉詳細描述利未人所在的地點、人物刻劃和身分表白，來表達他的看法：利未人對即將要發生的醜陋事件，亦應擔負同等的責任。

找到妾的利未人，並未以石頭打死她；反而以令人好奇的寬宏大量，對待其不忠的妾。有些釋經者堅持，身為利未人的他，應當根據自己熟悉的律法，用石頭打死自己的妾。所以，利未人抑制自己不將她處死，一定是因為她沒有真正犯姦淫的罪。[175] 或許，利未人是想為自己留些面子。畢竟，沒有人希望自己的太太離家出走。另外，利未人的岳父想盡辦法招待利未人，可能是要自己的女兒多留一些時間。也可能他想要藉著這些吃喝的招待，來補償女兒的違約。不過，利未人後來的行動表現，暗示他可能是一個自私和濫待女人的男人。

故事在利未人抵達岳父家時，便開始展現喜劇的意味。士師記十九章3至8節的經文，包含有一個特別的情節結構。這個結構以下列兩種方式逐步進展。首先，利未人和岳父之間有友善的往來。其次，他們吃、喝與睡覺。根據十九章第5節，他們吃喝與睡覺了四天。岳父強留利未人的要求「請吃點飯，加添心力」和「請再住一夜」，不斷出現（士十九5、6、8、9）。可見，利未人尋找妾的日子，快樂地變成短期度假的好時光。如果岳父的款待是一種立約的筵席，那麼岳父就代表那因立約的關係而持守某種社會規範的人。在沒有對旅途多作計劃的情況下，利未人與妾終於上路了。當他們往以法蓮的山地行時，利未人、妾和僕人，經過耶布斯人的城市。作者特別下了一個註腳：「耶布斯就是耶路撒冷」藉此強調耶布斯的危險，和道德腐敗的光景（十九10）。極諷刺地，便雅憫人應當征服耶路撒冷（參士一21），現在因為他們的失敗，這對夫婦必須轉向另一個與便雅憫人有關的城市。就是在這個城市中，一連串可怕與悲慘的事件將接續發生。

2.7.1.2.2 殘忍無情的利未人

利未人顯然知道迦南人的危險，因為他拒絕停留在耶路撒冷。他在十九章12節向僕人說：「我們不可進不是以色列人住的外邦城……」換言之，迦南人（或許不少古老的文化）並不以接待其他種族的人而為人所知。

在危機四伏的情況中，利未人作了一個最合理的建議。他在十九章13節說：「我們可以到一個地方，或住在基比亞，或住在拉瑪。」結果，他們來到基比亞（士十九14）。在利未人的腦海中，以色列人的城市在接待自己族人的事上，應該更加好客。根據上帝的倫理規範，以色列的族人應當可以提供更多的幫助。然而，十九章 15 節告訴我們：「他們進入基比亞要在那裏住宿，就坐在城裏的街上，因為無人接他們進家住宿。」而十九章 18 節的「在這裏無人接我進他的家」，再次強調基比亞對自己族人的冷淡。

幸運地，一位好客又勇敢的老年人願意將他們接到自己的家中。就像利未人一樣，這位老年人「原是以法蓮山地的人」（士十九 1、16）。布洛克更進一步地指出，這個老年人就像利未人一樣，以無名的身分出現在故事中；可見他們在整個社會中都是無關重要的角色。[176] 作者僅以他們所來自的地方，代表他們的身分。極其巧合地，他們兩個人在非比尋常的情況中，在奇怪的城市中相遇。這個城市的犯罪問題，在老年人的警告中，出現第一次的暗示。老年人在十九章 20 節對利未人說：「只是不可在街上過夜。」為何不可以呢？

在沒有回答「為何不可以呢？」的問題之前，作者使用七節經文，描述在老人家裏吃喝的情況（士十九 15～21）。茲將無名的利未人的敘述繪圖列於如下，以便把此段經文與他段經文作對照觀察。

敘述內容	經文	時間的持續
1）目無法紀的社會	十九 1 上 = 共 1/2 節	在以色列中沒有王的日子
2）利未人失去妾	十九 1 下～2 = 共 2 節	4 個月
3）利未人找到妾，並參與岳父家的筵席	十九 3～4 = 共 2 節	3 日
4）第四日的筵席	十九 5～7 = 共 3 節	1 日 1 夜

5）第五日的筵席	十九 8～10＝共 2 節	1 日
6）旅行到耶布斯，繼續前往	十九 11～12＝共 2 節	幾小時
7）旅行到基比亞	十九 13～14＝共 2 節	幾小時
8）在基比亞的寄居者接待利未人	十九 15～21＝共 7 節	1～2 小時？
9）基比亞居民的要求	十九 22＝共 1 節	幾小時？
10）討價還價	十九 23～24＝共 2 節	幾小時？
11）將妾當作犧牲品，任人凌辱	十九 25～26＝共 2 節	整夜直到天亮
12）找到妾，離開基比亞	十九 27～28＝共 2 節	幾分鐘？
13）將妾的屍身切成十二塊，傳送以色列四境	十九 29～30＝共 2 節	不確定，1 日？數日？
14）重新思想基比亞的殘暴事件	二十 1～7＝共 7 節	1 日？
15）攻討的預備	二十 8～11＝共 4 節	不確定
16）便雅憫人的拒絕	二十 12～16＝共 5 節	「那時」（二十 15）
17）第一次戰役	二十 17～21＝共 5 節	1 日
18）第二次戰役	二十 22～25＝共 4 節	1 日
19）第三次戰役	二十 26～48＝共 23 節	1 日
20）針對便雅憫人的起誓	二十一 1～3＝共 3 節	不確定，1 日？
21）對付基列雅比的計謀	二十一 4～14＝共 11 節	不確定
22）對付示羅跳舞女子的計謀	二十一 15～23＝共 9 節	1 日？
23）便雅憫人重回自己的地業	二十一 24＝共 1 節	1 日？
24）目無法紀的社會	二十一 25＝共 1 節	「在那些日子」

由敘述繪圖的觀察比較，我們看見作者使用大約相同的經文節數，來描述利未人在岳父家停留數日的光景（士十九 3～10）。作者的刻意筆法乃為強調，利未人在岳父家的耽擱和懶散，將很快為他們招致可怕的後果。更重要的是，兩段吃喝的比較，強

烈地把利未人與岳父的立約友誼，和基比亞人違反立約的強暴，作出對照。利未人之所以能在老年人家中吃喝，主要因為他的遲延，以及他與老年人同樣來自以法蓮山地的出身背景（士十九1、16）。雖然岳父和老年人都表現出那必要的好客文化，可怕的情況卻將很快地令人懷疑，這兩個人是否真有智慧。當這對夫妻進入老年人的家中時，老年人最恐懼的事情便開始發生。士師記十九章22節，令人戰兢地描述無賴之徒的可怕要求：「你把那進你家的人帶出來，我們要與他交合。」[177] 因此老年人以妾代替利未人，讓無賴之徒一逞他們的獸慾。使用女人化解暴力行為的觀念，無疑是來自外邦的文化。參孫的岳父同樣試圖使用較年輕的女兒，來化解參孫與女兒的丈夫，或非利士人之間的可能衝突。對於老年人以妾代替自己的建議，利未人竟然靜默無聲。

接續發生的事更令人無法置信。十九章26節流露著悲劇性的描述：「天快亮的時候，婦人回到她主人住宿的房門前，就仆倒在地，直到天亮。」事實上，十九章27節生動地描述她努力爬回家的痛苦，因為她仆倒在地上，並且雙手「搭在門檻上」。她用盡所有的力氣想要回家，但卻無法爬進家門。這幅痛苦的畫面，一方面引起讀者極度的同情，另一方面揭露利未人醜陋的真相。作者繼續描述：「她的主人……開了房門，出去要行路……」可見，利未人一點也不在乎，自己的妾可能有甚麼悲慘的遭遇。無怪乎，這個妾要離開她的丈夫。誠然，基比亞的匪徒不將利未人當人來看，[178] 但利未人同樣不將自己的妾當人來看。基比亞的匪徒們將妾當作外地人，但妾卻不是利未人的外地人。極其可悲地，利未人對待妾的方式，竟然與基比亞匪徒絲毫無異。作者刻意使用與西西拉死於雅億帳篷的平行詞彙（士四22），來描述妾的死亡。[179] 更確切地說，這個人對待自己的妾，就像雅億對待敵人的將領一樣。他將妾當作毫無價值的敵人，隨時可以屠殺。

2.7.1.2.3 令人髮指的利未人

利未人愛自己甚於一切，他一定認為他還有許多妻妾，因此失去這一個妾，並非甚麼了不得的事。十九章 28 節讓我們看見，這個無情的利未人，對仆倒在門口的妾說：「起來，我們走吧！」他對事件處理的方式，就是佯裝沒事發生。甚至當妾沒有回答時，他也毫不關心地逕自起程回自己的地方。他的行動顯示，他帶妾回家的動機顯然與愛無關。與妾的角色極相吻合，利未人以次要妻子所具有的目的來使用和虐待她。若與他岳父對待他的方式相比，這位利未人對待妾的惡劣態度，更令人難以原諒。事實上，利未人叫妾起來以便起程的命令，和十九章 5 節的詞彙平行，但那時他卻留下來吃喝與過夜。在此，妾所需要的超過吃喝與過夜，她需要醫藥上的照顧。士師記作者的敘述鮮活地表露，利未人內心深處的邪惡。他一點也不愛他的妾。無人確知到底妾何時死亡。經文並未明說。或許惟一知道妾何時死亡的人，就是利未人；但他似乎一點也不在乎。十九章 28 節告訴我們，利未人將妾馱在驢上，起程回家了。

在這段無法令人置信的敘述之後，利未人的作為更令人髮指。從基比亞回家的路程，是從伯利恆回家的一半路程。路途大約有二十多英里之遙。沒有人知道在這長程旅途中發生了甚麼事。但當利未人到家之後，他拿起刀來有條不紊地將自己的妾切成十二塊。[180] 如果妾在旅途中還一息尚存，那麼她現在必死無疑了。利未人以殘酷的方式發洩自己的挫敗，並且引發整個以色列的激憤。再次地，利未人的職責是切割動物。但這位利未人所受的訓練，卻被用來切割自己的妾。這個行動讓整個國家震驚，以致看見的人都說：「從以色列人出埃及地，直到今日，這樣的事沒有行過，也沒有見過。」（士十九 30）這不啻是以色列歷史的最低點！利未人為殘忍和麻木不仁的無情，創下了全新的記錄。

作者故意讓整個事件模糊不清。我們無法確定，到底是甚麼事使全國震驚。整個以色列震驚是因為被切割的屍體令人噁心？還是因為竟然有如此邪惡的人，會切割人的身體？利未人費盡心力，讓他的妾所遭遇的卑劣經驗，成為整個以色列的事件。他不但將自己的妾與基比亞的匪徒分享，現在更與以色列的每一個人分享。每一個人都得到妾的一部分。根據當時的社會規範，利未人對待妾的方式，仍是極不尋常的殘酷。利未人將妾當作可以隨意扔掉的佔有物。只有身為奴隸的妾（例如，夏甲），才會得到如此對待；但利未人的妾卻不是奴隸！

2.7.1.2.4 無法脫罪的利未人

除了作者的看法之外，以色列對於恐怖事件的調查，在利未人提供惟一的解釋時便已展開。在事件的說明中，我們看不見老年人的在場。在士師記二十章 4 至 7 節，利未人提出了一項簡短卻生動的說明。利未人的說詞雖然簡要，卻引發一連串的回應事件（參「無名的利未人的敘述繪圖」第 17 至 22 項）。二十章 26 至 48 節的第三次戰役，雖在一日之內發生，卻佔據了共二十三節經文的篇幅。而後來針對基列．雅比的計謀，也佔據了共十一節經文（士二十一 4～14）。更糟的是，最後針對示羅跳舞女子的計謀，也佔據了九節經文（二十一 15～23）。在開始時，士師記作者稱利未人為妾的丈夫，這是要提醒讀者他所具有的婚姻責任。後來，作者稱妾為被害的婦人，完全不提她的婚姻地位。作者的藝術巧筆，顯露出當時的社會價值。換言之，利未人是一位被搶走太太的丈夫，他的太太卻被謀殺了。而整個故事的中心點，竟然是男人的利益和名譽。[181]

至此，作者的暗示為我們提供了他所關注的主要議題。當我們將無名的利未人的解釋（士二十4～7），和作者在前一章（十九章）的敍述相互比較時，作者的信息更得到證實。讀者不需刻意協調這兩段記載，因為作者就是要藉這兩段記載之間的張力，來強調利未人的失敗。兩段記載有下列幾項突出的差異。

第一，利未人一開口就說：「我和我的妾到了便雅憫的基比亞……」（士二十4）他的說法顯示，他急切地想要把他的**一面之詞**說給以色列人聽。然而，作者卻煞費苦心地指出，以色列和外邦人的乖僻變態，具有顯著相似之處。

第二，利未人告訴以色列人，基比亞的匪徒意圖謀殺他，但卻強姦他的妾（士二十5）。然而，在十九章22至26節，作者記載，基比亞的匪徒意圖強姦利未人，但利未人卻將妾推出，因此匪徒強姦他的妾。利未人故意略過細節的說明，因為被強姦的男性受害者，將因無力抵擋佔優勢的男性強姦者，而被視為軟弱的目標。

第三，利未人說基比亞的匪徒，把他的妾污辱致死（士二十5）。因此，他是在妾死後，才將妾的屍身切成塊子（二十6）。顯然，利未人的說理就是他被邪惡地對待。犯下滔天大罪的是**他們**（即基比亞的匪徒），現在**你們**（即以色列人）應該提出對策。然而，在十九章22至26節，作者顯示出，利未人是連自己的妾死活都不理會的無情男人。到底妾何時死亡，這個疑雲繼續困擾利未人和讀者。

作者將兩段記載分別處理，為要傳遞一項信息：利未人愈解釋，作者愈不相信。至終，是利未人的說詞，對比作者的說詞。當我們將作者以大量篇幅描述利未人的行動，與利未人以極少的話語解釋整個事件（士二十1～7）相互對照時，我們便對作者的立場豁然大悟。不論妾何時死亡，士師記作者認為利未人是有罪的，因為他置妾於死地！

2.7.1.2.5 小結

到底無名的與有罪的利未人，如何與士師記其他部分相關？

第一，無名的利未人對待女人的方式，值得多加注意。

利未人的行動，應該與迦勒對待押撒的方式相互比較（士一11及其後）。迦勒對待押撒的方式，展現迦勒對於立約禮儀的尊重。[182] 在一章11節及其後的經文中，押撒要求父親給她和丈夫一份公平的產業。[183] 身為一個合法與公正的家業擁有者，迦勒賜給押撒一份合理的產業，以幫助她在以色列人中建立聲望與得到敬重。押撒是俄陀聶英勇的記號，俄陀聶必然以押撒為傲。相信俄陀聶一定讓押撒在家業的管理上，永遠扮演重要的角色。她在家中勢必繼續發出明智又不可少的聲音。相反地，利未人的妾依舊靜默無聲。兩者之間的差異，實具天壤之別。

第二，無名的利未人在許多方面與參孫類似。

利未人和參孫都蒙召從事聖潔的事奉，但兩人都選擇以最不聖潔的方式生活。他們兩人共同違反了前言所述的成功原則之一。更確切地說，就像士師記其他不順服的士師一樣，利未人對上帝毫無順服之心。無名的利未人的故事，與參孫的循環極相符合。參孫蒙召行使拿細耳人的神聖職責，但他不斷地玷污自己。而這些被上帝分別為聖的祭司（即約拿單和無名利未人），也一再地玷污自己。從偷竊和敬拜偶像，到切割妾的屍身；這些祭司惡名昭彰。這些可怕的故事繼續反映領袖的失敗。領袖的墮落在參孫的故事中達到高峯；現在以更悲慘的事件，持續在以色列出現。利未人的故事與參孫的價值觀毫無兩樣，只在乎個人的名譽。尤有甚者，利未人的道德觀，更是與參孫的道德觀前後呼應。他不堅持自己家人的福祉，只關切個人的名譽（參士十五3、7）。一個人對於個人名譽的貪愛，竟然引發牽涉全國的報復行動。對利未人和參孫而言，名譽高於一切，甚至超越個人的職責和潔淨。參孫的行動威脅了國家的安全。而在此，利未人成為內戰的推動力。

為要了解情勢的嚴重，我們必須將這段記載與士師記一章和二章，作相互比較。因為在一至二章，作者詳述以色列人對抗迦南人的英勇行動。許多支派經歷勝利和征服。他們各自努力，不見得總是團結在一起。在士師記一和二章，為了正確目標而戰的以色列人，缺乏團結的精神和決心；然而在士師記末段的篇章，那些為了報復自己兄弟的以色列人，卻充滿團結作戰的精神與決心。以色列人團結一致，並不因他們共有高尚的目標；乃因有一個暴力的利未人決定切割自己的妾，加上某個支派出現一些邪惡的背叛之徒。錯誤的人和錯誤的目標，並不是以色列人團結的上好理由。

第三，無名的利未人與底波拉形成強烈對照。

重複出現在敘述中的「以法蓮山地」（士十九1、16；參四5），讓讀者想起士師底波拉。在耶和華的命令下，底波拉發起為正確理想而戰的行動。但以色列人猶疑不前。然而，在利未人的煽動下，以色列人竟然團結如一，為令人質疑的理想而戰。布洛克簡潔地帶出如下的評論：「從士師記整卷書的上下文來看，來自以法蓮山地偏遠地區的無名利未人，真是令人驚歎！因為他竟然能夠達至其他蒙上帝呼召的拯救者所無法完成的使命。甚至連底波拉和巴拉，都無法如此動用以色列的軍事資源，和得到整個以色列的熱烈支持。」[184] 在士師記的其他部分，大部分士師都是召集以色列，來對抗以色列的敵人。然而在此，這位身為宗教領袖的利未人，竟然扮演士師的角色召集軍隊，來對抗自己的兄弟。他為以色列帶出一種錯誤的團結，實際違反前言中的成功原則。他不啻是一位反面的士師（anti-Judge）。不過，他倒是在一件事上大大成功。他羞辱了以色列的專業祭司，因而使祭司制度達到空前的低潮。

第四，無名的利未人以最不尋常的方式，嘲弄以色列的祭司制度。

無名的利未人邪惡地切割妾的屍身，使他成為士師以笏的負面對照。以笏的精彩記錄顯示，他是宰殺肥「牛」伊磯倫的便雅憫人。在本質上，以笏並不是祭司，但卻行使祭司或任何一位以色列拯救者的領袖工作。相反地，只顧自己妻妾的無名利未人，完全忽略自己的職責。尤有甚者，以色列的屬靈領袖，並不是便雅憫人（例如，以笏）的角色。相反地，具有屬靈領袖角色的利未人，竟然沒有為以色列提供道德的指引。

利未人還在許多方面疏忽職責。例如，不是利未人的以笏，因耶和華的緣故冒險性命，來拯救以色列。而應當事奉耶和華的利未人，卻冒著失去支派和平的危險，來滿足自己的利益。不像以笏為以色列帶來和諧與和平，利未人為本應和平的兄弟帶來戰爭。以笏的冒險行動，使以色列得到益處。而利未人的卑劣行動，則使以色列陷入災難。在兩者之間，利未人所具有的知識和訓練，使他難辭其咎。

2.7.2 利未人和摩西的傳承

摩西為以色列留下兩項重要的屬靈遺產:他的事奉和上帝藉他設立的祭司制度。當我們觀察約拿單和摩西的經文互涉時,摩西和他所設立的祭司制度,便成為經文比較的首要優先。

首先,約拿單一點也不像摩西。摩西的兒子革舜(參出二22)是年青利未人約拿單的父親(士十八30)。經文對革舜的記錄寡少,他出現在士師記的主要目的,乃為確定發生在以色列這些事件的日期。換言之,如果利未人依舊年輕,那麼這個事件發生的時期,必定在約書亞死後不久。如此說來,以色列祭司制度的墮落,疾速地像流星閃現一樣。

其次,約拿單一點也不符合摩西設立的祭司制度。申命記十八章6至8節,可以幫助我們了解旅行的利未人所具有的職分。根據申命記這段經文,利未人若願意到耶和華所選擇的地方,他就要奉耶和華他上帝的名事奉(申十八7)。他並且可以享有養生方面的利益。更確切地說,利未人的主要工作,是推動以色列人真實地敬拜。因此,根據利未人的法規,約拿單在士師記十八章所講的話語,一點都不合理。因為他不斷向那些行使可憎之事的人(士十八9～13),重複上帝的祝福。[185]

約拿單和具文本互涉對應的摩西傳承的並排比較,為我們帶出下列的總結。

第一,利未人約拿單在自己的職分上,鬧了一個大笑話。

一般來說,烏陵和土明是上帝給祭司用來「求問上帝」的工具之一。[186] 在民數記二十七章21節,領袖約書亞必須經過祭司憑烏陵的判斷,才得以確立他的權威。士師記十八章5節的「求問上帝」,也出現在民數記二十七章21節。[187] 事實上,每個向耶和華求問的事件,都具有宗教和祭司的涵義。身為祭司的約拿單，應該深知這個道理。然而，約拿單只以他的話語，作為求問上帝的答案；他顯然將屬於耶和華的能力歸給自己。

尤有甚者，但人在此的求問，與米迦所雕鑄的家中神像恰成對照（士十七5）。[188] 因為家中的神明也常被用來當作兆頭。范．丹姆（Cornelius Van Dam）認為，約拿單可能使用米迦的以弗得和家中的神像求問上帝。不論如何，約拿單的權威聲稱，都對上帝形成一種公然的侮辱。另一種可能就是，但人將約拿單當作烏陵和土明來使用。在這種情況下，祭司就變成一個家中偶像，或像一個幸運符一樣。

第二，利未人約拿單完全嘲弄了摩西／亞倫的傳承。

對士師記的讀者而言，底波拉的故事已經先行預示約拿單的故事。因此，有關第二方面的觀察，必須回溯至底波拉的故事。當經文敍述底波拉和巴拉一起為戰爭進行預備時，基尼人希百突然出現，這令人感到趣味。基尼人希百與摩西有姻親的關係，而他所居住的地方顯然是一個靠近戰爭的戰略地位。為何摩西的家族，會與迦南王耶賓有關連呢？原來，許多以色列人，甚至包含摩西的一些家族，已經和迦南人有關連，或展現迦南人的特性。出自摩西家族的利未人約拿單，竟然以祭司的身分成為幸運符，他不啻成為以色列的大諷刺！

在約拿單的故事中，作者再次提醒讀者勿忘米迦這個重要的主題人物。雖然表面看來，但人似乎十分敬虔。但如同米迦的母親一樣，祭司和但人的認信都令人質疑。這些人物有力肯定一項事實：僅是言語的認信，並不代表真正的信仰。更關鍵的是，約拿單雖身為以色列的領袖，但他完全職業化的事奉行動，卻證明他是一個異教徒。

另外，當我們觀察約拿單和約書亞記的經文互涉時，約拿單的故事和約書亞的窺探故事成為明顯的反照。更確切地說，發生在妓女喇合家中的戲劇性事件(書二1)，實際影響我們對於約拿單的生命詮釋。當我們將約拿單和具文本互涉對應的約書亞征服並排比較時，我們得到下列總結。

第一，利未人約拿單淪落至任人交易的地步。

當約書亞記的戲劇事件，發生於喇合的家裏時；大部分的戲劇事件也發生在米迦的家中(士十八章)。[189] 如同進入喇合家中的兩個探子一樣，五個探子也進入米迦的家裏(十八2下、14、18、22)。[190] 又如同在前的討論，米迦的屋子是一個妓院，因為他向外邦神下拜。如果妓女的類比適切，那麼利未人約拿單真是一個妓女，因為他是惟一被雇來直接處理這個全新宗教的人。因著虛假的敬拜，約拿單的身分從出身良好的宗教領袖，沉淪至任人交易的妓女。

第二，利未人約拿單淪落至形同偶像的地步。

喇合的屋子蒙上帝拯救，而米迦的屋子卻無法拯救米迦脫離匪徒的暴力之手。約拿單毫無行使宗教的權柄，不論是米迦還是為他帶來新希望的但人，都任意擺佈他。藉著接受他們的條件，他形同自己所事奉的偶像，不過是一個名義上的領袖罷了。不像在耶利哥的其他祭司，勝利地行在以色列人的前面(書六8)；約拿單沉淪至毫無人性之偶像的地步。約拿單的故事，成為以色列人與其它假神行淫的原型模式。

在一篇關於以西結研究的文章中，杜吉德(Iain Duguid)為被擄前的祭司職責，作了一個極佳的摘要。[191] 對於士師記的原始讀者而言，在被擄後，祭司已經失去大部分的責任功能。根據杜吉德對以西結書的研究，被擄的祭司具有下列幾項功能。[192]

第一，祭司必須是倫理的守望者，這是教育和司法功能的延伸（結三 16～21）。

第二，祭司必須為被擄中的事物，畫出禮儀的界限；這又是教育功能的延伸（結四十二 20）。[193]

可見，被擄之後，祭司的功能偏重屬靈的層面；教導和維持社會公義的功能，顯得益發重要。是項關於祭司功能的觀察，與士師記作者的關切相符一致；因為作者所刻劃的利未人，既沒有忠心教導以色列人，也沒有活出公義的生活。

除了杜吉德為我們提供的祭司架構之外，摩西五經的祭司教導更直接成為利未人文本互涉的對應經文。在我們比較兩者的差異之前，讓我們先觀察上帝藉摩西設立的祭司制度和法規。祭司制度及其法規範圍極廣，囿於本書人物刻劃的焦點，下文僅簡摘與士師記相關的五項祭司特徵。

第一是祭司與利未人的職責。

民數記十八章開宗明義以耶和華對亞倫所說的話，針對祭司和利未人的職責詳加說明（民十八 1～4、6）。簡要來說，祭司和利未人必須在會幕前供職，看守全會幕，因為聖所代表上帝臨在的地方。

第二是祭司的設立。

祭司制度的設立和祭司的揀選，全然出乎上帝的旨意與計劃（出二十八 1，二十九 1，四十 12～15）。祭司並不因自己有何特殊恩賜、才幹或比他人聖潔而蒙上帝揀選。即便亞倫曾經犯下縱容以色列人製造和敬拜金牛犢的大罪（三十二 25），上帝仍然堅定祂的揀選。

第三是祭司的目的。

上帝設立祭司具有獻祭、奉上帝之名祝福和教導這些最主要目的。利未記對於祭司的職分具有明確的記載（利九 4、

22～24，十8～11）。

第四是祭司的事奉。

顯然，祭司的事奉與敬拜耶和華一事是密不可分的。在以色列人進入迦南地之前，摩西藉申命記再度重申上帝的誡命，其中以敬拜的重要性為首要優先。不論祭司事奉的場所何在，只要有他在的地方，那裏便是耶和華選擇的地方，他的事奉必蒙上帝喜悅（申十二13～14）。

第五是祭司的生活。

祭司身分獨特，不但是上帝與人之間的管道，更是教導上帝誡命的出口。祭司是以色列人的宗教領袖，上帝自然對他有與眾不同的標準。上帝要求祭司的生活要聖潔，因為使祭司成聖的耶和華是聖潔的（利二十一8、15、23，二十二9、16、32）。利未記二十一章特別提出針對祭司的潔淨條例，其中包含婚姻與舉哀的規條（二十一4、7）。如此說來，祭司既承擔屬靈領袖的重任，就當對自己有更高的要求，在生活的每一個細節上都務要聖潔。

摩西五經為祭司和利未人所勾畫的五項特徵，成為下文關於文本互涉觀察的重要依據。

當我們將無名的利未人和具文本互涉對應的摩西的祭司制度並排比較時，我們便發現無名的利未人早已偏離祭司的制度與法規。現在，就讓我們根據上述五項特徵，來觀察無名的利未人和摩西的祭司制度之間的對照。

第一，根據祭司與利未人的職責來看，無名的利未人大大疏忽自己身為利未人的職責（士十九18）。因為無名的利未人本應留在耶和華的殿中，忠心事奉上帝；但他卻為了追尋行淫的妾，而奔走於遙遠的伯利恆之間。無名的利未人沒有辦理會幕的事，卻在辦理自己的家務事中，滯留岳父家暢快吃喝。

第二，根據祭司的設立來看，無名的利未人完全違背了上帝對他的揀選與呼召。聖職的設立全然是上帝的恩典，但具有如此殊榮的無名的利未人，竟然一點也不在乎自己的神聖呼召與使命。在整個無名的利未人的故事中（即士十九～二十章），我們看不到一點與聖職有關的敍述。無名的利未人只回應自己的慾望、自我和自私。

第三，根據祭司的目的來看，無名的利未人的表現，恰是獻祭、奉上帝之名祝福和教導的反照。首先，無名的利未人所宰殺的，並非作為平安祭的公牛或公綿羊，他所宰殺的是自己的妾。其次，無名的利未人的事奉盡是敗壞與咒詛，他無法奉上帝之名祝福以色列人。最後，無名的利未人更成為祭司教導職分的極端諷刺。無名的利未人不單在信仰知識的傳遞上徹底失職，更在信仰生命的流露上一敗塗地。

第四，根據祭司的事奉來看，無名的利未人既沒有在上帝所選擇的聖所忠心職守，更沒有在以色列人集體敬拜耶和華的事奉上盡心竭力。無名的利未人的故事，毫無合一敬拜的蹤影。只有如同一人的支派內戰，衝刺吶喊在故事的回響中。

第五，根據祭司的生活來看，無名的利未人的生活，完全是聖潔的反面。上帝要求宗教領袖在生活的每一層面，展現聖潔的特徵。然而，無名的利未人在最基本與重要的家庭生活中，毫無聖潔的表現。他一系列的醜陋行動，在在是上帝看為憎惡的，他羞辱了全然聖潔的上帝。

在摩西五經的文本互涉對應之下，無名的利未人成為士師記最黑暗時代的寫實。他是利未人的悲劇，也是以色列的悲劇；他更為士師記的悲劇帶出高潮性的結束。

總的來說，兩個利未人的故事細節尖鋭地指出，以色列的宗教領袖是導致以色列墮落的始作俑者。然而，在士師的年代，耶和華的殿仍在示羅。我們應當如何解釋，以色列宗教禮儀和這些信仰不忠的並存呢？耶和華的殿雖仍佇立，但利未人卻如此邪惡。兩者之間的張力讓我們看見，士師記這些可怕的故事，不過是強調以色列的罪惡罷了。換言之，以色列還是有人敬拜耶和華。以色列的宗教領袖尚未一敗塗地，但卻可以更加美善。可見，幾個「壞蘋果」的確毀壞了整個以色列。這項警告不容輕忽。我們千萬不可忘記，單單幾個人就可以造成嚴重的國家損害。

2.8 結論

從結構來看，士師記作者向讀者傳遞信息的目的明顯可見。[194] 因此，士師記的結構成為信息的引導。士師記的結構以道德的墮落為主軸。作者讓人物中的英雄先行出現，以顯示以色列屬靈光景的疾速退後。在士師記的一開始，許多士師是備受尊崇的人。底波拉似乎成為好壞士師的關鍵點，因為在她之後，士師英雄的缺點漸漸增加。底波拉成為以色列人和士師倫理衰微快速轉下的轉折點；這個墮落的循環，在悲劇英雄參孫的時候達到谷底。在參孫之後，英雄不再出現，故事的主要人物盡是壞人。

從循環來看，士師記的故事比較具有主題而非年代的取向。領袖的信仰退後，顯然快速異常。底波拉（或巴拉）和基甸的故事，由信心的缺乏開始；耶弗他的故事，混合錯位和誤解的信心；參孫的故事，則毫無一絲信心的痕迹。而與這些故事相連的，就是種族或家庭的觀念：底波拉是一個母親，她最初的職責並不是上戰場(士四7)；基甸的領袖風格，引起眾子的悲劇下場；耶弗他的錯誤許願，導致自己女兒的死亡；參孫的父母以放縱的方式教育兒女，使參孫不但無法有正常的婚姻關係，更使參孫落入悲慘的死亡結局。在參孫之後，以色列幾近落入萬劫不復的地步！

從上述的模式來看，有些士師以非常重要的象徵方式，代表以色列的領袖。例如，基甸為兒子的命名，既虛偽又自我，又展現他與摩西既謙卑又敬虔的領袖風格，相距有多遠。基甸是摩西的完全反照。另外，參孫這位徹底罪惡的人物，成為以色列的預表；因為他行自己眼中看為對的事，任意婚娶外邦女子。尤有甚者，形容參孫的詞彙，也被作者用來形容以色列。任何一位謹慎的讀者，都不應該錯失作者的象徵筆法。[195] 基甸和參孫也以各自的方式，與外邦神明雷同。換言之，基甸像伊勒，而參孫就像小太陽。那麼，究竟這些象徵具有甚麼意義？一般來說，愈複雜的人物刻劃，代表愈有問題的人物。像基甸就具有多種特徵混合的記號。耶弗他也同樣複雜。作者使用這些複雜的人物，來表達以色列領袖所處的複雜與循環境況。與底波拉單純的信心恰恰相反，這些具有不單純特徵的複雜領袖，將以色列搞得一團糟糕。人物刻劃的修辭策略，顯示作者以重要的神學方式，使用複雜的技巧。

沃爾頓(John H. Walton)在他極具洞察力的研究中指出，甚至外邦文獻有時也將外邦神明描繪成無能的士師。因為他們的不公義，他們的行為受到質疑。[196] 士師記作者對於外邦神明題旨那具智慧的運用，可謂達到反諷的完美境界。這些罪惡的士師不但沒有展現耶和華公義或公平的任何屬性，還更進一步地彰顯不可靠、無能與不道德的外邦神明習慣（例如，基甸、參孫等）。士師的循環也隱含地和第一個利未人的故事相互連結。連結的關鍵就是「米迦」的名字，因為這個名字引出「誰像耶和華？」這個問題。如果我們從迦南的環境來觀察文本，那麼答案顯然是：「沒有一個人。」然而從另一個層面，當我們看著以色列這羣失敗的領袖時，這個問題的答案也強烈地反映出，士師實際應當向以色列人代表耶和華。更確切地說，米迦的名字是悲歎以色列領袖光景的哀歌。竟然沒有人代表耶和華。如果領袖在品格上如此失敗，那麼以色列還有甚麼希望呢？

除了領袖的模式具有重要的象徵意義之外，士師記也展現出，在底波拉之後的所有士師，都是二十一章25節所反映出以色列社會的迷你畫像。換言之，這些士師都是，「那時，以色列中沒有王，各人任意而行」的真實寫照。基甸以他缺乏自信和懼怕（例如，士七10）為特徵。因此他只敢擊打那些比他軟弱的。耶弗他是一位英勇的戰士，但卻缺乏正確的宗教價值。因此他倚靠自己的能力，向每一個人宣戰。既然他的個性適於作戰，他以好戰的個性領導以色列。參孫對於女人永無止境的慾望，導致他的興衰。他以玩弄女人，而非敬虔的心志領導以色列。每一個士師都行自己看為對的事。以色列人與她的領袖相配。因為她的領袖正是病態社會的產物。

從上述的綜合討論，我們也可以得出一些關乎上帝的子民的特殊結論。亞伯拉罕和摩西的旁徵，為上帝的勝利提供了預示。亞伯拉罕接受上帝的應許。摩西則開始行使這些應許的應驗。基甸身負重大責任，承接這個屬靈遺產。基甸必須相信，永不改變的上帝即便在每個不同的世代中，都能繼續施行祂的旨意。上帝以獨特的啟示方式，向基甸顯明，上帝永遠是信實的。只要基甸承認上帝的信實，勝利立即在望。可見，成功不僅來自順服的行動。尤有甚者，上帝的子民必須接受上帝向先祖的自我啟示。因為真正了解上帝的啟示，是順服的重要根基。

既然士師記的教導也具濃厚的個人層面，基甸的領導就成為極佳的起始點。如同許多具有影響力的宗教領袖，基甸已經顯示自己是蒙上帝揀選的子民之一。然而，上帝除了第一次呼召選民得救之外，上帝還可以在某個特定時刻，向人發出第二次的呼召。基甸在士師記中的蒙召與個人的救恩無關，而與他所要承接的角色和使命有關。從上帝稱呼基甸的方式，我們可以看見上帝對基甸有偉大的計劃。基甸是否能夠成功，端賴他是否承認上帝在他生命中的同在。上帝的僕人必須認定，上帝有求於他的，絕對不會超越他被召的事工。相反地，上帝只要求僕人使用自己所有的能力來事奉祂。真正的議題並不在於僕人多有恩賜，而在乎他是否真正被召。議題的最重要關鍵，在於僕人是否甘心樂意地全然獻上恩賜為上帝使用。

在基甸的領導中，上帝顯示祂那刻意施展的手，參與基甸所有的事工。基甸的故事顯然強調「呼召者」過於「呼召」。上帝的靈充滿在基甸所有的工作中。因為只有藉著奇迹又神聖的干預，上帝才能使用一個軟弱又沒有魄力的領袖為器皿。領袖的主要關鍵，就是承認上帝的力量，而非人的才能。當基甸不斷以人的才能為焦點，而導致懷疑重複出現；作者要我們將焦點放在上帝在領袖中的力量。所有的領袖，不論他們有多少才能，沒有人能夠離開上帝而領導。就像葡萄枝子若離開了葡萄樹，就無法結果一樣。

基甸對待偶像的方式，成為那些來自拜偶像背景的讀者，另一項十分具體的教導。許多具有外邦背景的人，相當懼怕神祕的儀式。但這個關於基甸除去偶像祭壇的故事展現出，當上帝的子民勇敢行正確之事時，黑暗的勢力實際沒有一點力量。雖然基甸遭遇一些困難，但至終的勝利卻在上帝的手中。偶像毫無能力控制那些遵循上帝命令的勇敢跟隨者。

2.9 省思與應用

綜觀前文所有的討論與比較，我們必須從領袖的角度來思考英雄的意義。毫無疑問地，耶和華不僅是以色列的王，並且是以色列的士師，因為施行公義是祂的屬性。作者以「士師」的頭銜稱呼以色列的領袖，一方面要顯示這些領袖應當以士師的身分代表上帝；另一方面，作者要展現他們具有王的領袖身分。然而，他們在這兩方面的表現，都極其失敗。他們的失敗成為以色列需要一個集中治理和信仰堅固的領袖的根本原因。像撒母耳或大衛般的領袖，是以色列迫切需要的，因為這些領袖具有尋求上帝旨意的佳美心志。在士師記的時代，政治的控制似乎停留在地方性的局面。因此上帝的選民以色列，在沒有堅強領袖集中治理的情況下，過著分散又遭外人欺壓的生活。在約書亞死後到掃羅被立為王之間，以色列並不是一個統一的國家。以色列迫切需要堅強的領袖，但似乎士師記大部分的領袖，都未能通過考驗。在所有的士師當中，惟有俄陀聶是毫無瑕疵的士師。以笏和底波拉都不是合乎常規的士師，因為以笏是經過訓練的特別戰士，而底波拉則是一位母親。

不合乎常規並非壞事，但他們兩位都不是一般領袖的典型。與其從這些英雄中觀察領袖的特質（除了底波拉、以笏和俄陀聶之外），我們應當將這些英雄故事視為「**不**應當如何領導」（how

NOT to lead）的教材。從本書的詮釋，我們也看見士師記的英雄，可以和約書亞、亞伯拉罕和摩西等歷史英雄，多有比較。相比之下，士師記這羣令人輕視的英雄，更加突顯了歷史英雄的可敬之處。除了與其他書卷作文本互涉以外，士師記的英雄也因著相似的情節線索，彼此可以相互比較。對士師記的作者而言，至好的領袖應當兼備堅強的屬靈和倫理生活。另外，一個集中治理的領袖和一個集中敬拜的屬靈聖殿，是以色列國家健全的必備要素。因為這兩個要素，都具有使每個人彼此負責的功能。因此，從解讀這些英雄故事所帶出的最佳問題就是：上帝子民的領袖，應當如何領導今日的信徒與教會？換言之，這些領袖，不應當如何領導今日的信徒與教會？

士師記的敍述和刻劃模式，為我們展現出「跟隨者常是領袖之反映」這個事實。士師記的一些模式具有正面的教導，但大部分都展現負面的警戒。舉例來說，基甸是一位最不情願的英雄，而以色列也流露許多不情願的心態。當基甸在戰事上連連報捷時，報復性的公義便取代了其不情願的心態。基甸的行動因此預示了，以色列在士師記最後幾章的行動決策。在士師記後段的篇章，以色列根據自己的公平標準而行動，因此釀成全國性的慘痛悲劇。剛開始缺乏信心的基甸，最後變成一個獨裁者，他依憑自己的喜好而與自己的國家對抗。只因一點點的成功，他驟然變成一位一邊以佳言討好憤怒的支派，另一邊以殘酷報復他的敵人的政客。基甸沒有遵循上帝的引導，反讓他自己的喜好成為自己和整個以色列的法律。他成為目無法紀的根源。無怪乎，士師記後段的以色列，也反映相同的報復性公義行動。

從某個角度來看，基甸是一個最不配的領袖。他軟弱不堪。但同樣地，上帝可以使用三百名實力薄弱的軍隊，戰勝那擁有十三萬五千人的敵方軍團（士八 10）。可見，基甸和以色列的相似之處，傳遞了上帝的全能和恩典的信息。上帝的能力如此之大，以致祂可以使用任何一個人。上帝的恩典也廣闊高深，因為祂竟然能夠容忍那些毫無動力要更新自己生命的軟弱者。無論人有多軟弱，當上帝動工時，祂的恩典和能力必能實現祂的計劃和旨意。同樣的道理也適用於參孫身上。事實上，參孫和以色列人，都無意拯救國家。他們所關切的只是自我的利益。然而，上帝使用境況和人來拯救以色列；因為祂比以色列人更關切以色列。雖然上帝的子民問題多多，但上帝依舊拯救以色列。不論英雄的表現如何，上帝至終戰勝巴力和大袞。

除了跟隨者是領袖的反映之外，領袖也是跟隨者的反映。當我們研讀士師記時，我們不禁要問，以色列是否配得她的領袖。這個答案當然是肯定的。除了在底波拉循環中的士師之外，其他所有的士師都與以色列人具有同樣的性情和精神。他們都僅被自己的性情所引導。有時候我們抱怨這個世代或教會羣體的屬靈領袖，不合上帝的心意；但作者在此的控訴，使信徒怵然驚心。因為信徒羣體在培養至終興起的領袖上，有極具份量的參與。如此說來，羣體中的每個信徒都有責任，建造一些不只是「行自己看為對的事」的領袖。因為以色列人自然地採納了四周環境的外邦價值，因此文化的戰爭，普遍地在以色列的領袖人物中展開。缺乏良好的領袖，這必須啟發基督徒羣體作自我檢視，以思想錯誤的因由。士師記作者邀請被擄之民，在這方面多加思考；以致當他們重返家園時，不會再出現自我中心的領袖。

在領袖和跟隨者之間的反照效果中，我們還可以看見另一種模式的融合。換言之，士師記的領袖以漸進的方式愈來愈壞。而以色列的罪惡，也同樣地愈演愈烈。最開始的領袖巴拉，流露信心的缺乏，而回應底波拉呼召上戰場的支派，也參差不齊。以色列的表現和她的領袖，實在太相像了。同樣的不情願也顯見於基甸的身上，只是基甸可見的弱點更多。基甸在後期的生活中，不斷地合理化自己的不順服。到了耶弗他的時候，耶弗他只跟隨基甸的負面模式。儘管基甸還有對錯的觀念，但耶弗他卻多數生活在無知之中。耶弗他的故事顯示，光是以色列的長老和耶弗他聲稱他們認識耶和華，甚或提及耶和華的名字，是不夠的。他們的無知，將以色列帶至毀滅的道路。更確切地所，錯誤的神學徹底毀滅了以色列。士師退後與墮落的模式，從無意的無知轉向公然的不順服。到參孫的時候，領袖已經不再需要合理化自己的行為。他逕自任意而行。當我們將這個模式和以色列的光景並排觀看時，我們發現以色列也以同樣的方式沉淪。以色列首先在前言中，不情願地順服上帝，然後開始合理化自己的行動（即「鐵車」、「敵人太強壯了」）；最後以色列的失敗在全國陷入無政府的混亂中，達到負面的高潮。合理化是叛逆之母。以色列以合理化為開始，至終成為叛逆上帝的國家。如此說來，光是領袖和跟隨者聲稱耶穌或上帝的名，並不代表他們具有領袖的合法性。惟有完全順服和真正認識上帝的領袖，才將上帝的子民從痛苦中拯救出來。

士師記的領袖和他們的人民之間，具有一種密不可分的關係。舉例來說，以色列常是一羣不情願的子民，他們總是不願意順服上帝到底。巴拉也是如此。基甸更明顯是一個沒有信心的跟隨者。最後，以色列人甚至不想被拯救，並且試圖捆綁參孫以便交給非利士人。彼此反照的模式顯示出，以色列是領袖的反映。跟隨者具有一種源自領袖的集體人格。士師記藉這個模式，警告將來所有以色列的王。「以色列中沒有王」的強調，只是突顯人民對耶和華的不順服，以及領袖的無能。士師記作者，為以色列的領袖設下高超的標準。領袖不容任意而行，跟隨者亦是如此。然而，領袖肩負著重要的責任。如果領袖不在乎自己的責任，那麼他們的跟隨者也會依樣畫葫蘆。儘管上帝對領袖和跟隨者沒有雙重標準，但讀者必須從實際的角度來思考：領袖應該有更高的標準。這是作者對士師和以色列的刻劃所帶出的響亮信息。

執筆至此，我看見這個模式清楚發生在許多我曾經輔導過的教會中。士師記的信息依然響亮與清楚！基督教福音派世界中的許多領袖，正活出一種合理化的生活。他們的生活座右銘就是：「只要達到目標，任何方法都可行。」有些領袖具有正確的目標，但卻使用令人質疑的方式來完成。另一些領袖似乎公義，但實際暗藏假冒為善的屬靈毒害。不幸地，跟隨者成為受害者。例如，我曾經看過無數機構和教會，幾乎被說閒話的罪所毀滅。這些領袖知道利用跟隨者之間的閒言閒語，來完成自己的目的。領袖的正確目標可能達到了，但他們的方式卻全然錯誤。在這種情況下，機構絕對沒有合一，只有無休止的內鬥；更遑論團隊之間的合作。領袖必須儆醒小心！

除了上述的應用之外，我們還可以從士師和以色列所共享的另一個模式來學習。這個重要的題旨就是：士師和以色列同樣沒有實踐的潛力。巴拉本來可以獲得殺死西西拉的尊榮；但因他的猶疑不決，雅億得到尊榮。基甸本來可以成為第二個摩西，並且建立屬靈而非政治的傳承；但他也失敗了，而他的兒子更是毀滅了以色列。耶弗他本來可以和家人一起享受勝利的成果；但他魯莽而出的許願，拆散了自己的家庭。參孫總是在他神聖呼召和信仰之外，尋找伴侶；他對上帝的立約一點也不忠實。因此，他既沒有得到後代，更沒有尋獲真愛。至終，嘲弄和死亡成為他惟一所得的東西。利未人應當在正統的聖所事奉上帝，而不應該離開自己的神聖呼召到處遊蕩。這兩個利未人的失職，不但使自己的尊嚴盡喪，並且使整個祭司制度蒙羞。以色列同樣有潛力秉承約書亞的遺志，但她一開始在小事上不忠心，最後導致全國的危機。總的來說，惟有謹守耶和華的立約，潛力才得以完全發揮。

士師記的故事也教導我們領袖策略的重要性。基甸的故事提醒領袖，不要倚靠政治的謀略為他們領導的最終策略。順服上帝，是遠超任何一種政治策略的。順服需要堅忍的毅力。基甸的順服無法長久，因此他呼召別人來幫助他。順服的道路雖然崎嶇，但順服的報償卻歷久彌新。基甸想要走捷徑，但捷徑不能解決任何問題。基甸的自私心態，早在以法蓮事件時顯露，最後引發全面的宗教災難。主導基甸政治策略的根本原因，就是他的自我。只要基甸能夠像摩西一樣學習謙卑，那麼基甸足具潛力，可以成為像摩西一樣的領袖。雖然摩西並不完美，但摩西以謙卑和敬虔領導以色列。相反地，在基甸短暫的成功中，除了自我之外，基甸沒有任何謙卑和敬虔的流露。基甸處理成功的方式，最能彰顯他的自我。舒適的生活和自我中心的行為，摧毀了無數領袖。成功的誘惑時常在一段時期中，征服領袖；就像基甸在一段時期內，娶了許多妻子一樣。如果基甸在贏得戰爭之後繼續謙卑，那麼以色列或許可以享有更長的和平年代。然而，基甸選擇了自我顯大的道路。他日益惡劣的關係，也反映了他的內心光景。

基甸也有潛力可以成為像亞伯拉罕一樣的領袖，因為從呼召開始，基甸就可以將自己的關係和生命建基於上帝的立約之上。然而，在基甸後期的決策過程中，基甸因為忽略上帝的立約而大大失敗。因著基甸的決策過程，每一種人際關係都受到傷害。根本問題十分明顯！換言之，愈關切自己的領袖，愈容易使周遭的人受到傷害。在基甸的例子中，基甸的家庭最後遭到分裂的結果。體面的虛榮，不過是一場迷人的夢幻罷了。至終，基甸不但沒有受到尊重，也無法使自己的家庭長久堅立。有關這方面的觀察，將在本書第四章關於親屬關係的篇章裏，會作更深入的討論。基甸的故事令人感到悲哀，因為他無法持續不斷地認知上帝的身分，以致容讓巴力逐漸取代耶和華的地位。

最後，當我們從性別的角度來研讀士師記時，另一項重要的應用立時浮現。這項應用對今日信徒同樣重要。基甸、耶弗他和參孫，都非常合乎當時的男性理想。最糟的違法者是參孫。與其事奉耶和華，參孫將精力浪費在不聖潔的活動上。今天，信徒繼續在道德的純潔和社會的道德標準之間掙扎。我們的傳播媒介告訴我們，一個男子漢大丈夫，必須和許多女人發生關係。性征服因此成為男性價值的定義。上帝意欲祂的子民，尋找另一種價值觀。上帝意欲祂的子民，在事奉中尋獲生命的價值。所有的男性讀者必須特別注意這項教導，以活出基督徒的榮耀身分。

註釋：

1 我們可以從兩個角度來理解以笏左手便利的形成。第一，他可能生來就是左手便利的。便雅憫人可能集合所有左手強壯的人，對他們施以訓練，以進行特殊的戰役。第二，以笏可能從小就被訓練使用左手，以行使特別的使命。

2 Victor H. Matthews, *Judges, Ruth* (Cambridge: University Press, 2004), 68.

3 米吉多是惟一出現在聖經，並在埃及人、亞述人和赫人所有文獻的地方；可見，她在地理位置上的重要性。米吉多是埃及人和從海上來的人（可能是非利士人）戰鬥的地方。有興趣多了解米吉多的讀者，可以上網參考台拉維夫大學的文章：http://www.tau.ac.il/humanities/archaeology/megiddo/sciencearticle.html。這個地方的文化和器物極其豐富，一直是鑑定古代以色列歷史日期的決定性因素之一。

4 這也是一個關於繁殖力的題旨，因為上帝經由河水氾濫來倒轉繁殖力（即毀滅）。正常來説，河水氾濫可以為迦南人提供必要的土壤營養和繁殖力。然而，這一次上帝帶來毀滅。這的確是針對迦南人的宗教和巴力的敬拜所發出的攻擊。

5 C. L. Seow, *A Grammar for Biblical Hebrew*（Nashville: Abingdon, 1995）, 324；根據引介的句法結構（introductory syntactical structure），這裏將此歸類為「真正的情況」（real condition）。換言之，巴拉真的要倚靠底波拉才出征。

6 J. Cheryl Exum, " Feminine Criticism: Whose Interests Are Being Served? " in *Judges and Method*, edited by Gale A. Yee（Minneapolis: Fortress, 2007）, 72；這裏可能太過極端地，將底波拉視為以色列象徵性的母親。她**有可能**是一個象徵性的母親，但身為那個社會中的一個女人，她可能是一個真正的母親。

7 《和合本》譯作「等我興起作以色列的母」，這種譯法未必完全準確。更準確的應該是呼召「底波拉以色列的母親興起」。《聖經新譯本》的翻譯「直到我以色列的母親興起」，顯得比較貼切。底波拉並不是整個以色列的母親。相反地，她是來自以色列的一位母親。

8 對應的希伯來語用字，使得這個觀念更加清楚。

9 身為一個女先知，底波拉顯示她知道上帝拯救的明確日子；因為她使用「這個」（this）來描述特定的日子。她非常明白上帝的時間，上帝的確有祂的時間。有關指示代名詞「這個」（this）的討論，參 A. B. Davidson, *Introductory Hebrew Grammar*（Edinburgh: T & T Clark, 1989）, 3～4。

10 曾祥新：《士師記註釋》（香港：天道，1998），頁 136；這裏似乎暗示這種看法。

11 Gordon J. Wenham, *Story as Torah*（Grand Rapids: Baker, 2000）, 48.

12 R. Boling and G. E. Wright, *Joshua*, AB6（New York: Doubleday, 1982）, 123; Robert Coote, *Joshua*, NIB（Nashville: Abingdon, 1998）, 585；這裏指出這個與近東設立王位的形式相似。形式可能非常相似，但耶和華仍是約書亞的王，祂是約書亞最高元帥。兩者之間的相似處在於「傳承」的題旨。

13 Dale C. Allison, *The New Moses: A Matthean Typology*（Minneapolis: Fortress,

1993），1～28；這裏有差不多相同的說法。

14 Philippe Guillaume, *Waiting for Josiah: The Judges*, JSOTSup 385（London: T & T Clark, 2004）, 29；這裏提出一項有趣的觀察，他指出珊迦的故事有可能是後來加上的，因為在一些《七十士譯本》的抄本中，珊迦的故事屬於參孫的故事的一部分。若真是如此，那麼珊迦強調底波拉的修辭角色，就變得非常重要。換言之，珊迦的故事並非不經意的評論，乃是更大圖畫中的一部分。

15 相異看法，參 Arthur E. Cundall and Leon Morris, *Judges and Ruth*, Tyndale Commentary（Downers Grove: IVP, 1968）, 102；這裏將基甸的故事概括到八章的結束。但讀者應該將九章納入基甸的故事，因為它是基甸生命的延伸。

16 有關豐收的日期，參以下的優質研究：Oded Borowski, *Agriculture in Iron Age Israel*（Boston: ASOR, 2001）, 37。

17 Borowski, *Agriculture in Iron Age Israel*, 111；這裏說明另外還有兩個希伯來語用字，描述另外兩種磨器。第一，有一種可能是在葡萄園旁邊，從石頭鑿出的磨石。第二，有一種磨石可能是可以攜帶各處使用的。基甸的磨石，是這兩種磨石以外的另一種磨石。

18 R. G. Boling, *Judges*（Garden City: Doubleday, 1975）, 131。相似看法，參曾祥新：《士師記註釋》，頁 184。這種詮釋是有根據的，因為相同的用字被用來形容居高等社會地位的人士（撒上九 1）。參 Greg Mobley, *The Empty Men*（New York: Doubleday, 2005）, 35。若然如此，基甸實在一點也沒有盡到他的責任。

19 士師記六章 12 節單數的「你」，與六章 13 節複數的「我們」，形成反照。

20 我們只需看看作者對於不同的題旨所使用的字數，就可以明白作者所強調之處。將聖經的主要和次要題旨視為平等，甚至將聖經各種各類的行為視為一般倫理，都是非常危險的解讀方式。出現在前文的基甸敘述繪圖也有力地證明，基甸的羊毛試驗，不應該成為我們的信仰應用。

21 Daniel E. Fleming, *The Installation of Baal's High Priestess at Emar*, Harvard Semitic Monograph 42（Scholars: Atlanta, 1992）, 76。家庭祭壇的習俗，也顯見於烏加列人的生活中。

22 曾祥新：《士師記註釋》，頁 195。

23 有關自我的社會規範和地位，參 Erhard Gerstenberger, *Theologies of the Old Testament*, trans. by John Bowden（Minneapolis: Fortress, 2002）, 27ff。

24 G. del Olmo Lete, *Canaanite Religion According to the Liturgical Texts of Ugarit*, trans. by Wilfred G. E. Watson（Winona Lake: Eisenbrauns, 2004）, 339.

25 我們必須記住，米甸人和以色列的過去，具有漫長的歷史（出二 11～15），而亞瑪力人也在以色列歷史，甚至到被擄時期，都繼續對以色列人大有影響力（撒上十五 3～33，二十八 18；撒下一 6～10；斯三章）。藉著提出這兩個敵人的名字，作者試圖顯示，前面工作不可能完成的高度艱難。

26 參 Daniel I. Block, *The Gods of the Nations*（Grand Rapids: Baker, 2000）；有關國家神明和聖戰相互關連的論文，的確合理與有益。

27 追溯至約瑟夫（Josephus）的詮釋，同樣具有趣味（AJ 5.215～217）。他認為跪下喝水的人比較勇敢。那麼，上帝是使用那些比較不勇敢的人作戰，以便顯示祂的能力。但經文沒有一處指出，人的個性是經文的焦點。作者也沒有提及舔水的人所具有的姿勢。Greg Mobley, *The Empty Men*（New York: Doubleday, 2005）, 140；其他許多詮釋者有相同的看法，均認為上帝試驗人是否警醒，而上帝所要的人具有站著舔水的姿勢。我無法同意這是經文的焦點。事實上，姿勢並不是作者的關切，作者所關切的乃是人的數目。

28 米甸人的朋友所說的話，並不是正統的神學論述，而是迷信的言詞。「上帝已經把米甸……交在……」，可以被譯為「神明（the gods）已經把米甸……交給」。不過，作者使用單數的「交給」，因此按照文法，我們應當將經文譯為單數的「上帝」（God）。他們並不認識耶和華，但他們意識到某件不尋常的事即將發生。

29 Nathan Klaus, *Pivot Patterns in the Former Prophets*, JSOTSup 247（Sheffield: Sheffield Academic Press, 1999）, 74；這裏認為基甸非常勇敢地衝上戰場，並沒有給戰士太多命令的看法，稍嫌誇張。命令的簡短可被視為勇敢的表現，但根據經文，基甸的確給戰士足夠的指示，使他們知道如何行。

30 相異看法，參 Daniel I. Block, *Judges, Ruth*（Nashville: B & H, 1999）, 287；他認為基甸的喊叫，標示了基甸後來所產生的個人榮耀的問題。

31 Yigael Yadin, *Art of War in Bible Lands: In Light of Archaeological Study*（New York: McGraw-Hill, 1963）, 258.

32 Block, *Judges, Ruth*, 282.

33 參 J. D. Fowler, *Theophoric Personal Names in Ancient Hebrew: A Comparative Study*, JSOTSup 49（Sheffield: JSOT, 1988）, 84～111。

34 Moshe Garsiel, " Homiletic Name-derivations as a Literary Device in Gideon Narrative: Judges vi ～ viii, " VT 43（1993）, 304.

35 我們很難猜測，為甚麼他們的父母會給這兩個敵人領袖這種名字。或許「犧牲」是獻給外邦神明。而「沒有保護」仍然是一個謎。

36 Amihai Mazar, *Archaeology of the Land of the Bible*（New York: Doubleday, 1990）, 344；根據這裏，這個考古時期的望樓，通常都與神廟有關。然而，經文並未交代清楚。

37 Mobley, *The Empty Men*, 118.

38 Block, *Judges, Ruth*, 298；這裏指出以色列人完全誤解這項拯救。

39 Cornelius Van Dam, *The Urim and Thumin: A Means of Revelation in Ancient Israel*（Winona Lake: Eisenbrauns, 1997）, 67, 77。這裏所顯示的相似處，也可見於埃及祭司的服飾。" KTU " 代表下列作者的標準研究：Manfried Dietrich, Owald Loretz, and Joaquin Sanmartin, eds., *Die keilalphabetischen Texte aus Ugarit: Eischliesslich der keilalphabetischen Texte ausserhalh Ugaritis: Tiel 1, Transkription*, AOAT 24（Kevelaer: Butzon and Bercker, 1976）。所有未經翻譯和現代校訂的 KTU 文獻，參 Manfried Dietrich, Owald Loretz, and Joaquin Sanmartin, eds., *The Cuneiform Alphabetic Texts from Ugarit, Ras Ibn Hani and Other Places*（Münster: Ugarit-Verlag, 1995）。最重要的顯然是來自 KTU 1 的宗教文獻。

40 Dennis T. Olsen, *New Interpreter's Bible: The Book of Judges*（Nashville: Abingdon, 1998）, 792.

41 有關多妻制的社會涵義，參 Hennie J. Marsman, *Women in Ugarit and Israel*（Leiden: Brill, 2003）, 126。

42 極其諷刺地，士師記八章 22 節將在九章應驗。屆時，基甸從妾而生的兒子，將以恐怖的政權統治以色列人。

43 Wolfgang Bluedorn, *Yahweh Versus Baalism: A Theological Reading of the Gideon-Abimelech Narrative*, JSOTSup 329（Sheffield: Sheffield Academic Press, 2001）, 60, 69；這裏指出壓迫的延伸描述和先知的出現，打破了引介公式的模式，因此，這標示基甸的循環是一種新的開始。我比較偏向將這視為以色列結局的開始。

44 Mark S. Smith, *The Ugaritic Baal Cycle Volume 1*（Leiden: Brill, 1994）, 92n180;

Baruch Margalit, " The Meaning and Significance of Asherah, " VT XL（1990）, 271。在其他相似的聖經題旨上，許多學者將其他地方的經文與亞舍拉（Athirat）的七十個兒子相連在一起。參 Melanges Dominique Barthelemy, " Les tiqqune sophere et la critique textuelle de l'Ancien Testament, " *Congress Volume: Bonn, 1962*, VTSup 9（Leiden: Brill, 1963）, 295～297。

45 KTU 1.4；這裏提及七十個兒子的上下文，與宴會的情境有關，以描述伊勒極其奢華的生活。

46 Marguerite Yon, *The City of Ugarit at Tell Ras Shamra*（Winona Lake: Eisenbrauns, 2006）, 19.

47 Yon, *The City of Ugarit at Tell Ras Shamra*, 25；這裏發現十三段（bis）包含以楔形文字寫下的名單。

48 Alberto R. W. Green, *The Storm-God in the Ancient Near East*（Winona Lake: Eisenbrauns, 2003）, 234。米迦（Milki）也可能是摩洛神明的名字。在加入母音之後，它與「米勒」（melech）非常相近，也就是希伯來語的「國王」。

49 E. Theodore Mullen, Jr., *The Assembly of the Gods*, Harvard Semitic Monographs 24（Atlanta: Scholars, 1986）, 51.

50 KTU. 4.102；文獻顯示一份妻子的名單。有些妻子被稱為高等地位的妻子，指出在家庭中的階層制度。

51 有關討論，參 Block, *Judges, Ruth*, 257n504。

52 有關呼召敍述的場景預表（type scene）討論，參 Robert H. O'Connell, *The Rhetoric of the Book of Judges*（Leiden: Brill, 1996）, 148n182。

53 出埃及記三章 7 節描述上帝的擬人化用語（anthropomorphic language），十分明顯；它顯示上帝看見，聽見，並且知道以色列人的受苦。這三個行動的動詞，傳遞出一個理性和與人有關係的上帝。他知道地上光景的景象和聲音。對於上帝的相同理解，繼續出現在士師記。在士師記中，當以色列人呼求上帝時，上帝就回應。

54 在出埃及記三十二章 1 和 4 節，「神」（god）一詞的希伯來語是複數的。亞倫造一個單數的偶像，來代表複數的神，這顯示他自己的神學掙扎；因為描述耶和華的「伊羅欣」（Elohim）一字，是複數形式的「上帝」。對於上帝的複數用法，至今尚無圓滿的解釋。撒娜提出一種解釋：Nahum Sarna, *Exodus*（Philadelphia: JPS, 1991）, 204；他認為文士在抄寫故事時，將這個字變為複數,以傳遞耶和華是誰的意味。如此說來,經文沒有任何多神論的暗示。

55 毫無疑問地,牛犢具有外邦人的根源。或許牠和以公牛為代表的迦南神伊勒相似。又或牠與具有牛形像的一些埃及眾神相似。

56 相異看法,參曾祥新:《士師記註釋》,頁 184;這裏認為基甸非常勇敢,因為他在這麼恐怖的時候打麥子。簡要與類似的看法,參 Allison, *The New Moses*, 28～30。

57 按語法結構來說,出埃及記三章 10 節未來可能受差遣的摩西,因為差遣尚未完成。士師記六章 14 節則屬代表上帝差遣基甸的確定性。在士師記六章 14 節的上下文中,基甸已經訴說上帝在摩西拯救中的信實。他為何還必須被差遣呢?答案應該是「沒有」。上帝對基甸的差遣,在語法結構上與摩西的記載十分不同,因此顯示基甸應該相信耶和華呼召的合理性。因為他具有摩西這位歷史前輩所沒有的優先條件。

58 相同的「差派」詞彙,也出現在兩處經文中。

59 語法結構也與出埃及記四章 10 節,摩西與耶和華說話的經文相似。對於自己不夠資格的同類修辭論證,也在兩處經文中出現。兩處經文都以完全相同的「唉,我主啊」為開始(出四 10;士六 15)。在相同語法結構的展現下,基甸和摩西的相似之處愈加清楚。

60 再次地,「證據」(sign)一字又以相同的希伯來語用字出現。

61 如果士師記的原始讀者是被擄後的以色列人,那麼他們應當了解以利亞的意象。但我不敢確定以利亞的故事強烈地主導士師記字裏行間的隱含意義。

62 雖然我不見得同意科茨(George W. Coates)——他認為摩西的故事寫於被擄或被擄後的時期——但他卻正確地指出,摩西是事奉典範的事實,絲毫不受時間的影響。George W. Coates, *The Moses Tradition*, JSOTSup 161(Sheffield: Sheffield Academic Press, 1993), 112～114。

63 Block, *Judges, Ruth*, 344;這裏也指出士師記十章 8 節的「擾害欺壓」(shattered and crushed),是罕見的用字。在九章 53 節的希伯來語中,殺死亞比米勒的婦女「打破了」(crushed)他的腦骨。這是一個致命的擊打。

64 O'Connell, *The Rhetoric of the Book of Judges*, 195;這裏指出修辭的形式,屬非常高級的文體。這個妓女的兒子,實際是靠自己的努力而成功的人。

65 Daniel I. Block, *The Gods of the Nations*(Grand Rapids: Baker, 2000), 76, 84。基抹是摩押人的守護神(patron god)。摩押人的碑文屬於大約公元前八三五

年左右。但這個傳統一定更加久遠，因為摩押人的宗教一文化相當古老。有關米沙（Mesha）碑文的完整內容，參 William Hallo et al., eds., *The Context of Scripture*, volume 2（Leiden: Brill, 2000）, 137～138。

66 有關耶弗他如何和搞錯外邦神明的事實，參 Block, *Judges, Ruth*, 362。

67 Burton MacDonald, *East of the Jordan: Territories and Sites of the Hebrew Scriptures*（Boston: American Schools of Oriental Research, 2000）, 199.

68 對上帝的有條件應許，是許願的定義。只有當上帝答應許願者的要求之後，許願者才需要還願。Tony W. Cartledge, *Vows in the Hebrew Bible and the Ancient Near East*, JSOTSup 147（Sheffield: JSOT, 1992）, 12。

69 耶弗他的驚訝顯示，他並不知道他的女兒會從自己的家出來迎接他。士師記十一章 31 節的「無論甚麼人」屬希伯來語的陽性，表示通常是動物或男性僕人會從家中出來迎接他。

70 Barbara Miller, *Tell it on the Mountain*（Collegeville: Liturgical, 2005）, 11；此書頗具洞察力地指出，在法律上，耶弗他沒有兒子可能導致他所擁有的土地，再次歸回起初將他趕逐出門之同父異母的兄弟們。根據以色列的律法，這種看法是合理的。因為民數記二十七章 1 至 11 節提到，產業如何在家族之內傳承的規定。正如以色列的土地淪於外邦人一樣，這位極其外邦化的領袖耶弗他，也失去自己熱切渴望的土地。因著他自己愚昧的行為，他完全毀滅回到自己的地方成為一位有魄力之領袖的夢想。

71 Carolyn Pressler, *Joshua, Judges, and Ruth*（Louisville: WJKP, 2002）, 194；我不同意這作者的看法。這作者將士師記十章之後的小士師（士十 3～5，十二 8 及其後），視為上帝祝福的標誌。而他們有許多兒子，乃是繁殖力的象徵。但當我們將作者對這些小士師的描述與基甸相比時，我們很容易就看見這些小士師的畫像，充滿生活腐敗的暗示。

72 到了士師記十二章 8 至 15 節，「拯救」或「救」的用字（士三 9、15），已經不再出現於小士師以比讚、以倫和押頓的記錄中。因為從這時開始一直到參孫的時期，士師都沒有對以色列產生任何特殊的影響。

73 參 John Day, *Molech: A God of Human Sacrifice in the Old Testament*（Cambridge: Cambridge University Press, 1990）。沒有證據顯示，烏加列有獻人祭的習俗；但卻有許多文獻和考古證據，支持腓尼基人獻人祭的習俗。

74 參 J. David Schloen, *The House of the Father as Facts and Symbol: Patrimonialism*

in Ugarit and the Ancient Near East（Winona Lake: Eisenbrauns, 2001）, 350。

75 有關撒分或「北邊」（north）的詞源所具有的宗教意義，參 Nick Wyatt, "The Significance of SPN in the West Semitic Thought," in *Mantik in Ugarit: Keilalphabetische Texte der Opferschau-Omensammlungen Nekromantie*, edited by Manfried Dietrich and Oswald Loretz, ALASP 3（Münster: Ugarit-Verlag, 1990）, 213～237。他的方法論以語詞研究（lexical research）為焦點，是定位以色列及其鄰邦的宗教發展的重要起始點。

76 相異看法，參 Block, *Judges, Ruth*, 383；這裏認為耶弗他虛構指控，嫁罪於以法蓮人。由以法蓮人威脅燒毀耶弗他和他的屋子來看，以法蓮人很可能不願意跟隨耶弗他。藉著製造困難的情況，以法蓮人現在正式背叛耶弗他的領導。

77 Esther Fuchs, *Sexual Politics in the Biblical Narrative*, JSOTSup 301（Sheffield: Sheffield Academic Press, 2000）, 198；這裏似乎建議，這的確是一種性別上的偏袒。或許對耶弗他而言，這種看法帶有幾許真實性。但經文絕對沒有暗示，這個事件與性別有任何關係。經文的主要焦點是許願。

78 兩個記錄都以獨特的「燔祭」（burnt offering），來描述獻祭。兩個記錄也使用相同的詞彙，討論「將他獻上」（offer him up）。

79 Nahum Sarna, *Genesis: The Traditional Hebrew Text with the New JPS Translation*（Philadelphia: JPS, 1989）, 393。有關較晚期的腓尼基人獻人祭的證據，參 Walter A. Maier, III, *Asherah: Extrabiblical Evidence*, Havard Semitic Monograph 37（Atlanta: Scholars, 1986）, 117～118。研究指出因獻人祭的目的，而存留在骨灰甕中的人的遺骨；不但在迦太基，並且在西西里（Sicily）和撒丁島（Sardinia）等地，普遍可見。所有受到腓尼基人影響的地區，都無法避免這種習俗的同化。然而，最大規模的證據似乎出現在較士師記為晚的時期。

80 相異看法，參 J. Cheryl Exum, *A Feminist Companion to Judges*, edited by A. Brenner（Sheffield: Sheffield Academic Press, 1993）, 131。

81 Alice Logan, "Rehabilitating Jephthah," JBL 128（2009）, 667～672.

82 David Janzen, "Why the Deuteronomist Told about the Sacrifice of Jephthah's Daughter," JSOT 29（2005）, 349.

83 Cundall and Morris, *Judges and Ruth*, 157.

84 Barry G. Webb, *The Book of the Judges: An Integrated Reading*, JSOTSup 46（Sheffield: JSOT, 1987）.

85 J. Cheryl Exum, " Aspect of Symmetry and Balance in the Samson Saga, " JSOT 19 (1981), 3～29.

86 例如：Exum, " Aspect of Symmetry and Balance in the Samson Saga, ", 3～29；J. Kim, *The Structure of the Samson Cycle* (Kampen: Pharos, 1993)。

87 曾祥新：《士師記註釋》，頁 320。

88 相異看法，參，J. Cheryl Exum, *Fragmented Women: Feminist (Sub) versions of Biblical Narratives*, JSOTSup 163 (Sheffield: Sheffield Academic Press, 1993), 87, 90；這裏認為，這個故事指責並且警告，屈服於女性權力之下的危險。其實真正的問題，並不僅在於女人。關鍵是參孫生命中的女人，導致參孫違反耶和華的立約。耶和華的立約，而非女性的關切，才應該是故事的最終議題。

89 參 Saul M. Olyan, " What Do Shaving Rites Accomplish and What Do They Signal in Biblical Ritual Contexts? " JBL 117 (1998), 612。

90 在米諾的壁畫和印記戒指上，可以看見光著上身並且突顯誇大胸部的女祭司肖像。這種穿著形式普見於女神和一般婦女之間。這類圖像可見於：J. Lesley Fitton, *Minoans* (London: British Museum Press, 2002), 169, 176。

91 除了多森夫婦的標準研究之外，另一項優秀的研究可見於：Peter Warren, " Minoan Crete and Pharaonic Egypt, " in *Egypt, the Aegean and the Levant*, edited by W. Vivian Davies and Louise Schofield (London: British Museum Press, 1995), 1～18。

92 有關聖經中的「迦斐託人」(Caphtorim)的語言討論，參 Turde Dothan and Moshe Dothan, *People of the Sea* (New York: MacMillan, 1992), 7 ～ 9。多森也更進一步注意到，非利士人起源於米諾文化的其他記錄。我認為出現在埃及人的文獻和壁畫中的非利士人，頭上所戴的羽毛頭飾，與希臘頭盔極其相似。這項觀察證明非利士人的確具有愛琴海地區的根源。有關頭飾的討論，亦參 Dothan and Dothan, *People of the Sea*, 17～21。

93 類似希臘文化的服飾風格，參以下出處的壁畫：Turde and Moshe Dothan, *People of the Sea* (New York: MacMillan, 1992), 246。

94 有關這方面的討論，參 Jacqueline Karageorghis and Vassos Karageorghis, " The Great Goddess of Cyprus or the Genesis of Aphrodite in Cyprus, " in *Sex and Gender in the Ancient Near East: Proceedings of the 47th Rencontre Assyriologique Internationale, Helsinki, July 2 ～6, 2001, Part I*, edited by Simo Parpola and R. M.

Whiting（Helsinki: University of Helsinki, 2002）, 263～282。

95 George Kelm and Amihai Mazar, *Timnah*（Winona Lake: Eisenbrauns, 1995）, 95.

96 Kelm and Mazar, *Timnah*, 97.

97 Kelm and Mazar, *Timnah*, 103.

98 離開父母到女人的家中，並不僅是聖經的傳統（創二24）。烏加列語的文獻更清楚顯示，一個已經結婚的女兒，可以帶自己的丈夫回到父親的家中居住。參 Schloen, *The House of the Father as Facts and Symbol*, 328。然而，也有一些證據指向，烏加列的新娘離開父親的家，而到丈夫的家居住的習俗。參 Marsman, *Women in Ugarit and Israel*, 100。

99 在士師記中（參士十六1），「去見」（Go to）某人，暗示性交的意味。

100 Trude Dothan, *The Philistines and Their Material Culture*（New Haven: Yale University Press, 1982）, 231.

101 Yon, *The City of Ugarit at Tell Ras Shamra*, 164.

102 Judith M. Hadley, *The Cult of Asherah in Ancient Israel and Judah*（Cambridge: Cambridge University Press, 2000）, 192.

103 這項解讀與埃克薩姆（J. Cheryl Exum）的假設完全相反，他認為參孫對於自己的角色毫不知情，他完全是執行上帝的計劃的器皿。J. Cheryl Exum, *Tragedy and Biblical Narrative: Arrows of the Almighty*（Cambridge: University Press, 1996）, 42～44。

104 J. Alberto Soggin, *Judges*, trans. by John Bowden（Philadelphia: Westminster, 1981）, 248；這裏將這個事件與希羅的穀類節慶（grain festivals）連結在一起。這種平行雖然不太可能，但卻極為有趣。這種看法倒是引出，參孫的作為可能具有外邦文化的根源，甚或與外邦節慶有關。不過這項理論並不容易證實。在文學的層面上，這種看法符合參孫是最外邦化的士師的題旨。

105 Mobley, *The Empty Men*, 199。然而，我不確定作者是否熟悉野人的傳統（wild man tradition）。

106 與占星術有關的神明，仍為被擄後的讀者廣泛熟知。舉例來說，我們可以閱讀巴比倫人阿達德—古比（Adad-Guppi）的自傳。這位身為那波尼德（Nabonidus）國王的母親，談論她對於月神（Sin）的虔誠。參 Tremper Longman, *Akkadian Autobiography: A Generic and Comparative Study*（Winona Lake: Eisenbrauns, 1991）, 97～103。

107 我認為參孫的父母，將參孫取名為小太陽，是因為他們希望看見參孫的生殖能力就像太陽一樣。人和上帝之間的比較，起源於基甸的七十個兒子；因為他像伊勒一樣有七十個兒子（KTU 1.4 VI: 44～46）。這種類比的根源，早存於古代近東。出現在最初期人類文明的聞名亞甲文史詩（Atrahasis Epic），已經展現這種觀念。它以「當神明成為人時」（"When gods were humans"）為詩歌的開始。參 John H. Walton, *Ancient Near Eastern Thought and the Old Testament: Introducing the Conceptual World of the Hebrew Bible*（Grand Rapids: Baker, 2006）, 90。現在士師記作者採用擬人化的神話題旨，用諷刺的筆法攻擊以色列的領袖。.

108 有關「關聯」（association）一字的討論，參 Adele Berlin, *The Dynamics of Biblical Parallelism*（Bloomington: Indiana University Press, 1992）, 149n28。

109 有關亞實突（Ashdod）的城門建築，參 M. Dothan and Y. Porath, *Antiqot,* Vol. XXIII（Jerusalem: Israel Antiquities Authority, 1993）, 18。

110 如果我們謹慎解讀，我們將發現當士師愈陷入道德低點時，上帝拯救以色列人的聲音愈稀少。有關這項事實的觀察，參以下出處的圖表：Richard G. Bowman, "Narrative Criticism," in *Judges and Method*, edited by Gale A. Yee（Minneapolis: Fortress, 2007）, 32～33。

111 Dothan and Dothan, *People of the Sea*, 248；由在泰勒蓋齊爾（Tell Qasile）發現的非利士人神廟證實，支持神廟的柱子相離大約六英尺寬，的確是在參孫雙臂可以觸及的範圍內。

112 我們可以假設參孫在十五章 18 節的禱告中呼求耶和華的名，但作者並沒有在參孫的禱告中記錄耶和華的名。

113 D. Francois Tolmie, *Narratology and Biblical Narratives*（San Francisco: ISP, 1999）, 44ff；這裏將此稱為間接刻劃（indirect characterization）。「非利士人」間接地代表一整套的價值觀和意義。

114 Matthews, *Judges, Ruth*, 144；這裏將士師記三章 6 節視為偶像的隱喻。三章 6 節的真實光景，顯見於參孫糟糕的婚姻中。如此說來，參孫代表以色列的每一個男人。

115 Mazar, *Archaeology of the Land of the Bible*, 279～281.

116 Mazar, *Archaeology of the Land of the Bible*, 281～305。荷魯斯（Horus）是聞名的埃及隼神明。除了聖經的記載之外，迦薩連同亞實突和亞實基倫，都出現在埃及被記錄的非利士人要塞名單中。

117 J. F. Healey, "Grain and Wine in Abundance: Blessings from the Ancient Near East," in *Ugarit, religion and culture*, UBL 12, edited by N. Wyatt, W. G. E. Watson, and J. B. Lloyd（Münster: Ugarit-Verlag, 1996）, 69 ～ 70。有關另一個大袞廟或烏加列城市的大袞，參 Yon, *The City of Ugarit at Tell Ras Shamra*, 113。既然它的建築在中期青銅時代（Middle Bronze Age）即已開始，可見這個宗教的古老性和有效性。士師記的時代顯然較這個時期來得更晚。

118 Yon, *The City of Ugarit at Tell Ras Shamra*, 114.

119 Dothan, *The Philistines and Their Material Culture*, 17.

120 Dothan, *The Philistines and Their Material*, 18.

121 Carl S. Ehrlich, *The Philistines in Transition*（Leiden: Brill, 1996）, 16.

122 Ehrlich, *The Philistines in Transition*, 17.

123 J. Cheryl Exum, "Aspect of Symmetry and Balance in the Samson Saga," JSOT 19（1981）, 16～24.

124 Mobley, *The Empty Men*, 184.

125 Boling, *Judges*, 1112.

126 Mobley, *The Empty Men*, 84；雖採用不同的角度，但莫布利卻以一相同的方式評論伊磯倫的死亡。縱使伊磯倫的下令幫助以笏逃脫，但伊磯倫死亡的噁心景象，的確顯示上帝有祂的目的。

127 曾祥新：《士師記註釋》，頁 314。

128 Pnina Galpaz-Feller, "'Let my Soul Die with the Philistines'（Judges 16:30）," JSOT 30（2006）, 315～325.

129 現在是針對基甸故事和參孫故事的結構，作觀察比較的好時機。士師記大部分的故事都只含兩部分的結構。惟獨基甸和參孫的循環包含三部分的結構，這兩個故事顯示一種在情節結構上的刻意連結。基甸故事的三部分，分別是基甸的興起、墮落和基甸死後發生的事件。而參孫故事的三部分，則包含參孫的出生、婚姻和死亡。這兩個循環的第三部分非常相似，因為都以自殺為結束。

130 Galpaz-Feller, "'Let my Soul Die with the Philistines'," 319.

131 有關書目的資訊，參 Allison, *The New Moses*, 31。

132 關於士師記的成書日期，參此書導論的「作者與成書日期」部分。

133 Bruce Birch, *1st and 2nd Books of Samuel*, NIB（Nashville: Abingdon, 1998）, 976；在撒母耳的命名上，提出一些上好的敍述洞察。雖然掃羅的名字，與「求問」（to ask）一字非常相近；但哈拿卻將撒母耳的名字，與「求問」的動詞相連。這個名字的聯繫，顯示撒母耳現時的事奉和掃羅將來為王之間的相連。

134 除了人物和地點的改變之外，撒母耳記上一章 1 節和士師記十三章 2 節的寫作公式，採用完全相同的希伯來語詞彙。士師記十三章 2 節有關妻子的討論，看起來真像撒母耳記上一章 1 節的縮版。

135 士師記十三章 4 節和撒母耳記上一章 13 及 15 節的希伯來語，都使用相同的用字——「酒」。這個相似之處，再次說服我，作者刻意製造背景色彩，以達到這兩個記錄相互回響的寫作目的。

136 相同看法，參 Exum, *Fragmented Women*, 63；Esther Fuchs, "The Literary Characterization of Mothers and Sexual Politics in the Hebrew Bible," in *Feminist Perspectives on Biblical Scholarship*, edited by Adele Collins（Chico: Scholars, 1985）, 125。

137 相同看法，參 Susan Niditch, "Samson as Culture Hero, Trickster, and Bandit: The Empowerment of the Weak," CBQ 52（1990）, 611。

138 Bluedorn, *Yahweh Versus Baalism*, 17.

139 Susan Niditch, *Judges*（Louisville: WJKP, 2008）, 114；此書認為亞比米勒的故事，是作者對於君主政體之前領袖結構的政治評論。但根據刻劃的角度來看，我認為將亞比米勒視為基甸的反映，實際比較簡單。換言之，這個故事是有關領袖—王權議題的評論，而不是政治結構的議題討論。

140 Mazar, *Archaeology of the Land of the Bible*, 251；根據這研究，此處的廟或許是佇立許久的迦南神廟，具有地方異教的強烈傳統。作者在此顯示，以色列並沒有徹底清除迦南的地方宗教。

141 Beth Alpert Nakhai, "Canaanite Religion," in *Near Eastern Archaeology: A Reader*, edited by Suzanne Richard（Winona Lake: Eisenbrauns, 2003）, 344.

142 參 Theodore J. Lewis, "The Identity and Function of El/Baal Berith," JBL 115（1996）, 401～404。

143 曾祥新：《士師記註釋》，頁 245；這裏指出，這個大石頭具有宗教意義的可能性。他所指的石頭是一種奠酒膜拜的石頭，這種石頭的中間有一個洞。外邦人將受害者的血放在石頭上，獻給鬼魔邪靈。然而，我們無法肯定作者是不是真正指鬼魔而言。

144 支持膜拜亞舍拉是當時普遍習俗的證據，參 Maier, III, *Asherah*。然而，梅爾(Walter A. Maier, III)並不接受從季節性角度，將生殖力視為神話的主要目的的看法。我們應該注意懷特亞(Nick Wyatt)的說法。他認為並不是所有的詮釋，都完全彼此排斥。Nick Wyatt, *Myths of Power*, UBL 13 (Münster: Ugarit-Verlag, 1996), 142。關鍵問題在於是否真有一個題旨可以涵蓋整個故事的內容。

145 本書認為，這個時期的示劍有活躍又持續的異教。這項觀察與馬扎(Amihai Mazar)的研究不謀而合。Mazar, *Archaeology of the Land of the Bible*, 333。

146 Block, *Judges, Ruth*, 303～304.

147 有關登基詩篇的討論，參 Oswald Loretz, *Ugarit-Texte und Thronbesteigungspsalmen: Die Meamorphose des Regenspenders Baal-Jahwe*, UBL 7 (Münster: Ugarit-Verlag, 1988)。證據指向神聖巴力文獻的事實，但我無法同意許多學者認為，從巴力到耶和華，和從多神論到一神論的意識形態進化的看法。我認為以色列宗教的進化和歷史模式，主要具有文學和修辭的功能。

148 Christopher J. H. Wright, *The God of Mission* (Downers Grove: IVP, 2006), 394.

149 這種描述合理地導致諸如羅瑟爾(H. Rösel)的學者，提出到底甚麼是士師的正確定義的問題。H. Rösel, "Die 'Richter Israels': Rückblick und neuer Ansatz," BZ 25 (1981), 180～203。

150 士師記九章 38 節的希伯來語，顯出迦勒的問題所具有的生動意味:「誰是亞比米勒?」參 GKC, 475。顯然，迦勒並不在尋找亞比米勒是誰的資訊，他乃是以極其惡劣的方式，顯示亞比米勒並非掌權者。同樣諷刺的是，亞比米勒的名字具有「國王是我的父親」的意義。迦勒的酒後狂言，也向亞比米勒的名字所具有的意義，發出挑戰。迦勒對亞比米勒的輕視，反映以色列人對基甸和他的家庭的輕視(士八 35)。

151 或如同 Mobley, *The Empty Men*, 151;這裏指出石頭是立約破壞和公義報應的象徵。

152 Bruce Waltke and Charles Yu, *An Old Testament Theology* (Grand Rapids: Zondervan, 2007), 604.

153 注意六章 25 節的詞彙平行，還有亞比米勒的雇用匪徒。

154 Tammi Schneider, *Judges*, Olam Berit Series（Collegeville: Liturgical, 2000）, 154.

155 相異看法，參 Naomi Steinberg, “Social Scientific Criticism: Judges 9 and Issues of Kingship,” in *Judges and Method*, edited by Gale A. Yee（Minneapolis: Fortress, 2007）, 57ff。斯坦伯格（Naomi Steinberg）認為，亞比米勒的問題，在於破壞經由父系傳承而治理的社會習俗。經文清楚提及亞比米勒的不公義，導致上帝對亞比米勒施行報應。斯坦伯格也指出，在聖經時代母系傳承毫無重要性的觀察。他的看法並不完全正確，因為路得的故事就證明，母系家譜對大衛的重要性。家庭的模式的確適用士師記九章，但卻不是以斯坦伯格所使用的方式。

156 有些考古學者偏向，將這兩個神廟視為同一個神廟。不論如何，這些神廟都是以色列已經外邦化的指標。

157 考古記錄顯示在最早期的鐵器時代，以巴路山已經是一個活躍的宗教中心，它留下許多供奉獻使用的器具。參 Ziony Zevit, *The Religions of Ancient Israel*（London: Continuum, 2002）, 199～201。

158 Mazar, *Archaeology of the Land of the Bible*, 251.

159 這兩章的複雜性，指出一些重複之處。有關交錯配列結構的解讀法，參 Jeffery H. Tigay, *Deuteronomy*（Philadelphia: JPS, 1996）, 490～493。

160 J. David Schloen, *The House of the Father as Facts and Symbol: Patrimonialism in Ugarit and the Ancient Near East*（Winona Lake: Eisenbrauns, 2001）, 324～325。舒隆的確指出，未婚年輕男人和青春期前的男人在功能上的不同之處。年輕的未婚男人仍有價值，因為他們可以參與戰事。而年輕的已婚男人則需要管理家庭事務和產業。

161 Schloen, *The House of the Father as Facts and Symbol*, 350.

162 在性行為的描述上，巴力時常被視為與母牛或亞納性交（KTU 1.10; 1.11）。既然這份 KTU 文獻並不清楚，因此我們也無法肯定亞納在所有的故事中，究竟扮演婚姻或性的功能。她似乎較具暴力而非色情的傾向。而亞舍拉則似乎是亞納的相反。W. F. Albright, *Yahweh and the Gods of Canaan*（Winona Lake: Eisenbrauns, 1990 reprint）, 128～129。奧爾布賴特（W. F. Albright）以象徵的解讀法，將母牛視為擬人化的亞納，因此他認為亞納具有性的功能。這種看法並不合理，因為亞納也被視為一個處女的女神。除非迦南實行亂倫，並且認為亂倫並不是對處女的蹂躪。如此說來，奧爾布賴特的詮釋所帶出的涵義，離決定性的結論相差甚遠。

163 這類圖片，參以下古典的著作：James Pritchard, ed., *The Ancient Near East Volume 1: An Anthology of Texts and Pictures*（Princeton: Princeton University, 1958）, figure 136。

164 巴力循環（The Baal Cycle）是一首詩歌體的史詩，在兩個神廟之間的遺址被挖掘出來。根據傳統，這兩個神廟是巴力和大袞的神廟（Baal and Dagan）。這項挖掘工作在一九三〇和一九三三年之間進行。參 Simon B. Parker, *Ugaritic Narrative Poetry*（Atlanta: Scholars, 1997）；尤其是史密斯（Mark S. Smith）有關巴力循環的討論（頁 81～86）。另外，關於戰鬥者是巴力或亞納的討論，參 Wayne T. Pitard, " The binding of Yamm: a new edition of the Ugaritic text KTU 1.83, " JNES 57. 4（1998）, 261ff。

165 另一種詮釋將巴力的身分視為伊勒。這項議題對烏加列語的學者來說，仍然難以理解。幾種可能看法的討論，參 Mullen, Jr., *The Assembly of the Gods*, 19～22。尤其是在阿迦特的傳說中（Aqhat story），巴力似乎被亞納指定為伊勒的兒子。

166 有關默（Mot）的討論，參 Umberto Cassuto, *The Goddess Anath*, trans. by Israel Abrahams（Jerusalem: Magnes, 1951）, 61～64。與「死」（death）的特性十分吻合地，默的傾向，就是不停的殺戮和收集屍體。

167 Jason Bray, *Sacred Dan: Religious Tradition and Cultic Practice in Judges 17～18*, JSOTSup 449（London: T & T Clark, 2006）, 3～4；這裏指出，士師記十七至十八章的但人故事，是但人歷史的一部分。我認為這是一項頗合理的假設，因為但人在舊約中，一貫顯出膜拜偶像的惡名。這個故事顯示，少數背道者對整個支派以至整個北國所產生的可怕後果。

168 Bray, *Sacred Dan*, 27, 64；這裏甚至指出，但人的故事解釋了為何但支派和北國被毀滅的原因。這種假設極為複雜，因為它與士師記的寫作日期有關。我比較傾向將但人的故事，視為解釋整個以色列國被擄的原因。事實上，十七章 3 節的「做一個雕像」，也被用於在但地的亞倫的金牛犢（參王上十四 9）。換言之，不論是米迦的母親所鑄的小偶像，或亞倫所鑄的大偶像，這些偶像都是上帝看為憎惡的。

169 敍述和人類學方面的分析（narratological and anthropological analysis），參 Ken Stone, *Sex, Honor and Power in the Deuteronomistic History*, JSOTSup 234

（Sheffield: Sheffield Academic Press, 1996）, 73。我並不同意斯通（Ken Stone）認為，經文贊同利未人將妾丟出門外的行動。贊同或不贊同，並不是真正的議題。基比亞人的邪惡才是經文的焦點。利未人的行動導致便雅憫人遭大屠殺的結局。

170 S. Ackerman, *Warrior, Dancer, Seductress, Queen*（Garden City: Double Day, 1998）, 236.

171 也可以將利未人娶妾的行動，詮釋為他想要得到更多的男性繼承人。這種作法，實際是當時社會的正確寫照。然而，充滿性意味的整篇故事，似乎以性倫理為焦點，而與社會習俗的生育題旨無關。

172 Block, *Judges, Ruth*, 523；這裏認為，利未人耐心等候妾有四個月之久。然而，這項耐心的特性，似乎不是整個故事所呈現的同一位男人所具有的品德。因此，這裏的詮釋不太可能成立。

173 Jacqueline E. Lapsley, *Whispering in the Word*（Louisville: WJKP, 2005）, 38, 43；這裏把士師記作者定罪，認為他的定罪不夠清楚。然而，經文的模糊似乎足夠顯示定罪的存在。作者描述駭人聽聞之情況的筆法，已經對利未人的罪行，作出言語無法形容的定罪。

174 相同看法，參 Le P. Marie-Joseph Lagrange, *Le Livre de Juges*（Paris: Librarie Victor Lecoffre, 1903）, 297。

175 Cundall and Morris, *Judges and Ruth*, 193.

176 Block, *Judges, Ruth*, 531.

177 希伯來語的「交合」（to have sex）可以直譯為「知道」（to know）。一般來說，這個字不僅用來描述性關係，並且適用於所有種類的關係。這是一個關係用字，可以指對社會有益的社會規範而言。這個字的模糊意味，在上下文的解讀中，意義顯得非常清楚。因著後來發生的行動，經文的上下文清楚顯示，這裏所指的是性交。十分諷刺地，如此正面的關係用字，竟然被用來描述關係和社會次序的完全破裂。這種描述不但清楚並且黑暗。

178 Matthews, *Judges, Ruth*, 187～188；這裏特別注意到，寄居者的社會地位，是遭受這類濫待的主要原因。

179 Lagrange, *Le Livre de Juges*, 305.

180 在希伯來語中，十九章 29 節的「抓住」（grabbing），與十九章 25 節的「抓住」同為一字。作者的用字顯示，妾不斷遭到暴力的對待。人們對她毫無憐憫。參 Lapsley, *Whispering in the Word*, 49。

181 Nancy R. Bowen, "Women, Violence and the Bible," in *Engaging the Bible in a Gendered World*, edited by Linda Day and Carolyn Pressler（FS K. D. Sakenfeld; Louisville: WJKP, 2006）, 186。在舊約聖經諸多書卷中，士師記最容易被誤解為以暴力對待女人的書卷。我非常同意此文章作者的看法，她提到：「主張男女平等的聖經學者對於暴力對待婦女的議題的注意力，反映出他們對於現代社會以暴力對待婦女之現實情況的關切。」

182 事實上，作者刻意提及押撒的名字，乃為對照士師記其他的無名女兒。作者的對照筆法，清楚顯示家族女性成員被善惡對待的強烈反比。押撒在家庭中佔有重要地位，而其他的無名「女兒們」，則不斷地遭虐待。例如，耶弗他的女兒。

183 Zevit, *The Religions of Ancient Israel*, 364；這裏提到，公元前八世紀南猶大的碑文中，記載一位死了丈夫又無兒女的婦女，繼承土地的事實。這塊碑文顯示，以色列的某些繼承權利。

184 Block, *Judges, Ruth*, 550.

185 Bray, *Sacred Dan*, 94；簡述祭司的角色如下：從求問中發出預言，教導上帝的律法和獻祭。除了向但人發出表面的祝福之外，這位利未人沒有履行任何祭司職責。

186 Van Dam, *The Urim and Thumin*；這裏為這個題目寫下最透徹與有益的研究。他認為這種作法很有可能具有赫人的根源，因為赫人在當時迦南附近的地區，是一支具有高度文明和影響力的民族（頁 227～228n37）。

187 重複出現在士師記一章 1 節和二十章 18 節的求問上帝題旨，顯示甚至在動亂的時代，上帝的啟示仍然十分重要。然而，經文沒有記載，約拿單藉著烏陵和土明的指示，給予以色列人答案。

188 就像護身符一樣，家庭的神明可以被人隨身攜帶，以隨時尋求神諭。事實上，這些神像的尺寸極小，以致拉結可以輕易地坐在神像上面，而使她的父親拉班無法搜尋成功（例如，創三十一 30）。參 S. Smith, "What Were the Terephim?" JTS 33（1932）, 35～36。亦參 KTU 1.5。有關 KTU 用字之準確性質的辯論，亦參 Van Dam, *The Urim and Thumin*, 65n114。

189「家」（house）一字，在約書亞記二章重複出現，無疑指出家的背景在故事中所佔的重要性。

190 令人十分好奇的是，「家」（house）在米迦故事中重複出現的次數，幾乎與喇合故事的次數相同。

191 Iain Duguid, “ Putting Priests in Their Place: Ezekiel’s Contribution to the History of the Old Testament Priesthood,” in *Ezekiel's Hierarchical World*, Symposium 31, edited by Stephen L. Cook and Corrine L. Patton（Atlanta: SBL, 2004）, 44～47。根據杜吉德，祭司具有下列六項基本工作：祭司必須使用烏陵和土明，來行使先知的角色（申三十三 8～10）；祭司必須設立潔淨和不潔淨的禮儀界限，來行使教育的功能；祭司可以跨越污穢的界限，代表以色列人來到上帝面前；祭司在有限的程度上，可以跨越聖潔的界限，在污穢的人面前代表上帝（例如，摩西）；祭司必須照管聖殿；祭司必須在逃城提供安全措施，如同今日的監獄一樣，以有效達到社會復健的目的。

192 Duguid, “ Putting Priests in Their Place,” 52.

193 亦參 Baruch J. Schwartz, “ A Priest Out of Place: Reconsidering Ezekiel’s Role in the History of the Israelite Priesthood,” in *Ezekiel's Hierarchical World*, Symposium 31, edited by Stephen L. Cook, Corrine L. Patton（Atlanta: SBL, 2004）, 69；他認為以斯拉是上好的例子。

194 Victor H. Matthews, *Old Testament Turning Points: The Narrative That Shaped a Nation*（Grand Rapids: Baker, 2005）, 133；這裏極端地認為，結構是作者的創作；但經文似乎顯示，作者的神學結構和某種程度的年代次序之間，有混合的情況出現。

195 士師記中的無動詞子句（verbless clause）所作具有的文法特徵和功能，參 Kirk E. Lowry, “ Relative Definiteness and the Verbless Clause,” in *The Verbless Clause in Biblical Hebrew: Linguistic Approaches*, edited by Cynthia Miller（Winona Lake: Eisenbrauns, 1999）, 251～272。學習希伯來語的學生，可能對這方面的觀察有興趣。

196 Walton, *Ancient Near Eastern Thought and the Old Testament*, 107.

三

與迦南傳統文本互涉：有價值和無價值的女性

3.1 引言

婦女的獨特角色，是士師記最有生趣的研究題目之一。綜觀多種迦南婦女和以色列婦女之間的比較研究，我們不禁發現，許多主張男女平等的作者，都展現出不同的看法。[1] 近年來，各類超過五百種以上的寫作已經出版。這些作品都由男女平等的角度，來研究聖經和近東文獻。[2] 其中有許多作者聲稱，聖經文學具有一種蘊涵高度男性中心的社會價值觀。相反地，他們認為迦南人的文獻，似乎對於女性的性解放和自由，提供了答案。馬爾斯曼（Hennie J. Marsman）將持不同看法的學者概略分為三類：第一類被稱為「聖經忠誠者」，另一類被稱為「排斥者」，最後一類則被稱為「修正主義者、升華者、婦女解放論者」。一些「聖經忠誠者」辯稱，聖經並沒有真正教導以男性為中心的家長權力。而另一些「排斥者」完全譴責聖經故意以男性為中心的觀念。[3] 最後這些「修正主義者、升華者、婦女解放論者」，則嘗試根據聖經的內容，來區分孰合理及孰不合理的觀察。[4] 事實上，若詮釋者能夠除去贊成迦南或反對以色列的偏見；迦南婦女的複雜畫像，便將更清晰地呈現在詮釋者眼前。

長久以來，福音派學者對於士師記中的婦女角色避而不談。相反地，許多人將士師記解讀為英雄故事，他們毫不考慮婦女在士師記所扮演的英雄和受害者這雙重角色。直到最近，也只有主張男女平等的詮釋者，正視士師記婦女部分的研究。[5] 雖然一般學者不見得總是同意主張男女平等之學者的結論或方法；但主張男女平等的學者卻採用富創意的方法，提問那被忽略已久的重要問題。他們的觀察和問題，未必能夠推翻文本的自然本質。但以一個將士師記視為宗教文獻的福音派讀者來看，這些學者所提出的問題，應當獲得新鮮和富創意的答案。而這些答案也將為士師記的宗教和社會信息，啟發出一些嶄新的見解。毫無疑問地，根據士師記作者對她們所作出的人物刻劃，士師記的婦女的確佔據一個與眾不同的範疇。換言之，在主要角色的扮演中，這些婦女成為那些與她們對應之男性人物的對照。在許多方面，士師記的婦女反映了，作者對於那些相對應之男性人物的觀點。下文將使婦女得到她們應有的榮譽，同時根據與她們對應的男性人物，來顯示這些婦女的重要角色。

3.2 底波拉和雅億：令人傾倒的女性

3.2.1 底波拉和士師記

在欣賞對底波拉的人物刻劃之前，有幾項觀察值得讀者特別注意；因為這幾項觀察將幫助讀者，更透徹地剖析底波拉這位卓越超羣的女性。

首先，以色列的墮落導致底波拉的興起。

士師記四章 2 節明說：「耶和華就把他們付與在夏瑣作王的

迦南王耶賓手中……」同樣的短語也出現於三章7節，它為以色列人敬拜偶像而受懲罰的原因，作了一項總結陳述。[6] 在此，我們看見一種奴隸的用語，具有「人被賣至奴隸主人手中」的意味。這個用語來自出埃及記的奴隸隱喻；在出埃及記中，上帝領以色列人出了為奴之家。他們經歷救贖之恩的條件，就是他們必須甘心情願地事奉上帝。然而，當他們違反這個條件時，他們再次回到過去痛苦的光景。這正是底波拉時期的以色列人所陷入的境況。這段經文的風格顯示，西西拉的故事實際超越擊敗耶賓所蘊含的意義。在四章24節，作者記錄：「從此以色列人的手越發有力，勝了迦南王耶賓，直到將他滅絕了。」在眾多軍事行動中，作者刻意記錄這場行動，為要顯示那導致以色列成功的主要因素。雖然巴拉在士師記作者的時代，可能享有盛譽；但那個近乎不可能的英雄並非巴拉，而是擁有比較不重要之社會角色的底波拉。底波拉領導以色列獲得大勝。因此，我們看見一個婦女勇敢對抗那代表強勢迦南的最偉大戰士。

其次，為了更適當地欣賞關於底波拉的人物刻劃，詮釋者應當將敵人視為陪襯人物。

更確切地說，他們是為了映照底波拉的情節而被設計的人物。例如，被稱為迦南王的耶賓。根據描述，耶賓是夏瑣的王，他是治理迦南地區其他迦南諸王的至高領袖。事實上，耶賓的名字出現在一些考古記錄中。[7] 耶賓也是以色列主要對手西西拉的王，他所管轄的夏瑣是一個繁榮的大都市，與當時的多數城市大異其趣。更確切地說，約至晚期的青銅時代（Late Bronze Age），夏瑣這個興盛的都市，竟然在經濟上成為那些無以匹敵之腓尼基人的挑戰。[8] 夏瑣似乎也是巴力異教的中心，因為她擁有巨大的神廟。她的神廟與諸如烏加列的其他主要異教中心，極為相似。[9] 根據聖經的記載，夏瑣一直是一個重要的戰略地點。約書亞記十一章 10 節敍述，夏瑣是一度被約書亞毀滅的重要迦南要塞。上帝使用迦南人之文明和非利士人之技術(即鐵車)，綜合而創造了呼召巴拉和底波拉的局勢。那麼，到底由耶賓陪襯出來的底波拉，在社會中佔據何種地位？她雖有強大的能力，卻也有不少的限制。在底波拉的故事中，我們沒有看見「耶和華就為以色列人興起一位拯救者」的寫作模式。相反地，有關她的描述卻顯示，因著上帝所賜的能力，她被興起成為以色列人的屬靈領袖。經文並未記錄任何明顯的神聖呼召。作者對她的大量描述，使人無法懷疑她所具有的重要性。

最後，解讀士師記四章和五章的角度，也成為理解底波拉故事的關鍵。

仔細觀察的讀者應該可以發現，底波拉的詩歌以女性為中心；其中底波拉、雅億和名字始終沒有出現的西西拉之母，均扮演主要人物的角色。顯然，巴拉的角色在詩歌中被適當地抑制，因為四章已經使用了足夠的篇幅，來描述他在以色列得勝中那不完全的角色。因此這首詩歌實際是底波拉的詩歌。詩歌大體上依循事件的預備到最後得勝這個階段而進展。如此說來，篇章的分隔，可以循著這個線索劃分。在這首詩歌中，語調似乎兼具默想和事實的意味。底波拉描述細節的方式顯示出，以色列的情況尚有許多微妙細節不為人知。這些細節補充了四章所記載的事實。它同時為得勝的緣由，帶出更多細節的解釋。在這種方式下，詩歌為迦南神明和其無法拯救自己敬拜者的能力，提供了背景的支持。總的來說，敍述和詩歌之間的主要不同，在於敍述以事件為中心，而詩歌則以每一個主要人物(包含上帝)，為刻劃的焦點。然而，作者意欲把這兩章經文一起解讀，因為詩歌的結尾預表了士師記每一個故事。換言之，士師記每個故事的結尾，幾乎都提供國中享太平的年數。可見，作者要讀者將敍述和詩歌解讀為一個單元（士四～五章）。缺乏任何一部分，都會使經文研究和對人物刻劃的理解，無法完全。

3.2.1.1 卓越超羣的多重角色

作者首先稱底波拉為女士師，好讓讀者明白底波拉所具有的能力。另外，馬修斯（Victor Mathews）指出，上帝的名不斷重複出現在底波拉和巴拉之歌中。這項特徵使得底波拉和巴拉之歌，與摩西和米利暗的海之歌相互平行（出十五 1～4）。[10] 如此說來，底波拉和巴拉之歌展現出，底波拉是來自摩西和米利暗傳統的女先知。事實上，出埃及記十五章 1 至 4 節，與底波拉和巴拉之歌有許多雷同之處；因此我們可以安全地假設，那段經文是激發底波拉作歌的背景經文。雖然米利暗在摩西五經也具有相當重要的角色，但她卻無法與底波拉匹敵。摩西五經幾乎沒有任何有關米利暗事奉表現的描述，而底波拉卻得到大篇幅的注意（參出十五 20）。既然底波拉是米利暗之外，第二位被稱為女士師的婦女；這兩位婦女所譜寫的詩歌，自然值得比較。總的來說，在眾多婦女中（王下二十二 14；尼六 14；賽八 3），底波拉似乎是舊約聖經第一位重要的女士師。可見，她在以色列的歷史中，的確佔據著一個非常獨特的地位。

除了女先知的角色之外，作者也告訴我們，底波拉是以色列的政治領袖。她無疑是一位人人皆知的人物。事實上，她是如此聞名，以致她常在其下坐著審判和領導的那棕樹，被命名為「底波拉的棕樹」。因為巴比倫人是棕樹的栽種者，因此被擄之民知道，棕樹象徵神聖的繁殖力。一幅在伯．示麥（Beth

Shemesh）發現的關於棕樹的藝術性圖畫，便證實了象徵繁殖力的棕樹，在迦南人心目中所具有的重要性。[11] 在約書亞記被耶和華第一次戰勝的耶利哥，便被稱為棕樹城（士三 13）。棕樹使上帝的子民想起蜜棗的繁殖力，而這個蜜棗正象徵著上帝的祝福。因此，「底波拉的棕樹」顯示底波拉的典範事奉，並對照被擄之民的外邦神明有多窮乏。[12] 棕樹的圖像使讀者注意到，底波拉身為典範的角色。在與士師記中的亞舍拉柱子（Asherah poles）和其他小雕像對照之下，「底波拉的棕樹」更顯重要；因為蜜棗所具有的豐饒生產力，使棕樹也被視為亞舍拉繁殖力的象徵。[13]

許多註釋者可能沒有注意到，底波拉實際是繁殖力的象徵。除了有一個與繁殖相關的名字之外，她在自己的詩歌中，也確實是繁殖的象徵，因為她是以色列的母親！雖然對今日一些主張男女平等者而言，被稱為以色列的母親似乎頗為丟臉；但當時母親卻是女人能夠達至的最高與最有權力的尊榮角色。例如，皇后的母親是當時至高的女性。馬爾斯曼指出：「首先，對她的丈夫而言，她為他生育兒女。其次，對她的兒女而言，她是一個母親。」[14] 認真履行母親職責的底波拉，實際已經獲得尊榮；但她並未就此停止。底波拉和一個擁有重要兒子（即西西拉）的母親，恰成反照。雖然西西拉的母親生了一個如此有名望的兒子，但因兒子的死亡，她的生殖力竟然停止在自己這一代。西西拉不但沒有在戰爭中為自己分得「一兩個女子」（a womb or two），更從一個女子的手中接受致命的帳篷橛子。女性意象的諷刺，直指向繁殖力。像底波拉一樣跟隨耶和華的，必蒙受繁殖的祝福；而耶和華的敵人必然一無所有！

許多人將古代近東皇宮牆壁上的棕樹圖像，當作外邦版的「生命樹」。學者認為這種樹，可能是繁殖力或財富的象徵記號。[15] 不論從哪個詮釋角度來看，底波拉的繁殖力都豐沛無比，因為她是以色列的母親。她的智慧也寬廣浩大，因為她的事奉積極有力。她擁有一切外邦人所缺乏的。根據士師記的偶像公式「巴力和亞舍拉」或「巴力和亞斯他錄（Ashtoreths）」，底波拉的所在地點強烈並象徵性地反照了各種各樣的偶像崇拜。[16] 其實棕樹或敬拜的對象，並不是最重要的焦點；[17] 耶和華的代言人才是關注的中心，因為耶和華的話語被釋放出來。可見，底波拉的預言直接反照敬拜樹木的虛假迦南宗教。事實上，後來有許多徵兆都顯示出以色列人與外邦異教融合，因為他們對耶和華和巴力的身分混淆不清。台拉維夫大學（1975～1976 年）在西奈地區，挖掘出來的一個著名碑文寫著：「耶和華和祂的亞舍拉。」[18] 總的來說，底波拉這位以色列的母親，不但生育肉身的兒女，並且教養屬靈的兒女。她與她日益外邦化的社會，成為直接的對比。

作者也藉著士師記五章的底波拉之歌，更清楚地刻劃底波拉那敬拜領袖的角色。極有意思地，底波拉而非其他男性敬拜領袖，被賦予描述耶和華如何摧毀西西拉之軍隊這個記錄的工作。[19] 底波拉的確是以色列的屬靈領袖，因為她執行了兩項重要角色所要擔負的職責：女士師和敬拜領袖。既然士師記五章的底波拉之歌，是從底波拉如何看自己的角度撰寫而成，士師記作者將底波拉之歌與自己的描述並列一起的筆法，顯出底波拉的記載與作者的同樣重要。藉著一項神學陳述，底波拉遵循「女先知—敬拜領袖」之雙重角色的呼召。在五章 4 至 5 節，底波拉為她的詩歌奠定根基；她提及耶和華從西珥出發（士五 4）。西珥位處以東領土的南邊。西珥就在西奈半島隔壁的地理位置（五 5），這間接地指向上帝起初頒布律法給以色列的地方。[20] 為甚麼說上帝從西珥出發呢？因為在展現底波拉身為女先知的角色中，底波拉之歌成為西西拉將倒在基尼人女子手中的預兆。在這種方式下，底波拉領導以色列進入一種回顧過去的敬拜。基尼人居住在摩押地區，正好在以東的隔壁。底波拉藉著詩歌的寫作，更進一步地履行她的女先知角色；更確切地說，底波拉以雲也落雨（五 4），預示了西西拉的軍隊將被摧毀（五 21）。[21] 與出埃及記的記錄和詩歌頗為相似地，敵人將因暴風雨所產生的河漲急流而喪生。

在女先知和領袖角色的討論之後，作者藉著對她所在地點的描述，帶出她在整個以色列中的重要地位。底波拉的所在地點介乎於拉瑪和伯特利之間。根據士師記一章 22 至 26 節，伯特利是約瑟家大獲全勝的地方。當時約瑟家所對抗的勢力與赫人一樣強大。在以色列眾多敵人中，赫人算是截至目前最有經驗的戰士。底波拉所坐的以法蓮山地，位處以色列的中央地帶，因此方便所有以色列人來聽她的判斷。她是一位非常忙碌的婦女。她的所在地點也顯示，她是一位具有健全個性和品格的才德婦女。

根據繁殖力的主題，和底波拉當時的社會價值觀，一個妻子的成功當以她身為母親的角色來評估。然而，底波拉對於成功的衡量，與她當時社會以男性為中心的建構完全相反。因為她擁有母親、女先知和軍事領袖這多重角色。底波拉的多重角色，究竟為我們帶出何種信息？

第一，真正的偉大戰士不是底波拉、巴拉或雅億；而是上帝自己！

第二，上帝藉著談論戰爭將如何發生，給予底波拉預兆。

換言之，上帝是底波拉預言和敬拜事奉的靈感。總的來說，底波拉使用色彩豐富的語言來描述一項真理：上帝握有絕對與完全的掌控。祂恆常不變！這項真理成為底波拉履行先知和敬拜領袖職分的重要基礎。

3.2.1.2 對照巴拉的文學功能

除了女先知和領袖角色之外，底波拉也具有對照巴拉的文學功能。雖然底波拉在四章 4 節被稱為士師，但「靈降在底波拉身上」(參士六 34，十一 29，十五 14) 這「士師公式」，或「底波拉治理/領導以色列有多少年」的「治理公式」(參十二 7，十六 31)，卻完全沒有在經文中出現。不過，在士師記四章 5 節中，「判斷」這希伯來語，便將她與治理或審判的工作連在一起。[22] 我們必須明白底波拉所身處的地點，和申命記十六章 18 節的條例極其相似，在這項條例中，上帝定規審判官和官長必須在類似城門的重要中心地點，執行他們判斷的責任。[23] 在底波拉的例子中，這個中心地點就是成為路標的棕樹。詞彙的聲音和意義重複出現，似乎將底波拉放在士師的角色中，但士師記作者對把她視為正常士師的看法，卻有某種程度的保留。尤其是底波拉沒有再出現於雅億追殺西西拉之敍述的筆法，更顯示作者的存疑。作者是否肯定底波拉的士師角色，但卻不同意她是一位正常的士師？或許我們不應該提出上述的問題。但無論如何，底波拉含糊不清的身分，顯示她具有對照巴拉的爭辯角色。

在故事中，當然的士師候選人應該是巴拉。根據四章 10 節，巴拉具有所有的軍事戰鬥能力，因為他召集了一萬名戰士。然而，巴拉和底波拉有同樣的命運，因為「士師公式」並沒有出現在他的刻劃中。然而，與巴拉相反地，底波拉清楚具有女先知、妻子和母親的角色。所以士師的角色對她而言，猶如額外的附加；就好像她承擔巴拉所棄置一旁的責任一樣。這項介於底波拉和巴拉之間的差異，是理解底波拉的角色之重要關鍵。換言之，底波拉的出現，羞辱了應當成為士師的巴拉。既然底波拉在生命中已經具有清楚的身分，作者實際暗示了巴拉所應該承擔的士師角色與責任。畢竟，耶和華使用底波拉的口，來呼召巴拉（士四 6）。然而，巴拉失敗了！底波拉的能力突顯了巴拉的無能。士師的標準職責應該是除滅最重要的敵人（參八 21，十六 30）。但至終，雅億卻行使士師殺戮最重要敵人西西拉的重任（四 21）。這麼一來，雅億成為「未特別指名的」士師。巴拉所缺乏的不是能力，而是信心。竟然，他讓兩個女人來完成他的任務。

3.2.1.3 難以避免的角色限制

在顯示底波拉大能大力之同時，作者也微妙地展現她的限制。經文明顯限制底波拉所行之事的範圍。例如，士師記四章 4 節直言，底波拉是「拉比多的妻子」。可見，底波拉以她丈夫的名字而為人所知。因此在底波拉的時代，不論一個女人多有權力，人們仍然經由她的丈夫來認識她（參士四 17、21）。作者對雅億的描述，更加肯定了這項事實，因為雅億一再地被稱為「希百的妻子」（四 17、21）。這項婚姻習俗，是當時社會習俗的一部分。提及丈夫的名字，這證明當時女人的尊榮，與她的丈夫甚或兒女緊密相連。底波拉不但是享有政治責任的婦女，她對自己的家庭也肩負重任。她的身分兼具政治與家庭的特性。然而，身為一個女人，她實在不是在戰場發號司令或揮刀殺敵的人物。她非比尋常的角色，在讀者將她與西西拉悲傷的母親作比較之後，更顯清楚。因為底波拉的順服，耶和華以繁殖和勝利的形式祝福她。相反地，西西拉的母親卻一無所有。她的傷痛是可以理解的；因為在一個以兒子為中心的社會中，失去兒子是一件大事。蒙福的真正關鍵，在於底波拉並未被她的社會限制所約束；她仍然藉著事奉耶和華，來履行領袖的角色。

與舊約聖經的人物刻劃十分一致地，聖經作者從未記錄女人孔武有力，但男人的英勇事迹倒是處處可見。底波拉在當時社會所具有的女性角色，使她不可能得到任何軍事上的成就。當時的女人不被視為戰士，很可能是因為她們缺乏戰爭技巧的訓練。我們都知道，要成為一個勇猛的戰士，大量的軍事訓練是絕對不可或缺的。雙方決戰的畫面反諷地暗示，軍事領袖可能並非底波拉在當時社會的正常角色。根據截至目前的歷史記載，正常的情況應該是像俄陀聶和以笏這種男性領袖興起，並承擔領導國家的重任。一般而言，女人的角色並不是領導者，更遑論是領導軍隊對抗凶猛的敵軍。除了底波拉自己在士師記五章的詩歌之外，作者在敘述中幾乎沒有關於底波拉實際參與戰鬥的評論。當作者避免將底波拉描述為那被上帝的靈加力、以行使大事的一般士師時，底波拉的限制益發顯明。至少作者所記錄的，僅是她與巴拉同去並且激勵巴拉勇敢出戰。對於作者而言，底波拉的角色是以士氣而非行動為焦點的。

3.2.1.4 成為典範的領袖特質

在底波拉的眾多職分中，領袖當屬最重要的角色。士師記五章的底波拉之歌，便清楚顯明這項事實。[24] 底波拉在詩歌中的宣告獨一無二，因為她以政治領袖的身分，對抗敬拜偶像與不道德的邪惡，並直接向當時的潮流挑戰（士四 1）。身為一個領袖，她的詩歌充滿反文化的氣息。雖然當時以色列充斥著傾向與迦南文化融合的心態，但底波拉卻為以色列提供一個更好的選擇。在詩歌中，召集戰爭的不是巴拉而是底波拉。雖然巴拉也可能與詩歌有分（五 15），但詩歌一開始對底波拉所作出的個人描述（五 1）卻指出，這是一首有關底波拉的詩歌。那些第三人稱的敍述（例如，五 15 等），不過是寫作的風格變化。顯然，以色列人跟隨的是底波拉，而不是巴拉。底波拉是這個故事的真正女英雄。然而，即便是英雄，他們也需要跟隨者來幫助他們成就大事。在詩歌中，底波拉沒有提起巴拉如何缺乏信心，以致讓西西拉死於一個女人手中的事件。底波拉非常願意在即將來臨的戰爭中，與巴拉分享榮譽。在戰爭的預備上，底波拉大方地讓巴拉的名字與自己並排出現（五 12）。那顯示著，要表明巴拉的懼怕與其缺乏信心的，實際是士師記作者自己。如此說來，底波拉不僅是一個具有崇高品德的婦女，她同時也是一個心胸寬大的人物。

以士師記四章為解讀底波拉故事的角度，也展現底波拉另一個可貴的領袖特質。士師記四章和五章的形式和結構，具有異曲同工之妙。巴拉在四章的遲疑，無疑反映了以色列的遲疑（例如，士五 16～17），因為以色列好像毫無被拯救的動機。四章 3 節清楚記錄，以色列人哀求耶和華。但當上帝的回應臨到時，有些人竟然不願意與上帝的回應有分。五章 8 節提到以色列的人數有四萬；但二十章 17 節卻說明，除了便雅憫人之外，以色列人有四十萬拿刀的戰士。縱使四萬人只被用來當作例子，但經文的對照仍然顯示，一般人民對於戰爭並不熱中。底波拉似乎徵求志願兵，但在所有以色列人當中，卻只有一萬人願意參戰。身為一個領袖，底波拉勇氣非凡，因為她並不等到多數人都預備妥當，才上陣爭戰。

底波拉的領袖特質，更在她的詩歌中顯露無遺。戰爭對西西拉的軍隊誠然艱難，但對以色列也非易事。底波拉在五章 21 節的高聲勸勉，就像上帝對約書亞的激勵一樣。上帝在當日疾呼以色列領袖要堅強勇敢（書一6）。就像一個可敬的以色列領袖一樣，底波拉以約書亞的精神出發。以色列的挑戰不在戰場上的廝殺，而在泥濘中的追趕。上帝啟動勝利的開端，但祂要祂的子民與祂一同完成大業。底波拉的領導，為她的人民畫下了選擇的界限。底波拉的領導顯示，關於忠誠對象的正確抉擇是不容輕忽的。她對於耶和華的忠誠，也揭露不同支派的忠誠與不忠之心。

隨著跟隨者的興起，我們看見合一的展現。五章13節提到一個"Sarid"的地方（《新國際譯本》和《和合本》譯為「貴冑」〔nobles〕），這是最靠近米吉多北邊的一個城市。[25] 米吉多是當時所有貿易路線的交匯點。因此勇士在此集結，乃為向整個世界展現以色列的同仇敵愾。以色列的得勝不僅是超羣勇氣的見證，更是真神超越其他神明的榮耀彰顯。就像在任何一種危難當頭的景況中，我們總是可以看見願意挺身而出和拒絕向前的不同人等。底波拉的詩歌，也為這兩種不同的人羣，提出詳細的名單。[26] 記錄在五章14至18節的，都是對呼召發出信心回應的支派：來自底波拉地區的以法蓮人、從瑪吉或瑪拿西出來的便雅憫人、西布倫人、以薩迦人，以及拿弗他利人。[27]

然而，流本人、基列人或迦得人、但人和亞設人都毫無動靜。身為上帝子民的領袖，底波拉有熱烈支持她的跟隨者，也有負面抵制她的反對者。流本人以坐在營火邊的安舒牧羊人生活為滿足。基列人則可能因為地點較遠的緣故，而停留在約旦河東邊。但人和亞設人想必面臨相同的問題。此外，但人因為商業利益的關係，時常在船邊徘徊。在這個時期，腓尼基人是昌盛的水手和商人。他們那靠近海邊的地點，更加證實他們那建立偉大商業成就的意圖。[28] 任何人只要與腓尼基人攀上關係，必可從中得利。從當時的商業活動來看，我們可以安全地推測，爭取腓尼基人居住之地的激烈競爭，必然煽動許多政治陰謀。[29] 與其敬拜耶和華，這些人熱中參與地方政治的策劃，以便獲取更大的商業利益。個人的利益竟然超越耶和華的理想，以色列人實際失去了應有的焦點。

3.2.1.5 小結

究竟底波拉的故事，如何幫助我們解讀士師記的其餘部分？

第一，底波拉的故事顯然可以和俄陀聶的故事相互比較，因為作者將這兩個故事緊密地編排在一起。士師記三章 9 節指出，上帝興起一位名叫俄陀聶的士師，他是迦勒的弟弟的兒子（士一 11～13，三 9）。與迦勒的關係讓讀者想起，在曠野中得勝又順服的那一代以色列人。[30] 俄陀聶似乎是士師記中最可信的一位士師。緊接俄陀聶而來的其他士師，都難免有不尋常之處。為免讀者以為拯救以色列對有能力的領袖俄陀聶來說，實屬輕而易舉之事；作者特別在三章 10 節說明：「耶和華的靈降在他身上，他就作了以色列的士師，出去爭戰。」更確切地說，士師記的真正英雄是上帝，而不是這些凡人領袖。經文僅僅提及，他出去作戰，並且勝過亞蘭王古珊．利薩田。在希伯來語中，「古珊．利薩田」的名字具有「古珊雙倍邪惡者」的涵義。換言之，利薩田可能是附屬於古珊的一個綽號。[31] 這位亞蘭王素以他的邪惡與殘忍而聞名。在這方面，底波拉和俄陀聶有一些相似處，因為底波拉也面對一位可怕的敵手。西西拉似乎也是一個遠近聞名的戰將，他一點也不遜色於這位綽號好笑又邪惡的古珊．利薩田。

第二，底波拉也展現一些與俄陀聶相異之處。雖然底波拉是一位有品德與才能的婦女，但她卻在情非得以的情況下成為士師，因為適當的領袖不願承擔眼前的重任。上帝的靈在底波拉的生活中並不明顯。這並不表示上帝的靈沒有在她的生命中運行，只是作者並未對此加以強調。作者所重視的是底波拉的忠誠。底波拉不遺餘力地呼召以色列，回應前言所述的兩項成功原則：合作與順服。底波拉對自己的預言職分順服到底。底波拉與參孫這位極端反面的士師，截然不同。不像參孫在每一個行為上違反自己的職分，底波拉是順服的美好倫理榜樣。雖然底波拉的成功是有限的，但她卻盡心竭力地呼籲以色列人，在耶和華的立約之下團結合作。她的詩歌清楚顯示，耶和華超越迦南神明的至高性。在士師記中，她成為完全成功的寫照。

第三，在一種與俄陀聶不同的方式下，我們必須將底波拉和以笏相互比較。如同韋布（William Webb）的所指，底波拉和以笏具有下列的相似之處。[32]

首先，底波拉和以笏都有與眾不同的特徵。

以笏是左撇的，而底波拉則是一個女人。他們的特徵都與社會的慣例背道而馳。如果以笏是生來左撇的，而不是被訓練為使用左手的；那麼詮釋者可以推論，作者刻意在文學上，帶出以笏（即生來左撇的）和底波拉（即生來是女人）之不利條件的平行對應。[33]

其次，底波拉和以笏都有高貴的品性。

最後，底波拉和以笏都真正關心以色列的利益。

既然以笏和俄陀聶都是可信的人物，那麼底波拉與他們的平行刻劃，必定代表底波拉可被視為一個模範角色。底波拉因此包含以笏和俄陀聶的最佳特質。在這種描繪之下，底波拉實際比其他英雄強得多。在以男性為中心的社會中，作者對底波拉的刻劃，的確是屬於超高水平的讚揚。[34]

3.2.2 雅億和士師記

從底波拉的預言開始，雅億的角色就開始顯出其重要性。從士師記四章為她的故事所花的篇幅來看，她的角色益發突顯。強調雅億的重要性的最佳方式，就是將整個底波拉故事的敘述情節和時間解析出來。底波拉故事的敘述速度（narrative pace）極其重要，因為它顯示敘述如何帶出高潮的焦點。托米（Francois Tolmie）的敘述繪圖，再次證明了雅億在作者心目中的重要地位。下表是我根據托米的時間繪圖所得到的觀察結果。

敘述內容	希伯來語文本	翻譯文本	敘述時間
1） 迦南人的欺壓	4 行	四 1～3 = 共 3 節	20 年
2） 底波拉的工作	3 行	四 4～5 = 共 2 節	沒有時間記載
3） 底波拉呼召巴拉	1 行	四 6a = 共 1/2 節	幾日
4） 底波拉指示巴拉，如何執行他的戰略角色	7 行	四 6b ～ 9c = 共 3 又 1/2 節	短暫的不確定時期
5） 戰爭與紮營	2 行	四 9d ～ 10，11 = 共少於 2 節	根據我們對於地理的了解，時間大約有幾日之久
6） 西西拉被擊敗	8 行	四 12～16 = 共 5 節	1 日（士四 14）
7） 西西拉被殺死	9 行	四 17～21 = 共 5 節	1 或 2 小時

由敘述繪圖的分析來看，底波拉和雅億各自在底波拉的故事中，佔據重要的角色（參上表第 4 與 7 項的經文節數和敘述時間的對照）。而西西拉被擊敗和被殺死，則雙雙成為故事的高潮。其中雅億鬼計多端的行動，更成為經文的焦點。更確切地說，根據經文的比例和事件的時間長短，作者堅持雅億在底波拉的故事

中，扮演核心的重要角色。雅億是一個不可或缺的人物，但她的身分卻極為普通，因為她僅以希百之妻這角色出現；而作者對她的背景也所知甚少。下文的討論將證明，雅億的行動是多麼重要，而她的社會地位又是何等卑微。

3.2.2.1 與珊迦同等重要的女英雄

雅億的身分充滿神祕性，因為底波拉在士師記四章 9 節並未明說，最後殺死西西拉的婦人是誰。在預言中，底波拉似乎指著自己而言。可見，雅億在故事最後成為中心人物，不僅為那令人興奮的故事帶出高潮，並且應驗了底波拉在四章 9 節的預言。雅億出其不意的英雄事迹，使她成為第二個底波拉。底波拉將這份工作留給雅億完成，因為這是上帝所命定的方式。不論這個故事是否合乎現代男女平等的精神特質，但作者清楚顯示，需要兩個女人才能完成一個士師的完整工作。如此說來，雅億和底波拉同享榮耀。雅億的重要性不容忽略，因為她在底波拉之歌中（士五 6），和士師珊迦並列出現。雅億的英雄行動，應當發生於「珊迦的時候」和「雅億的日子」。這兩位人物的平行出現，展現他們平等的重要性。詮釋者可以將經文理解為珊迦在雅億之前作士師，或珊迦和雅億在同一個時期為以色列效力。第二個看法較有可能。當時的歷史情境，應該是以笏死後、以色列所享有的一段和平時期。換言之，珊迦在他的地方幫助以色列人，而雅億則將被敵人轄制的以色列拯救出來。

事實上，重要的不是年代先後的問題，而是修辭或文學的功能。更確切地說，如果這是珊迦和雅億的日子，那麼雅億就具有和珊迦一樣的重要性。將雅億放在珊迦這個偉大戰士的範疇中，使作者的筆調更加合乎那些主張男女平等之詮釋者的胃口了。因為作者暗示雅億是一位未特別指名的士師。同樣生動有趣的是，在有關珊迦的資料鮮少之對照下，有關雅億的描述更顯豐富。或許作者對珊迦的描述不多，是因為珊迦在傳統的歷史故事中早已享有盛名。這些傳統的歷史故事可能至今已經失傳。既然雅億是一個婦女和一個妻子，歷史故事可能比較不強調她的聲望。因此士師記作者刻意以豐富的資料，以補充傳統故事所缺乏的記載。他的巧思乃為顯示，雅億是以色列得勝所不可或缺的。珊迦和雅億的雙雙出現，再次證明我所認為的看法：雅億很可能與底波拉一同扮演士師角色的。

3.2.2.2 超越丈夫之尊榮的奇女子

如同底波拉，雅億也是一位妻子。她不僅是一位妻子，她更是一位嫁入摩西家庭的女子。在一個最不尋常的事件發展之下，上帝使用摩西家族中的一位妻子，來完成祂的旨意；而這個家族竟然與以色列的敵人互有來往。即便摩西的家庭和迦南人友好，是一件羞恥的事情；上帝仍然使用雅億。殺死西西拉的最後一幕，將故事從巴拉和底波拉的角度，帶回預備階段的第一幕，也就是基尼人希百居住之地的最初描述（士四 11）。在士師記四章 11 節，似乎一點也不引人注意的希百，突然之間變得十分重要。

雅億不僅是一位妻子，她更是接替她丈夫的尊榮的妻子。在她的社會中，一位妻子所主要關切的，應該是她丈夫的尊榮。在此，我們看見她為了社會的更大利益，而越過丈夫尊榮的界限。她的行動非比尋常。不知道為何，這位希百的妻子雅億，為西西拉提供休息與躲藏的帳篷。她實際違反了她丈夫所屬的政治聯盟，並且將自己放在非常危險的地步中。[35] 她似乎也熟知一直在努力追趕西西拉的巴拉。令人納悶的是，經文沒有為這些問題提供答案。希百的名字之所以出現，僅為説明雅億的家庭背景。顯然，雅億是真正的主要人物。就像底波拉比巴拉出色一樣，雅億也比自己的丈夫更加突出。曾祥新提出一個不錯的假設。[36] 他認為雅億陷於兩難之間：身為一個獨處的女人，拒絕逃犯要求的雅億很可能為自己招惹殺身之禍；然而，如果她接受逃犯的要求，當她的丈夫出現時，她的名譽將會嚴重受損。因此，殺死西西拉，不啻為她解決雙重的難題。曾祥新的假設引人入勝，但仍無法解釋為何她知道巴拉在尋找西西拉。敍述的模糊不清，顯示出一種只有讀者才知道的神祕意味 。更有可能的是，基尼人希百和雅億象徵兩種文化的融合。更確切地説，以色列的文化（例如，雅億對巴拉的認識）和迦南人的文化（例如，她的丈夫和耶賓的關係）之間的融合，是當時以色列的重要特徵。

3.2.2.3 以行動證明清白的女戰士

在故事中，雅億似乎被刻劃為母親和勾引男人之女人的綜合性隱喻（combined metaphor）。這種綜合性角色，很可能是迦南社會的獨特模式 。然而，這種刻劃在西西拉被殺死的戲劇轉變中，呈現另一幅非常不同的圖畫。在作者沒有提出解釋的情況下，西西拉被殺死的事件，可以被各種各樣的理由所誤解。舉例來説，有些人會解釋西西拉之所以被殺死，乃是因為他意圖強姦雅億，或因為其他類似的文化原因。可見，作者也非常關切，雅億接納西西拉進入帳蓬的可疑行動。[37] 為何一個受人尊敬的婦女，會將另一個男人接入帳篷中，何況他還是一個迦南的男人？儘管她看起來像一個勾引男人的女人，但她最後所呈現的肖像，卻是一個與底波拉一樣勇敢的戰士。她從作為一位妻子和勾引男人之女人的文化矛盾中，轉變成女英雄戰士這單一角色。這段故事以性的意象為始末，但它卻是一個與性方面毫無相關的故事。雖然這個故事可能從與性有關的方式而展開，但它主要的目的乃為展現反諷的修辭效果。在接續的敍述中，作者以巧筆一方面將似乎沒有關聯的題旨與意象連結在一起，另一方面則將性、繁殖力和死亡的隱喻與現實貫串一氣。

在雅億的故事一開始時，雅億似乎是一個勾引男人的女人，因為她刻意引誘西西拉進入自己的帳篷。由於作者對此未加解釋，因此無人知曉，他們究竟在帳棚內做甚麼。在沒有任何的解釋下，讀者所知道的就是西西拉最後面臨死亡的結局。如此說來，作者對於每個細節的詳加解釋，就變得益發重要。事實上，在底波拉最初的預言中，上帝已經宣告西西拉必定死亡。西西拉的死亡只是時間上的問題罷了。西西拉的死亡方式，可說是對所有涉及這項行動的男人的極盡羞辱（即巴拉、西西拉），因為巴拉理當殺死西西拉，卻被雅億搶先一步。有許多學者因作者描述事件次序的方式，而將這個事件視為性的諷刺。但我們可以確定，這種看法絕對錯誤。[38] 在某種程度上，雅億的確具有勾引男人之女人的象徵意味，因為敍述實在具有性的言外之意。在雅億的時代，任何一個女人將陌生人帶進帳篷，都有可能被人懷疑這是她的性伴侶。當時帳篷是專為丈夫存留的隱私之處。然而，因著神聖的理由，敍述將雅億的行動視為一項例外。

這位令人畏懼的戰士，曾經在他管轄的區域到處設立帳篷；如今卻被真正的帳篷橛子刺穿頭顱。這位曾經以「一兩個女子」（a womb or two）為戰利品的勇將（士五 30），現在竟然成為帳篷橛子的受害者。[39] 帳篷橛子刺穿頭顱的圖像的確非常噁心。這裏所描述的恐怖細節，不僅證實雅億的尊榮，並且更進一步地維護她丈夫的名譽。[40] 當時沒有人膽敢違犯進入別人妻子帳篷內的尊榮，就是顯赫的迦南將軍也不敢。這種行動通常必須付出高昂的生命代價。雅億不但沒有引誘，她還使用帳篷橛子刺穿敵人的頭顱，因此辯證了她的貞潔。[41] 坦白地說，在她的帳篷內，沒有人對她非禮。相反地，她以帳篷橛子要了西西拉的命。讀者必須以正面的角度，來總結雅億的角色：她是一個戰士，而非勾引男人的女人。妮迪奇（Susan Niditch）以游擊戰士和典型的鐵腕柔情殺手來形容雅億，這實在貼切又生動。[42] 根據性的意象，作者使用這些詞彙，的確有他的道理。換言之，光從道德規範的角度來看，西西拉的死亡，絕對是罪有應得。

現在，讓我們仔細思考為何作者使用這種暗示性的詞彙，來敘述西西拉的死亡？性/繁殖力和死亡，是極端的反照。死亡終止一切的繁殖。而性/繁殖力則因繁衍家庭的傳承，而免去死亡。如此說來，藉著賜予雅億勝利，上帝終止西西拉的繁殖力。雅億一方面繼續她身為妻子的尊榮角色；另一方面以戰士的身分，歡慶她獲得全新的成功。而西西拉因為死亡的緣故，不但無法履行身為兒子的家庭責任，更無法獲得身為將領的軍事尊榮。耶和華將繁殖力賜給凡跟隨祂的人，並以可怕的死亡懲治祂的敵人。上帝的手藉著非比尋常的方式，成就祂的大事。

藉著性的詞彙，作者反諷又刻意地傳遞完全相反的觀點。[43] 更確切地說，雅億具有性和繁衍之外的多種功能。雅億是一位戰士。就像她的前輩底波拉，她也有另一種社會功能，而這種社會功能並不合乎正常的社會規範。她的勝利使她較巴拉突顯。她為耶賓的統治，送上最後的致命一擊。從帳篷的外面，無人知曉雅億和迦南將軍在做甚麼。但在帳篷內，雅億機靈地使用心理戰術，設下使西西拉中計的圈套。在四章 18 節，雅億告訴西西拉：「請我主進來，不要懼怕。」這段對話顯示，雅億有可能因為西西拉的名聲，或因希百與耶賓的關係而認識西西拉。至終，她殺死並毀滅了西西拉。上帝奇迹的手，將一個「重要人物」(即西西拉)，變成一個「無名小子」。雅億也奪取了巴拉那為主要戰士的角色。敘述在士師記四章的結尾，歡欣地一再重複「死」一字，為要彰顯雅億那確定與不可改變的戰士角色。而雅億的英勇事迹，至終彰顯上帝的大能手。

3.2.2.4 選擇效忠耶和華的跟隨者

在底波拉之歌對米羅斯的摘要咒詛中(士五23)，雅億也扮演一個引人注意的角色。雅億反映那超越她角色的豐富蘊涵。那麼，到底誰是米羅斯？與其嘗試尋找這個神祕人物或地區的真正身分，這個咒詛具有總結底波拉之歌的戰爭結果的功能。換言之，米羅斯的修辭功能，乃為引出蒙福的雅億。凡不願意在上帝的祝福上有分的，都是上帝的敵人。在此，我們看見尖銳又諷刺的對照。顯然，作者期待米羅斯幫助耶和華，或許因為米羅斯應該站在以色列人這邊。而雅億則清楚地站在迦南人這邊。然而，兩者之間的命運倒轉，並不取決於種族或國家的起源，反是端賴個人的行動。在概念上，雅億和喇合相似。雖然雅億與迦南人相連結，但她因與喇合有相似的行動而蒙大福。在與西西拉爭戰時，雅億採取決斷與深思熟慮的行動。她胸有成竹，並且快速又小心地加以執行。雅億的行動反照米羅斯的不情願。可見，行動將決定一個人接受祝福或遭到咒詛的生命結果。士師記五章23節也提出一個非常奇怪的論點：「因為他們不來幫助耶和華，不來幫助耶和華攻擊勇士。」難道上帝真的需要幫助？我們應該從另一個角度來回答這個問題。換言之，上帝並不**需要**(need)幫助，但祂**渴望**(desire)祂的子民來幫助。因為祂的子民是否參與聖戰的抉擇，將揭示他們站在哪一邊的這個事實。那些不願意幫助耶和華的人，顯明他們並不站在上帝這邊。在拯救的戰爭中，絕對沒有中間地帶可言。

3.2.2.5 小結

究竟雅億的故事，如何幫助我們解讀士師記的其餘部分？

第一，在士師記中，上帝使用許多不尋常和不可能的人物（例如，耶弗他、亞比米勒、參孫等）來成就祂的作為。而雅億就是其中的一位。在雅億和以笏之間，極不可能地存在一種題旨的平行。以笏完全進入摩押人的皇宮，殺死他們的國王。而雅億所摧毀的敵人，也不比這位國王遜色。雖然，這兩個案例都牽涉祕密行動的計謀；但雅億邀請敵人進入她簡單的帳篷中，卻得到相同的結果。她所行使的祕密行動，可以和偉大的英雄以笏媲美。因著底波拉先前的預言，我們清楚看見最後的英雄仍是上帝；因為祂知道並且使用不可能的器皿（甚至一個女人），來毀滅富足又強勢的敵人。有時候，上帝使用祂所揀選的任何一個英雄或女英雄；這些人物不見得像參孫一樣，個個有從上帝而來的非凡能力。以笏以龐大又優越的資源，毀滅他的敵人。但無論人有多少資源和才能，耶和華的加力和呼召，才是真正得到成功的關鍵。

第二，從雅億的角度，我們看見作者對於女人的多種刻劃。單從雅億和西西拉的母親之間的對照，身為母親的婦女就可以學習許多寶貴的屬靈教訓。這兩個婦女是上好的實物教導。將兒子養育成戰士，而非上帝的虔誠信徒的母親，她必不得昌盛。而使用各種方式事奉上帝的母親，她絕對會蒙福的。這項教導的涵義就是：所有的婦女，尤其是以色列的母親們，若學習雅億事奉上帝的態度和行動，必然蒙受大大的祝福。

第三，值得一提的是，雅億的情節線索在某些方面，再次符合喇合的預表場景（type-scene）。如同前文討論所指的，士師記作者喜愛使用喇合的故事為情節結構；詮釋者有可能過度輕率地，忽略部分雅億故事的喇合情節。兩者之間有一些陰謀策劃的共同元素。例如，躲藏和掌控一個人的生命，都出現在兩個故事中。[44] 就像喇合，雅億也接受敵人。雖然雅億和敵人有政治上的結盟，但她也像喇合一樣，站在上帝這邊。只是雅億的故事稍有不同的轉折。不像喇合藏匿敵人，雅億實際殺死敵人。士師記作者一點也不厭倦地，將喇合的預表場景注入他的寫作中。然而，與喇合相反地，雅億造成敵人的毀滅。她也和喇合一樣，是公義人士的典型。她之所以公義，並不是因為她背叛自己的政治結盟，而是因為她效忠於耶和華的目標。

3.2.3 底波拉、雅億和烏加列的亞納

從二十世紀開始，聖經就常被拿來和周圍的近東文獻作相互比較。[45] 在阿克曼（Susan Ackerman）的極佳著作《戰士、舞者、勾引男人的女人與王后》（*Warrior, Dancer, Seductress, Queen*）一書中，她概述了迦南女戰神亞納的故事來源。[46] 她的看法實際有充分的根據，因為甚至在底波拉的敍述之前，亞納的陰影就隱約地出現在以色列的宗教（士一 33）和個人的名字中（三 31）。例如，在士師記一章 33 節，「伯．亞納」的名字和可能是敬拜日神的神壇伯．示麥並列出現。這種宗教配對相當適切，因為亞納提供軍事的力量，而日神謝米西（Shemesh）則提供生殖的能力。兩者都是在人應許之地上成功所不可或缺的。另外，珊迦的母親也可能具有亞納的名字（三 31）。考古學家注意到在烏

加列和埃及，亞納是非常有名的迦南名字。[47] 卡蘇圖（Umberto Cassuto）提出一項有趣並且合理的建議，他認為珊迦和亞納的關連，並不是血統上的。相反地，身為亞納的兒子，可能是表達珊迦來自伯．亞納地區的省略說法；這種說法不代表珊迦的母親名叫亞納。[48] 卡蘇圖的看法的確合乎邏輯，因為出現在士師記的母親家譜都是無名氏。但珊迦真的來自伯．亞納嗎？雖然士師記一章 33 節與伯．亞納有文學上的關連，但這仍是一個可能具兩面答案的困難問題。珊迦隱約又微妙的轉折，不應被讀者忽略。事實上，好像生怕讀者忘記珊迦的重要家世，作者在五章 6 節，再次將珊迦和亞納相提並論。[49]

莫布利（Greg Mobley）認為這種頭銜可能與膜拜戰神亞納的異教有關，[50] 因為有些考古證據顯示，在箭頭上刻印著「亞納之子」的類似屬格頭銜。戴（John Day）認為「亞納之子」是一種形容軍事榮譽的尊榮頭銜，因為亞納是一個戰神。他的看法是對的。[51] 因為烏加列文獻中有充分的證據顯示，這個頭銜是一種軍事頭銜。或許珊迦是外邦人。更有可能的是，珊迦並不是外邦人，而是以色列已經採納了迦南人的價值觀和詞彙用語。如果這是實情，那麼這位曾經和亞納敬拜有關的珊迦，已經歸信了耶和華，並以拯救以色列來事奉耶和華。[52] 本書的一些讀者可能覺得，將底波拉和亞納相比，似乎不太尋常。不論我們決定「亞納之子」的意義為何，這個名字的文學功能，的確非常顯著。雖然有些人覺得，某些舊約聖經學者那「烏加列平行比較狂熱」（Ugaritic-parallel-mania），是一種令人感到不安的釋經傾向；但這個故事卻是觀察烏加列背景的上好實例，因為士師記作者在他的寫作中，刻意留下許多顯眼和不尋常的文學線索。[53]

重要的是，亞納的陰影濃厚地出現在士師記這部分的敘述中。軍事題旨的強調是正確的，因為整個故事和底波拉與巴拉的軍事勝利最直接相關。因著亞納的故事被發現於烏加列史詩中的這個事實；一些體裁的議題，限制了它與聖經材料的相關性。但史詩講述故事的特性，的確對聖經敍述有一些重要的價值。最適合與女性人物亞納所扮演重要角色的烏加列故事作相互比較的，就是眼前的底波拉故事。

3.2.3.1 底波拉和烏加列的亞納

亞納是巴力的姊妹，這已經是舊約聖經和烏加列學者眾所皆知的事實。[54] 然而，亞納和底波拉之間的關連，並不是舊約聖經學者普遍接受的看法。阿克曼的構想以暴力和性為主，相對地，她沒有考慮到，底波拉故事可能對烏加列故事發出宗教攻擊。雖然她的研究對於許多聖經敍述，都具有重大的釋經涵義；但她豐富的資料，並沒有常常被士師記的詮釋者拿來研究與觀察。許多這類的研究，實在值得我們加以細細推敲。[55] 比較接近的觀察是米勒（Geoffrey Miller）的解讀，他認為底波拉之歌，是為了回應當時一種侮辱底波拉或以色列的有害說法。[56] 在這段討論中，我將顯示亞納與底波拉之宗教文本（士四～五章）的比較，確實具有顯著的重要性。儘管希伯來語和烏加列語的語言結構，有極大的差異；但兩個文化的故事，卻在敍述情節上有強烈的平行。

下列討論，將以「敍事—修辭的關注」（narratological-rhetorical interest）為重心。在這種方式下，我們將看見針對烏加列故事所發出的直接和攻擊性對照。至終，底波拉的故事不僅是有害謠言的消極回應，更是針對以色列的迦南環境和文化所發出的積極攻擊。敍述情節為作者／敍述者的修辭，帶出一些結論。下文的討論將會就烏加列文學的阿迦特故事、廣為人知的巴力循環，以及底波拉故事之間的敍述情節，作出比較。阿迦特和前面所提及的巴力循環，大約在同一個時期（1930～1931年），從烏加列的三個刻寫板中被發現。[57] 這些烏加列的故事，豐富地為亞納的肖像和她與其他迦南神明的關係，提供了詳盡的描繪。早在克雷吉（Peter C. Craigie）的時候，底波拉的故事就和阿迦特史詩中的女神亞納被連在一起。[58] 事實上，主要的關切並非兩個故事是否相互關聯；亞納的故事和底波拉的故事**如何**相互比較，才是最重要的觀察焦點。雖然底波拉的故事激發學者觀察它與烏加列故事的平行，但不同詮釋者對烏加列題旨的使用方式，卻各異其趣。下列討論將讓讀者看見，在同一個題旨上的不同變化的觀察。

藉著底波拉故事和烏加列故事中的人物比較，討論將由敍述刻劃和情節線索的角度，觀察兩個故事之間的相似與差異。既然亞納在阿迦特故事中扮演著具有非比尋常的暴力性和重要性的角色，這段討論將以阿迦特而非巴力循環為觀察焦點。當然，巴力循環仍然具有重要價值，因為它為這些迦南神明提供額外的描述。[59] 藉著顯示兩者之間的關連，本書將回答下列問題：「底波拉故事的作者，如何使用烏加列的題旨？」在詮釋者能夠回答這個問題之前，他必須對阿迦特故事的情節有足夠的認識。

首先，讓我們來看看阿迦特故事的情節。據説因著伊勒的祝福，但以理（與但以理書的先知但以理無關）得到一個兒子。這個兒子就是阿迦特王子（KTU 1.17 I, II）。後來，亞納開出價錢，想要取得阿迦特的弓箭。阿迦特不但拒絕，並且嘲笑亞納。因此亞納一方面和亞達潘（Yatpan）陰謀計劃，另一方面親自帶亞達潘去殺死阿迦特以奪取他的弓箭（KTU 1.18 IV: 11～29）。亞達潘的稱號是「女士的軍人」。他的稱號反映出他是亞納忠實的跟隨者。敘述者不斷地重複亞納的聲稱：「我取了他的性命。」（KTU 1.18 IV: 26～27, 41～42 等）敘述者也重複情節的暴力寫實：「打擊他的頭部兩次」和「打擊他的耳朵三次」（KTU 1.19 IV: 22～23, 33～34）。亞納最後以嘲笑阿迦特失去性命的歌曲，來結束她的暴行（KTU 1.18 IV: 41～42）。但以理為他的兒子阿迦特哀慟哭泣，並且向城鎮發出咒詛。故事的結尾有幾行不見，但在整個故事中，亞納的確扮演暴力倡導者的主要角色。

根據阿迦特故事的情節觀察，我們發現底波拉的基本情節線索和修辭，與阿迦特故事有一些平行之處。當我們將底波拉故事和具文本互涉對應的亞納故事，並排觀察時，我們看見兩者之間在體裁和一些題旨方面的相似。

第一，兩個故事在體裁方面相似。

兩個故事都有詩歌的特點。阿迦特的故事以詩歌的形式講述，而底波拉的故事則以詩歌的形式為結束。顯然，底波拉的詩歌也模仿一些迦南故事的主題。這些雷同的主題，將於下文討論。若僅就體裁而論，平行的體裁的確顯示，底波拉的故事和一些迦南的詩歌，具有相同的關切。

第二，兩個故事在主題方面相似。

兩個故事所具有的一些相似主題，更加突顯阿迦特詩歌和底波拉故事大體上的相似性。主題方面的討論，將分別以性別的角色，以及以色列的上帝與迦南諸神明之間的平行，作為觀察的切入。

關於性別的角色的平行，兩個故事所具有的第一個相似主題，就是性別的角色。

在阿迦特故事中，亞納被稱為「亞納這女孩」(Anat the girl；KTU 1.17 VI: 53; 1.6 IV:5 等)和「人民的姊妹」(sister of the people；KTU 1.17 VI: 19, 25 等)。[60] 這些稱號將亞納描繪為一個尚未生育小孩的年輕婦女。她的童貞定義了她的角色，而童貞的確是女性尊榮的重要定義。換言之，她還沒有被玷污。她為合適的男人，保留她的尊榮。尤有甚者，藉著她身為人民的姊妹的頭銜，阿迦特故事的作者將人民和巴力連在一起，因為亞納是巴力的姊妹。如此說來，亞納在巴力和人民之間，具有居中調解的角色。阿迦特故事所表達的觀點，清楚流露有關女人的廣泛社會價值觀。當亞納起初要求以金錢購買阿迦特的弓箭時，阿迦特以弓箭不適合女人使用而嘲諷輕蔑亞納。換言之，阿迦特認為女人根本不會打獵(KTU 1.17 VI: 39～41)。然而，亞納為了奪取阿迦特的弓箭，進而殺害阿迦特！[61]

而在底波拉故事中的底波拉，則在士師記四章 4 節被稱為「拉比多的妻子」。她的社會地位，以她的丈夫為依歸。她首要優先的角色是某人的妻子。她屬於某個男人。更進一步地，她身為妻子的角色，為整個故事灌注了繁殖力的主題。在五章 7 節，她被稱為「以色列的母親」。這個頭銜和亞納被稱為人民的姊妹，的確相互平行；因為底波拉身為母親的家庭地位雖然很快地被顯明，但她的工作卻與人民相關。同樣地，在四章 21 節，雅億也被稱為「希百的妻子」。[62] 當時所有的女人，都被她們所分派的性別角色(即妻子和母親)所定義。與這兩位女人相反地，巴拉在四章 6 和 12 節，被稱為「基低斯的亞比挪奄的兒子」。巴拉是一位出身名門的兒子，他有極大的潛能，能夠榮耀自己的父親亞比挪奄，和他的家鄉基低斯。這一系列的屬格句法結構(genitive construction)，乃為確認人物的家庭關係或出身地點。

好像惟恐繁殖力的主題不夠明顯，底波拉之歌以西西拉母親的哀歌為高潮。在哀歌中，西西拉的母親將年輕女子稱為「子宮」(womb)，她刻意使這個詞彙，作為戰利品之一部分的「繡花的彩衣」(embroidered stuff)的雙關語(士五30)。[63] 女人身為戰士的劣勢，更逼真地流露出來。[64] 在底波拉的故事中，女人應該是盡責的妻子和母親。再不然，她們的敵人也會強迫她們成為妻子，以生育更多的嬰孩。繁殖力和性是戰利品的一部分。故事非常清楚地指出，如果讀者站在正確的一邊(即耶和華這邊)，繁殖力自然出現。否則，繁殖力和家庭經由男性繼承人而繁衍後代的機會，都會受到嚴重的打擊。然而，在濃厚的反諷意味下，底波拉激勵巴拉與敵人爭戰，但卻預言西西拉將死於女人手中(四6、9，五12)。

上述的相似主題顯示出，女人在迦南和以色列社會中所扮演的消極角色。現在，這兩個故事將為我們展現，這些女人所扮演的一些積極與常見的角色。更確切地說，當這些女人在故事中與男人互動時，她們直接與暴力有分。亞納首先向伊勒發出一些強烈的威脅。她告訴伊勒：「我要抓住……」，「我要粉碎……你的頭驢」，「我要使你的鬍鬚躺在血中」等。亞納並不是開玩笑的人。她帶亞達潘去殺害阿迦特。重擊阿迦特和導致阿迦特死亡的寫實描述不斷地重複，以強調亞納的暴力那令人毛髮悚然和殘酷黑暗的層面(KTU 1.18 IV: 40～41; KTU 1.19 I: 14～16)。亞達潘這位男性忠實跟隨者，將執行女神明的旨意。誰能抵擋女神明的憤怒藐視呢？

底波拉的故事也具有一些相似的暴力特徵。底波拉懇求巴拉上去爭戰，卻強調雅億將贏得最後勝利的意外結果。在本質上，這些女人都藉著展現男性的戰爭特徵，而違反她們在社會中的正規角色。這種令人意外的轉折，都在兩個故事的殘忍暴力中被強調。士師記四章以巴拉為主要的行動人物，因為在他的家族和家鄉中成為領導人物，是他正常的社會角色。在作者生動的描述下，巴拉從他泊山下來（士四 14），並且「追趕」敵人的軍隊和西西拉（四 16、22）；但卻出人意料的以女人的最後一擊，贏得戰爭的勝利。雅億邀請西西拉進入帳蓬（四 18），並且給他毛氈遮蓋和奶水飲用。表面看來，她好像是一個養育兒女的母親或愛人（四 19，五 25～26）；但實際上，她「取了」帳蓬的橛子，並把橛子「釘入」西西拉的太陽穴裏（四 21）。

從敍述者之觀點描述的士師記四章，充滿高度可能性的性意象；而士師記五章則從底波拉的角度，觀看事件的本質。與其要和西西拉發生性關係，雅億真正想要的是他的性命。「雅億取了」一根帳蓬的橛子，「拿著」槌子，將橛子「釘入」西西拉的太陽穴（士四 21）。作者細微的描繪，讓讀者似乎聽見橛子打進西西拉腦袋的恐怖聲響。雅億不但沒有順服地成為西西拉的性對象，她反而讓西西拉成為被征服的「對象」。底波拉接著在五章 31 節，唱出一首嘲諷敵人的詩歌。就像女人不是戰士或獵人的想法，士師記作者也支持「女人是妻子」這固有觀念。因為上戰場的女人，真是使男人變成大笑話！首先，巴拉無法贏得他的戰士尊榮；其次，他應該殺死勇猛戰將西西拉的使命，竟然在帳篷橛子的一擊之下，消逝無影！

至於以色列的上帝與迦南諸神明之間的平行，除了根據倒轉反諷角色而來的相似平行之外，我們也看見迦南神明和以色列的上帝之間的一些平行描述。這些平行之處，不但可見於阿迦特故事，也出現在其他的迦南故事中。在迦南的故事中，巴力是典型的「駕雲者」(rider of the clouds；KTU 1. 19 I: 43～44)。巴力的主要功能包含擊敗河神，並且控制氣象的模式。[65] 偉大的神明伊勒祝福但以理的妻子，使其懷孕，因此生了一個英雄孩子阿迦特(KTU 1.17 I: 34～43)。可見，伊勒是提供繁殖力的神明。而亞納則代表「命運」或「旨意」，因此被視為巴力神聖旨意的具體實現。[66] 她的行動彰顯巴力的旨意。

從迦南人對於神明的描述，我們看見耶和華也展現一些相同的特徵。[67] 在歷史上，耶和華和作為暴風神的角色的巴力直接衝突的最明顯例證，可見於列王紀上十八章 44 至 46 節。在這段經文中，以利亞所祈求的風雲霎時之間變成大雨，使得和亞哈王與巴力先知對抗的以利亞獲得大勝。如同伊勒，耶和華也住在高山之上(KTU 1.2 II: 1～20)——耶和華是西奈山的上帝(士五 5；參出十五 13～18)。[68]

在體裁和題旨的平行觀察之後，隨之而來的問題是：「究竟底波拉的角色是否與亞納相似？」這個問題的答案應該是肯定的。因為事實上，底波拉以先知和軍事領袖的角色，履行耶和華的旨意。底波拉的名字具有「蜜蜂」的意義，她應該承擔以色列的母親的職責，像蜜蜂一樣多事生產，好使以色列人遍滿迦南全地。在行使耶和華的旨意中，她藉著拯救千萬以色列人的生命，來確保繁殖力的持續。她身為女先知和軍事領袖的工作，也彰顯耶和華在提供繁殖力方面的掌權。在底波拉之歌的諷刺轉折下，耶和華沖沒了西西拉的軍隊，因為底波拉順服地懇求巴拉勇赴戰場。如同巴力，耶和華亦掌控基順河。也因如此，耶和華能夠擊敗以色列的敵人。這項觀察非常重要，因為巴力之所以能夠提供繁殖力並掌有王權，乃因他擊敗河神的緣故。[69] 這是巴力故事的合理情節，因為他高升至洗分山(Mount Zaphon)的敘述，暗示他可以呼喚所有的風雲雷雨，藉此為大地提供繁殖力。在同樣的方式下，耶和華藉著這場戰役再次向以色列證明，祂是王和繁殖力的提供者。在神話中，高聳尊貴的洗分山是巴力為王的大寶座；而耶和華的寶座則在祂順服的子民中間（例如，底波拉和參與戰役的眾多支派）。這些順服的子民，成為耶和華擊敗敵人的雙手。

正常的基順河急流，應當能為迦南人提供豐饒的繁殖力（士五 21）。[70] 但當耶和華引發那出人意料的洪水時，與繁殖力相反的死亡隨之來到。如此說來，掌管大自然之力量的是耶和華，而不是巴力或伊勒！耶和華憑自己的旨意，給予繁殖力或死亡。惟獨專一敬拜耶和華的人，可以享受繁殖力的祝福。而背逆耶和華的人，必有死亡臨到。底波拉是耶和華的幫手，她為土地帶來和平，使以色列能夠再度繁衍。因為戰爭已經平息，因此土地能夠再次經驗真正的和平。

總結上述的討論，詮釋者將更難拋棄阿克曼在她的著作中，針對底波拉和亞納所提出的比較研究。顯然，底波拉並不完全像亞納，她只是**看起來**像亞納。因此，前面所提的相似之處，僅是表面的平行。更確切地說，作者以修辭和創意地使用這些平行，為自己的寫作目的而設計巧妙的情節。這項認知為我們的討論，帶出圓滿的結束。茲將兩者的差異對照，列於如下。

第一，兩個故事最明顯的對照，就是阿迦特的故事將亞納反覆無常的本質表露無遺。亞納是一個只關心個人利益的自私女性。雖然阿迦特的故事具有宗教的性質，但它的主要焦點未必與國家或政治相關。然而，底波拉的故事是以色列的國家故事，它蘊含政治和宗教的關切。另外，亞納在其他地方所記載的殺戮行為，也為迦南人帶來繁殖力。[71] 然而，底波拉最後藉著雅億之手殺死迦南領袖西西拉，這勝利既非一個女人的成就，也非僅為繁殖的緣故。不過，土地的和平自然會帶出豐饒的繁殖力。

第二，亞達潘似乎是亞納的忠實跟隨者，但亞納沒有得到她想要的結果，因為在暴力的過程中，阿迦特的弓箭被摔碎（KTU 1.19 I: 1～5）。然而，底波拉的故事有雅億這位忠實的跟隨者。雖然亞納和雅億同樣暴力，但雅億謀殺西西拉的方式，比較亞納的直接方式來得溫柔許多。最重要的差異在於底波拉和耶和華的關係，這關係與亞納和巴力或伊勒的關係完全不同。底波拉在耶和華之下，她並非耶和華的姊妹。她也沒有威脅耶和華的囂張膽量。至終，阿迦特故事對於亞納的謀殺行動，毫無讚揚之意。底波拉的故事卻以向耶和華發出的詩歌讚美為結束。

第三，兩個故事的一般對照，也顯見於各自對於神明的描述。在底波拉之歌中，耶和華像一個正在爭戰中的戰士，因為祂從西珥出發，並從以東地行走。因此，耶和華使地震天漏，並且密雲滴雨（士五 4）。作者在此藉著「雲也落雨」的重複，回響迦南神明的一些特性和工作。[72] 然而，耶和華和迦南神明之間有一項尖銳的相異之處。換言之，一般來說迦南神明來自北方。出埃及記十四章 2 節，就是這項觀察的最佳例證。其中的「巴力洗分」（Baal-Zaphon）暗示巴力在北方的（即 בעל צפז）聖所，也就是今日的卡西烏斯山（Mount Cassius；阿拉伯名為 Jebel el-Aqra‘）。[73] 尤有甚者，它可譯為「洗分／北方的巴力／主」（Baal / lord of the Zaphon / north），這代表專門用來敬拜巴力的聖所。[74] 事實上，在烏加列文獻中，「巴力洗分」也是巴力的最主要頭銜。[75] 這個頭銜也可見於來自薩卡拉（Saqqara）的腓尼基人蒲草本中；當時腓尼基人祈求巴力洗分的名字，以獲得庇護和祝福。[76] 巴力之所以具有這個特殊頭銜，可能因為腓尼基的水手需要保護，使他們免於來自北方之暴風雨的打擊；而內陸的迦南人則因繁殖力的緣故，需要來自北方的雨水滋潤大地。烏加列地區需要充足的冬雨和春雨，才能有佳美的豐收。既然巴力應許為迫切需要的土地帶來西風，以使雨水降下滋潤內陸各處；敬拜暴風神巴力，就成為十分自然的事了。[77]

士師記的敘述顯示出，當時的以色列人對於來自北方的迦南宗教細節，已經非常熟悉。然而，底波拉之歌中的耶和華，卻直接來自相反的南方。這個方向所蘊含的意義，可能超過單純的地理層面。事實上，在預備底波拉的故事之前，地理的教導目的已經十分明顯。例如，在以笏的故事中，作者刻意避免「耶利哥」的地名，而逕自使用「棕樹城」的代號，來表達摩押人、亞捫人和亞瑪力人已經征服以色列的地方（士三 13）。士師記作者提醒讀者，棕樹的祝福已經轉向外邦人，因為以色列不理會耶和華的警告。或許我們還記得，約書亞記五章 11 至 12 節顯示，當以色列預備征服迦南地時，上帝為以色列人預備了富饒的土地和佳美的豐收。當以色列順服耶和華時，耶和華就賜予豐沛的繁殖力。棕樹城就是繁殖力的象徵。現在，繁殖力已經遠離了！這對底波拉之歌的強調，實在是非常適切的預備。因為地理並非詩歌的惟一關切。

在很早以前，懷亞特（Nick Wyatt）就在他對其他烏加列詞彙所作的觀察研究中指出，方向的詞彙代表敬拜者與神明的關係定位。[78] 在此，關係的重點並不在於敬拜的方向；而是在底波拉之歌敬拜背景下的軍事行動。更確切地說，耶和華是與所有巴力敬拜者爭戰的戰士。敬拜的背景和許久以前的西奈之約（the covenant of Sinai）緊密相連。底波拉的詩歌成為以色列與上帝有約的提醒。以色列不應該敬拜北方的神明，即伊勒和巴力。相反地，以色列從過去到現在以至永遠，都是與南方的上帝、西奈山的上帝和出埃及記的上帝立約。

第四，在亞納主題的運用上，士師記作者傳遞著底波拉似乎是女英雄，但實際上，上帝才是真正英雄的重要信息。士師記作者採取許多古代作家的文學技巧：政治的實景，是宇宙論的反映。換言之，底波拉的勝利是耶和華的勝利，她不過是耶和華的手罷了。[79] 底波拉只是行使耶和華的旨意，她和亞納完全不一樣。她真實流露的勇敢，勝過虛構的神話人物亞納。耶和華更是不像巴力。祂和底波拉的關係，與亞納和巴力的關係大異其趣。耶和華而非巴力，是發生在戰役中所有自然事件的背後力量。藉著與巴力的對照，作者展現耶和華才是真正的英雄。耶和華不但得勝並且超越羣倫！事實上，耶和華是如此偉大，祂以一種非常諷刺的河水急漲方式，擊敗烏加列/迦南的河神，並且懲罰那些虛假神明的敬拜者。底波拉之歌將這項事件視為新出埃及（new Exodus），因為每一個人都在上帝的計劃中，履行他的角色職分。領導者領導，而跟隨者則跟隨。因順服而來的成功，絕對不是出自少數幾個人的努力。相反地，底波拉之歌倡導共有的順服。每當底波拉之歌在以色列的敬拜中重複時，以色列就再次被提醒共有順服那不可或缺的重要性，因為天上地下沒有甚麼能與耶和華相比！

3.2.3.2 雅億和烏加列的亞納

雅億以一種稍微不同的方式和亞納的主題平行，因此她的角色值得我們特別強調。在有關亞納的角色研究中，沃爾斯（Neal H. Walls）指出，亞納具有奶媽的功能（參 KTU 1.15 II: 26～28）。[80] 將這項觀察和上述討論綜合在一起，就可以發現亞納兼具戰士的功能和奶媽的角色。這個很可能來自迦南語言的濃厚母親主題，更進一步地將雅億描繪為一位具有形似母親之行動的戰士。換言之，作者使用的母親語言，使雅億超越固有的女性角色，而承擔起戰士這非傳統的角色。雖然沒有證據顯示，迦南文化具有女性戰士的傳統；但迦南的神話卻展現神明亞納具有這種特殊的角色。當雅億接受「母親—戰士」的角色時，她成為「上帝」的工作。然而，這位上帝是耶和華，而非亞納。耶和華容許像雅億如此平凡的以色列女人，行使迦南女人無法完成的大事，即殺死至上的迦南將軍。全能的耶和華可以藉著一位平凡的女人，來成就非比尋常的工作。

當文本互涉的觀察即將告一段落時，底波拉故事和烏加列故事之間的顯著差異，可能會使很多人將如同阿克曼的研究棄置一旁。究竟根據烏加列的傳統來解讀底波拉的故事，是否具有任何優點？在小心翼翼的回答下，這個問題可以具有肯定的答案。讀者必須注意，本書因為主題和篇幅的限制，無法針對烏加列傳統和士師記的關聯提出更多討論。然而，本書的討論的確為士師記和迦南文獻的平行，開啟觀察與研究的機會。更確切地說，在沒有輕易排除烏加列的初始研究之下，士師記和迦南文獻平行的主要目的，乃為展現爭辯的修辭功能。這類的迦南研究的確重要，因為它們為士師記和其他舊約聖經書卷，提供更廣泛的背景觀察。至少從證據顯示，士師記作者從迦南的亞納故事，擷取熟悉的主題。作者以修辭的方式彈性地借用亞納故事的題旨，好證明底波拉和亞納之間的對照。

從上述的討論我們發現，使用伊勒和巴力的意象來描述耶和華的筆法，實際是作者爭辯的修辭技巧。[81] 更具體地說，作者使用和迦南宗教平行的主題，來顯示以色列宗教和迦南宗教之間的

差異。來自迦南的神話語言，並不表示底波拉的戰爭也是神話。尤其是出現在底波拉之歌前面的敍述，更加證實戰爭的絕對真實性。神話的語言只被用來攻擊迦南的宗教。藉著使用虛假信仰的宗教語言，作者傳遞有關耶和華的真理。藉著使用神話的語言，作者傳遞超越眼見和感官的現實。這就是底波拉之歌所呈現的反諷意味。藉著創意地重寫過去，作者所記載的底波拉之歌，為他的讀者確保一個更美善的嶄新未來。就像其他的聖經詩歌一樣，底波拉之歌意欲勸勉以色列，紀念這段上帝所命定的歷史記憶。惟獨全心全意地敬拜耶和華，才能使以色列擁有一個光輝燦爛的未來。底波拉在推動全國團結和個人順服的行動上，成為整個以色列的成功楷模。

3.3 大利拉：勾引男人的女人

3.3.1 大利拉和士師記

在參孫的故事中，參孫和眾女人的關係，佔了全書不少的篇幅（參閱參孫的敍述繪圖第 5 至 25 項）。其中對參孫最具影響力的，當屬大利拉這位女人。而作者也以「愛」一字（士十六 4），描述參孫對於大利拉的感情。然而，作者並未提及大利拉是否愛參孫。兩者之間的愛情，似乎是一種單向的關係。大利拉顯然知道參孫對她的愛，但為了滿足金錢和權力的慾望，大利拉玩弄參孫對她的感情。[82] 大利拉在參孫生命中的角色，激發了無數歌劇和電影的創作靈感。埃克薩姆（J. Cheryl Exum）正確地觀察到：「雖然大利拉在整本聖經中只佔十八節經文，但她卻聞名遐邇。」[83] 布洛克（Daniel I. Block）也注意到，大利拉是第一個在參孫循環中具有名字的女人。[84]

3.3.1.1 陷入貪婪的網羅

從大利拉向非利士人索求的巨大金額來看，她的名聲實際與她的財富相匹配。[85] 對於一個貧窮的女人來說，任何金錢都可以動搖她的心意。然而，對大利拉這樣富足的女人而言，只有巨額的錢財才能說服她有所行動。若與參孫那位無名的妻子相比，非利士人的小小威脅根本無法動搖財豐氣大的大利拉。她實在是一位資源豐富和交際廣闊的婦人。藉著追求大利拉，參孫可以爬上社會的高級階層。從作者刻意提及大利拉之名字的筆法，我們看見這個女人在參孫循環的結束中，具有關鍵的重要性。然而，與作者的寫作風格大異其趣的是，大利拉的名字沒有任何雙關語的暗示，因此詮釋者很難決定這個罕見名字的準確意義。這個名字可能具有某種特殊的涵義，但作者卻留下令人好奇的空白。或許因為這個名字不過是一個名字罷了。又或許因為參孫的女人總是具有令人質疑的品格，因此不需用任何言語多加解釋。[86] 一言以蔽之，她的行動很快就會揭露她的本質。

除了大利拉之外，其他的女人都明顯在性方面吸引參孫，甚至與他發生性關係。連故事一開始的婚姻事件都與性有關，因為參孫對他的妻子動了慾念。雖然大利拉出現在內室的描述，肯定具有性的暗示；但大利拉的故事，卻沒有以性為主要焦點。[87] 既然她在眾女人之中，佔有最大的經文篇幅；我們或許可以大膽地將她視為，女人以負面方式影響參孫的最佳代表。如此說來，在參孫故事的最後插曲中，性成為次要的議題。在參孫的循環中，大利拉的故事包含最豐富的對話內容。因為關於大利拉的敘述，在參孫的故事情節中，具有極重分量的意義，因此作者刻意表現大利拉強勢的聲音。不像前面的女人，大利拉實際是一個希伯來人的名字。[88] 敘述以她是一個希伯來女人，作為人物刻劃的焦點。[89]

我們可以十足肯定，大利拉陷入了被貪婪引誘的網羅。[90] 非利士人的領袖找到大利拉並且賄賂她，要她引誘參孫，以取得參孫具有非凡力量的祕密。大利拉無法抗拒巨大金額的引誘，因此她同意非利士人領袖的要求。事實上，這個金額的巨大，竟然超過基甸所收取之金子重量的三倍（參士八 26）。只要她揭開參孫的祕密，她就可以一輩子過著皇后般的豪華生活。對那些比較不嚴謹的讀者來說，大利拉好像非常聰明；但實際上，士師記作者偏向強調她那距離理想尚遠的智慧。當我們觀察大利拉時，敘述繪圖顯示她曾經失敗三次。而這三次失敗的經歷，就佔了九節之多的經文（十六 6～14）。可見，對作者而言，大利拉是一個失敗的女人。她一點都不是參孫的對手。然而，在超乎常理的情況下，她征服了參孫這位高人一等的天才！

3.3.1.2 永不放棄的手段

在第一個試驗中，大利拉僅以簡單的問題詢問參孫的祕密。因為深知大利拉所具有的危險性，參孫騙她只要用七條未乾的青繩子捆綁他，他就會變得像平常人一樣。大利拉隨即從非利士人的領袖取得七條未乾的青繩子，並且以此捆綁參孫。正如讀者所預期的一樣，非利士人果然前來捉拿參孫。而大利拉也諷刺地呼叫：「參孫哪，非利士人拿你來了！」（士十六 9）整個情況暗示，參孫的確知曉大利拉的詭計和不可信任。但參孫似乎非常享受這種貓捉老鼠的遊戲。他想要看看自己的極限有多大。他戲耍大利拉，就像他在士師記十四章戲耍非利士人一樣。當大利拉繼續試探參孫時，參孫也繼續戲耍大利拉。雖然在第三個試驗中，參孫告訴大利拉一個錯誤答案，就是把他頭上的七條髮辮與織布機上的緯線編織在一起（十六 13）；但參孫離祕密揭曉的時刻，已經愈來愈近了。再次地，參孫得到勝利。然而，故事展現大利拉愈來愈接近詭計得逞的緊張時刻。危險已經愈來愈逼近了！

在三次失敗之後，大利拉天天用話催逼參孫，直到參孫心煩投降。當參孫睡在大利拉的膝上時，大利拉叫敵人來剃去參孫的頭髮。這次的結果迥然不同。經文描述：「他的力氣就離開他了。」（士十六 19 下）從睡夢中醒來的參孫，還以為自己能夠像從前一樣掙脱身上的捆綁。故事並未針對參孫的捆綁多做細節描述，但卻特別提及：「他卻不知道耶和華已經離開他了。」（十六 20）經文再次強調，參孫對於上帝的能力竟然毫無認識。現在，參孫不但被抓住，被剜去眼睛，並且被帶到迦薩的監牢推磨。原本非比尋常的參孫，現在竟然成為極其平凡的奴隸。原本是以色列拯救者的參孫，現在竟然被交在非利士人的手中。

3.3.1.3 小結

究竟大利拉的故事，如何幫助我們解讀士師記的其餘部分？

在作者巧妙的刻劃手筆之下，參孫和大利拉的故事含蓄卻不失生動，細緻卻仍充滿想像的空間。整個故事在參孫和大利拉的對話中，流露著濃厚的緊張氣氛。這位家喻戶曉的名女人大利拉，因為出賣參孫而成為遺臭萬年的「壞女人」。她所扮演的特殊角色，使她在參孫生命裏的眾女人中獨佔鰲頭。她更成為士師記其他女性的強烈對照。大利拉所表現的多樣特徵，不但可以突顯其他女性的獨到之處，更可以深化其他女性故事的主要信息。底波拉、雅億及軟弱的受害者，甚至參孫的母親和米迦的母親，都值得與大利拉的故事一併解讀。為使行文順暢，我們特意將大利拉和軟弱受害者的對照，留至「女性受害者」的部分再行討論。

第一，大利拉和底波拉的對照，充分顯示出好與壞、對與錯的兩種極端。

同為希伯來女人的大利拉和底波拉，因著不同的生命意義和生命追求，各自在歷史上留下美名與臭名。底波拉的生命意義清楚肯定，因為她明白並且接受耶和華為她所設立的多種生命角色。士師記五章的底波拉之歌，以稱頌耶和華為開始，並以耶和華的得勝為結束。可見，底波拉的身分源於她所稱頌的耶和華，而她的生命意義也來自得勝掌權的耶和華。反之，在參孫和大利拉的故事中，耶和華自始至終從未出現。換言之，大利拉的生命與耶和華毫無關連。大利拉沒有在耶和華與她的關係上，尋求生命的意義；更遑論從耶和華那裏定義身分的本質。

在生命的追求上，大利拉和底波拉也顯示反向而行的極端。底波拉回應上帝的呼召，成為以色列的女先知和領導者。她順服上帝的旨意並以上帝的事為她生命的追求，因此她在征服敵人的軍事行動上，為以色列立下汗馬功勞。她扶助巴拉，這個正面貢獻令人永遠欽佩與記念。她是正面女子的最佳典範。然而，大利拉的生命追求卻以自己為焦點和中心。上帝、社會和國家，與她的生命無分無關。為了自身的金錢利益，她與敵人非利士人大打交道。她使用女人的本色和催逼哄騙的方式出賣參孫。她不像底波拉一樣幫助巴拉，她反倒摧毀參孫的一生。她不像底波拉一樣追求上帝的旨意，她只是追求世界的榮華。她的生命充其量是一場虛空的浮華迷夢。

不論從生命的意義或生命的追求來看，大利拉和底波拉各自成為好壞與對錯抉擇的原型。

第二，大利拉和雅億的對照，具體展現抉擇行動的嚴重性。

大利拉和雅億共有一些相同的特徵。舉例來說，兩者的故事都與外邦化的融合有關，兩者的故事也都充滿性的暗示。在外邦化的融合上，雅億的丈夫基尼人希百，顯然與外邦人互有來往（士四 11）。身為妻子的雅億，自然與這種連結有分。然而，雅億卻以行動顯示正確的抉擇。她以上帝征服敵人的目標，作為她行動的指引。她勇敢並有智慧地消滅那與自己丈夫有關聯的大將西西拉。雖然身處在與外邦融合的險境中，她卻能掙脫一切的顧慮，而以上帝的事為她的首要優先。相反地，陶醉在外邦社會的大利拉，毫無抉擇的掙扎。因為外邦文化已經成為她的生活準則和規範。她只要依循迦南女人的放縱，就可以獲得足以享受一生的報酬。在整個故事中，除了參孫之外，大利拉只和非利士人互通聲氣。可見大利拉在外邦人中間，已經如魚得水。與其認為大利拉缺乏正確的抉擇，倒不如說她毫無抉擇的意願。如此說來，即便在與外邦人融合的環境中，以色列人依然可以作出迥然不同的抉擇。關鍵在於人是否仍尊耶和華和祂的立約為大！

另外，兩者的故事也都充滿性的暗示。雖然性的用語，具有強烈的暗示意味；但由前文的討論，我們可以總結，士師記作者藉著性的詞彙，反諷刺地傳遞雅億故事的信息。更確切地說，性的暗示一方面把西西拉判定為罪有應得，以及判定他是因為死亡而無法繁衍後代的；另一方面指出除了性和繁衍的多種功能之外，雅億也具有戰士的功能和角色。雅億不需要使用性的手段來殺戮以色列的敵人，因為上帝定意西西拉必要死於一個女人的手中。上帝將西西拉帶到雅億面前，並賜給雅億勇氣和智慧。因此雅億單憑一根小小的帳篷橛子，就將曾經擁有九百輛鐵車的西西拉完全制服。回應和順服上帝的雅億，只要以合乎上帝心意的方法就能成就上帝所預定的大事。

反觀大利拉，因個人的貪婪和外邦文化的影響，而使用世界的方法來出賣上帝所設立的士師參孫。作者以「誆哄」（士十六5）、「內室」（十六12）、「我愛你」（十六15）和「枕著她的膝睡覺」（十六19）等詞彙，[91] 表達大利拉利用性和女人魅力來陷害參孫的手法。不像雅億具有多重角色，大利拉不過是一個女人罷了。[92] 因此她只能使用女人天生具有的本事，來達到她的夢想目標。雅億消滅以色列的敵人，然而，大利拉卻殺害以色列的領袖。同是希伯來女子，但她們的作為卻各自為以色列帶來宏福與大禍！人的抉擇生命攸關，實在不容忽視。

第三，大利拉和以色列的對照，生動地證明以色列的全面墮落。

大利拉完全外邦化的作為，實際是以色列社會與國家的寫實。她不啻是「各人任意而行」的最佳女性代表。她與非利士人的勾結，正面平行了猶大人出賣參孫的舉動（士十五12）。大利拉為了自己的利益，而猶大則為了自己的安舒，雙雙出賣自己的國家領袖。在參孫和大利拉的故事中，以色列的墮落似乎已經落入谷底。然而，以色列的道德淪喪還會繼續往下滑跌。因為士師記結語中的無名利未人故事，將為以色列的墮落帶出另一個全新的高潮。大利拉所反映的以色列社會，正在走向幾近滅亡的道路。

第四，大利拉和參孫的母親與米迦的母親的對照，完全流露出耶和華在人心中的地位。

大利拉和參孫的母親與米迦的母親，在某方面呈現強烈的反照。雖然在作者筆下，參孫的母親和米迦的母親，並非與上帝具有美好關係的完全人；但她們對耶和華仍有些許的認識。在神人向參孫的父母顯現的敘述中，「神人」、「上帝使者」和「耶和華」

等用詞接續地出現在婦人口中（士十三6～7、23）。因此，即便參孫的母親為他起一個外邦化的名字，但她對耶和華依然具有某種程度的認識。另外，米迦的母親雖在信仰上糊塗與偏差，但她還是存有「耶和華賜福」、「歸給耶和華」和「分別為聖」的觀念（十七2～3）。不幸地，在大利拉的口中，絲毫沒有耶和華的蹤影。大利拉口裏發出的盡是探究參孫祕密的請求和欺哄。以目中無上帝來形容大利拉，實在一點也不為過。參孫的母親和米迦的母親或許糊塗，但大利拉卻明知故犯。如此說來，耶和華在人心中的地位，實際與人的一言一行成為直接的正比。

3.3.2 大利拉和迦南女人

迦南人的神聖詩歌（sacred poetry），意外地成為我們觀察迦南女人觀的極佳來源。一項有關巴力的女性研究，確實可以為這項議題帶出一些啟發。讀者或許還記得，我們在底波拉故事的討論中，曾經對女神明亞納提出一些簡短的觀察。這些簡短的觀察指出，除了巴力之繁殖力/性愛的主題之外，女神明也具有某程度的獨立意味。換言之，亞納保持女戰神的獨立身分，她可以隨意揮殺任何對象。她是巴力的女性戰士。當然，作為巴力的姊妹的身分，也把她帶到至高的角色。

根據文獻的記載，巴力很可能擁有三個新娘：皮德蕾（Pidray）、塔莉（Tallay）和阿賽（Arsay；KTU 1.3 III: 4～8）。[93] 根據這三位女人的名字所蘊含的，繁殖力的主題被強烈地流露出來。皮德蕾具有「豐滿的」或「性感的」的涵義，表示她具有誘人的曲線。塔莉代表「充滿露珠」的意義，可能與產生露珠的繁殖力有關。阿賽則具有「土質的」意味，再次和繁殖力有關。如此說來，因為男人無法單獨繁衍後代，所以女人的角色主要以繁殖的功能為中心。不過，巴力還有另一個性伴侶，以母牛的形式出現（KTU 1.5 V）。有些人認為母牛是女神明的獸類表現形式（例如，亞納）。[94] 更有可能的是，巴力和母牛有性交的行為，為要顯示他強大的性能力。最後，母牛生出一個特種的男性後代（KTU 1.5 V）。本書僅能針對巴力的性行為作出簡短摘要，實在無法囊括多種辯論的豐富討論。對於士師記解讀最有幫助的，當屬巴力對於自己新娘的看法。更確切地說，一旦她們和巴力發生性關係之後（不像處女亞納），她們就落入像母牛一樣低賤的地位。

除了上述的觀察之外，在有關伊勒性愛和「優雅神明的出生」的詩歌中，詩人不斷地描繪伊勒和兩位妻子的性愛過程。詩歌主要以伊勒生殖器的大小（KTU 1.23: 40），和他大量的射精為焦點（KTU 1.23: 37～39）。在性愛的過程中，妻子們高潮地呼喊：「啊丈夫！丈夫！放低你的權杖（即他的生殖器）。你手中的「棍棒」何等巨大（即他的生殖器）。」（KTU 1.23: 40）[95] 在他處，也有一些可能是女神明的生殖器張開以進行性行為的描述（KTU 1.13: 32）。[96] 有時候，文獻也大量記載諸神明和諸女神明之間，彼此抓住和刺激生殖器的細節描繪。[97] 這種生動寫實的敘述，不但將整個以男性為中心的觀念建基於性和繁殖力之上，同時也降低了女人的地位。

另外一首可能關於性愛詩歌的是「妮高和雅理克的訂婚」（Betrothal of Nikkal to Yarikh）。我說「可能」，因為在詩歌的殘篇中，有些句子已經不見了。詩歌的內容描述，妮高是雅理克未來的妻子。[98] 而雅理克則是月神。在詩歌中，雅理克為了娶他的新娘妮高，前來和神明的媒人克希理克比（Khirikhbi）說話。雅理克詳細闡述他要如何發揮丈夫的身分。在一段翻譯中，詩歌論到雅理克讓他的新娘享受性的樂趣，並且在此之後，新娘為他生了一個兒子（KTU 1.24: 6～7）。有文獻（KTU 1.24: 8～9, 11～12）記載著，他的男性本色使她的「井」（即陰道）渴望他的「肉體」（即陽物）。[99] 在檢視迦南女人的一般角色時，基爾（Othmar Keel）和俄林格（Christoph Uehlinger）注意到，性愛「很難和女人的生理循環（月經和懷孕）完全分開。」[100] 女人是性的對象，她們是繁衍後代的必要伙伴。如此說來，在展現迦南女人的性角色時，這類烏加列故事的作者顯示出，女人是完成繁殖任務的性對象。女人只是製造嬰孩的工具罷了。

當大利拉和具文本互涉對應的迦南女人並排比較時，我們可以得到下列總結。

從迦南的文獻來看，雖然具有女戰士地位的亞納，仍然保持童貞的身分，但迦南女性還是以繁衍後代的性伴侶角色為主要。我們可以先行比較大利拉和亞納的異同，然後再針對大利拉和一般迦南婦女的角色提出觀察。

首先，亞納這位巴力的女戰士實際與眾不同，因為她具有童貞的特徵。雖然她的暴力行動，充滿農業繁殖的宗教意義，但她卻仍保有女性尊榮的處女身分。反觀，以性為手段的大利拉，根本不配稱為戰士。她不過是一位間接毀滅參孫的殺手罷了。她的性手段沒有為參孫帶來繁殖的豐盛祝福，反使參孫落入沒有後裔的終極死亡。單就這個層面來說，大利拉的人物刻劃實際比神話故事中的亞納更顯負面。

其次，迦南文獻關於神明的記載，充分顯示性在迦南文化中的突出地位。巴力和三位新娘的故事，更是流露著迦南文化對家庭和女人的偏差觀念。在這個故事中，女人不過是充滿性誘惑的繁殖工具罷了。迦南文獻的作者，以淫穢、混亂和大膽的語言，描繪男女之間的性行為。這種驚人的筆法一方面顯示迦南文化對於性的強調，另一方面顯示迦南婦女的低賤地位。無怪乎，上帝要以色列人杜絕迦南文化的影響，因為這種文化實在充滿淫亂和罪孽。雖然前文指出，士師記作者並未以性作為大利拉故事的主要焦點，但性的暗示卻不可否認地呈現在故事中。大利拉完全外邦化的行動，再次得到證實。大利拉雖然身為希伯來女人，但她的表現與迦南婦女毫無兩樣。

值得注意的是，雖然大利拉和迦南婦女沒有分別，但迦南文獻的作者和士師記的作者卻大大不同。更確切地說，迦南文獻的作者以毫無保留的粗言穢語，描述男女之間的性關係；而士師記的作者則以合宜含蓄的詞彙，勾繪繁殖與性的題旨。甚至大利拉的放蕩行為，都必須從作者的暗示筆法來深入體會。在繁殖題旨的表達上，底波拉的故事成為研究士師記作者之藝術巧筆的最佳案例；而押撒事件的記載，更顯示賢德與智慧婦女的正面典範。迦南文化所充斥的負面婦女角色，和耶和華所定意的正面婦女角色實在相差太遠了！

3.4 女性受害者：被犧牲的一羣

3.4.1 女性受害者和士師記

從好壞人物的刻劃角度來看，士師記中的女性可以分為正面和負面兩類人物。正面和負面人物的呈現，為士師記增添了濃厚的戲劇性。另外，若從生命際遇的刻劃角度來看，士師記中的女性又可以分為得勝者和受害者兩類人物。得勝者的故事叫人振奮，但受害者的故事卻叫人噓唏不已。得勝者和受害者之間最大的差異，就是權力掌控的多與寡。像底波拉和雅億等女性得勝者，顯然具有獨立行事的權力；而像耶弗他的女兒和無名利未人的妾等女性受害者，則是受制於男性權力之下的軟弱者。這些受害者之所以沒有力量，非因愚蠢的屈服，乃因社會容許男人擁有轄制女人的權力。受害者皆是無名氏的文學特徵，更進一步地反映了她們軟弱無力的可憐光景。[101]

值得注意的是，士師記作者對於士師以比讚的簡短敘述，也為我們提供觀察當時女人地位的重要資料。士師記十二章 9 節使用「嫁出去了」和「從外鄉娶了」的詞彙，以描述以比讚之兒女的婚姻狀況。「外鄉」的詞彙，和士師記其他地方所使用「外面」一詞相符一致。例如，在無名利未人的故事中，房主首先「出來」見不住敲門的無賴之徒（士十九 23），其次妾被「拉出去」交給無賴之徒（十九 25）。可見，「外面」是女人可能成為犧牲者的負面範圍。在這個範圍中，遠離上帝之律法的人，對於女人毫無尊重。雖然當時女性的地位，並不在社會之外；但在取得確保權利的力量上，女性的社會角色仍然被置於「外面」。一言以蔽之，女性受害者實際是個人、社會與國家，遠離上帝之律法的真實寫照。

3.4.1.1 耶弗他的女兒

耶弗他的女兒在完全是戰爭情境的耶弗他故事中，扮演非常重要的角色。因為作者為了敘述耶弗他女兒的故事，刻意中斷關於耶弗他持續不斷的作戰生涯的敘述。我們可以從下列兩方面，來觀察作者對於耶弗他女兒的生動刻劃。

3.4.1.1.1 父權的受害者

士師記作者展現出，耶弗他的女兒是父親權力的受害者。作者仔細記載耶弗他向耶和華所許的願：「你若將亞捫人交在我手中，我從亞捫人那裏平平安安回來的時候，無論甚麼人，先從我家門出來迎接我，就必歸你，我也必將他獻上為燔祭。」（士十一 30～31）耶弗他的言語實在大膽。儘管律法沒有明文禁止許願，但上帝卻不赦免違背祂的律法的輕率許願。[102] 實際上，戰爭的許願時常在士師記出現，但耶弗他的許願卻顯得特別危險。[103] 與敍述的強調相符一致地，作者沒有刻意強調勝利的方式，但以悲劇的餘波為重點。耶弗他的女兒，話語雖然寡少，但卻洪亮又有力地回響在讀者耳中。當耶弗他返回家門時，他的獨生女出來迎接他。耶弗他對於權力的飢渴，使他付出終極的代價。

作者生動描繪悲劇的痛苦，因為「她是耶弗他獨生女兒」的陳述不斷重複出現。令人震驚地，耶弗他竟然怪罪自己的女兒，成為獻祭的受害者而使**他**痛苦。許多註釋者嘗試為這段經文，作出令人滿意的解釋。他們辯解士師記作者使用模糊的語言來顯示，那是與獻人為祭不同的另一種儀式；因為沒有人可以接受在「文明的社會中」，會發生這種可怕的行為。[104] 然而，士師記的社會或迦南人的社會，根本不是「文明的社會」。一些新近研究甚至根據政治角度，針對整個故事而提出更尖銳的問題。在蕭伯格（Mikael Sjöberg）的《與文本的暴力摔跤》（*Wrestling with Textual Violence*）全新研究中，蕭伯格質問聖經中有哪些經文特別有害，而這些害處又如何產生。[105] 另外，蕭伯格的研究也有助指出，從古代至現今的詮釋者，如何以怪異的方式詮釋古代獻人為祭的習俗。[106] 我相信如果不以聖經的倫理，來正確理解這個故事，那麼這個故事很可能在有害故事的名單上被列為榜首。其實，就士師記的走向來看，我們根本不應該為獻人為祭的記載大感驚訝。因為這不正是迦南人正常行為的一部分嗎？

與以色列人有關的獻人祭的故事並不多見，因為上帝嚴禁這種殘酷的行為（利十八21，二十1～5）。在以色列的歷史上，只有亞伯拉罕曾經將以撒獻上為祭。出現在其他地方的類似事件，都與外邦人最可憎的行為有關。布洛克指出，以色列的偶像崇拜，涉及來自亞捫人和摩押人的孩童獻祭習俗（士十6）。[107] 根據申命記二章9和19節，這些民族羣體已經不再被限制於他們所得到的土地中，他們以文化影響的方式侵入應許之地。耶弗他就是一個十足外邦化的領袖。而他的女兒則是耶弗他渴望權力的犧牲者。事實上，耶弗他很有可能依從迦南人一種獻處女為祭的宗教儀式。更糟的是，以色列現在竟然有一個紀念耶弗他女兒死亡的慣例，而這個慣例一點也不符合正常的宗教節慶。如同基甸，耶弗他創造一種不是由上帝設立的習俗。整個以色列現在都感受到這個悲劇事件的衝擊。與其慶祝上帝的領導，這個習俗慶祝一種敵對女性的錯位和壓迫的權威。耶弗他的無知行為，開始了士師記敵對女性的壓迫循環。耶弗他所開始的循環，將在士師記十九章的利未人手中畫下句點。在這段時期內，上帝靜默無聲，祂無話可說。在最基本的層面上，詹曾（David Janzen）的說詞實在正確：「當以色列像外邦人一樣敬拜時，她的行為也會像外邦人。」[108] 耶弗他的錯誤行為，與士師記的其他部分完全一致。

3.4.1.1.2 獨生女的悲哀

士師記作者也顯示出，耶弗他的女兒比他的父親更有智慧。耶弗他顯露最高程度的自我中心，然而他的女兒在十一章36節的抗辯回答中，鏗鏘有聲地將他的怪罪擲回他的身上。實際上，她比她的父親更有智慧。她小小的回應響亮地揭露他的品格。

在非常簡短的對話之後，耶弗他的女兒不再有聲音出現。她的靜默比她的話語更加響亮！除了哀哭儀式的描述之外，這個無辜女孩的生命不再有明顯的聲音出現。不論是來自上帝或其他無辜受害者的不語，靜默在士師記總是帶著負面的象徵。[109] 為了贏得權力，耶弗他願意付出任何代價。被自己家庭拒絕與逐出的耶弗他，毫無屬靈價值的根基。在一種反諷的方式下，耶弗他的母親因自己在性方面的不合法地位（即娼妓），而成為耶弗他被家人拒絕的主因。然而，耶弗他竟殺死了有機會結婚和在性方面有合法地位的女兒。作者刻意強調耶弗他女兒的童貞，和她沒有與男人同過房的悲劇。身為一個被拒絕的受害者，耶弗他為了與自己的家人打成平手，而將自己女兒的生命置於危險中。他將邪惡的家庭傳統傳給了自己的女兒。受害者竟然成為傷害者！在這種情況下，耶弗他完全失去慎思明辨的能力。就像以色列的故事充滿悲劇性，耶弗他和他的女兒的生命，不但毫無勝利的氣息，更是充滿悲劇的意味。

在德馬理斯（Richard E. DeMaris）和利布（Carolyn S. Leeb）的一項有趣研究中，他們根據耶弗他的尊榮最後得到證實的角度，來解讀耶弗他的事件。他們的立論根據乃是：耶弗他的生命以尊榮和羞恥的混合為開始，但以偉大的尊榮為結束。[110] 雖然他們的研究嘗試由正面的角度來解讀耶弗他的故事；但我們必須總結，耶弗他為了取得尊榮而冒一切危險的作法，仍具濃厚的負面意味。對於個人權力的飢渴，可以使一個人完全變質。耶弗他的女兒成為士師記作者斥責耶弗他的管道。從神學和修辭的角度來看，作者使耶弗他的女兒比她的父親更有力量。耶弗他的女兒帶著她的同伴，在山上為她的童貞哀哭。經文暗示耶弗他的女兒永遠不可能結婚，因此有些註釋者認為，這裏的獻祭乃是讓耶弗他的女兒終生為處女。然而，經文的語言所指的是獻祭。並且與她的處女情況有關的更大議題，應該是繁殖力的問題。事實上，埃克薩姆錯誤地建議，性是主要的議題。[111] 雖然經文沒有明確把這種對待女人的方式定罪，但那些在被擄中的讀者必定了解這個儀式的嚴重錯誤。他們一定知道，迦南人獻人為祭的儀式，是耶和華的律法嚴加禁止的(參王下三27)。[112] 如此說來，耶弗他的生命以羞辱為開始和結束。

3.4.1.1.3 小結

究竟耶弗他的女兒的故事，如何幫助我們解讀士師記的其餘部分？

第一，當我們將耶弗他的女兒和底波拉相互比較時，她哀哭的儀式明顯對照了底波拉永恆的讚美之歌。兩者對以色列都有長遠的影響，但只有底波拉之歌將讚美歸給耶和華。底波拉的力量源於讚美，而耶弗他的女兒的軟弱則出自無知。兩者的對照顯出，這兩位女性人物在超越力量和缺乏力量之間的對比。換言之，兩位女性人物的對照，指向了賜予能力的耶和華。

第二，士師記也顯示另一個正面的「女兒」故事，這個故事的主角就是押撒。既然同是女兒的故事，我們可以將它們放在一起，作為省思的題材。押撒的故事和耶弗他的女兒的故事，同屬一個類型；因為這兩個女人都反映了男人和他們的家庭。押撒可以自由地到她的父親迦勒面前，要求一份公平的財產，在此對照之下，對待女兒的不同方式更加突顯。同樣地，押撒指向自己父親的公平，而耶弗他的女兒則揭露她的父親的不公平。押撒嫁入戰士之家，而耶弗他的女兒則終生未婚。耶弗他的女兒不但沒有藉婚姻而取得繁殖力，反而因死亡而接受沒有繁殖力的命運。[113]

押撒的名字出現在士師記，而耶弗他的女兒卻是一個無名氏。押撒成功地取得她身為迦勒之女的權利，她顯示著她的家庭承認她的英雄丈夫俄陀聶對父親迦勒所作的貢獻。而耶弗他的無名之女，則毫無此種權利的享受。[114] 她要等到死後，才有人紀念她。除了成為她父親實現野心的工具之外，耶弗他的女兒沒有任何權利。

第三，耶弗他的女兒無辜犧牲，因此她喪失展現繁殖功能和角色的機會。在這方面，她成為士師記繁殖題旨的悲劇人物，並且成為其他履行繁殖功能之婦女的對照。底波拉、雅億，甚至連原本無法生育的參孫之母，都正面地呈現上帝在繁殖與後裔方面的祝福。換言之，底波拉的名字所具有的「蜜蜂」涵義，加上她被稱為以色列的母親之稱號，充分流露出她的繁殖功能（士四4，五7）。而前來收斂參孫之屍體的眾兄弟，更暗示了參孫之母所蒙受的繁殖祝福（十六31）。然而，耶弗他的女兒因為父親在信仰上的無知和魯莽起誓，竟然一生無法享受女性特有的繁殖功能和角色。繁殖的題旨加深了耶弗他的女兒的悲戚與遺憾，而她的生命更寫實出，以色列人日益缺乏繁殖力的黑暗前景。

第四，耶弗他的女兒的寡少言語，為後文之女性受害者的靜默無聲設下了前奏。在耶弗他的女兒之前的其他婦女，顯然多有對話或表達自己觀點的機會。例如，押撒和自己的父親、底波拉和巴拉、雅億和西西拉的對話內容，都充分表現這些女子具有獨立思考和智慧言語的特性。她們雖是女兒身，但心志和智慧一點也不比男人遜色，並且還常常略勝一籌。然而，耶弗他的女兒開始顯出無法獨立思考與保護自己的能力。她的話語雖然流露出其比父親稍高一等的智慧，但她仍無奈地成為父權之下的犧牲者。在她之後出現的女性受害者，更是毫無說話的餘地。無論是利未人的妾、基列．雅比的處女，還是示羅的跳舞女子，都在靜默無言的悲哀中，成為男人的受害者。利未人的妾雖是利未人故事的主要人物之一，但她自始至終都一語不發。而基列．雅比的處女和示羅的跳舞女子，更是在霎那之間驚恐地成為陌生男人的繁殖工具。她們沒有能力也沒有機會，為自己的遭遇提出抗議。她們的靜默無聲，生動又有力地形容著以色列人的極度醜陋和女性受害者的無盡悲哀。如此說來，耶弗他的女兒就如同有聲和無聲的分界點一樣，劃出了士師記中的婦女類別。

3.4.1.2 利未人的妾

士師記的第二位女性受害者，當屬利未人的妾，她的死亡引起全國的騷動。為了更清楚體會作者的巧筆，讀者必須從故事開始的方式來觀察。大體來說，在生動刻劃妾這位女性受害者之前，士師記作者藉著米迦故事的結尾，為這段故事帶出上好的引介。作者藉著但人攻擊拉億的簡單描述（士十八27～28），為下一個故事那位無聲又軟弱的女人設下前奏。藉著抑制攻擊的細節和受害者的聲音，作者顯示這些人是多麼可憐又可悲！在這個寫作特徵上，我非常同意一些主張男女平等之詮釋者的看法。他們認為從被征服者的角度進入，是解讀這類經文最負責任與最佳的方式。[115] 身為以色列人的士師記作者，竟然不尋常地對這些可憐的人，生發極度的同情。換言之，上帝的子民的道德敗壞到一個程度，甚至不是上帝子民的外邦人，都開始令人感到噓唏與同情。

3.4.1.2.1 任人凌虐的受害者

作者以受害者的角色，鮮活地刻劃出利未人的妾。很可能是老人或利未人，將妾推出門外，使基比亞的男人可以對她任所欲為。這些男人的淩虐，造成妾的悲慘重傷。士師記十九章26節記載：「天快亮的時候，婦人回到她主人住宿的房門前，就仆倒在地，直到天亮。」事實上，十九章27節生動地描述，她想要進入家門的努力：「兩手搭在門檻上」。他們殘暴的對待，使妾虛弱到一個地步，只差一步也無法進入家門。這幅痛苦的景象，激起讀者極度的同情。十九章27節也揭露了，利未人令人討厭又其可憎的一面。經文明說：「她的主人……開了房門，出去要行路」。更確切地說，他是主人，而妾則是奴隸。[116] 利未人一點也不關心發生在妾身上的事情。無怪乎，她在之前曾經離開他。這個利未人實在是一個最冷酷無情的男人，他竟然置妾於不顧，準備逕自起程回家。更遑論是他主動前來勸誘她回家的。他要離開，就好像他試圖逃避前晚所發生的不幸事件。他根本無心拯救自己的妾。現在更不把她看為人。他在十九28節以最麻木不仁的語調告訴她：「起來，我們走吧！」他對待妾的方式，正如妾是他的狗一樣。與她身為妾的角色一致地，他把她當做次要的妻子，可以讓他使用和虐待。他更懶得理會妾是否還活著。如果連利未人都不知道，作者如何可能知道她是否活著呢？所以，雖然妾沒有回答主人，作者也不記錄妾死亡的確切時間。如此說來，根本不關心妾死活的利未人，要帶妾回家的動機顯然與愛無關。

3.4.1.2.2 無人在乎的受害者

在對待女人方面，利未人的故事開啟了一個痛苦的轉折。在這個故事中，女人的聲音從來沒有被聽見過。當主人命令她起來上路時，她的回答成為故事進展的關鍵。然而，即便她的回答在這個階段既適當又關鍵，但她的靜默無語卻無人關心。她是不是死了？她是不是太虛弱以致無法回應？她是否進入昏迷的狀態？無人知曉，也無人在乎！因利未人毫無人性的態度，她卑微的角色顯得如此低賤。此時此刻，她只是一個沒有人性或生命的軀體罷了。這個故事顯示社會的猙獰面目。一個社會竟然如此偏差，以致女人的權利可以全然被忽視。阿克曼的著作強調一些敍述所提出的問題。[117] 在故事的一開始，她令人好奇地沒有出現在吃喝的筵席中。當利未人預備離去時，她又出現，但卻未表示她是否甘心情願地離開。接著，她和主人的女兒一同被獻給匪徒淩虐。最後她只出現在門檻前。她惟一出現的時候，就是被淩虐的時候。她的軟弱在參孫和大利拉的故事對照下，更加突顯。因為參孫和大利拉的故事，展現當時的女人仍然可以具有力量。在她的時代，女人很早結婚以便取得她們所需要的力量和保護。但妾所遭遇的一切不幸，只是讓她失去所有的力量和保護。這實在是一個諷刺的局面。她無疑代表一個混亂社會中的終極受害者。

3.4.1.3 示羅的跳舞女子

士師記的第三位女性受害者，是一羣在示羅跳舞的女子（士二十一章）。我們無法確知這羣示羅女子跳舞的性質為何，只知她們在跳舞時被便雅憫人強行奪走。這羣跳舞的女子和其餘的以色列支派成為對照，因為會眾中的長老認為自己太重要了，以致不能將女兒嫁給便雅憫人。領袖在士師記二十一章 18 節認為，自己的女兒不能給便雅憫人作妻子，因為他們曾經起誓。但他們的說法令人質疑，因為以色列人根本不需要發這類的誓言。如果以色列人不要讓任何便雅憫人娶他們的女兒，那麼這羣跳舞的女子是不是迦南人？[118] 作者採用留下空白的筆法，更突顯他對整個事件的厭惡。另外，將這羣跳舞的女子和以色列的女子相比，無疑流露著這些女子是不重要的。如同作者敍述以色列人對基列・雅比的陰謀一樣，作者對示羅女子的描繪，生動地展現出一個令人同情的畫面（參利未人的敍述繪圖第 20 至 22 項）。這些女子對於示羅的幸福與安康非常重要，但卻因一個無名的利未人的錯誤而被綁架。

3.4.1.3.1 歡樂變悲哀的女子

經文並未説明，為何示羅女子在這個時候跳舞。根據社會的背景來猜測，跳舞通常與豐收有關。讀者必須注意，這僅是一項猜測。既然事件的地點發生在葡萄園，為豐收而跳舞的假設就不致太離譜了。此處所顯示的繁殖力意象，極具諷刺性。豐收當然與繁殖力有關。早在基甸的故事中，我們就看見豐收的意義。縱使土地非常豐饒，基甸卻因害怕敵人的搶奪，而無法享受豐收的美果。與基甸相反地，這些女子似乎無所懼怕。她們不需要躲在酒醡裏，更可以在葡萄園公然跳舞。然而，為了尋找繁殖力，便雅憫人的行動比他們的外邦敵人更加惡劣。土地的豐饒不再具有任何意義。他們或許具有繁殖力，但卻無法享受繁殖的成果。以色列人自相殘殺，使得整片土地充滿暴力與罪行。這些跳舞的女子將因便雅憫人的暴力行動，而接受繁殖力。便雅憫人竟然變得像外邦敵人一樣。如今，以色列必須懼怕自己，因為她成為自己的頭號敵人！

跳舞女子被搶奪，和便雅憫人如何在戰爭中被擊敗的情節非常相似。她們被猛然突擊。可悲的是，整個以色列竟然對這羣軟弱的女子，發動類似軍事行動的攻擊！以色列已經作出極盡羞辱的行為。被女人所殺是一件羞辱的事情，因為女人被認為並不具有任何軍事上的價值（參士四 9，九 53）。尤有甚者，突擊一羣軟弱的跳舞女子，更是超過羞辱的範圍。作者清楚揭露突擊這些女子和突擊便雅憫人之間的對照，因為出現在士師記二十章 36 至 37 節的軍事語言，並沒有出現在示羅的敍述中。畢竟，她們不過是一羣沒有武器又軟弱的女子。這種反諷的比較，更加強調這羣女子的無助和以色列的懦弱。極其諷刺地，這個事件發生在豐收的時刻。以色列人對待女人的方式，與迦南人毫無兩樣。邪惡的混亂，為上帝的子民帶來羞辱。以色列人給予便雅憫人的勸告，益發突顯他們無法無天的作為。二十一章 22 節如此記載：「他們的父親或是兄弟若來與我們爭競，我們就説……」不過經文並沒有説明，她們的父親或兄弟是否來找以色列人爭論。

3.4.1.3.2 一文也不值的女子

士師記作者刻意在故事的許多方面，留下模糊不清的疑點，以強調問題的嚴重性。就像作者對於妾何時死亡的問題保持靜默一樣，經文也沒有就她們的父親和兄弟是否出來護衞女子作出評論。如果作者對妾死亡的時間靜默無語，是對利未人發出控訴的方式；那麼他對父親和兄弟是否有所行動安靜無言，則是直接向所有男人宣告他們的罪。更糟的是，會眾中的長老竟然以「求你們看我們的情面，施恩給這些人，因我們在爭戰的時候沒有給他們留下女子為妻」（士二十一 22），作為搶奪女子的藉口。他們反諷地流露其自以為上好理由的心態。[119] 若與西西拉的戰士搶奪女子為戰利品的行動相比（五 30），這羣便雅憫人的作為更展現他們的徹底卑怯。作者似乎悲歎：「看哪，這些以色列人比外邦人還糟糕。至少外邦人還有勇氣**在戰爭中**，搶奪女人。」整個故事具有證明以色列的男人是多麼無情和懦弱的功能。以色列應該以想出這種荒謬計謀為恥。以色列的男人毫無榮譽可言，因為他們目中無上帝。整個事件成為揭示以色列完全沒有勇氣和量度的工具。[120] 這些女子的出現，只為展現男性尊榮的最原始本質。她們毫無價值可言。她們甚至不值得被保護，因為在敘述中，似乎沒有任何一位父親或兄弟出現。因此，這些可憐的女子也無法護衛自己。

3.4.1.3.3 小結

究竟示羅的跳舞女子的故事，如何幫助我們解讀士師記的其餘部分？

第一，示羅的跳舞女子可以與在迦南戰爭中被俘虜和強姦的女人作相互比較。如同前述，這些女子和西西拉的母親在士師記五章 30 節所提及的女子非常相似。她們不過是一羣「子宮」（womb）。更慘的是利未人的妾，因為她比妻子的地位還不如。她似乎連繁殖的功能都沒有，不過是無名利未人喜新厭舊而輪替更換的一個性伴侶罷了。

第二，在士師記作者的筆下，示羅的跳舞女子成為妾的故事的一部分。因為所有這類的女人，都同屬一個類別。她們之間的相似處在於她們同是被強姦的受害者。另外，妾和跳舞的女子都扮演替代者的角色。妾替代利未人，成為性虐待的對象；而跳舞的女子則替代一些不願意嫁給便雅憫人的以色列女子。這些跳舞的女子成為替代的妻子。兩者惟一不同的是，跳舞的女子得以存活，而妾卻以死亡為終結。

第三，利未人的妾和示羅的跳舞女子，在資源和能力方面恰與大利拉成為反照。在資源和能力方面，大利拉是女性中的高手。當時女性的資源和能力，必須仰賴丈夫或父親的供應和得到他們允許。然而，管道有限的大利拉卻憑藉自己的本事，施展高度的能力並且享受豐盛的資源。無怪乎，大利拉是士師記中惟一具有名字的負面女性。她的艷麗和手段想必超乎尋常，雖然在智力上並非參孫的對手，卻仍能置參孫於死地。反觀，利未人的妾和示羅的跳舞女子所流露的，盡是軟弱、無聲和被動。她們沒有能力，也沒有資源；因為似乎連她們的父親或兄弟，都沒有出面為她們爭論。而利未人更是不顧自己妾的死活。這些女子成為一羣沒有人護衛的受害者。大利拉的豐富和受害者的無有，對以色列的極盡不公義，作出寫實。

第四，利未人的妾和這羣被綁架與被強姦的示羅女子，同樣靜默無聲。然而，她們的生命卻向我們這些讀者大聲呼喊！如同前述，耶弗他的女兒成為有聲和無聲的分界點。聲音響亮卻滿有智慧的女子，代表健全的家庭、社會和國家；聲音受到限制的女子，則展現大有問題的家庭、社會和國家；而靜默無聲的女子，則流露病入膏肓的家庭、社會和國家。士師記作者使用聲音的多寡，來表達婦女在家庭社會中的地位演變，並反映以色列的道德興衰。女子的聲音不容忽視。雖然靜默且無言，卻是響亮和無盡的痛苦吶喊！

3.4.2 女性受害者和迦南傳統

3.4.2.1 耶弗他的女兒和迦南的喪葬儀式

耶弗他的女兒的死亡，導致以色列設立一種專門紀念她的儀式。一點也不令人驚訝的是，喪葬儀式的觀念或紀念死人的異教，也顯見於烏加列的文獻中。波普（Marvin Pope）在他特別的調查中指出這項事實。[121] 在他的研究中，他針對出生和死亡的儀式提出有趣的觀察。[122] 在粗略地重述波普的研究之下，下列的概括摘要地證明，喪葬儀式在那個地區和許多其他文化中的重要性。[123]

當巴力死亡時，亞納取了巴力的屍體，並且犧牲七十隻動物與巴力一同埋葬（KTU 1.6 I: 1～29）。在巴力和默（Mot）的故事中（KTU 1.6），巴力代表豐饒，而默則代表貧瘠。默被亞納折磨和殺死的描述，與豐收的情境相似（KTU 1.6 II: 20～27）。換言之，整個過程像將默的身體當作穀類來播種，以產生豐饒的收成。[124] 從農業的角度描述亞納的暴力，使詮釋者懷疑，這種故事是否具有展現豐收之宗教意義的用意。[125] 若果如此，這類直接與豐收儀式有關的宗教文獻，是否部分是為了慶祝默的死亡（即「死」的死亡）？是否這種敍述的詩歌，具有完全展現迦南豐收之宗教意義的功能？更確切地說，這是一種歡慶豐饒和貶低貧瘠的詩歌文獻。

尤有甚者，波普的討論也提及與「刺耳聲音」（marzeah）之家或哀悼之家（耶十六 5～9）有關的一種特殊喪葬儀式。這種喪葬儀式也出現於烏加列文獻中，他們以暴食和暴飲來處理他們的哀悼之情（KTU 1.114: 1～4）。[126] 他們的暴食暴飲過分到一個地步，甚至連伊勒都不省人事地落入自己的排泄物中。所有的衛生和神聖意味，全然喪盡。然而，他們還是有一些比較肅穆的方式，來紀念死者的死亡。例如，兒子的家庭可以設立石碑，來紀念死去的父親（KTU 1.17 I: 26）。不過女人似乎沒有參與這種死亡的異教儀式。有時候，這些儀式會以祭物獻給神明。[127]

上述的簡短摘要，讓我們看見將耶弗他的女兒的喪葬傳統和迦南的喪葬儀式作相互比較，實屬必要。不管文本是包含喪葬的儀式或是僅有宴會的場景，它們與豐收循環的強烈關聯，與異教對於繁殖力的慶祝非常一致。[128] 與豐饒的繁殖力極端對照的，是沒有繁殖力的貧瘠。這兩個觀念緊密相關，不可分割。尤有甚者，默被亞納劈斬，聽起來很像一種獻祭的儀式。這個有關繁殖力的儀式歡慶，顯然與耶弗他獻女兒為祭相互平行。耶弗他的悲劇很可能將獻女兒為祭的原始儀式，轉變成為一種反映繁殖力和貧瘠的傳統喪葬儀式。何其可悲，一個人的行動竟然更加深了以色列的迦南化。她可憐的女兒變成豐饒和貧瘠的矛盾象徵。繁殖力不再源自對於耶和華的敬拜。相反地，以色列人將耶弗他和他女兒的無知，當作某種美德來慶祝。在紀念她的死亡時，以色列人可能看見這個悲劇背後的生命盼望。這些以色列人和迦南人惟一不同之處，在於女人是這個死亡儀式的主動參與者。然而，真正的盼望不僅來自可理解的人為儀式和敬虔，更是源於對真神的敬拜。

3.4.2.2 無名利未人的妾、示羅的跳舞女子和被當作犧牲品的迦南女兒

3.4.2.2.1 居次等地位的家庭成員

在迦南的文獻中，女兒所扮演的角色之一，就是地位低下的次等家庭成員。與古代傳統一致地，烏加列人也偏愛兒子過於女兒。兒子而非女兒，是家庭傳宗接代的主要人物。兒子也是產業的繼承人。[129] 女兒的財富則完全端賴其他像丈夫或朋友的人。在家庭的財富上，女兒毫無用處。烏加列的英雄但以理為了傳宗接代的原因，而想要一個兒子（KTU 1.17 I: 16～19）。珂塔（Kirta）國王也因同樣的理由，而渴望有一個兒子（KTU 1.15 II: 23）。然而，迦南眾神的女兒和人的女兒之間，有明顯的不

同。迦南眾神的女兒，就像亞納，似乎享有很多權力。主要原因可能因為眾神不像人具有繁衍家庭後代的問題。

在迦南文化中，女兒的另一個特徵就是她們的童貞。童貞證明女人來自良好的家庭，並且受到父親正確和尊重的保護。女神明童貞的題旨不斷重複出現，也部分地證實了這項觀點（KTU 1.3 I: 2～15）。除此之外，在聖經和烏加列傳統中，女兒有時會被要求作些奴僕的工作，這些工作甚至對男人都是一種挑戰。例如，取井水或幫助年長的父親坐上驢子等，都需要力量和孝順的品德（KTU 1.9 I: 49～ II: 11; 1.16 II: 14～16）。[130] 雖然這些並非暗示，父親不關心自己的女兒；但她在家庭中的角色，的確顯示較差的社會地位。尤有甚者，只有當她為父親的家庭帶來榮譽時，她的社會地位才會顯出價值與用處。

3.4.2.2.2 成為繁殖工具的受害者

女兒的研究對於婦女的研究，具有既深刻且重要的涵義；因為所有的女人都是某某父母的女兒。如果她們無法成為好丈夫的多產妻子，那麼她們將無法避免地落入受害者的危險範疇中。一些有關日本軍人和蘇俄軍人在二次世界大戰的強姦習慣的研究，加上針對塞爾維亞士兵而作的新近研究，共同指出強姦女人和國家主義緊密相連。[131] 這種與國家主義有關的暴力行為，同等於使敵人的女人失去人性。在某種程度上，這種習慣很難與以繁殖力為焦點的文化脫離關係。就像在以色列或迦南的文化中，女人的參與是繁殖力繼續興旺所不可或缺的。在跳舞女子的事件中，我們看見以色列支派的暴力行為，與西西拉的母親在五章 30 節的評論，毫無差別。惟一不同的是，西西拉的母親所言之事，竟然發生在以色列當中。極為諷刺地，以色列人現在使其他的以色列人失去人性，因為他們集體原諒那些因繁殖的目的，而搶奪和強姦女人的不義之人。

3.4.2.3 小結

當我們將士師記的女人受害者，和具文本互涉對應的迦南婦女觀並排觀察時，我們得到下列的總結。

第一，士師記中的女兒就像地位偏低的迦南女人一樣，隨時可能成為犧牲品。

如同迦南女兒在傳宗接代和財產繼承方面不具重要地位一樣，士師記中的女兒受害者，也不被家庭所看重。耶弗他的女兒雖然深受父親的喜愛，卻仍成為犧牲品。父親的魯莽和愚昧引發錯誤的誓言，但父親和女兒在信仰上的無知，雙雙導致履行誓言的悲劇。為了保持支派的尊榮與和平，示羅的跳舞女兒也成為無辜的犧牲品。竟然她們的父親和兄弟，都沒有具體的護衛行動。除了迦勒的女兒押撒之外，士師記中的女兒，不但扮演卑微的角色，並且成為以男性為中心之社會的犧牲品。相當矛盾地，士師記中的母親卻扮演大有影響力的角色。底波拉這位以色列的母親，不單是拉比多的妻子，更是治理以色列和呼召巴拉的女性領袖。米迦的母親也以自己的糊塗和偏差信仰，影響兒子設立家庭的私有化宗教。而參孫的母親更像家中的屬靈領袖一樣，不但引導屬靈眼瞎的丈夫，還為參孫起了名字。母親和女兒所受之待遇的反諷對照，更加突顯了當時女性必須從家庭獲取權力和地位的事實。

第二，士師記中的女人受害者，反映以色列的迦南化。

如果西西拉的母親在底波拉之歌的言論（士五 30），充分代表迦南人對於女子戰利品的觀點；那麼，基列．雅比的處女和示羅的跳舞女子，就成為以色列迦南化的例證。以色列這兩項沒有人性的行動，生動地流露出迦南文化的特性。因為上帝特別就以色列男人娶由戰爭擄來之女子的事宜，設下合理的條例。申命記二十一章 10 至 13 節，如此記載：「你出去和仇敵爭戰的時候，耶和華——你的上帝把他們交在你手中，你就擄了他們去。若在被擄的人中見有美貌的女子，戀慕她，要娶她為妻，就可以領她到你家裏去；她便要剃頭髮，修指甲，脱去被擄時所穿的衣服，住在你家裏哀哭父母一個整月，然後可以與她同房。你作她的丈夫，她作你的妻子。」

如果上帝的心意是甚至敵人的被擄女子，都應當得到合宜的尊重；那麼，以色列搶奪基列．雅比的處女和示羅的跳舞女子，實際大大違反了上帝的律法。在上帝的創造和美意中，女人和男人一樣可貴。女人不應該只是沒有人性的繁殖工具，更不應該是墮落人性的受害者。

第三，一般來説，女人和妻子都為了維持男人的榮譽而存在。

利未人的妾的身體，具有保證利未支派和她丈夫之榮譽的功能。只要女人是為丈夫繁殖後代的嬌柔妻子，女人就不會遭遇太大的問題。但當這種平衡遭受破壞時，問題就隨之而來。然而，在一些案例中，這種平衡必須被推翻。換言之，凡為耶和華之尊榮的緣故，而破壞這種平衡的女人都值得原諒。她們不但不是受害者，反而成為勝利者。就像底波拉和雅億這些非凡的女性，她們沒有遭受絲毫的責備，卻得到無盡的讚美和稱頌。在迦南文獻的對照下，上帝所設立的律法不但聖潔，具有人性，更遠遠超越當時列國的文化水準。如此説來，不論人所設立的社會規範是好或壞，耶和華的尊榮總是超越其上的。凡不以上帝為至尊的家庭，勢必產生傷害者和受害者普遍充斥的悲劇社會。

3.5 結論

士師記作者兼用正面和負面的角度，來觀看女人的角色。在正面角度的觀察上，作者分別由資格的議題和武器的對照兩方面，提出討論。

第一方面要指出：資格不是惟一的條件。

資格誠然重要，但資格不是惟一的條件。正如巴拉足具資格，但完成拯救以色列之使命的卻是底波拉和雅億。可見，甘心樂意事奉耶和華的心志更顯重要。底波拉看見國家處於劣勢，因此她選擇以行動為國家效力。經文不見上帝興起底波拉的明顯陳述，但底波拉所成就的結果清楚顯示，她為上帝所召並且蒙上帝祝福。為了理想，她盡心竭力。曾祥新針對底波拉提出一個尖銳的問題：「誰是士師？」[132] 事實上，雖然經文帶有暗示的意味，但底波拉的故事卻未明說底波拉是士師。這一章是士師記的轉捩點，因為嚴肅的問題雖被提出，但卻不見「誰是真正士師？」的答案。真正的士師，既不是那順服卻有限的底波拉，也不是那猶豫又成功的巴拉。他們兩人都沒有資格被稱為無名的士師。作者似乎使用一種專門用於士師的詞彙，來描述底波拉；因為他在士師記四章 4 節給予底波拉一個顯著的領袖地位（參士十二 7）。或許底波拉是士師的最佳候選人，但她是一個女人，一點也不適合當時的戰爭行列。可見，她是一個有限又不太可能的士師。作者不願明指她的士師角色，因為他個人對女人成為士師的議題有所保留。換言之，底波拉毫無士師的正常能力（例如，被靈充滿、偉大的軍事本領等），但她在每一方面都具有士師的功能。若與其他的士師相比，無論在性別或能力上，她都奇特非凡。底波底之所以成為情非得已的領袖，純粹因為巴拉的失敗。

此外，資源不是得勝的必要。

作者根據雅億和鐵車的對照，更進一步地展現女性的領袖角色。雅億如此容易地使西西拉這位偉大的戰士陷入圈套，無疑顯示上帝可以使用最不可能的方法，來達成祂的目的。上帝的英雄本色更加突顯了西西拉軍隊的無能。儘管九百輛鐵車似乎令人印象深刻，但上帝卻藉著一個「軟弱」的器皿——即女人——行使祂的作為。[133] 九百的數目的確顯示軍隊的強大力量。在赫人和埃及人的加低斯(Kadesh)古代戰爭中，大約動用了二千五百輛鐵車。[134] 按比例來說，這場戰役中的步兵，約有九千名。如果根據這個比例，九百輛鐵車大約需要四千名步兵。這實在是一場介乎於軍事巨人西西拉和薄弱小子以色列人之間的可怕戰爭。然而，作者所說的強大鐵車，不過是西西拉的支撐罷了。當耶和華擊退西西拉的軍隊時，小女子雅億便親手結束這偉大將軍的性命。失去了強而有力的鐵車，偉大的戰士西西拉轉瞬變成一個膽顫心驚的逃亡者。

另外，在資源的處理上，作者比較兩個東西的有效性：鐵車和帳蓬橛子。作者公然指出西西拉的戰車，是鐵所製造的。但他卻對帳篷橛子的質料隻字未提。如此說來，鐵竟然不是製造帳蓬橛子之無名材料的對手。尤有甚者，兩個東西之間的尺寸對照更是可笑。作者的強調顯然以鐵車的巨大，和帳篷橛子的微小為焦點。與微小帳篷橛子相比的鐵車，實在太龐大了。可見，東西的材料也不重要。東西本身或它的尺寸，更不值一提。上帝並沒有為以色列提供鐵車，使她能夠以軍事力量還擊軍事力量。相反地，上帝幽默地使用小小的帳蓬橛子，殺死巨大的西西拉將軍。

在負面角度的觀察上，除了最具代表性的大利拉之外，作者還以他的巧筆安插一些身為單調人物（flat character；意指一些被文本作者用作以襯托主角的背景人物，這些人物只有單獨的特性，沒有任何複雜性）和透明人物（transparent character；意指一些人物，他們只具微小意義，無論在對話或行動中，他們都不是主動的參與者，甚至並不具任何生命力）的女性角色。

在單調人物的文學功能方面，這些比較次要的婦女人物，尚無機會在前文的討論出現。例如，作者僅以一節經文（士十一1），介紹耶弗他的母親。在母親是妓女的對照下，耶弗他的大能大力更為突顯。從如此簡短的介紹陳述來看，耶弗他的母親的出場，主要是為了顯示以色列的道德墮落。她預示了從參孫時期普遍開始的以色列道德敗壞。身具一個單調人物的角色，她在敍述中指向超越自己的信息目標。她預表以色列的失敗。誰能想到，士師記竟然會以強姦示羅跳舞女子的事件為結束。在這些女子無聲的悲哀靜默中，士師記黯然落幕。

在參孫的故事之前，作者根據以比讚和押頓的家庭帶出生動的間歇。以比讚的三十個兒子和三十個女兒，再次指出他一夫多妻的生活。為了達成政治結盟的目的，他將女兒嫁給支派以外的人。極其悲哀地，女兒和女人成為男人在政治上得利的一般工具。以比讚的生活與迦南國王無異。好像以比讚的兒女數目還不夠多，押頓以繁殖力代表他的力量，因而生出更多兒子。押頓有四十個兒子和三十個孫子。在迦薩和參孫親近的妓女，也是一個具有相同功能的單調人物。她的出現指向那超越她自己的信息目標。她顯示參孫放蕩的性行為。就如同迦薩的居民在士師記十六章2節，喜悅看見參孫隨便的習慣一樣。他們說：「參孫到這裏來了！」

除了這些單調人物之外，作者也使用一些透明人物。她們之所以透明乃是因為她們雖然存在，卻似乎軟弱無力，好像她們已經停止存在一樣。這些女性人物佔據許多篇幅，但她們對自己的生命沒有任何掌控能力。第一個透明人物當屬參孫的妻子。只因她是一個迷人的女子，她的生命成為自己持續不斷的威脅。她的生命是一場悲劇，從她的婚筵開始，她就受到非利士人的威脅（士十四15）。她被迫欺哄自己的丈夫，並且與他關係破裂。最後，她竟被轉手成為別人的性伴侶。在憤怒的參孫對非利士人造成重大的損害之後（十五6），非利士人的威脅很快地應驗在她和她的家中。她所做的一切盡都枉然。她無法拯救自己和她父親的家庭；因為他們雙雙被燒死。在一個女人不受重視的社會中，參孫的妻子成為利未人的妾的前兆；利未人的妾可算是當時的終極受害者。然而，她和利未人的妾，各自有不同的死亡方式。她死於強暴的非利士人之手，而利未人的妾卻死於殘忍的以色列人之手。如此說來，參孫的妻子在敘述中所具有的功能，乃為證明以色列在後文的敘述中，變得有多敗壞。在作者獨特的筆法之下，參孫的妻子呈現一種超越參孫故事的嶄新意義：一個虐待女人的不敬虔社會。所有出現在本段討論的女人，都是量度以色列道德的指示器。虐待女人的罪行不僅控訴邪惡的罪犯，更指向道德墮落的社會。因為惟當社會寬容罪行時，虐待女人的行為才會不斷發生。以色列人在士師記結尾所表現的憤怒，實際針對以色列社會發出了響亮的控告。

最後一個負面的婦女人物是擾人心懷的艷麗女子大利拉。她是一個最有活力與最有意思的人物。然而，作者容讓她的種族背景模糊不清。可見，作者對她的人物刻劃與種族無關，而與屬靈根源緊密相連。儘管大利拉絕非無辜，並且她的行動已被定罪；但她的角色依舊擾人心懷。她的魅力超越眾艷。她賺取金錢的方式也令人質疑。在士師記所展現的社會中，女人除了為自己的丈夫和父親的家庭工作之外，根本沒有甚麼賺錢的管道。可見，大利拉的選擇極其有限。她誠然沒有底波拉所具有的超自然能力。如果我們將眼光向前轉移，從集體的層面觀察當時對待女人的方式；我們就發現大利拉的角色，原來是一個以男性為中心之不敬虔社會的實況報導。在一個女人的恩賜和能力不被認可的社會中，大利拉只好隨從周遭的外邦文化；她學會使用她的魅力和美貌來賺取金錢。大利拉的故事不但寫實出參孫的社會，並且對參孫和大利拉的罪行作出定罪。

除了正負兩面的觀察角度之外，士師記的女人預表也顯示，能力是定義女人的根據。為甚麼一些女人大有能力，而另些女人卻軟弱不堪？埃克薩姆認為，那些大有能力的女人，脫離她們來自男性中心社會（例如，丈夫）的身分，而獨立行事。她的觀察並非完全正確。[135] 事實上，詮釋可以更深入地針對女人的權力所具有的價值來探討。換言之，底波拉、大利拉和雅億，都是大有能力的女性人物。

然而，她們之間的不同，並不僅在於她們對於男性主導之社會的反叛。尤有甚者，她們的關鍵差異，在於底波拉刻意、雅億或許不經意地遵從耶和華的立約而行事。她們與約的關係，使她們獲得正確的權力。相反地，大利拉隨從文化追求權力的管道，使用美貌和機智誘惑男人。雖然她大有能力，但作者對她的評價並不正面，因為她的行動毫無順服耶和華之約的表現。

如果我們從桑迪（Peggy Reeves Sanday）的人類學理論來解讀士師記的故事，那麼虐待女人不僅是以男性為中心之社會的產物；因為在我們這個男女比較平等的西方社會中，仍有很多強姦事件發生。因此社會侵犯（societal aggression）的另一個因素，就證明了桑迪的觀察和假設。[136] 屈服在這種制度下的女人，盲目地跟隨與她們有關聯的男人。她們毫無權力，在任何一種情況下都可能成為受害者。讀者雖然可憐她們，卻也能夠從中學習，如何分辨好或壞的社會制度。[137] 儘管許多人類學家將這種不正常的侵犯形式，視為爭取社會控制和地位的掙扎；士師記作者卻從另一個角度來詮釋這種行為。換言之，這種暴虐行為是整個以色列社會屬靈和心理病態的徵兆。軟弱的女人成為作者證明社會現實的工具。這些女人指向超越她們自己的信息。至終，在士師記前言所述的成功因素，再次成為解析婦女角色的重要關鍵。

更確切地說，這些女人的行動所具有的價值，取決於它們是否為以色列帶來內部團結，並且激發以色列人對耶和華所立之約的順服。一些其他女性人物的軟弱也顯示，因為遠離耶和華的約，而產生的許多負面問題。一些「壞」女人必須使用她們的魅力和美貌，來爭取社會地位的根本事實，一方面定了女人自己的罪，另一方面也宣判以色列社會的敗壞。既然「壞」女人隨從社會使用美貌和魅力的標準，她們就和社會一起被定罪。如此說來，士師記作者以一種獨特的方式，使用女人來審判社會。不論是集體或個人，都必須向耶和華負責。若從集體的角度進入，並以女人的利益為前提；讀者將發現這些經文，實際能夠為現代婦女加力。尤其是那些仍然處於男人之壓迫下的婦女，更能從這些經文得到啟示和激勵。容許並激勵婦女遵循耶和華的約，是集體的責任。

3.6 省思與應用

現代讀者可從下列四項教訓，學習寶貴的屬靈應用。

第一個教訓與我們對於資格的看法有關。

在現今的時代和教會中，我們具有非常強調事奉資格和恩賜的傾向。這些因素絕對重要。有時候，教會也的確有許多合乎資格的人才，他們有高科技和資源。然而，這些人不一定堅守底波拉的精神。更確切地說，當底波拉看見有需要的情況時，她沒有將問題惡化。她只是竭盡心力地為問題提供解決的答案。在充滿男性戰士的國家中，底波拉不但堅挺站立，並且為國家貢獻己力。作者的信息不但響亮並且清楚：**耶和華能夠大大**使用底波拉和雅億。藉著底波拉和雅億的例子，作者顯示比較不具資格的人常因時機的需要，而有最高度的表現。有一些支派甚至決定不參與底波拉呼召的戰爭。參與者和不參與者之間的差異，在於他們是否甘心情願為了更大的好處，而犧牲自己的不便。上帝的答案不見得總是方便我們的計劃。

如果我們渴望上帝實現祂的旨意，我們必須預備自己成為一個參與者，而非觀望者。上帝常常呼召祂的子民離開現狀，並且踏出安舒的地帶。在抵達平坦道路之前，過程可能崎嶇又漫長。就像底波拉的自我勸勉一樣，道路可能泥濘或曲折，但領袖必須領導人民往前行。人民也必須參與戰鬥的行列。在教會歷史中的宣教運動，就是上好的例子。雖然有許多神學博士不願向遠方的人傳福音，但其他比較不具高深學歷的人卻欣然前往。不論結果如何，人們總是聽見關乎耶穌的大好消息；這不就是最重要的成效嗎？現今教會非常注重人的能力。根據聖經所有關於恩賜的教導，我們清楚明白能力的重要性。同樣地，訓練也非常重要。

畢竟，若沒有完整的彈弓訓練，大衛不可能單靠一顆顆小石頭來殺死歌利亞。然而，單單注重人的能力和訓練，似乎成為現今的常規。有些人甚至擅自進入不適合他們事奉的領域。

在北美，我們有最佳的訓練資料和分析工具，可以評估和增進人的能力。而亞洲在這方面，也毫不落後。然而，士師記作者可能會擔心，現代人對於恩賜和訓練過度注重。雖然兩者都具有重要的地位，但最重要的次序乃是自己崗位上甘心事奉的態度。底波拉的事奉，並沒有超過自己的能力。她的恩賜就是領導和預言。因此她的焦點在於自己的責任。如果基督徒羣體中的每一個人，都按上帝所賜的能力和訓練來履行自己的責任，那麼上帝必然行使更大的奇妙作為。凡被上帝呼召的，都要事奉上帝！

第二個教訓與依從人民的意願來領導國家的問題有關。

絕對依從人民的意願有其缺點。有些時候，眾人的意見不但沒有幫助，反而成為國家的攔阻。在底波拉的例子中，有不少以色列人不願參與戰爭的行動。在這種情況下，領袖必須逕行作出正確的判斷。事實上，我們可以藉著底波拉的勝利，提出少數人也可能具有正確看法的論點。在順服和不順服的人當中，意見的確存在著很大的分歧。所以集體的人類本能，不見得總是可信。冒險常會危及自我的利益和倖存的機會。大多數人的聲音不見得總是正確，因為沒一個勝利不需付代價。而多數人都不願意付代價。

第三個教訓與我們對於資源的看法有關。

當我們反省今日教會的光景時，我們對於資源的極度關切，或許會使士師記作者擔心。我並不是說，資源不好或不必要。畢竟，上帝使用華美的聖殿來提高以色列的敬拜。上帝也是一位美善的上帝。然而，這並不代表資源是完成上帝所有旨意的惟一管道。事實上，當事奉的心態不正確時，資源很可能成為事奉的攔阻。士師記所教導的教訓，就是上帝可以使帳蓬橛子像戰車一樣有力量，來完成祂的工作。所以，以色列不可專以資源為焦點。

第四個教訓與上帝應允禱告有關。

一般來說，當上帝應允禱告時，以色列有時會拒絕回應。因為上帝的回答不見得符合我們的想像。很多時候，上帝要我們成為答案的一部分，但是人反而在掙扎中遲疑退卻。更具體地說，上帝要我們以行動的回應和參與，來達到禱告蒙應允的結果。例如，在底波拉的故事中，大多數人似乎不願意支持上帝的應允；其中最主要的原因就是，他們不想付任何代價。歸根究柢，人必須捫心自問，究竟人的私心和上帝的旨意孰先孰後？在兩者之間輾轉徘徊的人，至終無法經歷禱告蒙應允的奇妙。

註釋：

1 我並不想重述馬爾斯曼新近的優秀研究：Hennie J. Marsman, *Women in Ugarit and Israel*（Leiden: Brill, 2003）, 1～41。馬爾斯曼的研究不但嘉惠聖經和烏加列研究的學者，她的資料也涉及埃及和其他近東的證據。

2 參：http://oi.uchicago.edu/OI/DEPT/RA/WOMEN.HTML。

3 Marsman, *Women in Ugarit and Israel*, 14～15.

4 修正主義者宣稱，從聖經中的上帝啟示，我們可以看見人類光景的獨特性。而升華者只看見聖經中女性啟示的合理性（例如，耶和華的母性特徵）。最後，婦女解放論者則以婦女被壓迫為主要焦點，他們針對婦女在哪些利益上被壓制，提出研究。更仔細的定義，參 Marsman, *Women in Ugarit and Israel*, 17～20。

5 一項複雜的優質研究，參 J. Cheryl Exum, *Fragmented Women: Feminist*（*Sub*）*versions of Biblical Narratives*, JSOTSup 163（Sheffield: Sheffield Academic Press, 1993）。雖然我認為她純粹由文化的角度來建構「性別」的這個方法偏

屬極端，但她的研究卻為士師記的婦女故事，提出上好的問題。她假設經文是為一個以男性為中心的社會建構的。她的看法誠然不錯。

6 Judith M. Hadley, *The Cult of Asherah in Ancient Israel and Judah*（Cambridge: Cambridge University Press, 2000）, 63.

7 Barnabas Lindars, *Judges 1 ～ 5*（Edinburgh: T & T Clark, 1995）, 176.

8 Glenn E. Markoe, *Peoples of the Past: Phoenicians*（Berkeley: University of California, 2000）, 16.

9 Amihai Mazar, *Archaeology of the Land of the Bible*（New York: Doubleday, 1990）, 251.

10 Victor H. Matthews, *Old Testament Testament Turning Points: The Narrative That Shaped a Nation*（Grand Rapids: Baker, 2005）, 72.

11 Othmar Keel, *Goddesses and Trees, New Moon and Yahweh*, JSOTSup 261（Sheffield: Sheffield Academic Press, 1998）, 31.

12 參 W. G. Lambert, "The Background of the Neo-Assyrian Sacred Tree," in *Sex and Gender in the Ancient Near East: Proceedings of the 47th Rencontre Assyriologique Internationale, Helsinki, July 2 ～ 6, 2001, Part I*, edited by Simo Parpola and R. M. Whiting（Helsinki: University of Helsinki, 2002）, 321ff。

13 有關蜜棗棕樹是繁殖力的象徵，參 Walter A. Maier, III, *Asherah: Extrabiblical Evidence*, Havard Semitic Monograph 37（Atlanta: Scholars, 1986）, 113。新近的烏加列學術研究，有一種傾向脫離視迦南宗教以繁殖力為中心之看法。然而，有一些宗教文獻的性愛用語，指出某種程度的繁殖力。亞舍拉的柱子（Asherah poles）必須被視為一種藝術化的樹木。舊約聖經所使用的詞彙，似乎顯示它們是一種樹木。有關詞彙的研究，參 Susan Ackerman, "The Queen Motehr and the Cult in the Ancient Near East," in *Women and Goddess Tradition in Antiquity and Today*, edited by Karen L. King（Minneapolis: Fortress, 1997）, 191。亞舍拉小雕像已經在這個地區到處流傳。參 Raz Kletter, "Between Archaeology and Theology: The Pillar Figurines from Judah and the Asherah," in *Studies in the Archaeology of the Iron Age*, JSOTSup 331, edited by Amihai Mazar（Sheffield: Sheffield Academic Press, 2001）, 179～216；這裏對於這種小雕像的早期年代，抱持比較懷疑的看法。經文證據的確顯示，小雕像的使用甚至在族長的年代已經存在（創三十一 34）。我們不需要克萊特（Raz Kletter）的

懷疑看法。不過，克萊特的研究，對士師記的解讀的確有某方面的幫助。顯然，甚至到被擄時期，小雕像的習俗仍然繼續存在。因此這對被擄讀者而言，的確是個不小的問題。可見，小雕像不僅是歷史事實和手工藝品，同時也是士師記作者的重要關切。

14 Marsman, *Women in Ugarit and Israel*, 191.

15 Lambert, "The Background of the Neo-Assyrian Sacred Tree," 325～326.

16 公式化的表達，象徵各種各樣的偶像敬拜，可能不僅限於士師記作者所提出的名單。有關諺語的討論，參 Manfried Dietrich and Oswald Loretz, *Jahwe und seine Aschera: Anthropomophes Kultbild in Mesopotamien, Ugarit und Israel*, UBL 9（Münster: Ugarit-Verlag, 1992）, 84。由偶像崇拜的觀點來看，這類的諺語導致學者認為，迦南偶像的象徵性高過真實性。可見，問題並不在於向偶像跪拜，而是偶像背後的本質。問題的焦點在於這些神明是虛假的。這也是設立偶像背後蘊涵的意義。偶像本身不是問題的所在。因為這個理由，聖經不用雕像，而用擬人化的方式表達耶和華。

17 有關這方面的討論，參 Keel, *Goddesses and Trees*, 54～55。

18 Dietrich and Loretz, *Jahwe und seine Aschera*, 95 ～ 96；這裏處理在「耶和華和祂的亞舍拉」（Kuntillet el-Ajrud）這個碑文。有些像麥卡特（Kyle McCarter）的學者現在開始提議，亞舍拉可以是耶和華的女性代表（female representation）。這個理論雖然有趣又新穎，卻不被普遍接受。有關討論，參 Ziony Zevit, *The Religions of Ancient Israel*（London: Continuum, 2002）, 401。Raz Kletter, "Asherah and the Judean Pillar Figurines Engendered?" in *Sex and Gender in the Ancient Near East: Proceedings of the 47th Rencontre Assyriologique Internationale, Helsinki, July 2～6, 2001, Part I*, edited by Simo Parpola and R. M. Whiting（Helsinki: University of Helsinki, 2002）, 290；亞舍拉的小雕像廣泛流行，常被用於各樣禮儀、魔術儀式、教育用品，以及孩童玩具。因著如此廣泛的社會功能，她成為最常見的家庭女神明。尤有甚者，學者從多種角度辯稱，亞舍拉不僅是宗教上的生殖女神明，並且提高婦女的宗教角色，還為宗教生活加上母性的色彩。這些觀點仍然以生殖力為中心題旨，不過滲透並影響社會各階層。

19 Tikva Frymer-Kensky, *Reading the Women of the Bible: A New Interpretation of Their Stories*（New York: Schoken, 2002）, 49。瓶子上刻印文字的略圖，參

Mazar, *Archaeology of the Land of the Bible*, 337～448。

20 相同看法，參 Fred E. Woods, *Water and Storm Polemics against Baalism in Deuteronomic History*（New York: Lang, 1994）, 65；他附帶地提及這種具有意識理念的地點。

21 Adele Berlin, *The Dynamics of Biblical Parallelism*（Bloomington: Indiana University Press, 1992）, 108；這裏顯示五章 4 節「傾瀉」（pouring）的重複詞彙所具有的語音效果。這展現一種猛烈的暴風雨即將發生。希伯來語的詩歌聽起來像雨點的「滴……滴」（drip drip）滴水聲。

22 英文聖經《新國際譯本》（New International Version Bible, NIV）將四章 5 節譯為「她在棕樹下開庭」。「開庭」這用語，可能傳達她確實在審判的涵義，但希伯來語卻是一個不同的詞彙。希伯來語 יושבת 實際代表「坐下」的意義。《新國際譯本》的翻譯者根據上下文，將其譯為「她開庭」。這個字的發音也很像希伯來語的「審判」（judge），因此作者藉著耳聽聲音的聯想，而創造雙重的意義。《聖經新譯本》的「她常坐在……」，實際是非常貼切的翻譯。

23 Walter Dietrich, " History and Law: Deuteronomistic Histroiography and Deuteronomic Law Exemplified in the Passage from the Period of Judges to the Monarchical Period, " in *Israel Constructs its History: Deuteronomistic Historiography in Recent Research*, JSOTSup 306, edited by A. dePury, T. Römer, and J-D. Macchi（Sheffield: Sheffield Academic Press, 2000）, 320.

24 士師記五章似乎是底波拉和巴拉所帶出之勝利事件的重複。事實上，底波拉之歌為四章所沒有的記錄，提供細節的說明。Athalya Brenner, " A Triangle and A Rhombus in Narrative Structure: A Proposed Integrative Reading of Judges IV and V, " VT 40（1990）, 129；這裏聰敏地指出，表面的差異與歷史次序無關，而與故事的敍述有關。

25 Nadav Na'aman, " Literary and Topographical Notes on the Battle of Kishon（Judges IV ～ V）, " VT 40（1990）, 424.

26 Berlin, *The Dynamics of Biblical Parallelism*, 12；這裏提供一種比較記錄「差異」的方法。他使用五章 25 節的例子，來詳細闡述四章 19 節。當經文如此靠近地放在一起時，一項記錄成為另一項紀錄的闡釋。

27 有關瑪吉，參創世記五十章 23 節。Daniel I. Block, *Judges, Ruth*（Nashville: B & H, 1999）, 232。

28 有關例子，參 Gunnar Lehmann, "Phoenicians in Western Galilee: First Results of an Archaeological Survey in the Hinterland of Akko," in *Studies in the Archaeology of the Iron Age*, JSOTSup 331, edited by Amihai Mazar（Sheffield: Sheffield Academic Press, 2001）, 68～69；作者根據沿岸的亞可（Akko）平原的挖掘地點，顯示腓尼基人存在的地圖。依照這個仔細的挖掘報告，腓尼基人的建設包括都市中心、村莊、小村子和要塞城市。在晚期青銅和早期鐵器的時代（大約士師記的時代），資料也顯示，腓尼基人喜歡平原過於山地區域，因為平原便於通商：Lehmann, "Phoenicians in Western Galilee," 75, table 3.1。

29 遠至士師記時代的商業競爭，參 Glenn E. Markoe, *Peoples of the Past: Phoenicians*（Berkeley: University of California Press, 2000）, 16, 31。有關腓尼基人定居的模式，參 Maria E. Aubet, *The Phoenicians and the West*（Cambridge: Cambridge University Press, 2006）。

30 Tammi Schneider, *Judges*（Collegeville: Liturgical, 2000）, 9～10, 23.

31 以色列人將米所波大米的外國名字翻譯成希伯來語。因此他可能有不同的名字，但希伯來語的翻譯，代表上述的意義。Judah J. Slotki, *Judges*, revised by Rabbi A. J. Rosenberg（New York: Soncino Press, 19）, 177。

32 William Webb, *Slaves, Women and Homosexuals: Exploring the Hermeneutics of Cultural Analysis*（Downers Grove: IVP, 2001）, 98.

33 Webb, *Slaves, Women and Homosexuals*, 98。我不太確定我是否同意韋布對以笏的評估。他認為以笏的左撇是一種弱點或生產的缺陷。

34 堅持底波拉的工作是一種救贖之記號的看法，可能過分極端。這種看法可見於 Gilbert Bilezikian, *Beyond Sex Roles: What the Bible Says about a Woman's Place in Church and Family*（Grand Rapids: Baker, 2006）, 53。我們最多可以說，底波拉使她那個時代的戰士成為笑柄。

35 她也很可能違背了忠誠，因為根據一章 16 節，基尼人和猶大人是伙伴。

36 曾祥新：《士師記註釋》（香港：天道，1998），頁 134。

37 許多註釋者將經文視為性方面的語言。然而，他們的直覺可能將他們帶入極端的性愛觀察。Danna Nolan Fewell and David Gunn, "Controlling Perspectives: Women, Men, and the Authority of Violence in Judges 4 and 5," JAAR 58, 392～394。亦參曾祥新：《士師記註釋》，頁 140。

38 曾祥新：《士師記註釋》，頁 140n54，160n77；這裏注意到一些這類的理論。

39 《新英文譯本》(New English Translation Bible, NET)將五章30節譯為「一兩個女子讓每個男人強姦！」這個翻譯的優點在於，描繪這短短詞句的殘暴力量。有關「子宮」(womb)之意義的辯論焦點於，像《新英文譯本》將其視為女性生殖器的延伸，或它主要指責繁殖力而言。生與死之間的對照，可能比較偏向繁殖力的看法；但若從整個士師記的角度來看，殘酷的性虐待也是一種相當可能的看法。聖經詩歌的最可貴之處在於，它超越精確的語義辯論，為讀者提供一種包含廣泛的圖像畫面。

40 Victor H. Matthews, *Judges, Ruth*(Cambridge: University Press, 2004), 69；這裏過度強調丈夫的尊榮，以致破壞了西西拉被殺死的主要原因。西西拉被殺死完全是因為上帝將他交在雅億的手中。

41 Susan Niditch, *Judges*(Louisville: WJKP, 2008), 63；這裏指出四章21節的「帳篷橛子」，早在公元四世紀的梵蒂岡抄本中，即展現雙重意義的長久傳統。這個字的另一個意義就是「陽物」。這種性詞彙的看法並非必要，不過這種原始的詮釋並非不尋常的現代或後現代看法。

42 Niditch, *Judges*, 76.

43 有關性的詞彙，參 S. Ackerman, *Warrior, Dancer, Seductress, Queen*(Garden City: Double Day, 1998), 59～60。

44 有關喇合與探子的更多討論，參較前士師記結語中，有關但人故事和利未人約拿單的討論部分。

45 從根基爾(Herman Gunkel)到達戶(Mitchell J. Dahood)與詩篇有關的學術研究，參 Yitzhak Avishur, *Studies in Hebrew and Ugaritic Psalms*(Jerusalem: Magnes, 1994), 13～36。

46 Ackerman, *Warrior, Dancer, Seductress, Queen*, 51～73.

47 Mazar, *Archaeology of the Land of the Bible*, 362.

48 Umberto Cassuto, *The Goddess Anath*, trans. by Israel Abrahams(Jerusalem: Magnes, 1951), 65.

49 相同看法，參 Ackerman, *Warrior, Dancer, Seductress, Queen*, 57。

50 Greg Mobley, *The Empty Men*(New York: Doubleday, 2005), 27, 31.

51 John Day, *Yahweh and the Gods and Goddesses of Canaan*, JSOTSup 265(New York: Sheffield Academic Press, 2002), 134～135；這裏也引用烏加列證據(即KTU)。

52 Mobley, *The Empty Men*, 27 ～ 31；參 Mazar, *Archaeology of the Land of the Bible*, 362；對於箭頭有另一種詮釋。

53 或許讀者覺得這種平行解讀實在不易，但讀者不需深入研究亦可看克雷吉（Peter Craigie）比較底波拉之歌和亞述詩歌（Assyrian poetry of Tukulti-Ninurta）的複雜研究。Peter Craigie, " The Song of Deborah and the Epic of Tukulti-Ninurta, " JBL 88（1969）, 253～265。在詮釋者所設下的界限內，這個故事可以接受其他附近之文學的比較。

54 有些學者認為，「姊妹」是「妻子」的婉轉說法。參 Marsman, *Women in Ugarit and Israel*, 58n43, 135。KTU 1.18 I: 23～24；這裏似乎認為這是亞納向巴力提出的建議：「你作我的哥哥，我就作你的妹妹。」資料並未明顯提及她和巴力有性關係。一切都非常令人困惑。證據的顯示，無法有決定性的結論。

55 一項這類的研究來自謝挺，她僅針對烏加列的阿迦特故事提供原始質料。Chloe Sun, " The Ethics of Violence in the Ugaritic Tale of Aqaht, " Dissertation submitted for Ph.D. Fuller Seminary, 2004）。現在任教於正道福音神學院的孫博士，在與我有關阿迦特原始資料的對話中，對我特別有幫助。我對本書的詮釋負完全的責任。

56 Geoffrey Miller, " A Riposte Form in the Song of Deborah, " in *Gender and Law in the Hebrew Bible and the Ancient Near East*, JSOTSup 262, edited by Victor H. Matthews et al.（Sheffield: Sheffield Academic Press, 1998）, 113～127。米勒的方法，在諸如新約保羅書信的其他情境中，也非常有助益。

57 C. Virolleaud, " La naissance des dieux gracieux et beaux, poèm phénicien de Ras Shamra, " *Syria* 14（1933）, 128～151。這也是一些最古老字母刻印文字被發現的地方。Gary A. Rendsburg, " Writing and Scripts, " in *Near Eastern Archaeology: A Reader*, edited by Suzanne Richard（Winona Lake: Eisenbrauns, 2003）, 67。

58 Peter Craigie, " Deborah and Nant: A Study of Poetic Imagery（Judges 5）, " ZAW 90（1978）, 374～381。克雷吉的一些比較，顯得十分勉強，因為他嘗試提出精確的配對。毫無疑問地，他的研究仍然極具價值。我比較傾向認為，烏加列故事和底波拉故事之間的交叉題旨，有些比較鬆散，而另些則比較嚴謹的看法。我並不主張將兩者之間的平行，強作一對一的比較。Day, *Yahweh and the Gods and Goddesses of Canaan*, 138；這裏完全拒絕克雷吉的建議，指出一些精確平行比較的方法所具有的缺點。

59 更進一步地，在阿迦特的故事中，皮尤哈特（Pughat）的稱號是「從羊毛中收集露珠的人」（Collector of Dew from the Fleece；*Hspt lX'r tl*）。他與士師記六章 36 至 40 節中的基甸非常相似。既然底波拉之後的下一個故事，**也有**烏加列的題旨；讀者不應該難以相信，底波拉的故事也一樣具有烏加列的題旨。還有許多其他的平行，出現在底波拉和基甸的故事中，但篇幅的限制，只允許我提出底波拉方面的討論。

60 「亞納這女孩」（*btlt 'nt*）和「人民的姊妹」（*ybmt limm*）。因著令人困惑的性質，「人民的姊妹」具有多種不同的翻譯。有的人就保留 " sister of limm " 的原意，而不加以翻譯。Simon B. Parker, *Ugaritic Narrative Poetry*（Atlanta: Scholars, 1997）, 60。「亞納這女孩」和「人民的姊妹」的措辭，也可見於巴力循環（KTU 1.3 III: 11～12; IV: 21～22 等）。這種將人的身分和另一個對象連在一起的屬格句法結構，和底波拉的「以色列的母親」相似。在底波拉的例子中，底波拉可能是一個真正的母親。但以色列的地點，的確給她種族和社會的雙重身分。有關翻譯的更多討論，參 Neal H. Walls, *The Goddess Anat in Ugaritic Myth*, SBLDS 135（Atlanta: Scholars, 1992）, 94～112。

61 關於亞納過度暴力的傾向，參巴力循環（KTU 1.3 II: 1～41）。Walls, *The Goddess Anat in Ugaritic Myth*, 193～194；這裏認為，亞納以性為餌，引誘阿迦特。然後他又令人困惑地聲稱，亞納並不是真的要和阿迦特發生性行為。他這種看法，實際與處女亞納的特性背道而馳。

62 相異看法，參 Mieke Bal, *Death and Dissymmetry: The Politics of Coherence in the Book of Judges*（Chicago: University of Chicago, 1988）, 211～212；這裏認為雅億的行動，是她從丈夫那裏獨立出來的陳述。

63 希伯來語的「子宮」和「繡花的彩衣」，發音相同。有關女人成為戰利品的其他證據，參 Stanislav Segert, " Die Sprache der moabitischen Königs Inschrift, " *Archiv orientální* 29（1961）, 244。烏加列語使用相同的用字，並以同樣的方式描述女人。這是純粹的迦南詞彙。參 Marsman, *Women in Ugarit and Israel*, 136。

64 所以，在類比上，子宮和繡花的彩衣到底有何相似之處？事實上，兩者同樣是敵人身體部分的接收器。換言之，子宮接受得勝者的生殖器，而繡花的彩衣則接受得勝者的身體，或得勝者的動物的身體。尤有甚者，兩者都是戰爭的獎品；子宮可以產生更多的嬰孩，而繡花的彩衣則成為得勝者的裝飾。

65 E. Theodore Mullens, Jr., *The Assembly of the Gods*, Harvard Semitic Monographs 24（Atlanta: Scholars, 1986）, 45.

66 Marvin H. Pope, "Anat," in *Probative Pontificating in Ugaritic and Biblical Literature*, UBL 10, edited by Mark S. Smith（Münster: Ugarit-Verlag, 1994）, 101.

67 在五章 4 節駕「雲」者的角色上，耶和華誠然超越巴力（KTU 1.5 V: 6～8）。

68 有關這個普遍觀念的較後期碑文，參 Zevit, *The Religions of Ancient Israel*, 419；碑文如此寫著：「猶大的眾山，屬於耶路撒冷的上帝。」

69 證明自己在巴力故事中之價值的主題，參 Mullen, Jr., *The Assembly of the Gods*, 54。

70 有關基順河，參 Mazar, *Archaeology of the Land of the Bible*, 3。

71 參 J. B. Lloyd, "Anat and the 'Double' Massacre of KTU 1.3 II," in *Ugarit, Religion and Culture*, UBL 12, edited by N. Wyatt, W. G. E. Watson, and J. B. Lloyd（Münster: Ugarit-Verlag, 1996）, 151～165。

72 有關希伯來語和烏加列語詩歌的平行風格研究，參 Avishur, *Studies in Hebrew and Ugaritic Psalms*；這裏顯示希伯來和迦南詩歌之間，許多風格（例如，韻律，措辭，和用字配對）和主題上的平行。既然迦南人比以色列人早先住在迦南地，我們可以合理地假設，希伯來人將他們所聽見的加以聖化，以符合敬拜耶和華的目的。就像現代的基督徒，採用一些世俗的風格和主題，將基督教的信仰表達於基督教的音樂中一樣。

73 有關洗分山是伊勒的居所，參 KTU 1.65。有關洗分山更詳盡的文章，參 P. N. Hunt, "Mount Saphon in Myth and Fact," in *Phoenesia and the Bible*, OLA 44, edited by E. Lipinski（Leuven: Uitgeverij Peeters, 1991）, 13～20。

74 懷亞特（Nick Wyatt）認為希伯來語的「北方」，與洗分山無關的看法，顯然有可能性。但它和「巴力」的關連，確實使整個上下文與宗教有關，而與地理上的北方無關。Nick Wyatt, "The Vocabulary and Neurology of Orientation: The Ugaritic and Hebrew Evidence," in *Ugarit, Religion and Culture*, UBL 12, edited by N. Wyatt, W. G. E. Watson, and J. B. Lloyd（Münster: Ugarit-Verlag, 1996）, 362。

75 W. F. Albright, *Yahweh and the Gods of Canaan*（Winona Lake: Eisenbrauns, 1990

reprint）, 127.

76 Hadley, *The Cult of Asherah in Ancient Israel and Judah*, 126.

77 Alberto R. W. Green, *The Storm-God in the Ancient Near East*（Winona Lake: Eisenbrauns, 2003）, 222.

78 Wyatt, " The vocabulary and neurology of orientation, " 351, 362.

79 有關宇宙論和神學的象徵層面，參 Nick Wyatt, *Myths of Power*, UBL 13（Münster: Ugarit-Verlag, 1996）, 24～26。

80 Walls, *The Goddess Anat in Ugaritic Myth*, 153.

81 有關出埃及記十五章和巴力文獻的初始研究，參 F. M. Cross, *Canaanite Myth and Hebrew Epic*（Cambridge, MA: Harvard, 1973）, 121 ～ 144。雖然克羅斯（F. M. Cross）認為摩西之歌起源於這類文獻的可能性微乎其微，但他對於出埃及記和迦南文獻的平行觀察，仍然十分紮實與可靠。

82 Victor P. Hamilton, *Handbook on the Historical Books*（Grand Rapids, Michigan: Baker Academic, 2001）, 159.

83 J. Cheryl Exum, " Lethal Women 2: Reflections on Delilah and Her Incarnation as Liz Hurley, " in *Borders, Boundaries and the Bible*, JSOTSup 313, edited by Martin O'Kane（New York: Sheffield Academic Press, 2002）, 254.

84 Block, *Judges, Ruth*, 454.

85 參 M. Bal, *Lethal Love: Feminist Literary Readings of Biblical Love Stories*（Bloomington: Indiana University Press, 1986）, 50。

86 Mobley, *The Empty Men*, 191；這裏指出許多可能性。這些可能性取決於，詮釋者要將名字和哪些語言來源連結。她的名字可能有「懸蕩的（頭髮？）」或「虔誠信徒（對偶像？）」（希伯來語），「讚美」（亞甲文），「調情」（阿拉伯語），或「夜晚的人」（波斯語）。所有的意義都有不好的蘊涵。Mobley, *The Empty Men*, 193～194；這裏有意思地找出與亞甲文文學（如吉爾迦美希〔Gilgamesh〕）的一些平行之處。我仍然質疑，這些故事是否像許多學者所相信的那麼通俗。

87 經文提及，大利拉使參孫睡在自己的膝上，這很可能是一種性的暗示。《七十士譯本》將其翻譯為「大利拉使參孫睡在她的兩膝之間」。因此更清楚指出性的描述。

88 Exum, " Lethal Women 2, ", 258；這裏指出沒有事實根據的傾向，乃是為了讓讀者自己填上空白，好將大利拉視為外邦人。無疑地，一個以色列女人不可能如此對待參孫。或她可能嗎？讀者也可能將她視為妓女。因為沒有任何一個道德正直的人，會如此貪愛金錢。或她會嗎？現代讀者填上空白的方式，常常反映自己而非作者的道德觀；因此有時候會成為正確解讀的攔阻。

89 相異看法，參 Exum, *Fragmented Women*, 69；這裏認為一個希伯來人不會背叛參孫。然而，在士師記十五章 11 節，猶大的居民卻高興地將參孫交給非利士人。

90 大利拉從每個非利士人領袖，取得一千一百舍客勒銀子（《聖經新譯本》的十二公斤銀子），和十七章 2 節米迦的母親被偷的一千一百舍客勒銀子相互平行。這個數目預示了，以色列即將陷入的偏差行為。

91 Bal, *Death and Dissymmetry*, 225；這裏認為「睡在自己的膝上」（士十六 19）的圖像，就像嬰孩極有信心地在媽媽身上休息一樣。

92 Bal, *Death and Dissymmetry*, 202；波爾（Mieke Bal）認為大利拉取代了參孫的母親；因為參孫對大利拉的接受，代表他成功地消除來自母親的影響。換言之，大利拉不但扮演愛人的角色，並且兼具母親的功能。

93 參 Walls, *The Goddess Anat in Ugaritic Myth*, 120。她們也可被理解為巴力的女兒。參 Albright, *Yahweh and the Gods of Canaan*, 140, 144～145；Marsman, *Women in Ugarit and Israel*, 270。

94 例如：Albright, *Yahweh and the Gods of Canaan*, 128～129。

95 Marsman, *Women in Ugarit and Israel*, 59；這裏視這一段為，女子在選擇呼叫伊勒為父親或丈夫，因為「啊父親！父親」也間歇地出現在文獻（KTU 1.23: 32, 43）中。

96 Marjo Christina Annette Korpel, *A Rift in the Clouds: Ugaritic and Hebrew Descriptions of the Divine*, UBL 8（Münster: Ugarit-Verlag, 1990）, 216n25.

97 Korpel, *A Rift in the Clouds*, 216.

98 有些學者選擇不翻譯殘缺的句子，例如：Parker, *Ugaritic Narrative Poetry*, 215～216。然而，以下則提供可能的性愛翻譯：Marsman, *Women in Ugarit and Israel*, 76～77。

99 將這些句子和 KTU 1.23 中的 " Birth of the Gracious Gods " 比較時，「手」的主題再次出現於 KTU 1.24: 8, 12。這項觀察證明了馬爾斯曼的性愛翻譯。

100 Othmar Keel and Christoph Uehlinger, *Gods, Goddesses, and Images of God in*

Ancient Israel（Minneapolis: Ausburg, 1998）, 106.

101 Bal, *Death and Dissymmetry*, 21～23.

102 許願的定規是必要的。例如，申命記十二章 6 節，二十三章 21 至 23 節等。

103 有關戰爭的許願，參 Frymer-Kensky, *Reading the Women of the Bible*, 100～107。

104 例如：D. Marcus, *Jephthah and His Vow*（Lubbock: Texas Tech, 1986）。基本上，馬庫斯（D. Marcus）試圖以許願而非獻祭為焦點（頁 50）。

105 Mikael Sjöberg, *Wrestling with Textual Violence: The Jephthah Narrative in Antiquity and Modernity*, The Bible in the Modern World 4（Sheffield: Sheffield Phoenix Press, 2006）, 8.

106 Sjöberg, *Wrestling with Textual Violence*, 117～118；這裏顯示約瑟夫的古史（Josephus' Antiquities）對於這方面記載的簡短。難堪和困惑或許為試圖給予誠實記錄的約瑟夫，造成極大的苦惱。

107 Block, *Judges, Ruth*, 367.

108 David Janzen, " Why the Deuteronomist Told about the Sacrifice of Jephthah's Daughter, " JSOT 29（2005）, 341.

109 相異看法，參 Sjöberg, *Wrestling with Textual Violence*, 44；這裏認為她的靜默和抗議的缺乏，代表敍述者贊同她的行動。然而，在作者筆下，耶和華的靜默無聲也具有負面的意義，因為耶和華沒有甚麼好話可説。祂就像無辜的受害者一樣，無言以對。因此，兩者間的平行，顯示蕭伯格的看法並不正確。

110 參 Richard E. DeMaris and Carolyn S. Leeb, " Judges –（Dis）Honor and Ritual Enactment: the Jephthah Story: Judges 10.16～12.1, " in *Ancient Israel: The Old Testament in Its Social Context*, edited by Philip Esler（Minneapolis: Fortress, 2006）, 177～190。作者明白耶弗他出生的羞恥，但也看見在生命初期的耶弗他，因為驍勇善戰的能力而展現的尊榮。在耶弗他的生命晚期，他的尊榮首先被勝利所肯定，接著被他願意執行祂對耶和華的許願所證實。然而，我們也可以同樣地將他因歷世歷代的年輕女子為他的女兒哀悼，而被人記得視為羞恥的事。尊榮和羞辱與故事一開始的平行，的確顯示耶弗他的整個大膽行事，並沒有為他獲得任何成就或好處。

111 Exum, *Fragmented Women*, 33。我們也沒有理由同意埃克薩姆的看法：她認為這個儀式正面地榮耀了男人，使其可以任意虐待女人。

112 參 Avishur, *Studies in Hebrew and Ugarit Psalms*, 254～255。在拉斯珊拉（Ras Shamra）發現的一個烏加列禱告文中，含有下列的用字：「我們要償還許願，噢巴力。我們要獻上一個頭生的，巴力。」這顯然是為一段時期指定獻祭的列表。阿維斯舒（Yitzhak Avishur；頁 261）建議，頭生的乃指頭生的動物而言。然而，與烏加列語用來形容「頭生的」的精確用字相互平行的聖經希伯來語，無疑顯示「頭生的」也指人而言（例如，民八 17）。事實上，阿維斯舒引用的這個烏加列禱告文，也可以被解讀為祈求巴力拯救的長篇許願。

113 埃克薩姆的著作，特別強調繁殖力的層面。J. Cheryl Exum, *Plotted, Shot and Painted: Cultural Representation of Biblical Women*, JSOTSup 215（Sheffield: Sheffield Academic Press, 1996）, 16～41。極悲哀地，耶弗他的女兒和大衛的妻子米甲都落入沒有繁殖力的下場，但至少米甲還有存活的權利。

114 耶弗他的無名女兒，導致洛夫古德（Elliot Lovegood）的極大不安，因此他在小說中為她取名為瓦斯提（Vashti）。這種作法不但不幸也不恰當，因為詮釋者個人的不安，反而將她在故事中的低微地位抹煞盡淨。參 Sjöberg, *Wrestling with Textual Violence*, 149～175。

115 Susanne Scholz, *Rape Plots: A Feminist Cultural Study of Genesis 34*（New York: Peter Lang, 2000）, 12；這裏清楚又具洞見地陳述：「從被征服者的角度進入的學術觀點，比假裝客觀或相對的學術觀點，更加『適當，持久，客觀』。」換言之，這個故事中的靜默婦女所發出的聲音，反而比言語囉嗦的男人更為響亮。

116 希伯來語中的「主人」，具有複數的型態。這種表明權威的複數用字，更加強調妾絕對附屬主人的低下地位。

117 Ackerman, *Warrior, Dancer, Seductress, Queen*, 237～239.

118 Donald G. Schley, *Shiloh: A Biblical City in Tradition and History*, JSOTSup 63（Sheffield: JSOT Press, 1989）, 136；這裏似乎有這種看法。

119 Carey Ellen Walsh, *The Fruit of the Vine: Viticulture in Ancient Isarel*（Harvard Semitic Monograph 60; Winona Lake: Eisenbrauns, 2000）, 186；甚至猜測在葡萄豐收時的跳舞時間，可能是整個國家的作媒季節。若果如此，便雅憫人的攻擊行為不但破壞社會的尊榮，並且違反耶和華的公義。

120 Niditch, *Judges*, 211；這裏認為士師記十九至二十一章的敍述，完全由以男性為主導的觀點進入。雖然女人是微不足道的邊緣人物，卻在國家的故事中佔據不可或缺的角色。她更進一步地認為，士師記並沒有以混亂為故事的結束；而在女人的奪取中，以完整、和解、恢復與和平中結束。事實上，士師記作者的敘述直接揭露以色列男人的無情與墮落；在落筆之間，作者顯示他對女性受害者的無奈與同情。尤有甚者，士師記並沒有在正面的恢復與和平中結束，士師記乃是在「在那些日子，以色列中沒有王，各人都行自己看為對的事」的混亂中結束。

121 Marvin H. Pope, *Probative Pontificating in Ugaritic and Biblical Literature: Collected Essays*, edited by Mark S. Smith（Münster: Ugarit-Verlag, 1994）, 225～250.

122 Pope, *Probative Pontificating in Ugaritic and Biblical Literature*, 225～226.

123 甚至希臘人也以他們的喪葬活動聞名於世。一項類似但比較謹慎的提議，參 Dennis Pardee, "Marzihu, Kispu, and the Ugaritic Funerary Cult," in *Ugarit, Religion and Culture*, UBL 12, edited by N. Wyatt, W. G. E. Watson, and J. B. Lloyd（Münster: Ugarit-Verlag, 1996）, 273～287。

124 根據現時從秋季到春季的八百公釐降雨量，豐收的氣候形態與聖經文本的描述大約相同。晚春和初夏應該是豐收的時期。Marguerite Yon, *The City of Ugarit at Tell Ras Shamra*（Winona Lake: Eisenbrauns, 2006）, 12。

125 以這種方式詮釋許多烏加列的敘述詩歌，已經被烏加列學者普遍接受。參 J. B. Lloyd, "Anat and the 'Double' Massacre of KTU 1.3 II," in *Ugarit, Religion and Culture*, UBL 12, edited by N. Wyatt, W. G. E. Watson, and J. B. Lloyd（Münster: Ugarit-Verlag, 1996）, 154～157。

126 有些學者並不像波普一樣，將這段文本視為喪葬的儀式。然而，波普的詮釋具有某種程度的合理性，因為他將其與希伯來聖經中的哀悼儀式相連在一起。更全面的討論，參 Marvin Pope, "The Cult of the Dead at Ugarit," in *Ugarit in Retrospect*, edited by Gordon D. Young（Winona Lake: Eisenbrauns, 1981）, 159～179。

127 參 G. del Olmo Lete, *Canaanite Religion According to the Liturgical Texts of Ugarit*, trans. by Wilfred G. E. Watson（Winona Lake: Eisenbrauns, 2004）, 96～97。

128 David Wright, *Ritual in Narrative*（Winnona Lake: Eisenbrauns, 2001）, 30, 173～190。這裏指出，在敘述情節方面，耶弗他的故事和烏加列的故事具

有引人生趣的平行之處。烏加列故事中的盛宴，咒詛和怒氣的轉向等故事進展，非常值得注意。阿迦特故事中的盛宴儀式，在一段有限的時間內（共六天）持續進行，然後舉辦盛宴儀式的神祕原因終於揭曉。英雄但以理也在巴力的神廟中，立下許願和奉獻。在這個節期的終了，神明將發出繁殖力的祝福。然而，在故事的進展中，但以理的英雄兒子阿迦特被亞納所殺。因此但以理將歡樂的盛宴變為哀悼的儀式。在這個哀悼的儀式中，但以理咒詛吞吃阿迦特屍體的禿鷹（KTU 1. 19 II ～ III）和阿迦特被謀殺的地點（KTU 1.19 III ～ IV）。但以理的咒詛令人好奇，因為殺害阿迦特的是亞納而不是禿鷹。或許但以理知道他不可能咒詛女神明亞納，因此將怒氣轉向禿鷹。同樣地，凱旋回家的耶弗他應該像非利士人在擊敗參孫之後一樣，舉辦勝利的盛宴。然而，當耶弗他知道他必須履行自己的許願時，慶功宴變成悲傷的哀悼。在解釋的附註下，耶弗他的女兒和她的同伴去山上，為自己的童貞哀哭，暗示獻人為祭的高潮即將臨到。與烏加列的文化相反地，在耶弗他的故事中，繁殖力就此停止。顯然那些哀悼者都知道他們為何哀悼，但作者為要表達他的觀點，而在文詞上刻意表明哀悼的原因。換言之，耶弗他履行他的許願，因而導致繁殖力的停止。上帝並沒有祝福他。在他的女兒死亡之後，耶弗他將注意力轉向自己的同胞。如此說來，耶弗他的故事乃為攻擊外邦文化的獻人祭習俗。

129 Marsman, *Women in Ugarit and Israel*, 672.

130 參 Marsman, *Women in Ugarit and Israel*, 268.

131 有關這個題目的優質研究，參 Helke Sander and Roger Wilemsen, *Gewaltakte, Männerphatasien und Krieg*（Hamburg: Ingrid Klein, 1993）, 17；Iris Chang, *The Rape of Nanking*（New York: Penguin, 1998）。許多這類的殘暴罪犯，並沒有受到公義的制裁。這項根本事實響亮地指出，我們的世界仍然容忍這種虐待女人的罪行；而西方的平等主義也還沒有達到應有的境界。

132 曾祥新：《士師記註釋》，頁 136～137；這帶出上帝是士師的結論。

133 這並不代表女人在生活的所有層面都是軟弱的。這裏所說的「軟弱」與當時的文化直接相關。巴拉這位戰士，誠然是底波拉這位母親的強烈反照。顯然，雅億需要使用詭計來欺騙西西拉，顯示她甚至無法與疲倦的西西拉直接交手對戰。另一方面，窮追不捨的巴拉，肯定預備給西西拉致命的最後一擊。巴拉想要殺死西西拉的熱心，直接對照了雅億的狡智，並且為我們帶出一個肯定的結論。更確切地說，當時女人被認為太軟弱，以致無法參與戰爭。極諷刺地，機智的頭腦反而勝了孔武有力的肌肉。

134 與鐵車的戰爭，參 Mark Healy, *Qadesh 1300 B.C., Clash of the Warrior Kings*, Osprey Campaign Series #22（Oxford: Osprey Publishing, 1993）；John Hackett, *Warfare in the Ancient World*（New York: Facts on File, 1989）, 22。在埃及擴展勢力的米吉多戰役的肖像中，每一個鐵車都有兩個人；一個人是駕駛者，另一個人則是弓箭手。鐵車是一種輕型和兩輪的戰車，具有快速的優勢。如果我們要數算在西西拉軍隊中操縱鐵車的人數，我們可以估計大約有一千八百名戰士在鐵車中。

135 Exum, *Fragmented Women*, 16.

136 Peggy Reeves Sanday, *Fraternity Gang Rape*（New York: NYUP, 1990）.

137 Musa W. Dube, "Jumping the Fire with Judith," in *Feminist Interpretation of the Bible and the Hermeneutics of Liberation*, JSOTSup 374, edited by Silvia Schroer and Sophia Bietenhard（London: Sheffield Academic Press, 2003）, 63。我相信杜布（Musa W. Dube）的質疑完全正確。他質疑為何魅力和美貌在一些聖經故事中的確是一種美德。對我而言，這些故事可能是針對社會發出的控訴，因為社會顯然脫離了箴言三十一章的理想。理想的才德婦人應該敬畏耶和華，並且不以魅力和美貌為焦點。如果我們從正典贊同箴言三十一章的智慧婦人之角度來看，我們將對美貌和魅力有非常不同的看法。

四

與聖經傳統文本互涉(三):失敗的親屬關係

4.1 引言

沒有任何一種古代文獻像聖經一樣,明顯使用並且徹底探討親屬關係的語言和概念。士師記是聖經中對家庭關係多有思索的一卷書。家庭的概念以兩種形式在士師記出現。第一,士師記的家庭與個人家庭有關。第二,士師記的家庭與以家庭作為隱喻來描述以色列的國家家庭(即把整個以色列視為一個家庭)有關。這兩種形式的家庭彼此緊密相連。事實上,個人家庭對於國家家庭影響至深。這一章將分別針對這兩種形式的家庭提出討論;但兩者的緊密相連和相互影響,使得完全劃分兩者的可能性微乎其微。最後,此章將顯示個人家庭的瓦解,勢必造成國家家庭的終極毀滅。士師記所要表達的最重要信息乃是:不論從個人家庭或國家家庭的角度來看,以色列都違犯了前言所述的兩個成功原則:合作與順服。以色列不僅違犯上帝的心意,並且持續作惡,毫無悔改之意。

4.2 個人家庭的瓦解

4.2.1 士師記的個人家庭

士師記結語部分中的家庭，似乎受到極大的痛苦；但事實上，破碎的家庭早已出現在士師記較前的部分，尤其顯見於基甸、耶弗他和參孫的故事中。在這些各異其趣的故事中，母親、父親、兒子和兄弟的詞彙大量出現。家庭傳統一直是士師記的常見題旨。幾乎每一個故事，都或多或少涉及家庭的觀念。然而，許多有關士師記的研究，卻疏忽如此明顯的題旨。信仰的傳承必須準確地被傳至下一代。而家庭的健康更與國家的健康平行並進。在描述耶弗他的家庭時，作者特別提及他的母親在社會中僅佔妓女的地位。如此說來，從家庭的觀點來看，以色列的核心家庭已經嚴重地走向墮落的循環。耶弗他與妓女的關係，乃是士師記的女人在地位上驚人下跌的寫實！不過，這個令人擔憂的地位下跌，並非始於婦女的賣淫；早在基甸娶妾時，婦女地位下跌的危機已經顯露。在士師記的開始部分，底波拉和雅億備受讚賞。接著，作者記錄了那位為基甸生下一個邪惡兒子的妾。最後，放蕩的參孫在婚娶道德上有問題，並且娶了不配做他妻子的女人為妻。他的行動羞辱了他的家庭。家庭的關係實際維繫著上帝子民的國家存亡！這不啻是作者所要帶出的警惕和教訓。

首先，個人家庭的瓦解，與出了問題的信仰絕對有關，因為信仰總是影響人的道德行為。

在極具洞見的社會學舊約聖經神學著作中，格斯滕伯格（Erhard Gerstenberger）指出，以色列的羣體活動和每位成員的角色，都具有高度的結構性。[1] 極不幸地，偶像敬拜不再是以色列羣體的少數事件，而成為常見的生活規範。基甸、參孫、耶弗他和米迦的故事，成為這方面觀察的主要對象。其中尤以基甸的家庭為上好的例證。

其次，個人家庭的瓦解，也與出了問題的夫妻關係緊密相連。

基甸的七十個兒子，耶弗他是妓女的兒子，參孫的父母在家庭領導者方面的錯位，和利未人對妾的利用與殘忍，在在顯示夫妻關係的緊張與墮落。

最後，個人家庭的瓦解，也與不當地教養兒女無法分割。

參孫的父親對於參孫婚事的勸告和參與，米迦的母親對於偷竊事件的處理，和孩童在但人搶劫隊伍中的出現，都是在教養兒女方面出了嚴重問題的絕佳例證。

既然個人家庭的瓦解，主要來自上述三項原因，下文將從參孫這個士師家庭，展現這些問題的面面觀。

4.2.1.1 問題重重的參孫父母

4.2.1.1.1 信仰墮落的問題

家庭的問題，清楚地流露在參孫出生的故事中。不過，參孫的故事極為獨特，因為他的父母雙雙出現在參孫出生的敘述中。士師記十三章 2 節明說，但人瑪挪亞的妻子不能懷孕。作者好似深怕讀者錯失這個要點，他再次在十三章 2 節重複「不生育」。舊約的作者時常藉著顯然多餘的資訊，強調故事的重點。這裏就是一個上好例證。因為，好像作者的聲音仍然不夠響亮，耶和華的使者也向瑪挪亞的妻子說:「你不懷孕，不生育」(士十三 3)。雖然沒有明顯的陳述指出，這個故事將成為一個拯救者的故事；但士師記的形式卻已經在其他士師的故事中，建立了清楚的筆法風格。更確切地說，犯罪、呼求和興起拯救者，是士師記既定的寫作模式。然而，令人好奇地，呼求並沒有出現在參孫的故事中。藉著耶和華使者的兩次出現，上帝為這個家庭提供了解決良方。

總的來說，我們可以從「大有問題的屬靈光景」，「愚蠢無知的屬靈眼瞎」，和「充滿外邦色彩的命名」這三方面，來刻劃參孫的父母在信仰方面的墮落。

首先是「大有問題的屬靈光景」。

使者的第一次出現，顯明了上帝的一些屬性。參孫的父母在與使者第一次會面中，流露出他們大有問題的屬靈光景。因為使者對婦人說：「一切不潔之物也不可吃。」(士十三4)布洛克(Daniel I. Block)注意到，不可食用不潔之物的律法，也適用於所有以色列人的。[2] 那麼，使者為何在此特別針對拿細耳人而提出這項律法？主要的原因顯然在於以色列已經滿有外邦人的色彩，以致無人知曉或關切上帝的律法。不是所有以色列人都應該知道他們不可吃不潔之物嗎？雖然上帝定規拿細耳人應該禁戒不潔之物(民六6)，或許婦人對於律法全然無知，因此上帝的使者再次重申律法的內容。又或許使者刻意強調，婦人必須小心自己的健康。

其次是「愚蠢無知的屬靈眼瞎」。

經文告訴我們，婦人即刻回去向丈夫報告這項特殊事件的發生。婦人一字不漏地向丈夫細說使者的預言。從本書第二章的敘述繪圖(第1至4項；參頁164～165)可知，瑪挪亞和使者的互動，在參孫出生的敘述中扮演極重要的角色。事實上，作者僅使用了七節經文，描述使者第一次向參孫的母親顯現的事件。然而，作者卻使用了十五節經文(士十三9～23)，記載瑪挪亞和使者的互動。經文長短的比較顯示，瑪挪亞既毫無線索又愚蠢無知。使者向妻子（十三 2～8）和丈夫（十三 9～23）顯現的時間長短大約相同，但經文卻大幅地強調優柔寡斷的瑪挪亞。瑪挪亞不過是一個裝模作樣的愚昧之人。瑪挪亞對使者的回應，絕對不是一個有信仰的人當有的表現。他向耶和華祈禱，期盼「神人」會向他們夫妻顯現，並且指教他們如何養育即將生下的男孩。瑪挪亞一點也不信任自己的妻子。或許他有點嫉妒自己的妻子。無論如何，他沒有嚴肅地接納，甚或相信妻子的消息。作者刻意展現夫妻之間的緊張關係，以顯示存在於家庭結構中的不和諧氣氛。

瑪挪亞的愚蠢，更在他和使者荒謬的對話中顯露無遺。他一方面祈禱，另一方面卻毫無敬畏地向使者說話。他本應以卑屈的態度和神人說話。然而，他詢問使者：「你就是向這個婦人說過話的人麼？」（士十三 11；《聖經新譯本》）作者稱使者為「人」並非因為他是人，乃為表達士師記作者對瑪挪亞看待使者之態度的感想。換言之，瑪挪亞沒有一點屬靈的分辨力。他將使者當作一般人來看。雖然他有完美的肉眼視力，但他的屬靈眼光卻極盡盲目。

為了更進一步強調瑪挪亞的屬靈盲目，作者在十三章 12 節記錄瑪挪亞對使者的要求：「你的話應驗的時候，這孩子的生活方式怎樣？他要做甚麼呢？」（《聖經新譯本》）瑪挪亞的問題顯示出，他只關切自己兒子的未來。使者在十三章 13 節回答：「我告訴婦人的一切事，她都當謹慎。」可見，使者的關切是立即的順服。瑪挪亞是如此盲目，以致他不知道順服上帝的必要性。瑪挪亞只以自己和兒子為中心，然而，上帝的關切卻是祂的子民是否聆聽與順服。這段對話清楚教導，上帝不是子民有求必應的聖誕老人。相反地，上帝握有完全的掌控，並且配得人立即的順服。

緊接著，瑪挪亞以殷勤的招待回應使者。在此我們可以將瑪挪亞的款待與基甸的記載相互對照。在基甸的記載中，有火從磐石中上來，把肉和無酵餅都燒盡了。然而，瑪挪亞僅將使者當作人來招待。他所獻上的食物不過是一種基本的招待罷了。因此，使者拒絕他的禮物。使者提醒這位愚蠢的瑪挪亞，必須將燔祭獻給耶和華。使者的提示喚醒了瑪挪亞。到現在為止，耶和華的名字尚未出現在瑪挪亞的話語中。好像他的侮辱還不夠，瑪挪亞在十三章 17 節回答使者：「請將你的名字告訴我，到你話應驗的時候，我們好尊敬你。」這不啻成為摩西蒙召的反照。在出埃及記三章 13 節，摩西謙恭地詢問上帝的名字。上帝向他啟示自己的名字。然而在此，使者卻向瑪挪亞說：「我名是奇妙的。」(士十三 18)

原來，瑪挪亞將使者當作外邦神明，只有在預言應驗時，才得到許願的禮物。瑪挪亞是如此遲鈍，他竟然不了解使者給他的提示。因為瑪挪亞的屬靈貧乏，使者不再向他顯明有關上帝或自己的啟示。為了突顯瑪挪亞的徹底無能，士師記作者刻意在十三章 16 節下加註：「原來瑪挪亞不知道他是耶和華的使者。」作者的觀點清楚已極，上帝只是要瑪挪亞認識，祂是上帝！因為當人承認耶和華是上帝時，他自然不會偏行己路。如果瑪挪亞不知道這是上帝的顯現，而他仍要獻上禮物；那麼他不就是一個完全自私自利的人嗎？因為惟有當「上帝」事奉他時，他才以信心回應。他所有的只是一種外邦宗教的信心。瑪挪亞全然忽視上帝那配得的至高地位！

最後，瑪挪亞愚鈍的屬靈判斷力終於閃爍一些火花，因此他向耶和華行使正確的獻祭。在炫耀的煙火展現中，上帝燒盡了瑪挪亞的獻祭，而耶和華的使者也在祭壇的火燄中升上去了。這段故事使我們想起基甸的蒙召。如此說來，這個故事不單是出生的敍述，也是蒙召的記錄。惟一獨特的是，參孫的蒙召先於他的出生。認出使者身分的瑪挪亞和基甸，同樣具有敬畏懼怕的心情（參士六22～23，十三22）。然而，基甸在士師記六章24節為耶和華築了一座祭壇，而瑪挪亞和他的妻子，卻沒有任何敬拜耶和華的行動。顯然，這個家庭缺乏敬拜的生活。他們對上帝的敬畏既膚淺又表面。至少基甸還設立祭壇，使後代子孫紀念上帝的作為。無怪乎，上帝的名字從來沒有出現在瑪挪亞的口中，且僅在婦人的口中出現過一次（十三23）。他們對於上帝的了解，充其量只是膚淺的。

在摩西和基甸蒙召的多重題旨對照中，作者清楚顯示瑪挪亞一點也不像摩西，他甚至連基甸都不如。他實在比他們差得多了。為甚麼上帝如此特殊地在參孫出生前即呼召他？因為以色列實在太墮落了，以致上帝必須「強迫」或規定一個特別的士師來拯救她。上帝無法再依據人的任何特質來挑選士師。上帝必須強行拯救以色列。不論以國家或個人的身分來看，以色列都一文不值。惟獨出生前的呼召可以拯救以色列。國家和個人層面的罪實在嚇人。它可以在極短的時間內，毀滅成千上萬的人。

瑪挪亞的故事也使讀者想起前文已經提過的亞伯拉罕。雖然亞伯拉罕並非完美之人，但他與上帝總是保持一種非常親密的立約關係。毫無疑問地，亞伯拉罕過著一種敬拜的生活。另外，哈拿和撒母耳的故事，更能與瑪挪亞的故事相互對照。在上帝應允哈拿的祈求之後，哈拿敬拜上帝（撒上一19）。在男孩出生之後，她更進一步地將男孩獻給耶和華，並且譜出一首禱告的哈拿之歌（二章）。若與瑪挪亞的家庭相比，亞伯拉罕和哈拿的家庭都是與上帝有正常立約關係的寫實。然而，瑪挪亞與上帝毫無這種立約關係。隨後的參孫事件更揭露，參孫毫無敬畏上帝的教養。參孫一點也不像以撒或撒母耳。他是忠貞和正直的極端反面。

第三是「充滿外邦色彩的命名」。

在這些事件之後，參孫終於出生。既然上帝沒有為男孩命名，他的母親將他取名為參孫。「參孫」這個名字，不具任何與上帝有關的敬拜涵義。相反地，他的名字和外邦神明謝米西（Shemesh）有關。[3] 新近的研究證明，當時對太陽的敬拜，無疑成為敬拜耶和華的強烈競爭，因為太陽對於農業的生產具有絕對的重要性（即繁殖力）。[4] 有強烈的證據顯示，敬拜太陽的行為真實存在；因為在聖地發現一些帶有日圓盤（sun disk）的動物圖形。這些圖形的確定日期大約在北國亡國之前。[5] 異教崇拜者與日圓環在一起的證據，甚至可以遠溯至士師記的時代。[6] 例如，在拿弗他利的土地範圍內，有一個地方被稱為「伯．示麥」（Beth Shemesh），即太陽之屋（house of the sun）的意思。這個地方清楚顯示，對日神謝米西的敬拜，早已存在於迦南。而根據考古證據，敬拜日神的圖畫也肯定了這個長久建立的宗教習俗。伯．示麥是日神被敬拜的神廟。或許過早對以色列存留這個顯具外邦名稱的地方作出定罪，有欠公允；但地名為何沒有更改，卻不禁讓人納悶。聖經中有許多地名隨著年代更改，但伯．示麥卻永遠保存著它的名字。

當我們將這個時期的伯．示麥陶器，與鄰近非利士城的亭拿陶器相比時，我們看不見顯著的區分。可見，以色列和非利士的城鎮有大量的文化交流。[7] 在任何人嘗試排除這種可能的關聯之前，他都要留意，參孫所出身的但支派土地，也有座落在伯．示麥的邊界上。如果有人因此斷定，但支派可能出自非利士人，那麼詮釋者必須特別注意倫特敦（Gloria London）的最新研究：「我們不可假設，考古學家發現非利士風格的彩漆陶器之處，必定是非利士人居住的地方⋯⋯極有可能這些陶器是被一些與非利士人有少量接觸的人，帶到考古的地點。」[8] 不過，根據聖經的證據，兩者的接觸的確超過表面階段。根據當地的考古挖掘，至少有一份烏加列文獻出現在伯．示麥這個地方。[9] 尤有甚者，如果詮釋者將希伯來語的母音從參孫的名字除去，那麼它就與表示「小謝米西」的形式非常相配。換言之，參孫的名字可能具有「小太陽」的意義，因為古代並不使用母音。總的來說，參孫這個名字，有可能是一個完全外邦化的名字。這個古老的日神敬拜，廣泛地流行於腓尼基人和其他西方閃語系的族羣中。[10]

泰勒（J. Glen Taylor）在一項有關日神敬拜的重要研究中，引述克倫肖（James Crenshaw）的洞見。他發現參孫的故事與日神的象徵使用，有許多平行之處。日神謝米西在夜間與他的配偶同住，使地土能夠接受豐饒的繁殖力。[11] 同樣地，當故事向前進展，尤其是在參孫接近被毀滅的終局時刻，參孫的性活動仍然持續不斷。更確切地說，讀者不應錯失士師記作者的文學巧筆。作者針對參孫的生命發出強烈的文化控訴；因為參孫的生命是以色列屬靈光景的寫實。可見，參孫的名字不僅與士師記的文本有關，並且更進一步地被聖經之外的外邦來源所證實。從這個地區所發現的器物證據，顯示了外邦文化的影響力。作者藉這項關連，為讀者提供一項寶貴的教訓。有些人以為只要上帝向他們顯現，他們一定會相信上帝。但參孫的故事完全否定這種看法。因為上帝的確向瑪挪亞顯現，然而他們的生命並未改變。他們為孩子的命名，毫無敬拜的蘊涵。這是一個知道上帝卻與上帝毫無實質關係的家庭。很快地，這種不敬虔家庭的嚴重後果，將降臨在孩子身上。然而，他們的不敬虔並沒有阻止上帝施行拯救以色列的工作。經文明明記載，上帝的靈已經開始在參孫的生命中工作。儘管他的父母不敬虔，參孫的生命依然蒙福。上帝的計劃絕不因人的失敗而挫敗。

4.2.1.1.2 夫妻關係的問題

極盡諷刺的領導地位，生動地流露著參孫的父母在夫妻關係上的問題。

瑪挪亞的反應帶出耶和華使者的第二次出現。格外異常地，使者再度向婦人顯現。在一種頗為滑稽的方式下，婦人急忙跑去告訴瑪挪亞來看顯現的使者。為何使者再度向婦人顯現呢？其中原因可能是，使者要證實婦人第一次向丈夫作的見證。令人好奇地，在整個敘述中，作者從未提起婦人的名字。作者僅根據她身為妻子的社會角色來描述她。然而，這位無名的婦人從上帝那裏蒙受顯著的祝福。尤有甚者，這段記載也向這個家庭的領袖發出了嘲諷。雖然以性別來看，瑪挪亞是家庭的領袖；但真正領導的卻是他的妻子。[12] 如此說來，瑪挪亞的表現是一種不正常的情況。失敗的丈夫的題旨從基甸開始，進展至耶弗他，現在落腳在瑪挪亞的故事中。一個堂堂大丈夫，竟然被區區的無名婦人所領導。關於使者出現的簡單記載，不但諷刺這個家庭，並且顯示以色列所處的黑暗光景。這種由巴拉開始的懦弱男性領袖，將在參孫的生命中再次出現，並且接續在伯利恆的戲劇性事件中達到高峯。

4.2.1.1.3 教養兒女的問題

參孫的父母在教養兒女上的偏差，充分顯露於「與信仰不合的婚姻觀」，「認同外邦文化的行動」，和「教導不當的慘痛悲劇」這三方面。

首先是「與信仰不合的婚姻觀」。

從參孫的父母與參孫討論如何選擇配偶的對話中，我們更清楚看見他們薄弱的意志。參孫依據當時的習俗，徵求父母的同意。參孫給予父母的理由出現在士師記十四章3節下。在希伯來語中，這節經文可以直譯為「她在我眼中是好的」。參孫的回答顯示，他是一個完全被自己的慾望所驅使的人。相同的用字很快就被用來形容以色列（例如，士二十一25）。參孫最能代表個人主義的倫理觀。而參孫的父母所提供的答案，不但是典型的，並且活現他們的不敬虔。他們對參孫說：「在你弟兄的女兒中，或在本國的民中，豈沒有一個女子，何至你去在未受割禮的非利士人中娶妻呢？」（十四3）這種訴諸於種族而非上帝的律法所造成的災難，遍佈整卷士師記。作者刻意將這種修辭變得公式化，以顯示它的僵硬和無效。

下列幾個例子清楚證明，作者毫不認同訴諸於種族的修辭技巧。基甸向憤怒的以法蓮人說：「以法蓮拾取剩下的葡萄不強過亞比以謝所摘的葡萄嗎？」（士八2）[13] 亞比米勒也對示劍人說：「你們又要記念我是你們的骨肉。」（九2）而耶弗他所召集的基列人，幾乎將整個以法蓮支派消滅殆盡。極盡諷刺的是基甸使用種族/支派論證，使自己不致被消滅；而耶弗他卻使用相同的修辭策略，試圖徹底摧毀以法蓮人。作者的觀點清楚至極：訴諸於種族是以色列最差的團結方式，因為這種民間修辭（folk rhetoric）只會使她得到短期的好處，卻會導致長期的災禍。[14] 根據支派的自我強調和團結而產生的種族情結，經常毀滅以色列整體的團結。與其訴諸上帝禁止不同信仰的聯姻（申七2～4），參孫的父母選擇隨從文化的習俗，與參孫討論婚姻的議題。整個敘述沒有流露出一點順服耶和華之立約的意味。他們是無知，還是根本不曉得，婚姻的基本律法乃為保存以色列的信仰？在這個故事中，文化顯然決定性地勝過聖經。訴諸文化過於信仰，只會惹禍上身。作者的基本要義，就是文化習俗並非教養子女的最佳基礎。在這個事件之後，作者使參孫的父母靜默無聲，因為他們的言論不但毫無價值並且令人厭煩。當上帝的立約不被重視時，其他的習俗隨即應聲而起，並且取代上帝的律法。我們將在後文看見，沒有神聖立約的子女教養，將使參孫喪命！

參孫任意而行的婚姻，必須與迦勒的女兒相互對照。當時被認為可敬的婚姻階層，必須來自父親。父親為女兒行使婚姻的決定，而決定則以在戰爭中遵行耶和華的旨意的勇氣為根基。對於將談情說愛視為婚姻之首要優先的現代人來說，這種習俗實在太奇怪了。但士師記時代並無今日的自由戀愛，婚姻完全由父親安排而定。現代讀者可能覺得將妻子當作戰勝獎品的觀念令人厭惡，但當時的人卻不眨一眼地接受這種文化習俗。士師記本身和以色列到目前為止的歷史敘述（例如，民十三 26～33；書十五），都對迦勒非常愛戴，並給予正面的看法。當他在敘述中與約書亞一同被提及時，迦勒使讀者想起摩西時代的光輝舊日。在當時，像約書亞和迦勒這種真正屬於上帝的人，竟然變成常態中的例外。根據士師記內與外的歷史資料來看，讀者對於迦勒的行動所下的判斷，必須根據士師記作者對迦勒的看法，而不是根據自己對將妻子當作戰爭獎品的偏見看法。

為甚麼俄陀聶配得成為迦勒之女的丈夫？他配得，因為他代表遵循耶和華之旨意的典型。迦勒非常看重有勇氣遵守征服使命的人，他希望這種人能夠在他的家庭中繼續他的使命。俄陀聶的確承接了迦勒的交棒。在將自己的女兒嫁給俄陀聶的行動中，迦勒對俄陀聶的行動表示由衷的讚賞。依照士師記作者的評估，偉大的俄陀聶也是一個令人可敬的人物。凡遵循耶和華之旨意的人，都可以從俄陀聶的榜樣中得到極大的激勵。俄陀聶實際象徵了以色列的最佳特性。任何像迦勒一樣以上帝的優先為己責的人，都會得到佳美的結果。相反地，凡與參孫一樣憑眼目行事抉擇的人，勢必承受嚴重的後果。迦勒和參孫意志薄弱的父母之間的對照，成為我們所有人的道德教訓。以色列的家庭成功取決於家庭的優先順序。以上帝的旨意為優先的家庭必定成功。相反地，忽略上帝的旨意的家庭，只能收取悲慘的苦果。

討論至此，讓我們觀察士師記作者如何對照參孫的價值觀，以展現自己對於婚姻重要特質的看法。參孫完全根據外貌條件來選擇配偶；因為根據作者的敍述，參孫的女人的美麗外貌和種族背景，總是被加以強調。既然宗教信仰和種族背景密不可分，我們便了解作者的關切不僅是種族，更是屬靈的議題。在迦勒的女兒押撒的例子中，作者以她智慧的言行為焦點。外貌或年紀的特質，並非作者的關注。她是來自以色列最高層領袖的猶大人家庭。她的敬虔傳統和她來自迦勒家的家世，讓她在以色列的歷史上佔據重要的角色。事實上，她是如此重要以致她出現在士師記的記載中。她的故事被人重視，因此在多年之後仍被記錄下來。士師記作者讓她永垂不朽，以帶出正確的家庭觀念/制度的教導。婦女的智慧誠然比美貌和年紀來得重要。反觀，參孫在這兩方面都一敗塗地，因而以悲慘結局為下場。

第二是「認同外邦文化的行動」。

認同外邦文化的行動，也是出於一種偏差的兒女教養方式。這種教養方式將在許多方面產生毀滅性的影響。

在參孫的婚筵中，醜陋的外邦價值觀已經開始顯露。參孫以一貫的風格，不計一切後果地舉辦婚筵。經文即刻讓讀者看見，錯誤教養子女觀的暗示。士師記十四章 10 節記載：「他〔參孫的〕父親下去見女子。參孫在那裏設擺筵宴，因為向來少年人都有這個規矩。」「有這個規矩」的短語顯出問題的癥結，因為這根本不是以色列人的習俗。按習俗來說，以色列的婚禮和筵席都在新郎的家中舉行。這項事實可見於士師記所有的婚姻中。舉例來說，整卷士師記惟獨基甸的妾住在別的地方（士八 31）。如此說來，到新娘的家中是非利士人的文化習俗。在外邦文化中，族羣領袖的通婚，多半與政治聯盟而非愛情有關。通常新郎必須付新娘的費用，才可將新娘帶回自己的家中。在這個階段，參孫的父親瑪挪亞毫不在乎自己的文化，他成為一個既被動又縱容兒子的父親。他竟然容許自己的兒子走向毀滅的道路。和參孫一起下去見女子的父親，實在和兒子一樣糊塗。何等糟糕，參孫的家庭已經完全外邦化了。

第三是「教導不當的慘痛悲劇」。

參孫的婚筵故事也清楚地顯示，錯誤地教養兒女所導致的結果。參孫期盼婚筵的喜樂，但他得到的卻是沖天的憤怒。他可能極為生氣，以致他不理會新娘而回到自己父親的家中。因著對新娘的怒氣，參孫逕自離開。他的新娘因此給了他的陪伴之人為妻。或許為了避免新郎在婚筵中離開新娘的羞辱，新娘的父親將新娘給了陪伴之人。這個故事無疑是教養子女的悲劇。參孫一連輸了兩次。因著一個放縱的父親和愛玩弄女性的兒子，這個故事以悲劇收場。故事中的參孫一無所獲，他只得到無盡的失望。他罪有應得，因為他不應該為自己娶非利士人的新娘。至終，他得不到心所渴想的。尤有甚者，他試圖炫耀自己的才能。然而事與願違，參孫反而遭到非利士人無情的羞辱。他在筵席中尋找娛樂，卻使自己成為敵人的玩笑。他不需要的，反而蜂擁而至。他不但失去婚姻，甚至連自己的面子都保不住。參孫的出生是從不生育到生育的奇跡拯救。他嘗試藉著婚娶非利士女人來延續他的後代，但他失敗了。上帝可能極其憐憫，但是人仍然必須承擔犯罪的後果。極諷刺地，上帝知道這一切，但祂在其中運籌帷幄以達到祂完全的旨意。上帝報應非利士人對以色列人的壓制暴虐。但除了得到意外得來的士師地位之外，參孫也落入一無所有的光景。

當我們讀到參孫的婚筵故事時，我們不禁把他與俄陀聶相比。在士師記中，只有兩個故事含有婚姻的情節，因此值得把這兩個士師作出對照。然而，兩者卻是極端相反的。無論從哪個角度來看，參孫都是最不完美的士師。而士師記作者筆下的俄陀聶，則是毫無瑕疵的士師。兩者之間的對照清楚至極。參孫全然忽視耶和華的律法，他簡直違犯了所有主要的律法，因此他無法得到心所嚮往的新娘。他雖然努力追求，但耶和華卻不容許這種婚姻的連結。俄陀聶也盡心竭力才得到新娘，但他的婚姻卻合乎耶和華的旨意。更重要的區別，在於參孫追求美貌引人的外邦女子，而俄陀聶卻尋找智慧的以色列婦女。明顯地，婚姻繼續為參孫招惹羞辱；然而，婚姻卻使俄陀聶尊榮地與偉大英雄迦勒的女兒共創家庭。俄陀聶根本不須倚靠迦勒的名聲，他憑藉自己的努力而成為士師的模範。他獲得他所渴想的一切，因為他行使了耶和華的旨意。

參孫的婚筵故事也教導我們，家庭的錯誤價值觀如何負面地影響上帝的子民。頗為一致地，參孫的結局不但負面並且悲慘。當他想要擁有女子時，他被騙。當他回去找新娘時，新娘已經成為陪伴之人的妻子。雖然參孫以報仇還擊，但他一直無法享受婚姻的實質好處。整個情況充滿諷刺意味，非利士人要參孫為火燒禾捆的行為負責，因為他是亭拿人的女婿。換言之，沒有在婚姻上得到任何好處的參孫，卻被視為具有法律責任的女婿。這就是不同信仰和價值觀通婚的慘痛結果。不敬虔的婚姻導致一系列的悲劇，並且強烈地影響參孫身邊的所有人。最後，岳父和新娘都被報仇的非利士人活活燒死。參孫的外邦婚姻不僅影響自己，並且危害到與他有關的人。他不順服耶和華，因此他的個人生命毫無成功可言。順服上帝的原則，早已出現於前言中有關成功的神學原則中。而婚姻的影響力也早已或多或少地展現在基甸的多妻制和耶弗他的低微出身中。最後，婚姻的影響力將使無名利未人的故事，達到悲劇性的高潮。

參孫的死亡無疑是更大的悲劇，它與參孫的出生一樣戲劇化。參孫的家庭只在參孫生命的首尾出現。參孫的父親雖然與參孫的婚姻有關，但他至此之後即消失無蹤。士師記作者在十六章 31 節參孫死了之後，為我們有帶出有關參孫家庭的更多描述。作者明說，參孫的眾兄弟和他父親的全家都下來，收斂他的屍體。參孫的家人從他長大開始到現在持續受苦，因為參孫的生活形態自私又自利。他的兄弟前來收取參孫的屍體，可見，除了參孫的奇迹之外，上帝繼續祝福這個家庭有昌盛的繁殖力。在參孫出生之後，上帝除去這個家庭無法生育的咒詛。不過就參孫這個長子而言，他的後代隨著大袞廟的倒塌而停止延續。可笑地，使他父母開始生育循環的長子，竟然在尚未有後代之前即死亡。這不啻是不敬虔的悲劇。上帝是公平的，祂必定依據各人的工作來回報每一個人。家庭必須靠繁殖力來維持，雖然參孫的兄弟可能繼續繁衍後代，但參孫的家譜僅止於參孫自己。

4.2.1.2 小結

「信仰墮落的問題」、「夫妻關係的問題」及「教養兒女的問題」，不只存在於參孫的家庭，也分別出現在其他士師的家庭中。

4.2.1.2.1 信仰墮落的問題

為甚麼偶像會出現在基甸的家庭中呢？如果基甸的家庭在當時真是重要的家族，那麼他的家庭顯然會成為以色列精神特質的標示。很快地，城裏的人將因基甸拆毀巴力的祭壇而大感震驚（士六28～30）。敬拜巴力變得如此普遍，以致神壇被除去，為以色列人造成巨大的衝擊。

當城裏的人在次日清早發現基甸的所行時，他們想要基甸的命。[15] 在非常危險的情況下，這些人幾乎殺害了他們的領袖。若不是上帝定意拯救以色列，以色列早就沒有拯救者存活了。可見，這些人向上帝哀求，不因他們具有正統的信仰，而因他們將耶和華視為一個能為他們帶來好處的偶像。可惜在蒙召初始潔淨家庭偶像的基甸，竟然晚節不保。整個問題的根源，就是他的家庭。在一開始，上帝將基甸從偶像的網羅中拯救出來；但是在故事的結尾，基甸竟重新墮入偶像的陷阱。一個家庭的信仰死亡，勢必影響上帝子民的屬靈光景。

家庭的問題在耶弗他的時期達到最高點。如同亞比米勒，被逐出家門之後的耶弗他，也對權力飢渴不已。耶弗他的個性是不正常的家庭關係所塑造的成果，也成為以色列的常規寫實。以色列在家庭的角色扮演上大大失敗，因此產生像耶弗他這種自我中心的領袖。可悲的是，以色列毫不在乎。以色列只關切一件事：她自己的國家成功。為了達到這個目標，她不惜犧牲一切！

米迦的故事，是另一個有關家庭教導的上好例證。故事以米迦在道德和宗教上都糊塗的母親為開始，然後進展至但支派參與搶奪米迦家庭的醜聞。在故事中，米迦的母親不但沒有懲罰兒子米迦，並且為他祝福和使用他偷竊的錢來鑄造一個偶像。米迦的所在地點更是引人注意。他是以法蓮山地的人，與底波拉來自相同的地方（士四 5）。但他的母親與底波拉恰恰相反，因為她毫無品德，並且對於道德或宗教的判斷混淆模糊。顛倒的道德觀，就是這個家庭的特徵。事實上，米迦的母親的風格，倒是與西西拉的母親相當類似。一個以色列的母親竟然與外邦人的母親毫無差異！不順服耶和華的立約，災禍必速速臨到。

4.2.1.2.2 夫妻關係的問題

基甸在自己的家庭中也出了嚴重的差錯。基甸擁有七十個兒子，一方面顯示，他的夫妻關係出了嚴重的問題；另一方面顯示，他對家庭的處置失當。更進一步地，士師記九章描述了亞比米勒和他出身為妾的母親被自己家人疏離的無情光景。疏離所產生的緊張關係，暗示了蠢蠢欲動的集體謀殺。至終，謀殺引發一場小型內戰。可見，基甸因不當的夫妻關係，對自己的家庭帶來完全負面的影響力。

為妓女之子的身分，無情地揭露耶弗他那來自一個夫妻關係惡劣的家庭背景。他的遭人鄙視，被迫離家，極度權力慾望，和不計代價的行動，都源自夫妻問題的禍根。

前文已經對利未人的妾的故事，進行清楚的解析。除了顯而易見的信仰墮落之外，利未人的行動強烈流露以色列的家庭價值觀。在當時，以色列的家庭價值觀容許一個男人可以擁有許多女人的身體，而女人的身體卻只能完全屬於一個男人。當一個女人自願或非自願地與其他男人分享自己的身體時，她的男人將視她為可憎的。利未人對妾的噁心，以怪誕的切割屍體並傳與四境的方式表現出來。

這種雙重標準不單在古代，甚至在現代依舊存在。在了解士師記作者藉著妾的身體，傳遞當時的家庭價值觀時；讀者也被提醒勿忘反思自己的家庭價值觀。最後，我實在無法同意埃克薩姆(J. Cheryl Exum)的看法，他認為：妾的姦淫，使讀者比較不同情她的悲慘苦境。[16] 任何一個犯姦淫者都比這位遭受厄運的妾，還要有多一點生命尊嚴。藉著她的無名、無聲和無助，士師記作者大力反對這種雙重標準。

4.2.1.2.3 教養兒女的問題

教育環境的摧殘和管教責任的疏忽，刻劃了米迦故事中大有問題的教養兒女方式。

首先是關於教育環境的摧殘。當米迦的故事繼續進展時，他的家庭成為被搶劫的受害者。米迦隨之追趕搶劫他的但人匪徒。令人震驚的是，當但人搶劫完畢轉身而去時，他們竟然將孩童放在隊伍的前頭(士十八21)。這幅將行動緩慢的孩童放在隊伍前面的畫面，暗示但人一點也不怕米迦的人追上他們。最可悲的是，這些參與其中的孩童，親眼觀看如此負面的行動。

米迦一開始的愚昧行動，實際危及了自己的家庭。更確切地說，以小偷身分開始的米迦，現在成為被搶劫的受害者。這真是因果報應！總的來說，米迦的家庭違反了前言所提及的兩項成功原則。無怪乎，以色列災禍連連。

值得深思的是，這羣目中無人的但人，正在培養另一代的偶像敬拜者。這個故事再次提出，罪對於家庭單位的巨大影響。這羣觀看暴力和不敬行為的孩童，根本沒有機會在良好的屬靈環境下成長。或許這就是但支派在以色列歷史上，一向以敬拜偶像為特徵的原因了（例如，王上十二 28～29）。

其次是關於管教責任的疏忽。因著一位母親的疏忽，即米迦的母親，一整個世代，一整個支派和一整個國家，都很可能淪喪。米迦的故事完美地證明，不敬虔的家庭所產生的長期影響。米迦的母親咒詛小偷的作法，具有一種相關的心理作用：她試圖驚嚇小偷。[17] 她的計謀的確成功，但付上的代價卻非同小可。她沒有盡母親管教兒子的責任，以致她的兒子疏忽敬拜耶和華的重要性。

4.2.2 律法所設計的家庭

綜觀士師記個人家庭的討論，我們可以清楚看見，個人家庭是社會與國家是否安定與興盛的關鍵原因。身為社會與國家核心元素的個人家庭，具有多重功能的角色。當個人家庭的功能適當地展現時，社會自然健全，國家也得以在穩定中正面成長。以色列之所以走向往下滑跌的循環，和落入墮落的低谷，實際與出了問題的個人家庭，有著無法擺脫的關係。那麼，到底甚麼是家庭的重要功能？功能的思考，帶出本質的探討。換言之，家庭的本質是定義家庭功能的根本基礎。惟當上帝的子民對於家庭的本質和功能，持正確的理解時；上帝的子民才可以把握適當的原則，維繫並且延續上帝所創造的人類。既然上帝是人類的創造主，那麼上帝的啟示和定規就成為人類的生活準則。

千年的人類文明誠然累積了無窮無盡的哲學思想，而這些思想又包含各異其趣的宇宙觀、人生觀和道德倫理觀等；但個人家庭的依歸，單單來自創造人類和家庭的獨一真神。上帝並非創造萬物後，就袖手旁觀的創造主；祂為整個世界的運作和人類的生存，設立了合宜又有益的界限和規範。人的失落並沒有改變人生活應有的基本形態，也沒有改變人與大地、工作和家庭的原來關係。[18] 因此，當上帝所創造的人類按著上帝的旨意生活時，上帝所創造的萬物和人類都必蒙福。反之，背逆上帝創造的原則和啟示，必走上受咒詛的悲慘結局。如此說來，從上帝的啟示來了解上帝對家庭的設計、要求和定規，就成為個人家庭以致社會和國家昌盛蒙福所不可或缺的。創造並關心人的創造主特別為家庭所設立的律法，可見於摩西五經的最初啟示中。下文將由摩西五經與家庭有關的律法，來概括討論「家庭的本質」、「家庭的功能」、「家庭的維繫」和「家庭的延續」這四個主要議題。從這些律法的簡要討論中，讀者將更明白士師記的個人家庭，到底在哪些方面出了問題，以致導致社會和國家的沉淪。

第一，關於家庭的本質，家庭是由夫妻兩個個體組成的最小社會單元。這兩個個體在功能上各具特色，但在本質上卻是一體。創世記二章 18 至 25 節，開啟了上帝創造第一個家庭的奧祕。上帝說：「那人獨居不好，我要為他造一個配偶幫助他。」（創二 18）上帝造了女人之後，將女人帶到那人面前。那人說：「這是我骨中的骨，肉中的肉，可以稱她為『女人』，因為她是從『男人』身上取出來的。因此，人要離開父母，與妻子連合，二人成為一體。」（二 23～24）

創造主的啟示，清楚說明創造家庭的本質。換言之，上帝為兩個相配的男女，創造一個家庭，使他們在互補的搭配中，享受一體的完美生活。上帝的教導毫無男貴女賤的價值判斷，因為男女二人不但相配，並且合為一體；他們雙雙都是上帝看為很好的創造（創一 31）。雖然男人在家庭中具有主導的角色，而女人則承擔幫手的角色；但角色功能的不同，並不代表兩者地位的不等。更確切地說，上帝所創造的男女，應該在互相尊重、互相愛慕和互相幫助的連結上，活出合一的生命。如此地，個人家庭才能合乎上帝所創造的家庭本質。

第二，發揮上帝所定意的家庭功能，才能產生健全的個人家庭。當家庭的功能被扭曲或失喪時，偏差的個人家庭將導致個人、社會甚或國家產生各樣問題。再次地，摩西五經以大量的經文，闡釋家庭在生養眾多、教養兒女和傳承信仰等方面的重要功能。

創世記為我們展現，家庭傳衍後代的重要功能。當上帝按照自己的形象創造男和女之後，上帝就賜福給他們，並對他們說：「要生養眾多，遍滿地面，治理這地⋯⋯」（創一28）原來，上帝創造人類的主要目的之一，就是要人類繁殖增多，以充滿祂所創造的大地。當上帝因人的罪惡而以洪水毀滅大地之後，上帝賜福給祂所揀選的義人挪亞和他的兒子。上帝對他們說：「你們要生養眾多，遍滿了地。」（九2）非常明顯地，繁殖增多和上帝的賜福，具有不可分割的關係。兩者之間的緊密相連，在亞伯拉罕的故事中再次得到肯定。在耶和華起初呼召亞伯蘭時，上帝就應許亞伯蘭：「你要離開本地、本族、父家，往我所要指示你的地去。我必叫你成為大國。我必賜福給你，叫你的名為大；你也要叫別人得福⋯⋯地上的萬族都要因你得福。」（十二1～3）而在耶和華與亞伯蘭立約時，耶和華再次應許亞伯蘭：「你向天觀看，數算眾星，能數得過來嗎⋯⋯你的後裔將要如此。」（十五5）最後在設立割禮為立約記號之前，耶和華對亞伯蘭顯現，並對他說：「我是全能的上帝⋯⋯我就與你立約，使你的後裔極其繁多。」（十七1～2）總的來說，生養眾多的後裔傳衍，不但是家庭的功能之一，更是上帝祝福的管道。

申命記也指出，家庭具有教養兒女這個重要功能。雖然摩西五經在教養兒女方面的教導，明顯強調下文即將討論的信仰傳承；但少數並具代表性的條例，卻充分顯露教養兒女的具體原則。舉例來說，對待逆子的條例要求父母看重教養兒女的本分，並且嚴厲管教不聽從父母的背逆之子（申二十一 18～23）。換言之，在父母管教之後，仍不聽從父母的背逆之子，有可能被處以極刑。現代人或許無法想像或接受這種嚴厲的條例；但這項條例一方面顯示管教兒女的嚴肅性，另一方面展現管教不當對社會可能產生的禍害。另外，勿因私愛廢長立幼的條例，也適切地帶出父母不可偏心的教養原則（二十一 15～17）。創世記中的一些家庭，正好是因偏心而釀成禍患的最佳例證。例如，以撒愛以掃，而利百加則愛雅各（創二十五 28）。父母的偏心，加上以掃輕忽長子的名分和雅各狡詐陰謀的欺騙，交織成一個錯綜復雜的家庭故事。而未能從父母的先例學習功課的雅各，則偏愛年老時所生的約瑟。在父親的偏愛下，哥哥們因心中的恨意難消，而將弟弟賣至埃及。約瑟不但沒有在父親的偏愛下蒙福，反在兄弟的不忿中遭殃。上帝深知父母可能具有的問題和軟弱，因此設下具體的教養原則，成為父母教養兒女的守則與指南。

除了一般教養兒女的方向原則之外，摩西五經也以父母將信仰傳承給兒女的責任，視為教養兒女的首要優先。既然以色列人是上帝所揀選的子民，並且與上帝有立約的關係；因此屬靈信仰的傳承，自然成為以色列家庭最重要的功能。因為一個與上帝不再有關係的個人家庭，將喪失家庭的本質和功能，更遑論家庭的維繫和延續了。信仰傳承的教導，大篇幅地出現在申命記。但它的題旨早就出現於十誡的宣告中。在十誡中，上帝吩咐：「除我以外，你不可有別的神。不可為自己雕刻偶像，也不可做甚麼形像彷彿上天、下地，和地底下、水中的百物。不可跪拜那些像，也不可事奉它，因為我耶和華——你的上帝是忌邪的上帝。恨我的，我必追討他的罪，**自父及子，直到三四代**；愛我、守我誡命的，我必向他們施慈愛，**直到千代**……但第七日是向耶和華——你上帝當守的安息日。這一日**你和你的兒女**、僕婢和牲畜，並你城裏寄居的客旅，無論何工都不可做」（出二十3～10）。如此說來，十誡的部分教導，一方面強調父母的屬靈生命對兒女的莫大影響；另一方面要求父母在日常生活中，以實際行動教導並傳承屬靈的信仰。

就像一首典型的奏鳴曲一樣，申命記有關信仰傳承的教導，乃是出埃及記題旨的變化、發展與重現。在摩西臨死前向以色列人呼天喚地的見證中，摩西將生與死，禍與福，都擺在以色列人面前。他勸勉以色列人選擇生命，好讓以色列人及其後裔都可以活著。因為愛耶和華，聽從祂的話，緊靠祂，就是以色列的生命和長壽。申命記中有關信仰傳承的兒女教養，可見於下列幾處重要的經文中。

> 你只要謹慎，殷勤保守你的心靈，免得忘記你親眼所看見的事，又免得你一生、這事離開你的心；總要傳給你的子子孫孫……你為我召集百姓……使他們存活在世的日子，可以學習敬畏我，又可以教訓兒女這樣行。（申四9～10）

> 這是耶和華——你們的上帝所吩咐教訓你們的誡命、律例、典章，使你們在所要過去得為業的地上遵行，好叫你和你子子孫孫一生敬畏耶和華——你的上帝，謹守祂的一切律例誡命，就是我所吩咐你的，使你的日子得以

> 長久…… 我今日所吩咐你的話都要記在心上,也要殷勤教訓你的兒女,無論你坐在家裏,行在路上,躺下,起來,都要談論。(申六 1～7)

> 日後,你的兒子問你說:「耶和華——我們的上帝吩咐你們的這些法度、律例、典章是甚麼意思呢?」你就告訴你的兒子說:「我們在埃及作過法老的奴僕;耶和華用大能的手將我們從埃及領出來…… 耶和華又吩咐我們遵行這一切律例,要敬畏耶和華——我們的上帝,使我們常得好處…… 我們若照耶和華——我們的上帝所吩咐的一切誡命謹守遵行,這就是我們的義了。」(申六 20～25)

教導兒女屬靈信仰和實際帶領兒女參與信仰生活的吩咐,不斷重現在申命記的經文中(申五 14,十一 2～7、18～21,十二 12、18,十六 11、14,三十一 12～13)。最後,在祝福以色列各支派之前,摩西說出這遺言:「我今日所警教你們的,你們都要放在心上;要吩咐你們的子孫謹守遵行這律法上的話。因為這不是虛空、與你們無關的事,乃是你們的生命;在你們過約旦河要得為業的地上必因這事日子得以長久。」(申三十二 46～47) 這遺言帶出屬靈傳承的真正意義。原來,律法的吩咐與教導,並非無關重要的空洞之言,它乃是生命的實質。如此說來,有關信仰傳承的教導,不啻是維繫和延續生命與家庭的關鍵要素。

第三,認識家庭的本質和功能誠然重要,但若缺乏維繫家庭的法規與界定,家庭勢必無法在罪惡人性和各樣外力的強烈激盪下得以存活。因此,上帝為個人家庭設立條例,使人在律法的引導中,自由地享受美滿的家庭關係。家庭的法規特別注重夫妻的關係和父母兒女的關係。

在夫妻的關係上，上帝特別強調性關係的聖潔。既然上帝的心意是要夫妻二人成為一體；性關係的忠誠與聖潔，就成為維繫家庭的重要基礎。代表律法精髓的十誡，同樣在這方面為上帝的子民提供了總綱性的原則。出埃及記二十章 14 和 17 節明說：「不可姦淫……不可貪戀人的房屋；不可貪戀人的妻子……」摩西也在約旦河東的曠野，再次向以色列人重述十誡(申五 8、21)。另外，利未記十八章和二十章的部分條例，更是詳盡地為以色列人設下性關係的界限和律例。上帝嚴禁以色列人行使各種各樣令人作嘔和亂倫的性關係，因為這些惡行正是迦南居民的風俗習慣。上帝屢次警告以色列人，不可隨從和仿效迦南居民的風俗。因為這些事不但玷污迦南居民，並且玷污迦南美地。因此上帝追討那地的罪孽，那地就把居民吐出去。利未記十八章 29 節論及：「無論甚麼人，行了其中可憎的一件事，必從民中剪除。」如此說來，性關係的混亂與邪惡也是導致迦南人罪孽滿盈的因素之一。

從信仰傳承的角度來看，上帝的心意顯明是要上帝的子民有敬虔的後代。因此，上帝的子民必須在全面的生活中，保持分別為聖的特徵。而夫妻之間的性關係，最能表現出個人家庭是否謹守上帝的律例和典章。聖潔與合乎上帝心意的性關係，不但能表彰家庭的本質，為子女設立佳美的榜樣，更能見證上帝的榮耀。最後，申命記二十四章 1 至 4 節，也為離婚和再婚的處理設下條例，以避免丈夫的任意而行。申命記二十四章 5 節的條例不但合乎人情，更展現合上帝心意的夫妻關係是建立美滿家庭的關鍵要素。

除了穩固的夫妻關係之外，健全的父母兒女關係也是維繫家庭所不可或缺的。父母兒女關係，涵蓋父母對兒女、兒女對父母這兩個層面。在前述關乎家庭功能的討論中，我們清楚看見父母對兒女具有養育和管教的責任。其中又以信仰的傳承為首要之優先。因為帶領兒女走上信仰正道的父母，才有可能維繫與鞏固家庭的關係。更進一步地，盡本分的父母必須加上兒女的正面配合，方能達至家庭的圓滿。十誡開宗教名義地啟示了兒女對待父母的正確態度。出埃及記二十章 12 節明說：「當孝敬父母，使你的日子在耶和華——你的上帝所賜你的地上得以長久。」這是第一條帶著應許的誡命，可見上帝對於孝敬父母的看重。尤有甚者，摩西在重申十誡時，還為孝敬父母加上更多的祝福：「當照耶和華——你的上帝所吩咐的孝敬父母，使你得福，並使你的日子在耶和華——你的上帝所賜你的地上得以長久。」（申五 16）上帝深知孝敬父母的重要性，因此福上加福地鼓勵祂的子民在這方面盡心竭力。

上帝不但給予正面的命令，更設立謹防惡行的負面條例。出埃及記二十一章 15 和 17 節嚴厲警告：「打父母的，必要把他治死⋯⋯咒罵父母的，必要把他治死。」類似的條例，也可見於利未記二十章 9 節。在正面鼓勵和負面警告的平衡教導下，摩西五經為兒女灌注了孝敬父母的重要觀念。

第四，了解家庭的本質、發揮家庭的功能和努力維繫家庭，都是為了使家庭得以延續。因為人類的生生不息，端賴家庭的不斷延續。我們可以從個人、社會和政治三個層面，來概括摩西五經對於家庭延續的教導。

從個人層面來看，家庭可否延續，與父母的屬靈信仰具有無法分割的緊密關連。在出埃及記二十章 5 至 6 節，上帝如此吩咐：「⋯⋯恨我的，我必追討他的罪，**自父及子，直到三四代**；

愛我、守我誡命的，我必向他們施慈愛，**直到千代**。」而申命記四章40節，也繼續勸勉以色列人：「我今日將他的律例誡命曉諭你，你要遵守，使**你和你的子孫**可以得福，並使你的日子在耶和華——你上帝所賜的地上得以長久。」為使以色列人牢記上帝的教訓，相同的題旨不斷地再現（申五9、29，七13，十二25、28）。敬虔的父母遺愛千代，而背逆的父母則遺禍三四代。上帝的教訓嚴厲，為人父母者能夠不警醒嗎？深愛兒女的父母，當以敬虔的信仰作為兒女的最佳禮物。雖然上帝的教訓令人生懼，但在上帝的公義中，我們清楚看見上帝的慈愛展露不盡。三四代和千代的強烈對照，生動地勾描了上帝對子民的深情與大愛。

從社會層面來看，家庭可否延續，與迦南文化對以色列的影響，具有深切的關係。以色列人不可和迦南文化同流合污的最主要原因，在於以色列人是歸耶和華的聖潔子民。利未記二十章26節清楚記載：「你們要歸我為聖，因為我——耶和華是聖的，並叫你們與萬民有分別，使你們作我的民。」摩西五經多次警告，與迦南文化融合勢必產生的可怕後果。茲列舉幾項具代表性的經文如下：

> 不可辱沒你的女兒，使她為娼妓，恐怕地上的人專向淫亂，地就滿了大惡。（利十九29）

> ……凡以色列人，或是在以色列中寄居的外人，把自己的兒女獻給摩洛的，總要治死他；本地人要用石頭把他打死。我也要向那人變臉，把他從民中剪除；因為他把兒女獻給摩洛，玷污我的聖所，褻瀆我的聖名。（利二十2～3）

> 不可與他們結親。不可將你的女兒嫁他們的兒子，也不可叫你的兒子娶他們的女兒；因為他必使你兒子轉離不跟從主，去事奉別神，以致耶和華的怒氣向你們發作，就速速地將你們滅絕。（申七3～4）

> 你們中間不可有人使兒女經火，也不可有占卜的、觀兆的、用法術的、行邪術的、用迷術的、交鬼的、行巫術的、過陰的。凡行這些事的都是為耶和華所憎惡；因那些國民行這可憎惡的事，所以耶和華——你的上帝將他們從你面前趕出。你要在耶和華——你的上帝面前作完全人。因你所要趕出的那些國民都聽信觀兆的和占卜的，至於你，耶和華——你的上帝從來不許你這樣行。（申十八10～14）

> 私生子不可入耶和華的會；他的子孫，直到第十代，也不可入耶和華的會。（申二十三2）

上述經文清楚展現迦南文化的邪惡特性，無怪乎，上帝要以色列人將迦南人盡行除滅，以免迦南人成為以色列人犯罪的網羅。在尚未進入應許之地前，上帝已經將擺在以色列人眼前的挑戰完全揭示，可見迦南文化的危險與可怕。總的來說，如果以色列的個人家庭要繼續傳衍，那麼以色列人必須謹守上帝的律例和誡命。因為惟有如此，以色列的個人家庭才能有力地對抗迦南文化的融合和習俗的侵擾。

從政治層面來看，家庭可否延續與國家的存亡緊密相關。家庭和國家唇齒相依！瓦解的家庭，必然導致分崩離析的國家。同樣地，破滅的國家，也不可能護衞家庭的安康與美滿。摩西在申命記四章 25 至 27 節，預先警告以色列人背逆上帝和敬拜偶像的悲慘後果。摩西如是說：「你們在那地住久了，生子生孫，就雕刻偶像，彷彿甚麼形象，敗壞自己，行耶和華——你上帝眼中看為惡的事，惹他發怒。我今日呼天喚地向你們作見證，你們必在過約旦河得為業的地上速速滅盡！你們不能在那地上長久，必盡行除滅。耶和華必使你們分散在萬民中；在他所領你們到的萬國裏，你們剩下的人數稀少。」不敬虔的父母，不但禍延子孫，並且培育不敬虔的下一代。尤有甚者，不敬虔的子民將因上帝的懲罰，而淪落國破家亡的地步。

申命記二十八章更進一步地寫實了，國破家亡的可怕光景：

> 你的兒女必歸與別國的民；你的眼目終日切望，甚至失明，你手中無力拯救。（申二十八 32）

> 你生兒養女，卻不算是你的，因為必被擄去。（申二十八 41）

> 你在仇敵圍困窘迫之中，必吃你本身所生的，就是耶和華——你上帝所賜給你的兒女之肉……她兩腿中間出來的嬰孩與她所要生的兒女，她因缺乏一切就要在你受仇敵圍困窘迫的城中將他們暗暗地吃了。（申二十八 53～57）

被分散在萬民中的子民，必要在異域事奉他們和列祖都不認識的別神，就是木頭和石頭做的上帝。他們必不得安息，也沒有腳掌歇息的地方。耶和華必使他們心中發顫，眼目憔悴，精神頹廢；他們晝夜驚恐，生命難保。上帝的話語活畫了亡國的黑暗、無望和悲慘。有誰會想到，一個小小的家庭單元，竟然有能力破壞龐大無比的國家組織！然而，上帝的話語清晰響亮地警告祂的子民，家庭雖小卻不容忽略。加爾文曾經說過：「上帝的威脅，對我們非常必要。」[19] 因著人的驕傲與背逆，上帝在慈愛的鼓勵之外，還必須像一個嚴厲的父親一樣，威脅和警告自己的孩子。上帝的子民必須永遠記住，惟有謹守上帝設立的家庭法規，並盡心竭力地營造忠於信仰的家庭，生生不息的家庭，才會帶出蓬勃興旺的國家。

簡要剖析摩西五經的家庭律法之後，讀者更容易明白，士師記中的家庭各自的獨特問題，及其墮落沉淪的前因後果。一言以蔽之，士師記中的家庭幾乎完全違背摩西五經所記載的家庭法規。早在士師記二章的敍述中，以色列人就行耶和華眼中看為惡的事，去事奉諸巴力(士二 11)。這種惡行在士師記的漸次發展中每況愈下。律法已經清楚顯示，信仰不忠是造成家庭問題的首要禍源。因此，從基甸開始的士師，不但顯示多方面的家庭問題，並且帶出往下滑跌的墮落走勢。基甸不但有由許多妻子所生的七十個兒子，還有由住在示劍的妾為他生了一個惡子亞比米勒。不合上帝心意的夫妻關係加上教養兒女的失當，釀成了基甸眾子被屠殺的慘劇。妓女的兒子耶弗他因為信仰的無知，而無法在教養兒女的角色上，將信仰傳承給自己的女兒。上一代和下一代的雙重信仰盲目，使得耶弗他的女兒成為無辜受害的犧牲者。

參孫的家庭更是探討夫妻關係和父母兒女關係的上好個案。因為從夫妻角色的倒轉、屬靈信仰的眼瞎、教養兒女的缺失到縱容兒女的錯誤，參孫的家庭充滿各式各樣的問題。而米迦家中的私有化宗教，也由在信仰和道德上都有偏差的母親開始。一個對信仰沒有正確認識的母親，很難教養出信仰端正的兒子。另外，在但人搶劫米迦住宅之後的行進隊伍中，竟然有兒女的同在。但人的負面榜樣正在戕害下一代的心靈，更遑論存在正面教養的可能性了。士師記結語的無名利未人故事，更從惡劣的夫妻關係、可憎的同性戀關係、到強姦基列雅比處女和示羅跳舞女子的醜聞，為家庭的瓦解帶出高潮點。

摩西五經的家庭律法，像一面明鏡一樣，反映出士師記所描繪的家庭實景。由個人組成的家庭單元，成為社會和國家的縮影。因此「各人任意而行」，成為以色列當時家庭、社會和國家的真實寫照。士師記作者刻意留下的家庭實錄，不啻成為被擄之民和歷世歷代信徒的警世忠告。

4.3 國家家庭的瓦解

4.3.1 士師記的國家家庭

士師記作者不但關切個人家庭的瓦解，他同時注意到，以色列的國家家庭被幾股力量所粉碎。家庭之所以失敗，與自私或自我中心的錯誤集體身分有關。從士師記全面的結構來看，家庭毫無疑問出了大問題。二章 10 節和 17 節下的前言部分提及，以色列人未以耶和華的律法教導來教下一代。耶和華的律法被執意疏忽。如此說來，士師記使用上一代的錯誤，帶出家庭瓦解的根源：疏於敬拜。上一代的以色列人沒有將耶和華的律法傳給下一代，因此為下一代造成了極大的禍害。下一代的以色列人仍在家庭和宗教的混淆方向中徘徊。換言之，對被擄之民而言，他們實際所表現出的信仰生命，遠比土地的承繼來得重要；因為以色列已經承繼了地土，但當她以餘民的身分返回家園之後，她是否能夠重新開始合上帝心意的生活？這是被擄之民必須面對的倫理—宗教—家庭問題。

當我們觀察在士師記敍述架構中的總綱家庭題旨時，有一項重要的觀察不容忽視。更確切地說，舊約並沒有使用「家庭」一字，來描述以色列和耶和華之間的關係。[20] 相反地，迦南人倒是與諸神明有家庭的關係。在舊約中，耶和華是以色列之父親的隱喻，的確暗示上帝的家庭在地上。但神人之間的連結，來自族長和與他們有關的亞伯拉罕之約。可見，國家家庭不單隱含不明顯、並且是由立約而非血統而來的關係。士師記有多處例證，以證明國家家庭的問題，其中尤以耶弗他、參孫和便雅憫人為顯著。

4.3.1.1 耶弗他的故事：自我中心的心態

在耶弗他的支派內戰中，上帝的子民陷入墮落的新低點。以法蓮人和迦南人沒有兩樣。在耶和華的立約之下團結一氣的精神，不再是他們行事的指引。他們一點也不隱瞞自己的抱怨與不滿，因為他們想要推翻新興的領袖。在軍事行動之後才抱怨沒有參與戰爭的惡習，揭示他們的動機毫無善意。家庭的成員現在只關切自私的利益，他們一點也不考慮國家的和諧。他們想以不費吹灰之力，贏得獎賞與功勞。他們想要走後門以奪取權力。以色列的家庭不再具有連結團隊的功能。以法蓮人的倫理已經極盡腐敗了。一言以蔽之，人的自我是良好家庭的直接敵人，也是問題的真正根由。自我使人無法成為優質的領導者，更不可能成為順服上帝的跟隨者。自我是以法蓮人被殺的原因。自我是導致耶弗他犯集體屠殺之滔天大罪的禍首。至終，自我使人無法產生健全的判斷。自我是前言所述兩項成功原則的大敵。自我扼殺合作並阻擋順服。

4.3.1.2 參孫的故事：集體意志的消失

完全違反國家家庭的價值觀，顯見於參孫的故事中。儘管基甸和耶弗他曾經錯待以色列人，參孫的故事卻展現最嚴重違犯國家家庭的程度，他甚至危及了國家的安全。他使以色列人陷入險境的錯誤，大概僅次於士師記末了的無名利未人。在參孫的故事中，以色列人已經完全失去國家家庭的觀念，更遑論拿細耳人參孫的個人家庭。猶大人不但沒有心懷感激地將參孫視為國家英雄，還將國家即將發生不幸的危機，怪罪於參孫身上。或許我們可以了解為何猶大人甚至參孫，會覺得非利士人極具吸引力。畢竟，他們擁有高度文明和強大有力的文化。如果米諾根源的考古發現是文明的指標，那麼非利士人很可能是移居聖地，並且使用線性文字A（Linear A；此乃一種古代語言，是克里特島〔Crete〕最早期的希臘人所使用的。它通常被視為其中一種衍生希臘文的語言，早於以色列人出埃及以前便存在）語言的人。[21] 與這些先進的文明相比，以色列就像來自偏遠地區的鄉巴佬。無怪乎，猶大人不願意得罪那些擁有如此令人欽佩文化的人。然而，像打擊一羣學步的幼兒一樣，參孫輕易地殲滅他們的勇士。這種情況既好笑又諷刺。在過去，總是第一個勇於與外邦人爭戰的猶大支派（士一1～2），現在竟然失去了可貴的集體意志。猶大人不再相信上帝的能力。猶大人更不願意跟隨以色列的領袖參孫。相反地，猶大的成員當面質問參孫，為何參孫對非利士人造成如此嚴重的損害。猶大人自己出了一個主意，他們不但不跟隨參孫，還要將他綁起來交給非利士人。猶大人和參孫雙雙喪失正確的眼光。猶大人寧願讓邪惡的非利士人管轄，而不願意聽從性情暴烈的參孫。

以色列沒有一個領袖或人民，對以色列的情勢掌握敬虔的觀點。以色列人不想為解脱情勢而冒險，他們也不想主動尋找解決的答案。他們只是被動地維持現狀，使情況不會急劇變壞。罪有可能使個人和信徒羣體變得自滿。事實上，當時的情況已經壞到極點。因為士師記十三章 1 節明説，以色列被壓制四十年。若與士師記的其餘部分相比，這個年數是截至目前為止最長的一段時期。然而不像士師記的其他部分(參士三 9，15，四 3 等)，整個以色列並未向耶和華哀求，或為自己的錯誤向上帝認罪。上帝必須親自啟動參孫的興起。當時以色列人在非利士人管轄之下的年數，恰與以色列人在曠野飄流的年日相同。或許以色列對外邦人的統治已經習以為常，因此覺得他們的壓制還好，甚至還頗自在的。這種循環不斷惡化，從呼求上帝而使國家得到和平，轉劣為集體國家意志的完全喪失。這是一種最糟的屬靈適應。故此，猶大人民企圖將他們最好的戰鬥勇將，交給非利士人。以色列再也無法分辨孰是敵人、孰是朋友？對他們而言，敵人像盟友，而朋友則像敵人。

4.3.1.3 無名利未人的故事：訴諸於支派的錯誤

另一個家庭詞彙十分明顯的故事，就是關於無名的利未人和他的妾陷入基比亞困境的敍述。城裏的人前來尋找無名的利未人以便凌辱他。為了避免城裏的匪徒傷害利未人，招待這兩位訪客的老年人，稱呼這些作惡者為「弟兄們」。在此我們清楚看見，老年人和城裏的人都知道，他們彼此因著同一個家庭的緣故而相互連結，因為他們都是雅各的後代並被上帝呼召成為一個國家。

這個重要的事實，不應當只是防止以色列人相互傷害；更應激勵以色列人彼此保護，因為他們來自相同的家庭。在他們的罪行之後，基比亞城面對了來自四面八方的控訴。便雅憫人竟然為基比亞人撐腰。縱使瀕臨戰爭的邊緣，便雅憫人還是不理會他們與以色列其他支派的關係。在這種情況下，要求支派彼此團結的耶和華之約，簡直被棄置一旁。因此，以色列不再具有分辨是非的能力。在士師記二十章 13 節，以色列人要求便雅憫人交出作惡者，卻被便雅憫人斷然拒絕。作者如此記載：「便雅憫人卻不肯聽從他們弟兄以色列人的話。」作者將以色列人描述為「弟兄」。這些人都是來自同一個家庭的兄弟。

兄弟的內戰以極快的速度展開。在第一場戰役之後，以色列人終於從國家家庭的角度，說了些正確的話語。他們所提出的問題，與第一場戰役的大異其趣。這次的問題顯然較上次的更合宜：「我們再去與我們弟兄便雅憫人打仗可以不可以？」（士二十 23）事實上，這應該是他們在一開始就提出的問題。[22] 若與二十章 18 節的第一個問題相比，上帝現在顯然掌控全局。尤有甚者，不論便雅憫人在他們起初的行動中，顯得多不友善；以色列人依然稱便雅憫人為他們的弟兄。在此，我們必須認知，上帝的家庭並非人的選擇，而是上帝的揀選。整個故事顯示，每一個以色列人都變得分歧散漫與自我中心，以致只有來自相同支派的人才相互聯繫。在士師記的結尾部分，上帝那來自亞伯拉罕的家庭，終於完全瓦解。只因少數不忠之人的罪行，後裔與豐饒的祝福竟然陷入重大的危機！

4.3.2 律法中的國家家庭

我們可以從兩方面來觀察士師記的國家家庭用語。

第一，支派之間的關係和以色列人之間的關係，被描述為兄弟。

在征服的團結行動中，作者將猶大人和西緬人描述為兄弟（士一 3、17）。兩個支派的合作，導致了空前的成功。遵循相同的模式，作者也在每個支派的提名中，帶出失敗的描述（一 27 及其後）。而這些支派的名稱，則根據雅各的每個兒子而命名。非常令人訝異地，作者沒有依照這種方式繼續使用兄弟的用語；要到便雅憫支派瀕臨絕種的危險時，兄弟的用語才再度出現（二十一 6）。然而，當我們檢視士師記的結構時，我們就不致驚訝。因為支派之間缺乏合作，導致兄弟關係的破滅；而兄弟關係的破滅，則導致國家家庭的瓦解。

第二，耶和華將以色列從埃及拯救出來，蘊涵國家意義。

士師記有三處經文，呈現這個重要題旨。令人好奇地，這個題旨出現於士師記的首尾部分（士二 12，十九 30），以及在基甸的引述中（六 9）。將這三處經文作相互比較，基甸的引述顯得特別有意思。因為其他兩處經文顯示，上帝將以色列這個獨特的家庭，從埃及分別出來而成為一個國家。而基甸則在觀看惡劣的環境時，訴諸於以色列出埃及的傳統。這些觀察所帶出的首要重點就是：在成為國家之前，以色列是出自雅各的一個家庭。更具體地說，以色列的宗教和種族完全融合在一起。

4.3.2.1 國家身分的起源

上述兩項觀察成為律法如何影響士師記作者的基礎。以色列的兄弟關係源自雅各。創世記三十五章 23 至 26 節和四十九章 1 至 27 節的名單，清楚引證了以色列支派羣體的產生。十分奇怪地，這個兄弟關係在一種出乎意料的情況下，重新在埃及被建立。起初，他們之所以來到埃及，乃是因為他們執意迫害自己的兄弟約瑟的緣故。然而，在約瑟大享名聲與掌握實權之後，他的兄弟們來到埃及尋求生活的護庇。最後，創世記五十章 20 節記下了約瑟的千古名言：「從前你們的意思是要害我，但上帝的意思是好的，保全許多人的性命，成就今日的光景。」這就是以色列的兒子停留在埃及的始末緣由。當以色列人受到埃及人壓迫時，上帝在出埃及記中興起摩西，將以色列人從埃及拯救出來。[23] 總的來說，以色列人以國家的身分，集體分享相同的經歷（參申二十六 5～10）。

4.3.2.2 國家家庭的規範

從國家家庭的角度來看，耶和華為祂的子民設立了一些家庭的規範。這些規範以上帝的立約為建立的基礎。表達上帝之立約的最佳與最簡單陳述，應屬上帝親自向摩西發出的啟示：「我是你父親的上帝，亞伯拉罕的上帝，以撒的上帝，雅各的上帝。」（出三 6）這句話蘊含獨特的意義，因為「你父親的上帝」一詞，充滿神學的洞見。單數的「父親」尤其重要，它僅出現於創世記四十六章 3 節、五十章 17 節和歷代志上二十八章 9 節。[24] 首先，「你父親的上帝」這詞顯示，上帝在族長之間關照一代又一代的以色列人（創四十六 3，五十 17）。然而，出埃及記三章 6 節以如此戲劇性和令人好奇的方式，使用單數的「父親」，因為單數的父親論及摩西的父親，而非亞伯拉罕、以撒和雅各的父親。換言之，到了出埃及記三章 6 節的時代，上帝親自啟示的這句簡短陳述，已經成為顯示所有父親之集體身分的公式。這些先祖的集體身分，將所有個人的以色列先祖歸屬於上帝的權威之下。總的來說，因著上帝是族長之權威的這個事實，上帝現在對以色列也有相同的權威。

根據國家家庭的角色，以色列人應當如何彼此相待？從律法的一些例子中，我們可以明白上帝建立這個國家家庭的心意。舉例來說，出埃及記二十一章有關僕婢的條例清楚指出，六年是希伯來人奴僕服事的期限。上帝定規主人必須在第七年釋放希伯來人奴僕。而利未記二十五章 39 至 55 節的禧年條例，則更進一步地引證，這些條例如何在社會的情境中被施行。更重要地，耶和華在利未記二十五章 55 節，解釋設立上述律法的原因：「因為以色列人都是我的僕人，是我從埃及地領出來的。我是耶和華——你們的上帝。」上帝以立約公式的偉大結尾來談論這一切（例如，利十九章等）：「我是耶和華——你們的上帝。」當以色列人進入應許之地後，上帝的律法還要更進一步地被應用於以色列的社會關係上。在對待窮人方面，上帝鼓勵以色列人要寬厚待他們。祂在申命記十五章 7 節如是說：「你不可忍著心、揝著手不幫補你窮乏的弟兄。」因此，以色列人必須每七年豁免欠債者的債。兄弟的用語永遠和社會關係密不可分。同樣地，出埃及記的救贖用語，也與社會關係緊緊相連。申命記十五章 15 節為寬厚對待奴僕的條例提出理由：「要記念你在埃及地作過奴僕，耶和華——你的上帝救贖你」。

在兄弟的關係上，一些例子將更進一步地引證古代社會關係的親密連結。在出埃及記二十二章 21 節，上帝呼籲以色列人要向寄居的外人施行公平（參利二十五 35）。規定這項條例的必要性顯示出，寄居的外人是社會中容易受虐待的個別羣體。正義和公平也必須延伸至仇敵和窮人的範疇。在出埃及記二十三章 4 至 6 節，甚至連仇敵都應當得到以公平和誠實對待這份最高尊嚴，而窮人更是不容被輕忽的。事實上，律法也為窮人設計一種特別的供應，使他們有機會在社會中生存。換言之，凡在田野收割莊稼的人，不可把角落的穀物都割盡，也不可拾取收割時遺下的。在收割農作豐收時，收割者必須特別留下一份穀物給窮人，使被壓迫的窮人和寄居的外人，能夠得到他們的生活供應（利十九 9～10）。每一個收割者都只能收成一次，並將第二次的收成留給窮人。在這種兄弟的關係之下，合一和好客的觀念應當被重視。

4.3.2.3 國家家庭的破滅

當我們再度回到士師記的經文時，我們看見上述所有的理想都被徹底違反。以色列不但不尊重耶和華的立約，更輕忽治理他們生活的道德律法。以色列人的墮落，結束了建造社會的家庭結構。耶弗他、參孫和便雅憫人的故事，都是違反這些律法的最嚴重表現。耶弗他來自妓女的出身，顯示一個女人必須靠賤賣身體維生的社會。這實在是一個不公平的社會。這個不公平的社會更進一步地在耶弗他被驅逐和請回的故事中，流露它的功利主義。起初耶弗他因為出身低微而被趕逐家門；後來，耶弗他又因戰鬥能力的高強而被請回家中。另外，在參孫的故事中，猶大人甘願背叛自己的領袖參孫，將他交給敵人非利士人。最後，以色列的情況終於在便雅憫人的故事中，達到一個失控的悲慘地步。基比亞人只對他們同族的寄居者友善；對與他們無關的寄居者，則毫無殷勤待客的熱忱。很快地，故事轉變成令人震驚的內戰。在內戰動亂的最後階段，整個以色列集結起來壓制那些拒絕參與這項罪惡事件的人，並且導致強姦示羅女子這悲劇的發生。這一切罪行的根本，就是違反前言所述的兩項成功原則：合作與順服。

4.4 結論

家庭的題旨將士師記的所有敍述連成一氣。在一項挖掘地點的研究中，澤維特(Ziony Zevit)提出一個有趣又銳利的問題：「宗教的慣例是否在私人的家中舉行？又在何種情況下，這種慣例才發生？」[25] 從宗教和道德的角度來看，同樣的問題也可適用於士師記的家庭討論。每一個在家庭中舉行的私人宗教慣例，都難逃令人驚恐的失敗。從基甸家庭開始的失敗，反映了耶弗他和參孫之家庭的墮落。而米迦的母親在宗教和道德上的放縱，則導致家庭內與外的全面混亂。前瞻經文，一些相似的模式將在切割妾之屍體的利未人故事中重現。問題從家庭開始，然後蔓延至整個國家或支派。而這一切禍害，也都從違犯上帝為家庭所設立的基本律法開始。道德和關係是違犯律法的最糟形式。當兩者瓦解時，國家即刻陷入危機。

隨之而來的另一個觀察範圍，與家庭中的性用語有關。性方面的罪，可以在國家的層面上破壞家庭的關係。當家庭遭破壞時，亞伯拉罕後裔的繁衍也陷入嚴重的危機中。如果沒有後代，土地將荒廢無用，因為無人居住在其上。參孫的故事剛好要顯示，士師記十四和十五章之間有非常明顯的平行之處。故事情節由參孫與女人的交往開始，然後轉變成為可怕的殺戮故事。許多不好的事情都發生在參孫遇見女人(或她的家庭)和殺戮行動之間。參孫的生命，以他和女人的關係為特徵。以最直接的應用來看，參孫放縱的道德倫理，為他招惹無盡的麻煩。參孫的故事，成為任何性氾濫之社會的警戒，因為災難即將臨到。參孫的故事，具有強化參孫末段的生命和士師記雙重結語之情節的功能。參孫的生命明顯違反家庭的律法，他根本不應與那不屬於上帝之家庭的外邦人聯姻。參孫的問題繼續惡化成基比亞的另一個問題。基比亞的惡劣道德與外邦人無異，他們的問題不是異性戀的行為，而是同性戀的惡習。最後，因著性虐待的罪惡，整個國家騷動混亂，以致瓦解了上帝所規定的家庭關係。這一切都根源於錯誤的性和婚姻價值觀。

4.5 省思與應用

作者藉著士師記的家庭題旨，帶出許多家庭失敗的教導。

4.5.1 屬靈身分的認定

家庭失敗的根本原因，在於以色列人沒有認同自己在耶和華裏的身分。尤有甚者，上一代也未將耶和華的律法傳給下一代。對被擄之民而言，這項教導極其重要，因為他們就像當初征服迦南地的以色列人一樣，剛剛移居至外國的土地上。他們同樣不可容許新環境，影響他們的身分。關係更重大的是，現今的全球媒體不斷地與教會信徒的心靈和思想對抗。不斷面臨抉擇的現代基督徒，很可能產生身分認同的危機。這種危機也常見於殖民地居民或移民中間。有許多人承認他們在身分上的掙扎。然而，耶和華呼籲上帝的子民，要以他們的屬靈身分勝過任何環境。這種身分應當世代相傳永不止息。

除了一些主張男女平等的詮釋者之外，失敗的家庭令人意外地被多數註釋者所忽略。[26] 事實上，每一個主要士師都有一個與其密切相連的家庭故事。有關丈夫、妻子、父母和孩童的意象與詞彙，充滿在士師記的篇章中。尤其顯著的是失敗的丈夫和父親的題旨。其他如同娶妾和親近妓女等違反社會和道德的行為，也是作者的寫作旨趣。綜觀士師記的故事,以色列人在宗教和社會的慣例上,嚴重違法上帝的律法。這類記載比比皆是。上帝一點也不喜悅以色列人的表現;而作者也在敍述中,引述許多舊約聖經的律法。因此,以色列已經成為一個不公義的社會,而她的家庭單位也隨之瓦解。既然,以色列的身分源自從埃及出來的一個家庭(即亞伯拉罕的家庭),家庭的瓦解自然象徵身分的結束。如果作者使用出埃及的拯救,來見證上帝過去的作為;那麼,家庭的失敗勢必使這個見證消失於無形(例如,士二 1、12)。無怪乎,非以色列人的世界,現在可以嘲諷以色列混亂的社會:「我們的神將我們的仇敵參孫交在我們手中了。」(十六 23)

4.5.2 代代相傳的罪惡

同樣地,基甸的故事也顯示家庭那不可或缺的重要性。亞比米勒以種族和自我為中心的個性,和基甸贏得權力的策略毫無區別。家庭的罪不但代代相傳,並且愈演愈烈。基甸在生命中曾經作出一些不道德的抉擇,這些不當的抉擇,在他的婚姻和以弗得的製作上達到高點。這些不幸的抉擇,完全不符合屬靈的信念。基甸的抉擇至終成為毀滅整個家庭的禍因。凡沒有建基於正確道德和屬靈原則的抉擇,都將為上帝的子民帶來不堪設想的結局。

滿懷野心的耶弗他已經顯示,「不惜一切代價」的國家精神,將為個人和國家帶來何等禍害。以色列國家家庭價值觀的破壞,產生像耶弗他這種具有不正常野心的人物。耶弗他是家庭失敗的副產品,而家庭失敗也導致無法避免的國家災難。耶弗他在這兩個層面上,都成為上帝的子民的警告。

在第一個層面上,上帝的子民成為一個家庭的集體責任,絕對不可被忽略。

不能教導正確價值觀的教會，將引發一連串不幸的事件，甚至造成各種各樣的禍害。缺乏正直品格的基督教領袖，更會將上帝的子民帶往毀滅的道路。某些基督教羣體因為不平衡的緣故，而苦嘗歷史餘波的風暴。舉例來說，有些領袖雖然在基督教的基要信仰上十分堅定，卻選擇使用閒話、教會政治和其他有問題的方式，來達到他們所要尋求的目標。這種失敗讓會眾以為為了達到目標，任何手段或方式都是合理的。

在第二個層面上，耶弗他的失敗所顯示衰微的家庭循環，也向上帝的子民發出警告。

在一個更深遠的個人層面上，父母必須時常檢視他們的生命是否時常散發「為達目標，個人的正直和屬靈的平衡絕對可以犧牲」的信息。正如基甸的故事，耶弗他的故事也是一樁家庭悲劇。耶弗他的父親在道德上失敗，因此導致他的兒子的無知。不幸地，無知具有代代相傳的特性。耶弗他的故事所帶出的道德教訓，值得我們從家庭的角度，來與基甸的故事相互比較。就像基甸的故事，家庭的紛爭常常來自父親的性愛好。這項觀察將在下一個士師循環的參孫故事中，更加突顯。[27] 接著，耶弗他對上帝的律法的無知，加上他與外邦文化融合的傾向，帶來他女兒被犧牲的悲劇。最後，耶弗他的女兒竟然也在無知的情況下，容許父親行使這種殘酷無道的行為。當孩童沒有在屬靈信仰和公義的認識上得到正確的裝備，以面對生活的挑戰時；孩童就會使用其他不合乎理想的方式，來面對生活的抉擇。

4.5.3 自我膨脹的危機

人的自然反應未必總是正確的。在耶弗他的例子中，耶弗他的本能使他發出叫他終生悔恨的誓言。敗壞的家庭必須承受綿延不絕的負面後果。今天，許多家庭的價值觀也不合乎上帝的標準。父母將孩童獻在物質主義的祭壇上，他們的價值觀與社會的價值觀毫無差異。許多父母疏於把重要的基督教價值觀教導孩童，而任憑他們沉浮於世界的價值觀。畢竟，為了財務不佳的理由，社會可以藉著墮胎來犧牲孩童。可悲的是，有時候我們竟然很難區別世俗和基督教的家庭，究竟有何不同。

作者也論及抉擇的依歸。在與家庭相關的議題上，人的自我導致抉擇的偏差。基甸、耶弗他、耶弗他故事中的以法蓮人，以及便雅憫人等，都因過度膨脹的自我而產生錯誤的身分意識。許多時候，在信仰的羣體中，自我是瓦解合一和領導的毒素。只要自我成為主導，上帝就被棄置一旁。在許多混亂的基督教機構中，上帝也不在領導的席位上。正如士師記所展現的一樣，沒有上帝，疾速的墮落在所難免！如今有許多組織，也經歷相同的墮落危機。解決這種混亂的惟一方式，就是領導者必須毫無妥協地謙卑在上帝的引導之下。否則，和平不但無望，血浴也將永續不停。

4.5.4 男性領導的偏差

士師記時代的社會，對罪的敏感度極其低微，它所展示的家庭更不在話下。尤其是參孫的家庭，對罪實際沒有一絲一毫的判斷力。主要的癥結在於男性的領導出了問題。從基甸到耶弗他，士師記中的父親人物，都帶著十分負面的形象。而參孫故事中的父親人物，更是近乎可笑的。他根本不知道自己具有領導者的角色。他需要重新建立敬拜和聆聽上帝的責任。然而，參孫的父親瑪挪亞對宗教毫無興趣。上帝的子民發生問題的徵兆之一，就是缺乏男性的領導。這項觀察早在底波拉的故事中清楚流露。而基甸和耶弗他的故事，也持續這項特徵。現在，它再次在參孫的悲劇家庭中嶄露頭角。瑪挪亞的道德和屬靈光景是如此破產，以致在敘述中，他的太太成為他的屬靈指引（例如，士十三 23）。[28] 她甚至為參孫命名。作者的觀點清楚已極：甚至一個無名的婦女，都可以給予瑪挪亞屬靈的引導。

瑪挪亞的弱點將傳給參孫，並且成為參孫的生命特徵。參孫的一生將被各種各樣的女人驅使，直到最後他被一個女子所擊倒。儘管瑪挪亞需要太太的指引，但參孫的表現卻更加糟糕。參孫的生命毫無特色，惟一與眾不同的就是他完全受到女人的影響；而有些女人卻是壞女人！參孫與所有女人的關係，都負面地影響他和周遭之人的生命。當一個人無法行使正確的道德抉擇時，道德的墮落勢必代代相傳。參孫的命名反映出他毫無真實信仰並且完全外邦化的父母。妥協信仰極其容易，但逆流而上和活出不同凡響的生命卻非易事。在士師記中，妥協的程度漸次加增，到參孫的時期達至頂點。很快地，一系列的壞事將依次發生！

4.5.5 取悅上帝的價值觀

家庭的故事也與價值觀息息相關。而價值觀則包含順服這更大議題，順服是前言所提的成功原則之一。以色列就像參孫一樣，喜好行自己眼中看為對的事。換言之，快樂是萬事之先。人們常將快樂視為生命的優先，甚至超越婚姻、人際關係和對上帝的敬拜。追求快樂的問題出在它本身那虛幻的本質。當我們愈追求快樂時，我們愈覺空虛。與其追求快樂，參孫的故事教導我們應追尋上帝的真理和敬拜的實際。參孫對上帝的真理無知，所以淪至喪命的結局。凡選擇「快樂」道路的人，勢必落入「參孫的網羅」。人若敬拜上帝並且追尋和活出上帝的真理，一股深邃的屬靈喜樂自然泉湧而出。單單追求快樂，只會產生相反的結果。參孫的生命充滿廉價刺激的短暫片段、無法完全發揮的偉大潛能，還有無盡的哀傷之情。家庭的故事不僅觸及個人的家庭，並且影響亞伯拉罕、以撒和雅各的國家家庭。參孫生命中的以色列悲劇，寫實了上帝的子民在不同歷史階段中的悲劇。以色列竟然可以如此習慣於敵人的可怕壓制，甚至不再覺得受苦，或不再覺得需要悔改。對於誠心關切信徒之屬靈光景的人而言，以色列的悲哀結局不啻是一項嚴厲的警告。追尋短暫的快樂，勢必產生長期悲哀的苦果。

4.5.6 見證主名的家庭

最後，家庭的故事也與「宗教—政治體制」的完全瓦解有關。當我們將迦南人的「宗教—政治」與以色列的家庭連結一氣時，宗教和政治的緊密關係便遭破壞。雖然迦南人的宗教文獻顯示，迦南人的社會身分反映神明的階層結構；但以色列的信仰，卻不具這種特徵。然而，以色列的社會不但沒有公平，反而成為壓制窮苦之人的地方。令人始料不及的是，上帝的子民竟然反映了迦南神話的「宗教—政治結構」，其中尤以基甸的故事為甚！這種情形根本不應該發生。耶和華之所以從萬民中揀選以色列，乃為使以色列人成為更好的榜樣。可歎的是，以色列快速地墮落。根據士師記作者的評估，迦南人的社會根本不是一個健全的社會。她的問題與失敗，主要來自她的宗教。而以色列卻自甘墮落模仿迦南人的宗教。因此，以色列的政治與她的鄰邦毫無兩樣。這些家庭故事，響亮地向上帝的子民發出挑戰！在缺乏嚴肅和理性的神學評估之下，上帝的子民總是面臨著仿效那些世上看來更好之事物的引誘。另外，在缺乏內省的情況下，上帝的子民常常破壞上帝為他們所設立的家庭結構與法規。如此說來，士師記的悲劇非常可能在上帝的家庭中反覆上演。

註釋：

1 Erhard Gerstenberger, *Theologies in the Old Testament*, trans. by John Bowden（Minneapolis: Fortress, 2002）, 32.

2 Daniel I. Block, *Judges, Ruth*（Nashville: B & H, 1999）, 403.

3 在烏加列語中，謝米西也有沙巴西（Shapsh）的陰性形式（KTU 1.61: 8～18; 1.6 III: 22～ IV: 27）。事實上，雖然希伯來語的謝西米主要是陽姓，但它卻可以是陰性或陽性的。參 Steve A. Wiggins, "Shaphsh, Lamp of the Gods," in *Ugarit, Religion and Culture*, UBL 12, edited by N. Wyatt, W. G. E. Watson, and J. B. Lloyd（Münster: Ugarit-Verlag, 1996）, 327～328, 332, 334；這裏正確地注意到，她是眾神之燈的角色。從較廣的角度來看，他在迦南扮演陽性的角色，但他的性別卻是可以變動的。參 Lowell K. Handy, *Among the Hosts of Heaven*（Winona Lake: Eisenbrauns, 1994）, 107。

4 參 J. Glen Taylor, *Yahweh and the Sun*, JSOTSup 111（Sheffield: Sheffield Academic Press, 1993）；Benjamin Sass and Christoph Uehlinger, eds., *Studies in the Iconography of Northwest Semitic Inscribed Seals: Proceedings of a symposium held in Fribourg on April 17 ～20, 1991*, OBO 125（Fribourg: University Press, 1992）, 12, 96, 147, 171n17, 225, 265n31, 276。

5 有關圖形，參書目之前的夾頁。Taylor, *Yahweh and the Sun* 。

6 Taylor, *Yahweh and the Sun*, 30.

7 尤有甚者，文化交流可能發生在迦南人的通商路線，因為這個叫伯．示麥的地方明顯有迦南人的根源。在希伯來語中，「迦南人」一字（例如，伯四十一6；箴三十一24）也指交易者或商人的意思。這個字完美地描述許多迦南人那精於通商的特性。如此說來，迦南人以交易聞名的特徵，使在很早以前，交易就和迦南人的名稱互為同義字。

8 這種關聯導致多森夫婦（Turde Dothan and Moshe Dothan）懷疑，但人出自雅各的聖經起源。相反地，他們建議，但人起初來自非利士人。但相同的資料，卻可以從另一個角度來詮釋。事實上，文化的相似性證明聖經記錄的準確性，因為士師記的主要觀點就是，外邦文化完全滲透以色列文化，到一個地步兩者之間無法區分。參 Turde Dothan and Moshe Dothan, *People of the Sea*（New York: MacMillan, 1992）, 218。參 Gloria London, " Ethnicity and Material Culture, " in *Near Eastern Archaeology: A Reader*, edited by Suzanne Richard（Winona Lake: Eisenbrauns, 2003）, 146。

9 Daniel Sivan, *A Grammar of the Ugaritic Language*（Leiden: Brill, 1997）, 1.

10 與太陽有關的太陽敬拜和詞彙，參 Michael Heltzer, " The West Semitic Word for ' Sun ' , " in *Sex and Gender in the Ancient Near East: Proceedings of the 47th Rencontre Assyriologique Internationale, Helsinki, July 2～6, 2001, Part I*, edited by Simo Parpola and R. M. Whiting（Helsinki: University of Helsinki, 2002）, 236～237。然而，烏加列語的「太陽」，與腓尼基人的形式稍有不同。

11 E. G. H. Kraeling, " The Early Cult of Hebron and Judg. 16. 1 ～ 3, " AJSL 41（1925）, 174～178.

12 Esther Fuchs, *Sexual Politics in the Biblical Narrative*, JSOTSup 301（Sheffield: Sheffield Academic Press, 2000）, 56；這裏注意到，這段記載很像使者向亞伯拉罕顯現並告知以撒將出生的事件。但這兩個事件成為對照，因為亞伯拉罕承當正常的領袖角色。

13 Carole R. Fontaine, *Traditional Sayings in the Old Testament*（Sheffield: Almond Press, 1982）, 75 ～ 95；令人信服地辯稱，基甸所使用的民間修辭（folk rhetoric），早已存在於他的文化中。

14 Fontaine, *Traditional Sayings in the Old Testament*；在她的研究中，發現盛行用語與以色列鄰邦之民間傳説的盛行智慧相互平行。

15 極諷刺地，這些邪惡的以色列人幾乎殺死那即將拯救他們的領袖之一。他們竟然用那將他們置於被壓迫之光景的神明的名義，要求治死基甸。事實上，這些邪惡的人才應該被處以死刑。他們對於虛假宗教的忠誠強烈到一個地步，他們願意為這些偶像殺戮自己的族人。這個社會已經完全瘋狂了。對上帝沒有正確的敬拜，使得任憑己意的社會，面臨悲慘的結局。這個故事也顯示，以色列如何遠離自己的信仰。他們對於拯救他們的直接途徑，毫無興趣。這個直接途徑就是更新與上帝的立約，並且藉著毀滅偶像向上帝宣誓完全的效忠。當人不敬拜上帝時，人的價值觀常引導他們採取具有可怕後果的行動。這些人實在沒有智慧。

16 J. Cheryl Exum, *Fragmented Women: Feminist（Sub）versions of Biblical Narratives*, JSOTSup 163（Sheffield: Sheffield Academic Press, 1993）, 177.

17 在一些毫無關連的古代文化中，都可見到這種操縱心理的作法。參 C. A. Faraone, B. Garnand, and C. Lopez-Ruiz, "Micah's Mother（Judg. 17.1～4）and a curse from Carthage（KAI 89）: Canaanite precedents for Greek and Latin curses against thieves?" JNES 64.3（2005）, 161ff。

18 William Dyrness, *Themes in Old Testament Theology*（Downers Grove: InterVarsity Press, 1977）, 175.

19 John Calvin, *The Covenant Enforced*, edited by James B. Jordan（Tyler, Texas: Institute for Christian Economics, 1990）, 29.

20 Marjo Christina Annette Korpel. *A Rift in the Clouds: Ugaritic and Hebrew Descriptions of the Divine*, UBL 8（Münster: Ugarit-Verlag, 1990）, 263.

21 Gary A. Rendsburg, "Writing and Scripts," in *Near Eastern Archaeology: A Reader*, edited by Suzanne Richard（Winona Lake: Eisenbrauns, 2003）, 68；請注意，這裏指出線性文字 A 的書寫體，在以色列的拉吉（Lachish）被發現。

22 逐字翻譯應該是單數的「便雅憫人，我的兄弟？」單數的兄弟顯示，便雅憫人團結如一地對抗其餘的以色列人。極諷刺地，以色列應當成為一體地對抗迦南人，而不是對抗自己的兄弟。

23 令人好奇地，這是埃及的勢力慢慢在迦南衰退的時候，但她的影響力仍然強烈。毫無疑問地，迦南有許多地方仍使以色列想起埃及的勢力。早在公元前兩千年末期到新王國時期（the New Kingdom），埃及人的象形文字已經出現在迦南。參 Rendsburg, "Writing and Script," 65。

24 我說的乃是，像單數的父親與上帝的屬格關係那種精確的形式。

25 Ziony Zevit, *The Religions of Ancient Israel*（London: Continuum, 2002）, 83.

26 極不幸地，在以下新近的學術著作中，幾乎沒有提及士師記：Richard Hess and M. Daniel Carroll, eds., *Family in the Bible*（Grand Rapids: Baker, 2003）。

27 我們可以從社會學的模式來看，將交合的行為視為繁衍男性後代的方式。男性後代顯然對繼承和支派力量非常重要。然而，作者在八章30節的清楚記載，讓我們看見基甸根本不缺乏男性後代。可見，性的陰影似乎是作者的焦點，這個焦點將在後面的故事中益發清楚。基甸根本不需要一個妾來替他生育後代。

28 瑪挪亞的妻子在十三章23節使用條件句子的方式（conditional sentence），顯示一種假設的情況。C. L. Seow, *A Grammar for Biblical Hebrew*（Nashville: Abingdon, 1995）, 325。換言之，當時的情況並非真實，乃是假設的。她從來不認為，上帝會殺她。但問題是：「她的假設真實嗎？」

五

總論

5.1 方法論考慮

本書的方法論可以成為解讀舊約聖經敍述的樣本和實例，因此方法論的考慮不容忽略。本段的討論將由下列幾個角度分別進入。

第一個考慮與作者對於名字的使用有關。

在士師記中，作者將名字當作象徵來使用。出現在士師記的名字，非常引人生趣。書中不乏充分的例子，來證明這項觀察。有關名字的諸多討論，已經出現在本書的經文詮釋部分。舉例來說，摩押王伊磯倫的名字，就具有「小牛」的涵義。經文將他描述為一個非常肥胖的人（士三17）。因此他就如同一隻「小肥牛」，等待以笏的宰殺。士師記也使用綽號，來增添人物的色彩。例如，俄陀聶的敵人古珊．利薩田，就有一個代表「古珊雙倍邪惡者」之意義的名字。以現代用語來說，就是「古珊恐怖者」的意思。「雙倍邪惡者」的綽號，是對這位國王的完美描述。在字句精簡的筆法下，作者將他的可怕流露殆盡。而基甸的名字具有使用武器砍殺別人的涵義，也和他殺戮自己族人的作為逕相符合。另外，作者也使用地名的意義來表達敘述的觀點。例如，耶弗他被基列的眾長老從陀伯請回來（十一 5），而「陀伯」代表「好地方」的意思。因此，作者乃是使用這個好地方來對照，耶弗他所回到的以色列，實在是一個邪惡之地。

當然並不是所有的名字，都在修辭上具有同等的戲劇效果。然而，在情節的仔細檢視之下，詮釋者可以決定哪些名字在表達作者的信息上，具有「比較深刻」的涵義。沒有受過適當訓練的詮釋者在解讀聖經中的名字時，常有把名字屬靈化的傾向；他們任意將屬靈價值賦予這些名字，實際是非常危險的解讀方式。只要讀者謹慎觀察敘述的情節，情節就會引導詮釋者決定，文本中的名字是否具有神學或屬靈價值。在解讀敘述情節時，詮釋者必須留心，聖經作者用來傳遞信息的模式和循環。所有敘述都值得詮釋者小心解讀。因為惟有如此，敘述情節中的聖經名字才會顯出正確的涵義，而不致遭受任意的隨機詮釋。

第二個考慮與士師記的情節建構有關。

士師記的情節建構同時由直線進展和立體回響（linear and dynamic）兩個層面，建造在相互關聯的預表上。更確切地說，當詮釋者從直線進展的角度解讀士師記時，詮釋者馬上可以從人物刻劃上，看見墮落的循環；換言之，每一個人物都比他的先驅者更為糟糕。而當詮釋者從立體回響的角度解讀士師記時，詮釋者可以在特定人物和其他人物的相互比較中，停駐片刻並且默思文本的更深蘊含。在兩個層面兼容並蓄的解讀下，詮釋者對於文本的解讀將不會停留在片段的理解上，而會更上一層樓地進入整合的領悟。讓我們從下列幾點，來具體認識這方面的考慮。

1） 在直線進展的層面上，作者為每一個人物創造各異其趣的預表（typology）：在士師記循環的直線進展上，參孫預表那些最有恩賜、但卻最不在乎自己道德缺點的人。當詮釋者將參孫的機智和力量與其他士師比較時，這項事實躍然呈現。換言之，在所有的士師中，參孫是最有恩賜，同時也是最罪惡的一位。

2） 在立體回響的層面上，每一個人物的預表都非常複雜；尤其是士師和其他人物對照時，這種特徵更加突顯。事實上，每一個人物都可以在倫理和神學上，預表幾種不同類型的人。更確切地說，他們不是只代表一種類型人物的簡單預表。士師記作者的寫作風格，要求詮釋者藉著平行和對照來比較不同的人物。同樣地，在士師記中，許多故事的情節線索，也以固定的模式帶出平行和對照。

作者通常使用類似中斷或加添模式的文學暗示，來創造預表。例如，作者對於參孫的死亡仔細描繪，因為以色列的拯救端賴他的死亡。相似地，西西拉的死亡也因著同樣的原因，而具有長篇的敍述。如此說來，在某種意味上，這兩個人成為壞人和受害者的預表。這兩個人都罪有應得。但作者藉著對於兩者的死亡描述，刺激詮釋者再次停駐並且深入思考，為何這些人配得這種命運的下場。以西西拉來說，他的母親對他的生命頌詞，為這個問題提供了上好的答案。而對參孫來說，作者對他的生命敍述，更讓讀者了解為何參孫的生命是極度祝福和咒詛的綜合。底波拉的故事至終成為衡量其他士師的標準。然而，作者並沒有直接或明顯的稱她為士師。相反地，其他許多人物明顯被稱為士師。但他們卻和底波拉的標準相離甚遠。如此說來，底波拉預表那些不計較個人尊榮、卻忠心執行不可或缺之任務的人。在一種悲劇的方式下，其他士師雖然只是應付基本的要求，卻快速地獲得美名和聲譽。

可見，作者以這種對照創意，來作另外兩種預表：盡心竭力忠於職守的人，和僅僅應付基本要求的人。尤有甚者，每一個獨特的士師，也能預表有關人類行為的其他概念。藉著人物和人物之間不甚拘謹的連結，作者邀請聆聽者自由與創意地比較這些大異其趣的人物。因此，人物所帶出的道德和屬靈應用，就有非常寬廣的空間了。在重新解讀或重新聆聽的情況下，以色列人可以在對故事細節的默想中，不斷領受新鮮的學習。

第三個考慮與作者使用許多複雜的方式來傳遞信息有關。

這方面的考慮尤其顯見於人物刻劃的發展上。讓我們從下列幾點，來具體認識這方面的考慮。

1） 像底波拉這類人物，常常擁有幾項主要的特性。例如，底波拉既是女先知，又是戰士—領袖。
2） 其他像基甸這類人物，具有非常複雜的特性。這些特性通常在敘述的進展中，漸次被顯明。[1]
3） 還有一些像參孫的人物，具有比較單純的特性。例如，參孫明顯是一個沉溺於女色的人。對於這些特性較少或簡單的人物，作者傾向對他們的屬靈特質，發出黑與白的單調論斷。而對於其他具有複雜特性的人物，作者則偏好顯示，這些人在事奉上帝的時候，所可能陷入的多種問題。換言之，對於簡單的正面人物，作者顯示他們事奉上帝的專一心志。而對於具有複雜特性的人物，作者則顯示，這些人為何無法在忠心的事奉上堅忍持久。更進一步地說，作者使用他們的失敗，來分析以色列人墮落的原因。這種修辭法，的確教導以色列人寶貴的屬靈功課。

作者使用像參孫這種惡劣的人物，來代表完全失敗的最差案例。更具體地說，在以惡劣的人物來預表以色列的方式下，作者採用與人物刻劃相似的詞彙，來描述墮落的以色列。在人物刻劃發展模式的背後，都有作者特別的修辭用意。若能將其挖掘出來，對舊約敘述的解讀，將有無上的好處。人物刻劃的發展模式，並非出自偶然的意外。在過去，新舊約的詮釋者，都以聖經人物的型態分類為滿足（例如，豐富的、單調的、複雜的、簡單的、動態的、靜態的）。他們比較不重視，作者使用不同方式建構人物的主要用意。無論複雜的或簡單的，本書的觀察都以人物的刻劃如何傳遞書卷讀者所需之信息為焦點。

第四個考慮，與密切注意故事中的詞彙和情節建立（即敘述速度和敘述部分）有關。

每一個故事幾乎都有屬於自己的獨特雙關語，來強調某些觀念或理想。在一項仔細又有趣的研究中，莫布利（Greg Mobley）指出詞彙的重複和圖像的運用，都可以為文本展現更寬廣與豐潤的圖畫。[2] 他的以笏研究，具體展現這項事實。雖然「左」手只在敘述中出現一次（士三 21），但作者卻對以笏的手的圖像極為重視。在整個敘述中，「手」的詞彙到處可見。士師記三章 15 節的「用左手的」（left-handed）一詞，可以逐字翻譯為「右手被限制的」。另外，三章 15 節也說明以笏是便雅憫人。而便雅憫人實際代表「**右手**之子」的意義。因此，藉著「**右手**」一字在三章 15 節的兩次出現，作者警醒聆聽者這個故事與以笏的雙手實係相關。三章 15 節的希伯來語，又指出以笏將以「他的手」將貢物獻給摩押王伊磯倫。接著在三章 21 節，以笏使用他的左手刺殺伊磯倫王。最後耶和華將迦南人交在以色列手中(三 30)。手,顯然使以笏的故事更顯獨特。

尤有甚者,伊磯倫是一隻小肥牛。為了將迦南交在以色列的手中,伊磯倫成為以笏手中的祭物。在莫布利的觀察之外,我們也發現,整個以笏故事成為無名利未人故事的上選對照。以笏正確地使用尖銳的器皿,因此成為施行拯救的正確代理人。而利未人則切割了錯誤的對象,因而將以色列交在自相殘殺的內戰中。極諷刺地,以笏這位便雅憫人,藉著使用尖銳的器皿而為以色列成就的,竟然超過以獻祭為專業的利未人。更加諷刺的是,利未人的錯誤行動,幾乎導致以笏族人的滅種。這些建構士師記的故事,顯示手的正確或錯誤使用,對一個國家竟有如此重大的影響。這些比較深入的觀察,都和詞彙的使用**和**與其相關的意象(例如,以笏的刺入,以及利未人的切割)緊密相連。

第五個考慮,與典外文獻(extrabiblical material)在舊約聖經解讀上所佔的重要地位有關。

本書已經顯示使用典外文獻,來解讀舊約聖經敘述的一些複雜可能性。許多福音派學者秉持啟示教義(doctrine of revelation),執意避免使用典外文獻來了解聖經作者之背景的可能性。他們的做法使他們錯失聖經文本世界中的許多寶藏,因此在聖經的解讀上,極其貧乏與單調。尤有甚者,許多人偏執地認為,當上帝藉著聖經作者的信息啟示真理時,聖經作者已經具有完整的聖經正典觀念。事實上,當作者撰寫書卷時,完整的正典形式根本尚未存在。接受這種毫無事實根據的錯誤假設,使詮釋者對聖經秉持迷信的看法。他們真的以為對啟示的神祕了解,可以使聖經更加神聖。這實在是大錯特錯的看法。

接下來的問題就是：「上帝是否可以借用源自外邦文化的意象，來啟示聖經的信息？」答案是響亮的「是」！如果有人提出否定的答案，那麼我們必須質疑回答者的上帝觀。換言之，他到底認為甚麼是上帝**能**和**不能**做的。這個問題比僅說上帝可以使用外邦意象啟示真理，嚴重得多了。聖經作者和上帝話語的啟示者，當然可以使用時代的語言和意象，來傳遞聖經蘊含的豐富信息。所以，詮釋者刻意逃避聖經文本和典外文獻相互平行的解讀法，既不健康也不整全。這些平行明顯可見於題旨、敘述和語詞三方面。因此，詮釋者必須小心檢視典外文獻的資料。如果這些資料的確出現在聖經的修辭中，那麼它們就是整個聖經信息的部分架構。這並不代表，讀者必須研究這些外邦文本，才能理解聖經的信息。讀者當然還是可以了解上帝的話語。然而，如果聖經作者將這些典外文獻的情節或理念視為寫作的旁徵或參考；那麼觀察典外文獻的讀者，將對作者的心意和目的有更豐富的領悟。我深信這是體認上帝啟示所蘊含之完整信息所不可或缺的。有時候，讀者必須拋棄個人的喜好或偏見，轉以勇敢冒險的精神來解讀聖經文本。愈快接受這種觀念的詮釋者，愈能在詮釋的過程中深入體會文本的精義。那麼，究竟典外文獻應當如何被適當地運用？一般來說，聖經文本的修辭，具有控訴社會之外邦特徵的目的。另有些時候，聖經文本的修辭，也向某些人物所具有的特徵發出攻擊（例如，基甸和他的兒子）。這類修辭不僅蘊含真理，更強調上帝的子民應當避免的錯誤和陷阱。

第六個考慮，與「以經解經」的議題有關。

「以經解經」（Scripture interpreting Scripture）是一項值得讀者深思的重要議題。長久以來，「以經解經」被普遍使用，但也常被隨意濫用。許多不良的政策或作法，都以「以經解經」作為他們聲稱的根基。大多數的錯誤應用，都與詮釋者對聖經作過分簡化的使用和對聖經的無知有關。最普遍的「以經解經」就是，從經文彙編中（concordances），選取所有相同的詞語，並將其局限於單一意義的解釋。這個常見的做法，成為錯誤「以經解經」的主要原因。本書所希望表達的，就是將讀者的象徵世界或資訊泉源，和文本互涉相互連結的概念。這種詮釋角度將士師記作者的用意列入考慮，並以作者的修辭為考慮的基礎。這種詮釋角度嚴肅地面對聖經的啟示；不僅將聖經看作書寫的文字，更將其視為神學、倫理、社會和屬靈的理念。聖經作者常常可以借用聖經以外的概念，來例證他所欲傳遞的信息。當詮釋者考慮概念和敘述結構時，詮釋者將比單單濫用經文彙編，更能獲得豐實的釋經美果。如此說來，任何一種忽略作者用意、讀者知識和修辭過程的「以經解經」法，最有可能面臨負面和貧瘠的釋經結果。誠摯盼望正確的「以經解經」概念與使用法，能幫助詮釋者更能擷取聖經的精華，而不再流失於自己的幻想或口號中。

第七個考慮，與文本互涉有關。

在文本互涉的研究上（intertextual study），我希望本書已經證明，士師記是一本由兩部分來刻劃士師的聖經書卷。換言之，作者從正面和負面的二元角度，來描繪每一個獨特的士師。作者雙管齊下地指出，每一位士師所擁有或缺乏的特色。藉著創意地使用士師記以外的文本，作者不但斷言士師的真實身分，並且否定士師毫無根據的虛假身分。這種否定具有重要的方法論涵義。例如，底波拉不是亞納，她實際反映耶和華的大能大力；基甸不是摩西，他可能比較像掃羅；參孫不是撒母耳，他更像非利士人；利未人不是祭司，他反而像娼妓；而以色列人更不是立約的子民，他們倒像迦南人。否定的力量巨大無比，因為它們映照了讀者所面對的現實議題。除了底波拉在敘述中寫實了耶和華的偉大之外，其他的否定在在顯示，被擄之民熱切盼望一位拯救者來到。藉著否定「這些士師就是拯救者」的筆法，士師記展現一幅領袖無能的恐怖圖畫。然而，復興與重建的循環，流露一絲盼望的微光。循環的根本事實，不僅揭露上帝的憤怒，更展現上帝的恩典。當被擄之民引頸盼望拯救者時，士師記向他們確保，在上帝的忿怒之後，必有恩典歡然降臨。

5.2 倫理信息考慮

除了學術方面的正面貢獻之外，士師記的具體應用也具有歷久常新的屬靈價值。既然本書重視聖經的應用價值，並將部分篇幅放在應用的思考上；在總論部分再次強調士師記的屬靈價值，自屬必要。總的來說，我們可以將士師記的應用歸納於三個範疇之內：士師記如何敍述上帝的子民；士師記如何描繪領袖；以及士師記如何講論上帝。士師記的教訓也可分為集體和個人兩個層面，而前者對於後者有莫大的影響。從集體的層面來看，士師記針對上帝的子民提出教導。對以色列的惡行作出定罪，非常容易，但當上帝論到「聆聽」時，上帝乃是向所有讀者提出嚴峻的警告。聆聽不僅牽涉具體的行動，更表明屬靈的傾向。那些不聆聽的人，就是沒有將聽到之信息化成行動的人。這種不順服的表現，大幅度地出現在基督教界。當信徒的行動和所聽之信息無法相符一致時，他們的罪自然淹沒了上帝的聲音。一個不順服的信徒，自然聽不見上帝的話語。總的來説，士師記為我們帶出「切莫隨波逐流」,「永遠掌權的上帝」和「永遠關心的上帝」這三項最關鍵的具體應用。

5.2.1 切莫隨波逐流

影響以色列不順服的最主要原因，在於她隨從鄰邦之價值觀和宗教的傾向。因此以色列蒙受咒詛而非祝福。起初，上帝以土地和後裔祝福祂的子民。現在，因為上帝的子民不順服，因此他們慢慢地失去由上帝而來的祝福。土地失去，家庭也瓦解！今日的基督徒，很容易陷入相同的網羅中。許多時候，世界多變又引人的信息，竟然比上帝的信息更加響亮與有力。教會落入將世界價值觀和上帝的價值觀綜合交融的陷阱。因此上帝的子民遭受旋風般的破壞，而毫無真實的屬靈豐收。當世界的價值觀衝擊教會時，信徒必須決斷地站在上帝這邊。以色列人渴求上帝的幫助，卻同時緊抓手中的偶像不放。然而，上帝所要求的是百分之百的忠誠！

在順服方面，上帝要完全潔淨祂的領袖和子民，然後祂才會幫助他們掙脫現在的困境，或達至更上一層樓的境界。基甸潔淨家庭偶像的行動，顯示了上帝的心意。上帝渴望和他的子民有良好的關係。惟有當上帝和人的關係修補重合之後，上帝才容讓祂的領袖領導自己的子民，再次進入更新蒙福的生活。如同前述，上帝要求祂的領袖，獨具單一的心志。底波拉就有這種不可或缺的核心焦聚。其他士師在這方面的表現，仍有待商榷。這是一個簡單卻意義深長的屬靈教訓，值得每位信徒熟思默想。

5.2.2 永遠掌權的上帝

士師記也兼容並蓄地教導上帝的屬性，和上帝的子民的品質。從屬靈的角度來看，大部分的士師充其量是有缺點的英雄。若從最壞的角度來看，這些士師更像壞人。然而，上帝甚至可以使用人最壞的行為，將祂的子民從可怕的罪惡中拯救出來。整個士師記的故事，充滿上帝奇妙的憐憫和無上的主權。在神學上，常有一種認為上帝的憐憫和上帝的主權對立的錯誤觀念。但士師記清楚展現，這兩者具有完全互補的關係。尤有甚者，有些基督徒很難了解，上帝為何與基甸、亞比米勒、耶弗他、甚至參孫的災禍事件有關。因此，當這種基督徒解讀士師記時，他們不是審判士師，就是批評上帝的屬性。這些事件和人物，成為人理解一般道德神學的攔阻。然而，上帝的意念高過人的意念，上帝的計劃也高過人的計劃。上帝誠然超越人狹窄和過分簡化的思想。上帝容許邪惡，但祂也以自己的神聖掌權勝過邪惡。從基督教教會的角度來看，上帝掌權的教導實具深重的意義。

從教會領袖的角度來看，上帝的領袖常因重大的缺陷，而絆倒許多真誠的信徒。士師記中所有的士師，都共有一個明顯的特徵。換言之，他們都和申命記十六章 18 節至十七章 13 節的理想士師，成為十足的對照。似乎除了婦女底波拉之外，作者向所有的主要士師，都發出無法合乎士師理想的控訴。士師記的故事提醒信徒，即便在缺點最多的領袖身上，上帝依然掌權。這是一個非常重要的學習，因為迄今仍有許多領袖誤用自己的恩賜；當我們誤以為上帝袖手不管時，我們不禁倍感挫折。然而，士師記清楚讓我們看見，上帝能夠在人的軟弱上，成就大事並且完成祂的旨意。

5.2.3 永遠關心的上帝

最後，所有的信徒都可以從保羅在腓立比書一章 15 至 18 節的教導中，得到激勵：「有的傳揚基督是出於嫉妒紛爭，也有的是出於好意。這一等是出於愛心……那一等……並不誠實……這有何妨呢？或是假意，或是真心，無論怎樣，基督究竟被傳開了……」這並不意味著，教會必須鼓勵，甚至容忍這種錯誤的行為。更確切地說，信徒應該向恩賜的賜予者感恩，而不要將有缺點的領袖當作自己屬靈需要的終極答案。有時候，基督徒也會被一些自滿又不在乎自己屬靈光景的信徒所困惑。然而，士師記再次提醒所有的基督徒，不論上帝的子民是否在乎，但上帝永遠關心祂的子民。這是一個值得抓緊並且嚴肅思考的重要事實。如果上帝永遠關心祂的子民，那麼信徒惟一要作的，就是單單地信靠祂！

註釋：

1 Greg Mobley, *The Empty Men*（New York: Doubleday, 2005）, 114；在比較基甸和以笏的故事時，也有相同的觀察。

2 Mobley, *The Empty Men*, 78～79.

附錄一

誰是敵人？

迦南是敵人

「迦南人」，總括地統稱所有居住在應許之地某個地點的人。迦南敵人的第一個特徵，乃是他們的身分常與地理相關。換言之，在應許之地，沒有一個真正稱為「迦南人」的單一族羣。迦南人乃是住在應許之地的各個民族的總稱。[1] 舉例來說，士師記一章 7 節的亞多尼比色，以殘忍的酷行出名。他的名字具有「比色的王」或「比色王」的意義，代表他是一個地區的統治領袖。

在寫作上，敵人扮演一項重要的功能。因為在與迦南人的比較下，讀者益發看見以色列所處的劣勢。甚至在情報來源方面，敵人都比以色列略勝一籌（參士七 14）。士師記作者以幽默又令人噁心的獨特筆法，描繪以色列的敵人。下文將以以色列的主要敵人伊磯倫、西西拉和米甸人為討論焦點。而以色列的女性敵人大利拉，已在士師記的婦女部分討論了，在此不贅。

伊磯倫：使以色列成為笑話

讓我們先觀察，士師記作者為伊磯倫描繪的畫像。

在以笏的故事中，顯赫一時的伊磯倫和他令人噁心的死亡方式，成為讀者一樁殘酷的笑話。「伊磯倫」在希伯來語中，代表「小牛」的意思。因此伊磯倫就像一頭肥胖的小牛一樣。[2] 而以色列現在竟然被一頭肥牛所統治。尤有甚者，作者對於伊磯倫王的體型描述，完全不符合古代英雄的體裁特徵。[3] 舉例來說，掃羅比眾民高過一頭（撒上九2）。另外，聲名狼藉的巴珊王噩是利乏音人（即巨人）的後代（申三11）。他所睡的牀長達十三英尺，寬達六英尺。這個巨大的牀，超乎任何一個古代標準，因此被放在亞捫人的拉巴展示。這些人物才是古代英雄的典型代表。

除了肥胖的體型不合乎古代英雄的模式之外，作者甚至指出伊磯倫死在大解的地方。伊磯倫實在一點也不像一個國王！在故事中，伊磯倫的愚蠢流露殆盡（士三19）。何以一個如此愚昧的肥牛，竟能成為以色列的統治者？答案其實非常簡單，因為上帝已經與以色列對立，祂使不順服的子民成為一個笑話。伊磯倫的統治，並非來自他的智慧或軍事力量。他不過是得到上帝的允許罷了！

西西拉：使迦南人成為笑話

在作者的修辭策略方面，西西拉也是一個值得研究的人物。經文指出，西西拉住在外邦人的夏羅設（士四2）。士師記作者如何找到西西拉住處的消息呢？答案應該是，西西拉是一個譽滿天下的戰將首領。作者也顯示西西拉是一個消息靈通人士。如同上帝的預言，西西拉得到以色列人已經集結準備作戰的消息。

根據西西拉的名字，出現在愛琴海一種語言（即線性文字A

〔Linear A〕）中的事實；一些像奧爾布賴特（William F. Albright）的著名考古學家，估計西西拉具有來自非利士的身分背景。西西拉很可能是迦南人雇用的軍事專家。[4] 基於考古資料，鐵器的專門技術和與其相關的軍事力量，在這個時候由赫人傳給非利士人。[5] 在有關非利士人物質文化的透徹研究中，特露德．多森（Trude Dothan）更進一步地認為，增加鐵的使用，起因於它缺乏重金屬；因此迫使非利士人研發不同的金屬技術。[6] 在特露德．多森和摩謝．多森（Moshe Dothan）合著的標準考古研究《海上之民》（*People of the Sea*）一書中，我們看見一幅有關後期戰爭的圖畫。這幅圖畫中的非利士人，大量使用那具有兩匹馬和六個輪輻的鐵車。[7]

在《海上之民》一書中，特露德．多森和摩謝．多森為這種鐵車所提供的描繪，和愛琴海的設計有不可思議的相似之處。[8] 凡控制鐵的，必握有軍事力量。顯然，士師記作者刻意將以色列人受欺壓，與超越的科技連結在一起。因此從人的觀點來看，巴拉的懼怕是可以了解的。

然而，這位聲名遠播的勇猛戰將西西拉，在逃亡時卻顯得非常弱小。士師記作者出其不意地介紹那邀請西西拉進入帳棚的雅億。雅億以提供西西拉即時的身體需要為餌，設下圈套。極為反諷地，耶和華從天上降下「水」（士五 4），[9] 而西西拉卻向雅億求「水」（五 25）。可見耶和華傾下的水，不但沒有讓祂的敵人滿足，反而使他們乾渴。[10] 更確切地說，耶和華不但控制雨水，祂也控制敵人的意志。

西西拉需要水喝，雅億卻給他奶子喝。因為雅億的名字代表「山羊」的意思，在此士師記作者以母親的意象描述雅億，顯示出他高度的幽默感。但士師記作者不僅顯示雅億的母親角色，[11] 雅億的母親角色實際另有所指。換言之，西西拉這個已經毫無科技優勢的男人，竟然變成一個需要母親奶水的幼童。當西西拉像一個疲倦又無助的孩童沉沉入睡時，雅億抓取良機將西西拉擊斃（士四 21）。這場戲劇性事件，以西西拉「就死了」為結局。當耶和華為以色列爭戰時，祂可以使用一個軟弱的女人，將軍事的傳奇人物變成一個軟弱無助的嬰孩。以色列的敵人不啻成為一樁笑話！

米甸人：佔盡優勢卻仍潰敗

作者以大麥餅作為基甸的隱喻。根據一般的飲食，大麥餅是一種廉價的食物。作者的筆法實際與基甸所展現的微小地位相符一致。最荒謬的是，一個又小又便宜的大麥餅，竟然能夠擊倒整個帳幕。換言之，基甸的勝利是所有神蹟中的神蹟。米甸人那高人一等的資源和情報，並不能拯救他們免於災難。戰爭不單是資源多寡的比較，更是宗教和屬靈之間的對抗。敵軍的優勢和以色列軍隊的明顯不足，只是更強調以色列勝利的背後所蘊藏的超自然力量。

以色列的敵人所涵具的屬靈意義，不容讀者忽略。更確切地說，以色列的敵人是上帝懲罰以色列的一種特殊方式。在耶弗他的故事中，上帝說明祂厭惡以色列的原因（士十 11～13）。[12] 在這些鄰近的外邦人羣體中，亞捫人、西頓人和馬雲人來自同一個語言體系。他們和希伯來語一樣，都屬於西方閃語體系。語言體系的相同表示，這些族羣對於希伯來人的文化甚或宗教，都有高度的影響力。尤有甚者，埃及不但是先前的最高統治者，更是迦南地區的帝國勢力，因此她肯定可以影響以色列人。[13] 另外，士師記十章 6 至 9 節的壓迫者名單，與以色列偶像來源的名單相符一致。這些名字清楚顯示，以色列在這個時期敬拜偶像的程度有多徹底。上帝已經非常厭倦，自己被當作以色列人貪圖便利的工具之一。無怪乎，後來以色列人被擄，被視為針對以色列整個國家的淨化行動。耶和華將以色列人放逐到處處都是偶像的地方，好使他們在偶像的壓迫下徹底哀慟。敵人不但成為上帝懲罰以色列人的工具，更是上帝警告以色列人切勿崇拜偶像的嚴厲教訓。

以色列是敵人

如同本書已經明顯指出的，許多時候以色列是向自己宣戰。在作者對以色列敵人的刻劃中，一個令人驚訝的敵人，竟是以色列自己。以色列和敵人的關係顯示，在她中間不乏叛徒的存在。底波拉戰役的故事，為我們帶出一項顯著的事實：更確切地說，一個和摩西有親屬關係的基尼人希百，竟然和以色列的迦南敵人耶賓互通來往！尤有甚者，西奈地區的用品遺物，都證明亞洲青銅鐵匠的存在，這展現那來自埃及人的濃厚影響。[14] 或許希百因為金屬用品的交易，而與敵人相連結。這段記載可能在摩西時代過後不久即發生。可見，甚至摩西的親屬現在都自由地和迦南人交往。在信仰不忠和屬靈盲目的情況下，以色列完全喪失分辨敵人（即迦南）和朋友（即上帝）的能力。

自相殘殺的咒詛

在基甸和耶弗他雙雙攻擊自己的族人時，以色列的景況疾速惡化。這種敵對自己的情況，在猶大背叛參孫的事件中達到高峯。這個循環走向日趨墮落的地步。最能引證以色列領袖成為人民之公敵的敍述，當屬於約坦的咒詛。如同前面討論所顯示的，約坦向基甸的繼承人亞比米勒發出咒詛。約坦巧妙地使用植物的寓言，作為他咒詛的例證（士九 8～13、14～15）。何其可悲地，基甸的私人戰爭，不但導致自己家庭內的戰爭，最後還引發以色列的內戰。彼此毀滅竟成為當時的常規（九 20）。基甸一個人的錯誤，竟然成為即將爆發之以色列內戰的導因。

自相殘殺的本質

以色列的情勢，在士師記的結語中落入最可怕的地步。應該攻下應許之地的但人，沒有絲毫努力的行動。反而使用一羣小流氓，去征服米迦的家庭。他們甚至進一步地攻下拉億這羣毫無疑心的居民。事實上，懦弱是這場內戰的中心和本質。但人是一羣懦夫。在每個事件中，他們都以壓倒性的姿態勝過對方的人數。更惡劣的是，他們的行動猶如恐怖分子，一點也不像上帝所揀選的子民。

尤有甚者，當我們將便雅憫人的故事與士師記所有的戰爭呼召相比時，我們就明白那困擾以色列的道德敗壞有多嚴重！深具問題的道德敗壞，導致以色列一種奇怪的合一與團結。早在底波拉的敍述中，底波拉之歌就指出，以色列有些支派不願意參與耶和華對抗迦南人的戰爭。基甸和以法蓮人也有同樣的問題。另外，耶弗他也無法取得以法蓮人的合作。而猶大支派，更是將參孫交給非利士人。但當驟然產生的自以為義出現時，所有的猶豫都煙消雲散。這種新發現的合一，不但錯位並且令人可笑。整個悲慘的內戰，起因於利未人對於以色列律法的無知（申十三 14）。[15] 對於律法的無知，導致聖經中其中一場最血腥的戰役的發生。

自相殘殺的高潮

士師記結語中的內戰，當屬以色列與自己為敵的最嚴重案例。這場內戰因與便雅憫人有關的基比亞人犯下滔天大罪而引發。整個以色列集結在一起，向便雅憫人宣戰，因為便雅憫人竟然護衛基比亞人的惡行。作者獨特地形容以色列人的聚集如同「一人」(士二十1)。這種形容方式繼續出現(二十8、11)。顯然，整個局面非常嚴重，以致所有遠近的以色列人都聚集一處。諷刺的是，以色列人在征服迦南人的行動上，不但不熱心，並且不合一。然而，他們在對抗自己支派的行動上，倒是快速又團結。「一人」的短語，是描述軍事行動合一的慣用語。如此說來，以色列的合一並不是為了一起敬拜上帝，而是為了和自己的兄弟爭戰。[16]

根據士師記二十章17節，以色列人召集四十萬拿刀的戰士，來對抗便雅憫人，這是一場明顯一面倒的戰爭。然而，便雅憫人不僅拒絕合作，更進一步武裝自己準備應戰。便雅憫人召集二萬六千拿刀的戰士和來自基比亞的七百名精兵(士二十15)。[17] 這七百名精兵「都是左手便利的，能用機弦甩石打人，毫髮不差。」(二十16)[18] 超乎一般的預料，人數懸殊的便雅憫人竟然以寡擊眾，在頭兩次的戰役中，導致以色列人經歷那令人無法相信的重大損傷(二十21、25)。

第三次集結與前兩次大不相同，因為它添加了一項重要的行動：以色列人在上帝面前哀哭，「禁食」，並且獻上「燔祭和平安祭」(士二十26)。以色列人終於承認，他們是在上帝之下的一個國家。最後，以色列再次以相同的問題(二十23)求問上帝：「我們應再出去與我們的兄弟便雅憫人交戰呢？還是休戰呢？」(二十28；《聖經新譯本》)這一次，問題結尾所加上的

「還是休戰呢？」，顯示以色列願意為了順服上帝，而完全放棄自己的計劃。上帝以和士師記一章 2 節相似的答案，回答以色列人：「你們應上去，因為明天我必把他們交在你們手中。」(《聖經新譯本》) 果然在第三次戰役中，便雅憫人整個支派幾乎被滅絕 (二十 47)。上帝要以色列明白，惟獨祂是掌權者；無論以色列、便雅憫、基比亞，甚至利未人，都在耶和華的掌權之下。

自相殘殺的後果

以色列不但殺戮便雅憫的戰士，並將便雅憫全城的人用刀滅盡，還放火燒燬。既然向便雅憫人發動戰爭，已經造成國家危機；現在以色列人必須想辦法，針對整個局勢的損害而採取彌補的行動；因為便雅憫人馬上面臨沒有妻子的嚴重問題。故事的情節告訴我們，以色列人在米斯巴曾經起誓 (士二十一 1)。米斯巴的名字具有「守望哨所」的意義，可見它是一個軍事要地。[19] 這個起誓肯定是以色列人向便雅憫人發怒的結果。然而，作者清楚記載以色列人為他們的兄弟便雅憫難過 (二十一 6)。這個時候的以色列，就像一個具有生命的有機體，但她的四肢卻有一肢被剪除。[20] 剪除這個字，實際象徵極大的羞辱。一般來說，勝利的國王將敵人的四肢或身體某部分砍掉 (例如，一 6)，以羞辱戰敗的一方。在此，以色列以砍掉自己肢體的方式，來羞辱自己。

以色列在米斯巴起了另一項錯誤的誓言。這項起誓是為了威脅那些不願意參與不聖潔戰爭的人而產生的 (士二十一 5)。無人確知，為何有些人沒有出現在耶和華面前。無論如何，這項起誓大有問題。因為以色列人不但向自己的人宣戰，並且與那些不同意他們這種自發行動的人為敵。當以色列人發現基列．雅比人沒有一人來到營中時，他們為便雅憫人的危機找到了答案（二十一8下～9）。錯位的起誓顯然和錯位的責怪密不可分。

結論

當以色列在米斯巴發動全面自相殘殺的內戰時，充滿悲劇反諷的利未人故事，達到了高潮。華爾基（Bruce Waltke）的觀察充滿幽默的意味：「利未人達到沒有任何一位『士師』可以得到的成就。除了便雅憫人之外，整個國家都被徵召到米斯巴，並且團結如一人。」[21] 這不啻顯示，當以色列的領袖無法為人民提供正確的目標時，以色列將為錯誤的理想而集結；她將被自我中心的領袖煽動，而行出重大錯誤的舉動。除了士師記前面部分的幾位士師，具有正確的目標和理想之外，士師記後面部分的多位士師，都在事奉的焦點上出現嚴重的問題。

舉例來說，俄陀聶承繼迦勒的聖戰使命，多方爭戰並且忠心治理以色列人。雖然有關俄陀聶的敍述極其簡短，但俄陀聶單以上帝為焦點的事奉生涯卻清楚流露。在俄陀聶之後出現的以笏和珊迦，也以拯救以色列人為事奉的心志。而勇敢的底波拉和雅億，更是承擔重任並不計後果地為消滅以色列敵人的目標而竭盡心力。成為士師循環之轉折點的基甸，在出奇制勝地大敗米甸人之後，開始了焦點分歧和目標偏差的負面趨勢。基甸懲罰自己族人、向以色列人收取敵人戰利品、多妻多子的任意行為和為亞比米勒取名的背後動機，一一顯示他偏離耶和華的心志與信仰（士八章）。到了亞比米勒和耶弗他的時期，以色列的領袖已經完全以自身的利益為中心。而參孫更是以自己的慾望為一切行事的前題。這些無法為以色列設立正確目標的領袖，使得整個以色列陷入「各人任意而行」的悲慘地步。

尤有甚者，不單以色列的政治領袖誤入歧途，連以色列的屬靈領袖都一敗塗地。米迦家中的年青利未人和殘忍無情的無名利未人，雙雙成為以色列以內戰收場的導火線。以色列的敵人是否太強？以色列的敵人是否太弱？在以色列的興衰上，以色列的敵人又扮演何種角色？事實上，敵人的強弱並不重要，因為士師記作者清楚表明，無能的敵人可以使以色列人成為笑話（即摩押王伊磯倫），而軟弱的以色列人也可以使強盛的敵人成為笑話（即耶賓的軍長西西拉）。事情的關鍵在於，以色列的敵人乃為顯示上帝的主權。換言之，上帝可以為以色列爭戰，也可以與以色列為敵。敵人並不是最重要的因素，與上帝的立約才是戰爭勝敗的首要關鍵。忽視立約的律法，必然導致全國性的悲劇。

當以色列不聽上帝的話時，以色列便是與自己為敵。自我為義，是以色列邪惡墮落的禍根。不知怎麼的，凡憤慨填胸的人，都參加了這場毫無必要的內戰。

省思與應用

當我們全面性地觀察關於領袖的議題時，我們必須將以色列的社會動態列入考慮的範圍。身為一個社會整體，以色列國有她運作的某種文化規範。無論是好或壞，當這種規範被破壞時，衝突必然產生。當以色列與耶和華的立約規範被破壞時，耶和華就與以色列對立。當以色列敬拜偶像時，以色列人就與自己的領袖為敵。當社會的尊榮超越上帝的尊榮時（例如，基甸、耶弗他、參孫的父親），衝突也隨之發生。如此說來，我們可以概括兩種不同的領袖型態：一種是取悅上帝的領袖；另一種是取悅人的領袖。

茲將這兩種領袖型態各自具有的特徵列表如下：

	取悅耶和華的領袖	取悅人的領袖
立約關係	對耶和華的立約忠誠	與耶和華的關係破裂
生命指引	耶和華的旨意	個人的私意
生活準繩	耶和華的律法	個人的標準
領導統帥	至高無上的耶和華	領袖自己
領導目標	耶和華的託付	個人的野心
領導動機	耶和華的榮耀	個人的榮耀
領導結果	耶和華的祝福	耶和華的咒詛

在士師記的解讀和分析將近尾聲時，我們對士師記中的領袖各自所屬的領袖型態，勢必已經十分清楚。俄陀聶、以笏、珊迦、底波拉和雅億等對以色列大有貢獻的人物，顯然屬於取悅耶和華的領袖。他們之所以能夠成為以色列的典範領袖，乃是因為他們尊重耶和華的立約和耶和華所設立的律法。當領袖的屬靈根基穩固時，他的一切所思、所言與所行，都將成為人的祝福和上帝的榮耀。

反觀，當領袖的屬靈根基顯現不健全的徵兆時，各樣的問題將接踵而至。問題的大小與程度，將隨著屬靈根基的起伏而有好壞的演變。上帝不但聖潔公義，並且滿有恩典和憐憫；因此任何一個願意回轉歸向耶和華的領袖，都可以得到耶和華隨時的憐恤。極其不幸地，士師記清楚展露領袖往下滑跌的墮落傾向。在基甸之後，我們只見士師愈發顯出罪惡的情節發展。晚期的基甸，愈來愈偏離耶和華。亞比米勒、耶弗他、參孫、年青利未人和無名利未人，都屬於取悅人的領袖。耶和華與他們無分，正是他們生命與事奉的共有特徵。因為他們與耶和華的立約破裂，因此耶和華與他們為敵。

無可置疑地，所有的人類文明都涵具某種社會動態。但這種社會動態是否合乎人類創造主的心意，卻是文明興衰或存亡的關鍵。總結來說，取悅耶和華的領袖必須行使兩項具體的基本工作。

第一，領袖需要主動地維持，與耶和華立約的社會宗教規範。

領袖典範約書亞曾說：「至於我和我家，我們必定事奉耶和華。」（書二十四 15）如今，約書亞的千古遺言，成為所有領袖的惟一抉擇。維持與耶和華的立約，是上帝的子民在各方面蒙福所不可或缺的。因此上帝所設立的領袖，必須主動維持與耶和華立約的社會宗教規範。

第二，領袖必須預備面對令人難以置信的衝突，因為領袖可能會抵抗那跟耶和華的立約不一致的文化規範。

不論抗爭看起來多麼自負，在正確的時機之下，領袖必須對付不合乎耶和華心意的行為和理念。事實上，成為一個真正的領袖，可能危及領袖本身的處境或生命（例如，基甸潔淨巴力祭壇之後的餘波）。領袖不是懦弱之人能夠承擔的角色。今日的領袖必須具有臨危不亂的勇敢心志，懦弱和猶豫不可能成就上帝的大事。

簡而言之，士師記中的大部分領袖，都將心思貫注在不正確的焦點上，因此他們成為以色列墮落的主要原因。士師記的敍述再次呼籲，領袖必須嚴肅地面對自身的重大責任。注意力不集中的領導，將使領袖和跟隨者雙雙出軌，而落入衝突和腐敗的深淵。士師記對於今日領袖的教導，不但深刻嚴肅，並且具體適切！

註釋：

1 更多有關「迦南」一字的詞源辯論，參 Alberto R. W. Green, *The Storm-God in the Ancient Near East*（Winona Lake: Eisenbrauns, 2003）, 219～220。

2 Lawson G. Stone, "Eglon's Belly and Ehud's Blade," JBL 128（2009）, 652；這裏反駁一個理論，就是指到伊磯倫是肥胖的。夾位長劍的肥肉，在舊約聖經通常指向動物器官上的脂肪。那麼在這個情況中，重點在於戰士伊磯倫那規大的身型，以及他那湧出腸的殘殺。這樣，在這個詮釋中，伊磯倫就如一頭被屠宰的肥牛般強壯。

3 Stone, "Eglon's Belly and Ehud's Blade," 656；這裏指出，如此奇特的肥胖不可能成為國王特徵，這一點事實上並沒有反駁我的閱讀，反而是強化我理解。

4 William F. Albright, "A Revision of Early Hebrew Chronology," JPOS 1（1921）, 49～79.

5 James Muhly, "Metalworking/Mining in the Levant," in *Near Eastern Archaeology: A Reader*, edited by Suzanne Richard（Winona Lake: Eisenbrauns, 2003）, 180。現在，赫人帝國已經不再佔有強勢，但當赫人和戶利人（Hurrians）及其他族羣融合時，赫人的文化和科技仍然存在並發揮影響力。

6 Trude Dothan, *The Philistine and Their Material Culture*（New Haven: Yale, 1982）, 91.

7 Turde Dothan and Moshe Dothan, *People of the Sea*（New York: MacMillan, 1992）, 21.

8 Dothan and Dothan, *People of the Sea*, 251.

9 這兩處的「水」是相同的希伯來語用字。

10 西西拉懇求水喝的分詞，也顯示一種迫切的意味。這位迦南人的將軍西西拉，現在竟然向一個女人屈膝求水。

11 Mieke Bal, *Death and Dissymmetry: The Politics of Coherence in the Book of Judges*（Chicago: University of Chicago, 1988）, 212.

12 這個有趣的名單也顯示，埃及在這個地區的控制優勢已成過去的歷史。現在土地已經公開，任由交戰的種族來攻取。參 Amihai Mazar, *Archaeology of the Land of the Bible*（New York: Doubleday, 1990）, 296～307。

13 一個顯示埃及影響力的證據，來自時常在迦南發現的埃及聖甲蟲小雕像（scarab figurines）。顯然，這種小雕像的宗教意義已經喪失，但它的裝飾功能仍然存在。參William A. Ward, "Scarabs," in *Near Eastern Archaeology: A Reader*, edited by Suzanne Richard（Winona Lake: Eisenbrauns, 2003）, 219。

14 艾雷（I. Beit Aireh）在耶爾赫丁（Serabit el Khdim）發現的冶金工廠，顯示這種關連。參 M. Dijkstra, "El, YHWH and their Asherah," in *Ugarit: Ein ostmediterranes Kulturzentrum im Alten Orient*, ALASP Band 7, edited by Dietrich, Loretz（Münster: Ugarit-Verlag, 1995）, 66。

15 Bruce Waltke and Charles Yu, *An Old Testament Theology*（Grand Rapids: Zondervan, 2007）, 616.

16 Daniel I. Block, *Judges, Ruth*（Nashville: B & H, 1999）, 551；曾祥新：《士師記註釋》（香港：天道，1998），頁 465；這裏注意到這次聚集所使用的敬拜詞彙。

17 「動員」一字所使用的反身時態（reflexive tense）顯示，以色列整體對於一次解決這個事件的主動性和責任感。參 GKC, 151。

18 「用左手的」（left-handed）一詞，可以逐字翻譯為「右手被限制的」。這些便雅憫人是「右手之子」，在歷史上素以左手戰士為人所知。但他們是右手之子的稱號，顯示他們的強壯與有力。他們的力量來自左手。根據士師記三章和歷代志上十二章，使用左手的能力非常特別。他們長久以來的軍事戰績顯示，便雅憫人似乎是訓練左手戰士的專家。在較後期的歷史中，大衛也有一些便雅憫人的大能勇士，他們熟於善用左手（代上十二 2）。大衛這些跟隨者其實是兩手都善用的。我也猜測歷代志上十二章 2 節顯示這些人是經過特殊訓練的；因為這些左手便利的人，全部是兩手都善用的。《七十士譯本》也同意這種詮釋。

19 事實是，沒有人可以確定米斯巴的準確地點何在。但許多學者都同意，米斯巴一定位處較高的丘陵上。

20 曾祥新：《士師記註釋》，頁 489。

21 Waltke and Yu, *An Old Testament Theology,* 615.

附錄二

參考地圖

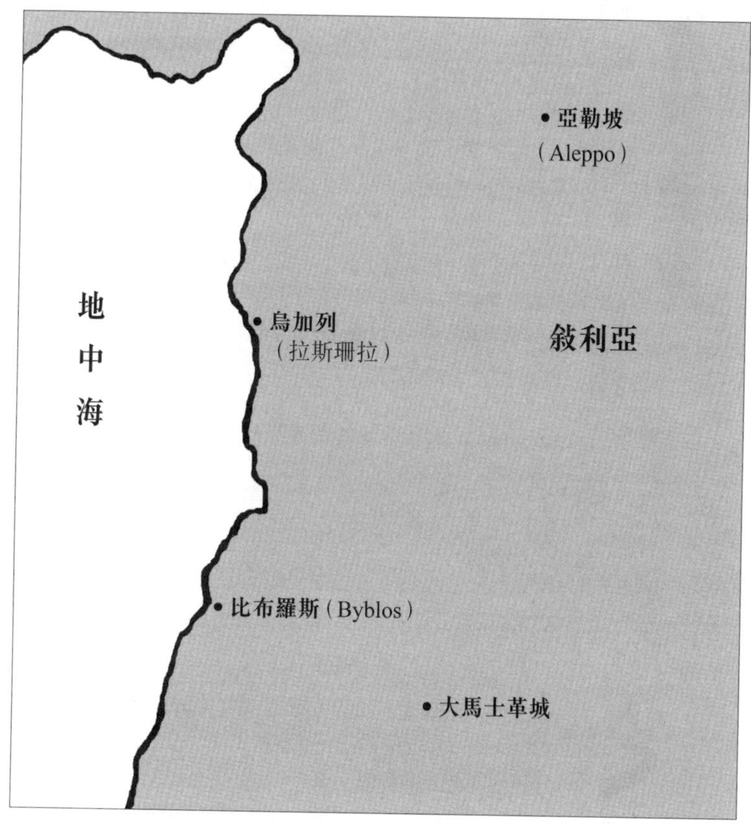

讀者意見表

緊扣時代 服事教會

以文字傳揚基督真道

衷心多謝你購買本社書籍。本社一直致力以出版事工服事教會，幫助信徒扎根於神的話語，促進靈命增長。為使我們的出版更能滿足你的需要，請填寫下列各項資料，並寄回或傳真予本社。

所購書籍：______________________

本書最吸引你的地方：
□作者 □適切性 □文筆 □設計 □實用性
□其他：______________________

購買本書地點：
□基道書樓 □基督教書店 □非基督教書店

性別：□男 □女 職業：______________

信仰：□基督徒 □非基督徒

年齡：□16歲或以下 □17～25歲 □26～35歲
□36～55歲 □56歲或以上

學歷：□中三或以下 □中五 □預科
□大學 □研究院

□我欲更多了解基道出版社的事工及考慮支持，請寄給我下列資料：
□機構簡介 □新書資料 □基道會員通訊
□《基道文字事工通訊》

姓名：______________________ 電話：______________

地址：______________________

____

傳真：______________ 電子郵件：______________

其他意見：______________________

____

多謝賜教！

意見表可以傳真（2687-0281）或直接郵寄以下地址：
香港沙田火炭坳背灣街26號富騰工業中心1011室
基道出版社編輯部收